中侨彩图馆

刘凤珍 主编

宽容彩图馆

（美）房龙 著

谢烨 编译

中国华侨出版社

图书在版编目（CIP）数据

宽容彩图馆 /（美）房龙著；谢烨编译． — 北京：
中国华侨出版社，2015.12
（中侨彩图馆 / 刘凤珍主编）
ISBN 978-7-5113-5869-1

Ⅰ．①宽… Ⅱ．①房… ②谢… Ⅲ．①思想史—世界
Ⅳ．①B1

中国版本图书馆 CIP 数据核字（2015）第 302769 号

宽容彩图馆

著　　者 /（美）房龙

编　　译 / 谢　烨

丛书主编 / 刘凤珍

总 审 定 / 江　冰

出 版 人 / 方　鸣

责任编辑 / 附　离

装帧设计 / 贾惠茹　杨　琪

经　　销 / 新华书店

开　　本 /720mm×1020mm　1/16　印张：27.5　字数：615 千字

印　　刷 / 北京鑫国彩印刷制版有限公司

版　　次 /2016 年 5 月第 1 版　　2016 年 5 月第 1 次印刷

书　　号 /ISBN 978-7-5113-5869-1

定　　价 /39.80 元

中国华侨出版社　北京市朝阳区静安里 26 号通成达大厦 3 层　邮编：100028

法律顾问：陈鹰律师事务所

发行部：（010）64443051　　　　　传真：（010）64439708

网　址：www.oveaschin.com　　　　E-mail: oveaschin@sina.com

如发现图书质量有问题，可联系调换。

F 序言
Foreword

在与世无争的山谷里，有一片世外桃源。

这里的人们过着与世隔绝的幸福生活。

遍地皆山，阻挡了人们的视线。

智慧的曙光，像小溪流一样，顺着狭窄的溪谷缓缓流淌。

它来自古老的荒山，要去未来的沼泽。

水流并不大，但对于需要它的人们来说，已经足够。

夜幕来临，人们结束一天的劳动，为牛羊添足草料。

然后，呼妻唤儿，一家人共聚一堂，共享天伦之乐。

坚守传统的老人也被搀扶出来了。

白天，他们独自坐在荫凉的角落里，一边翻阅着祖先留下的圣书，一边冥思苦想；晚上，他们坐在村子的草场上，向村民讲述那些古老的圣训。

大人们个个毕恭毕敬，孩子们却惦记着溪边漂亮的鹅卵石。

圣训究竟是什么？

无人能懂，老人也从来说不明白。

然而大家都知道，圣训是流传了千年的圣旨，神圣不可侵犯。

谁敢怀疑圣训，谁就会被群起攻讦，无人敢质疑祖先的智慧。

圣训的困惑

与世隔绝的幸福生活无法满足蛮荒时代人们对更自由、更美好世界的向往之心，祖先们留下来的那些不容侵犯、延续千年的古老圣训，在坚守着传统的老人口中无法解答后人的困惑与质疑，致使部分有着独立思想与挑战精神的勇敢者最终站出来，远离他们不满足的生活、不信服的圣训，去寻找新的世界。

即使有人心存疑虑，也只是沉默，沉默。

所有人都心怀敬意，谁也不想失去自己已得的成果。

只有夜深人静的时候，大家都沉睡在梦中时，才有几个失眠的人聚集在狭窄的巷口，小心翼翼地提出自己的怀疑。

这些最先提出疑虑的勇士，陆陆续续地离开了山谷，前往外面的世界探索。

然而，他们就这样永远消失了。

还有一些勇士，试图推翻遮挡阳光的群山，但在中途坠崖而亡。

时光如箭，岁月如梭，一年又一年。

这座山谷的人依然无知，人们依然过着与世无争的生活。

在一个孤独的夜晚，一个人在艰难地匍匐着。

他的手掌已经擦破了。

他的衣服也已经撕裂如花，他的身后留下了一道殷红的血线。

终于，他爬到了一家农舍，做了次深呼吸后，便猛烈地敲着大门。

由于体力不支，他昏死过去。

当他醒来时，借着微弱的烛光，他发现身处农舍中，而自己被救了。

第二天，全村的人都知道他回来了。

曾经熟悉的村民围在了他的身边，每个人都在摇头，为他即将到来的命运而叹息。

谁敢离开山谷，最终都会得到失败和屈服。

守旧老人来了，他们也在摇着头，嘴里还念叨着诅咒的字眼。

他们也想宽大为怀，然而律法就是律法，是不容宽恕的。

谁违反了律法，谁就要接受惩罚。

当他伤愈后，就要接受守旧老人们的审判了。

守旧老人并不是没有恻隐之心，他们还记得他母亲那双明亮的双眸，还记得他父亲三十年前失踪的悲剧。

然而律法就是律法，任何人都不得违背。

法官就是守旧老人。

守旧老人把这个漫游者抬到了集市上，人们都十分恭敬地在周围站着，没有任何声响。而漫游者则因为饥渴，身体十分衰弱，于是老者就让他坐下。可是他却拒绝了，人们让他住嘴，他却偏要讲话。他背对着老者，寻找着不久前还意见相投的人。

他恳求着说："大家听我说吧，大家都应该高兴起来！我是从山的那边回来的，我踏上了新鲜的土地，感受到了其他民族的触摸，看到了奇妙的景象。

"小时候，父亲的花园就是我的整个世界。

"在创世之初，花园四面的边境就已经被定了下来。

"一旦我去询问边境那里藏着什么东西，大家都会不停地摇头，接着就是唏嘘一片。可我就是要追问到底，所以他们就把我带到了这里，让我去看那些敢于藐视上帝的人们的尸体。

"于是我就大喊，这些都是骗人的，上帝最喜欢勇敢的人了。接着，守旧老人就过来了，并向我讲读他们的圣书。他们说，世间万物的命运早

拯救与被救

探索外面世界的漫游者历尽艰辛返回了他"封闭"的故乡，承受了长途奔波与无尽险阻的他得到了人们的救助与怜悯，却得不到人们的信任。他所带回的新希望面对的却是守旧的律法与人们无情的诅咒，一个救世者在获得旧世界的"拯救"后走向惩罚，一个旧世界却断然拒绝了救世者的拯救。

已被上帝决定了。山谷是我们的，应该由我们来掌管，野兽、花朵、果实、鱼虾，也是我们的，也同样由我们来掌管。但是山却是上帝的，直到世界末日到来的那天，我们都要对山那边的事情毫不知晓。

"但他们是在说谎，就像欺骗你们那样来欺骗我。

"其实，山的那边有牧场，有肥沃的牧草，男人和女人们同样都有着血肉，城市也是经过一千年的精心雕琢，十分美丽。

林外的天堂

　　祖辈们总是希望后代能够平平安安地生存、繁衍下去，善意的他们在其熟悉并可掌控的范围内划定了一片可活动区域。善意的谎言代代传承，直到它可能被一些人利用。敢于质疑或付诸行动的人皆难逃传统律法的迫害，以至于没有人知道荆棘丛生的林外有着一个连祖先也未曾涉足的天堂。

　　"我已经找到了一条大道来通往更加美好的家园，我看到了新的曙光。大家跟我走吧，我把你们带向那里。上帝的微笑不只是在这里，同时也在别的地方。"

　　他停下后，人群中就出现了一声怒吼。

　　守旧老人喊道："他这是明目张胆地亵渎神圣。我们应该给他相应的惩罚。他已经神志不清了，竟然敢嘲弄千年前的法律！他罪当至死！"

　　人们于是搬起了沉重的石头，杀死了这个漫游者，并把他的尸体扔到山脚下，用来警告那些胆敢对祖先的智慧表示怀疑的人，这种做法就是杀一儆百。

　　不久，这里发生了一场大干旱。湍湍流淌的那条知识小溪也干涸了，牲畜也因为饥渴而死去了，粮食在田地里枯萎，无知的山谷中充满了饥渴声。

　　但是，守旧老人们并没有感到失望。因为他们预言说，这一切都会好起来的，至少那些最神圣的篇章是这么写的。

　　更何况，他们已经很老了，一点食物就足够了。

接着，冬天就到来了。

村落中十分空荡，人烟稀少。

由于饥饿和寒冷，大部分人已经死去了，而活着的人却把唯一的希望寄托在山的那边。

可是法律却阻止了他们。

他们必须要遵守法律。

终于，一天夜里出现了叛乱。

那些曾因恐惧而变得温顺的人，因为失望又变得十分勇敢。

守旧老人仍在无力地抗争着。

当这些守旧老人被推倒时，还不停地抱怨自己的命运不好，说孩子们忘恩负义。不过，当最后一辆马车离开村庄时，他们叫住了车夫，强迫车夫把他们带走。

于是，向陌生世界前进的征程就开始了。

谎言与真相

守旧老人固执的谎言既无法改变恶化的困境，也无法阻止人们的逃离，突至的灾难最终迫使人们背井离乡。他们循着先驱者留下的标记，避开了弯路与险阻，直到寻找到新世界的牧场。谎言催促着人们远离真相，直到有一天它被现实揭穿，在生命与时间的见证下，人们才恍然醒悟曾经走过太多的弯路。

这距离那个漫游者回来已经很多年了，所以那条他开辟的道路寻找起来并不容易。

很多人死掉了，人们就踏着他们的尸体，终于找到了第一个用石子堆起的标识。

自此，征程就减少了一些磨难。

那个先驱者很细心地在丛林和无尽的荒野中，人为烧出了一条宽敞的道路。

这条道路一步步地把人们带向了新世界的牧场中。

这时，大家哑口无言了。

人们说："最终还是他对了，守旧老人们错了。

"他讲的是实话，是守旧老人说谎了。

"他的尸体在山脚下慢慢地腐烂，但守旧老人却坐在我们的车中，唱着那些老掉牙的歌。

"他救了我们，而我们却杀了他。

"我们对此很内疚，不过，如果我们那时知道的话，自然也就……"

然后，人们就把马和牛身上的工具都卸下来，把牛和羊赶进了牧场，修建起自己的房屋，还为自己划分了土地。自此，人们又开始了幸福的生活。

几年后，人们为智慧老人修建了一座新的大厦，并打算把勇敢的先驱者的骨灰也埋在这里。

一支严肃的寻找队伍又来到了那个早已荒废的山谷，可是山脚下什么都没有，先驱者的尸骨也没了。一只十分饥饿的豺狼早就把他的尸体拖进了自己的洞穴中。

人们在先驱者足迹的尽头放了一块小石头，并在石头上刻下了先驱者的名字。他是第一个挑战未知世界的黑暗和恐怖的人，他把人们引向了新的自由。

石头上还写明，它是由前来感恩的人的后代所修建的。

这种事情不仅发生在过去，同时也发生在现在，不过我们希望将来不会再发生这样的事情了。

目录
Contents

第一章

野蛮的专制

公元527年，弗雷维厄斯·阿尼西厄斯·查士丁尼成为了东罗马帝国的主宰者。

这位出身于塞尔维亚村落的君主对于知识素来排斥，于是他颁布了法令，打压古希腊的哲学学派，不让他们再去"兴风作浪"。他还关闭了国境内唯一一座庙宇，这座庙宇在新基督教派的信徒迁入尼罗河流域后，香火已经延续了几百年了。

它位于菲莱岛上，这是一个小岛，附近便是尼罗河大瀑布。自从人们有了记忆，寺庙就已成了他们朝拜女神爱西斯的圣地。在地中海各个国邦的神都逐渐消失的时候，这

微笑背后的专制

强盛的罗马帝国在内忧外患下，将帝国疆土划分为东、西两个部分，而继承了纯正罗马血统的查士丁尼为了重现昔日罗马帝国的盛况，对所统领的东罗马帝国施行森严的专制统治。图中查士丁尼大帝在随从簇拥中微笑着手捧圣器向基督献祭，但从其他人僵硬的表情以及肢体语言仍能读出那个时代的冷峻与严酷。

座寺庙的女神仍然香火不息，真是个奇迹。一直到公元6世纪，这里还是唯一研究古老而神圣的象形文字的地方，几个教士日复一日地在这里从事着这种早已被遗忘的工作。

如今，由于无知的帝国新君主所颁布的法令，寺庙连同附近的学校都划归公有，庙里面的女神像也被送到了君士坦丁堡的博物馆收藏，教士和象形字书法家都被关入牢狱内。等到他们最后一个人在饥寒交迫中死去后，有着悠久历史的象形文字技艺也从此失传。

实在是令人可惜啊！

巴别塔

据古希腊历史学家希罗多德的记载，巴别塔修建在8层逐层缩小的高台之上，四周有螺旋形的阶梯可逐级而上，塔高约90米，顶端建有马克杜尔神庙，整个建筑气势恢宏，人称"通天之塔"。巴比伦人建起种种奇迹来凸显他们的价值与崇高，他们也借用上天与神的旨意来规范臣民的言行与思想。

倘若昏聩的君主的行动能慢一些，那些学者就有可能找寻到类似于"挪亚方舟"的藏匿之所，那现在的教授在对历史作考证时也就不用那么艰难了。虽然我们现在可以辨识晦涩的埃及文字，却无法理解它们的真正涵义。

在古代的各个部落中，这种事情俯拾皆是。

那些长着奇特大胡子的巴比伦人为我们留下了大量刻着宗教文字的砖窑，他们曾虔诚地呐喊着："后人有谁能明白天国里上帝的忠告呢？"当时他们是怎么想的？他们在祈求神的庇护，他们希望解读神的法律，然后他们把神的旨意刻在圣城的大理石柱上。他们是怎么贯彻神的旨意呢？有时他们谦虚有礼，鼓励教士崇拜天国、探索新的陆地和海洋；有时他们会变成冷血的刽子手，一旦人们中有谁由于疏忽而忘记了那早已过时的宗教礼仪，他们就有可能对其施以严厉的惩罚。这是什么原因呢？

至今历史学家也没有弄清楚。

曾经有一支探险队到达尼尼微，他们在西奈的沙漠里发掘出了不少古迹，其中楔形文字最多了，译注的书本竟有数英里之长。在美索不达米亚平原和埃及各地，历史学家们也都在试图找寻能够打开这座神秘的智慧宝库前门的钥匙。

然而，由于一个偶然的机会，我们找到了宝库的后门，实际上它是一直敞开着，只要你能发现它，那随时都可以进去。

不过，这扇方便出入的小门可不是位于阿卡达或者孟菲斯附近，而是隐匿于丛林深处。异教徒寺庙的木板几乎将它完全遮掩住了。

我们的祖先在侵略扩张的征途中，发现了他们所称呼的"野蛮人"。

这是一个并不愉快的相遇过程。

那些野蛮人以为我们的祖先是来杀戮的，于是便举起手中的长矛和弓箭对准了他们。

可怜的野蛮人还没有什么行动，就被祖先们用大口径的火枪击毙了。

这样一来，祖先们就不可能在平心静气地与野蛮人进行交流了，而那些野蛮人也对来访者怀有深深的偏见和怨恨。

在我们祖先的眼中，所谓的野蛮人，全都是一群如鳄鱼般凶残、如枯树般肮脏的怪物，即便他们遭遇什么不幸，也是理所应当的。

这种情况在18世纪发生了改变。让·雅克·卢梭以他深沉忧郁的思想描述着这个世界，很多人被他的多愁善感打动，也不禁为野蛮人的历史流下了悲悯的泪水。

从此，人们开始喜欢谈论关于野蛮人的话题，虽然他们没有见过野蛮人，不过他们坚信，愚昧无知的野蛮人是生活环境的不幸牺牲品，却也代表了人类最初的美德。而今，腐朽的文明制度已经使现代人丧失了最初的美德。

现在，我们可以在特定的研究领域内对野蛮人了解得更为清楚。

通常来讲，辛勤付出总会得到丰收的果实。其实野蛮人的生活，和我们在艰苦环境下的拼搏是一样的，遗憾的是他们没有被上帝所感化。通过对野蛮人的研究考证，我们

进驻巴比伦

　　巴比伦城位于波斯、希腊、埃及之间交汇的战略重地，悠久的历史与繁荣的经贸让那里成为人们心目中无比向往的神圣之城。马其顿帝国的缔造者亚历山大大帝在完胜波斯皇帝大流士之后，挥军进驻巴比伦城，不仅将那里当作财富与荣誉的汇集地，更将那里看作是帝国宏伟计划的又一个新起点。

百门之都

　　巴比伦城城防坚固，设有100座铜制城门，故有"百门之都"之称。

亚历山大大帝

　　他对希腊民族和文化有着近乎痴迷的推崇，而其他民族皆被看作野蛮的民族。

空中花园

　　高于宫墙的阶梯型园林，宛若悬在空中而得名，世界七大奇迹之一。

文化特征

　　冲突与战争让东方的宗教思想流入希腊，并由此对后来的罗马产生了深远的影响。

盛装的战象

　　波斯帝国在战场上多次借用战象制造威慑力与杀伤力，让亚历山大大帝醒悟波斯人同样是具有优秀智慧与才能的民族，并将战象作为特殊兵种编入自己的军队。

　　大略了解了尼罗河流域和美索不达米亚平原的社会风貌。通过对野蛮人的深入了解，我们可以对人类在5000年历史中所形成的诸般奇怪的天性有一个管中窥豹的了解了。现在这些天性还深埋于人类所表现出来的礼仪和外表之下。

　　不过这些发现不足以让我们感到骄傲，从另一方面来讲，我们明白了人类摆脱了曾经的艰苦环境，并创造了许多伟大的成就。然而这也只能使我们以新的态度来继续工作，如果还有其他需要做的事情，那就是我们应该秉持宽容的态度来对待那些未开化的异族同胞们。

这不是一本关于人类学的著作。

而是一本讲述宽容的书。

宽容是一个宏大的主题，我们很容易偏离这一主题。

一旦我们撇开了这一主题去追求其他，可能就收不住脚了。

鉴于这种危险，我最好先用一小章的篇幅来介绍我所讲的宽容的含义吧。

语言是人类最富有欺骗性的发明了，它对于任何名词的定义都难称绝对客观。所以那些无名之辈就应该以一本书为纲，而这本书的权威性是大多数学者所承认的。

我所说的这本书就是《大英百科全书》。

该书第二十六卷第1052页对于"宽容"的解释是这样的："宽容：容许别人有行动

野蛮人的世界

人们总是对外来者或未知的世界给予深深的警惕与恐惧，"野蛮人"凶残、肮脏的形象成为每一个文明人对外族异类最牢不可破的标签。卢梭用他忧郁的思想向人们描述了一个质朴、优雅的野蛮人世界，外部生存环境的差异造就了文明的差异，但拥有了文明的人们摆脱了困境，却往往容易丧失最初的美德。

和思想的自由，对于不同于自己或传统观点的见解予以公正的容忍。"

或许宽容还有其他含义，不过这本书的解释最易被接受，所以我们不妨将《大英百科全书》的释义作为引据。

既然我已经为自己树立了一个明确的主题，那么我就要开始从野蛮人讲起了，告诉你们我从所记载的早期社会形态中发现了什么样的宽容吧。

在大多数人看来，原始社会非常简单，原始语言只是几声用以召唤的嘟囔，原始人类相当自由，无拘无束。然而在社会变得复杂后，这种自由也随之消失了。

这几十年来，不论是冒险家、传教士，还是医生，他们都在北非、西亚和波利尼西亚地区作了调查，得出的结论与传统观点相左。实际上，原始社会也是非常复杂的，原始语言的时态和变式比俄语和阿拉伯语还要多。原始人也不自由，他们是现实社会的奴隶，也是过去和未来的奴隶。他们是一群命运悲惨的生灵，他们在恐惧中求生，在颤抖中死去。

真实的野蛮人

在人们的潜意识中，处于原始社会的野蛮人思想朴素、行动自由，但现实中的调查与传统观点大相径庭。原始社会的内部结构也很复杂，语言的时态和变式富于变化，野蛮人为了生存不得不终日处于一个部落群体的荫庇下，在那里他们背负着过去与未来的枷锁，直到有一天在惶恐、颤抖中默默死去。

原始社会的求生法则

在人类出现的最初时期，弱势的人类不仅要时刻警惕猛兽的致命威胁，也要抵挡自然界细菌、疾病、风寒、酷热的侵袭。为了生存，原始人不得不将自己融入复杂的部落生活中，汇集众人的资源与力量以获得相对安全、充裕的生存空间。

猛兽、疾病、自然灾害以及敌对部落都可能是足以致命的威胁。

每一个独立的个体都有着自发的集体观念，因为这是他们能够有效提升生存几率的唯一选择。

人们结成群策群力的集体，汇集众人的资源与力量以抵御各种威胁。

人们所认为的野蛮人形象，是一群古铜肤色、黄头发的人在大草原上自由散步，然后在饥饿时追逐野猪等猎物。不过我要讲的野蛮人与你们的想象却是相差千里，我所讲的才是最真的事实。

那么事实上是个什么样子呢？

我读过许多描述奇迹的书，然而这些书无一例外少说了一个奇迹：人类能够生存，这就是最大的奇迹。

试想，人类本身是手无寸铁、亦无所长的哺乳动物，如何能抵挡住细菌、疾病、风寒、酷热的侵袭而不倒，从而成为万物之灵长呢？其原因这里不讨论，然而这就是事实。

而且可以肯定的是，这诸般成就，绝不是一个人就能完成的。

原始人为了能够生存，或者说获取某种成功，他们不得不将自己融入复杂的部落生活中。人类在原始社会成为主宰，所秉持的只有一条信念：极端而疯狂的求生欲。

当然，困难是重重的。

所以，人类的任何欲望都必须服从求生欲，这是人类最崇高的欲望。

在原始社会中，没有个人，只有集体。部落是从事活动的主体，它自成体系，凭借群体的力量，不仅为自己谋利，也要排斥其他的威胁，这样部落才能获得安全的生存环境。

然而，实际问题比我的概述要复杂得多，我所讲的只是表面上的原始世界，在人类社会发展的最初阶段，那些看不见的真实和看得见的真实相比，可谓是大巫见小巫了。

读者若是想充分了解，就需谨记一点。原始人与现代人有着很大的不同，他们根本不明白什么是自然法则。

譬如说一个人坐在有毒的常青藤上，那么他会认为是自己粗心大意，然后他就请医

求生的欲望

人类不得不将自己融入复杂的社会群体环境中，群体要生存，个体亦要生存，极端而疯狂的求生欲望占据着一切诉求的顶峰，并督促着每一个群体和个人，影响和支配着他们的思考、行为。而最终他们战胜了众多困难，抵挡住细菌、疾病、风寒、酷热的侵袭，淘汰掉弱弱者，这本身就是一个奇迹。

野蛮人的死亡定律

　　野蛮人认为死亡的结果仅仅是到另一个世界继续生活，它不可窥视，亦不可亵渎。安定的社会秩序由看不见的神操纵着，传统与法律维系着微妙的平衡。图中的死亡之岛上每一处局部皆被阿道夫·希特勒赞赏有加。它诠释着自然的深邃、神秘与死亡的沉重、威严，无尽的压迫感让人感到自己是如此渺小。

生来诊治，并让自己的孩子将那些有害物移走。现代人辨识因果的能力会使他明白，这些常青藤的毒素侵入皮肤，会引起皮疹，医生可以给我止痒，将毒素清除就可避免疾病的痛苦了。

　　而真实的野蛮人，他们对于常青藤的反应就与我们相左了。他不会将常青藤与皮疹联系起来，甚至他就不会有皮疹的意识。在野蛮人的意识中，分不清什么是过去、什么是现在、什么是未来。野蛮人会认为那些逝去的领袖成为了上帝，逝去的朋友成为了天使，他们仍是部落大家庭的成员，只不过看不见他们，然而他们会始终陪伴活着的人。在野蛮人的生活中他们会与死人同吃同睡，共同站岗守卫。对他们来说，远离死人或者与死人亲近，是一个重大的问题，如果不慎重考虑，就会受到惩罚。因为活着的人不知道如何取悦天使，所以他们总是害怕上帝将不幸作为报复施加在他们身上。

　　因此，当他们遇到了怪异的事情时，不会查找根本原因，反而会认为是天使显灵了。当发现手臂上的皮疹时，他们不会咒骂："这该死的毒藤！"而是诚惶诚恐地嘀咕："我得罪了上帝，他来惩罚我了。"于是他去找医生，可不是讨医治藤毒的膏药，而是求一道符，这道符必须比"愤怒的上帝"施加在他身上的符咒要灵验百倍才可以。

　　而那条使他致病的毒藤，他却不予理会，随它在那里继续生长。如果哪一天有个现代人在毒藤上浇上汽油烧毁，野蛮人一定会诅咒他损毁了上帝的符咒，会遭报复的。

　　所以，如果一个社会中的秩序是由看不见的神操纵着，那么要使社会的安定维持下去，就必须对法律完全服从才能平息神的怒火。

在野蛮人看来，法律是确凿无疑的存在。他们的祖先创造了法律，将它传给了下一代，而下一代所肩负的最崇高的职责就是将法律原封不动地传给他们的下一代，由此使法律代代相传。

这种传承在我们看来是十分荒谬的，因为我们所信仰的，是不断地发展、创新和进步。

然而，所谓的进步，实际上也是个新生事物。初级社会的特点是，当人们觉得生存现状已经足够完美了，他们就不想、也不相信再有什么改进了，因为他们从未见过另外的世界。

如果这是真实的原始社会，那么野蛮人是如何防止既成的法律和已有的社会形态发生改变呢？

答案十分简单。

弱肉强食的世界

弱肉强食的自然世界让野蛮人别无选择，文明的演进与危机的环视，让他们唯有用最简单、最蛮横的手段去达成生存的最终目的。示弱与忍让只会蚕食掉他们赖以生存的条件，将他们自身置于凶险的万劫不复之地。他们借用"忌讳"的概念维系着稳定，触犯者如同敌人一般被严惩，甚至被杀死吃掉。

那就是将那些拒绝将社会公约奉为神的旨意的人处死。说白了，就是依靠一种蛮横的制度来维持既有社会形态。

倘若我据此声明野蛮人是不值得宽容的，那也不是为了诋毁他们，因为我还要声明附加一句，在他们赖以生存的环境中，蛮横是理所应当的。若是他们一味忍让，任由那些保护他们生命安全、维持他们思想纯洁的部落生活被人践踏，那么他们的部落就会有濒亡之危，这是一件多么可怕的事情啊。

然而，令人好奇的是，这些少数的几个人是如何来推行那一整套代代相传、口口相授的法律条例呢？在我们这个时代，即便我们拥有了数以万计的警察、数以百万计的军队，然而在推行一部普通法律时仍会存在着重重障碍。

其实答案也很简单。

在这方面野蛮人比我们现代人要聪明很多，他们清楚地认识到，有些东西仅凭武力是不能推广的。于是他们创造了"忌讳"这一概念。

当然，用"创造"来形容他们这一举措是不够恰当的，因为在原始社会中，新生的事物很少是一时灵感的产物，更多的是长久岁月的积累和实践的结果。不管怎么说，自从北非和波利尼西亚的野蛮人有了"忌讳"这一概念后，在很多方面都省去了不少麻烦。

到底是教士创造了忌讳，还是由于维持忌讳才有了教士，这个因果问题至今没有被科学验证。不过，由于传统相比宗教有着更为悠久的历史，所以我们可以相信，早在教士或者巫师的职业产生之前，忌讳就已经存在了。当然，当教士和巫师一出现，他们就成为了忌讳最坚定的支持者了，并且运用巧妙的手法滥用这一概念，使得忌讳成为了史前的"禁物"象征。

可以这样说，本书的重点不在于研究史前的历史，或者研究概念中的"远古史"。

为宽容而起的斗争直到个性被发现以后才开始。

在人类最伟大的发现中，个性的发现，应当归功于希腊人。

第一章

希 腊

　　在地中海的一块不为人知的角落里，有一个小型的半岛，这块半岛在以后的两百多年中为世界奠定了完整的文化基础，这一文化基础包括政治、文学、戏剧、雕塑、化学、物理等。它是如何产生的呢？数百年来，没有人能想明白，许多学者都曾消耗了大量的时间来研究，最终也一无所获。

　　与化学、物理、医学和天文等领域的专家相比，历史学家总是显得盛气凌人，他们喜欢用一种蔑视的态度来评判人们祈求发现"历史法则"的努力，认为他们是居心不良。在历史学家看来，人们有能力研究蝌蚪、流星和细菌，却未必能在人类历史这一领域有所建树。

告别蒙昧

　　在地中海的角落里，默默无闻的希腊悄悄崛起并成为西方文明的发源地，它悠久的历史与灿烂的文化对世界历史的发展带来了重大的影响，它在政治、文学、戏剧、雕塑、化学、物理等领域取得的成就为后人所仰视。浮雕上的两位女神得墨忒耳和科瑞将麦粒交给童子特里托莱姆，意味着人类开始告别蒙昧。

可能我的叙述有错，然而我认为"历史法则"是存在的。至今我们收获甚微，这也是事实，只因为我们的探索能力还不够。我们一直在忙着搜集材料，却忘了对它们作整理了，从中提取有价值和代表性的事实，然后对其分析总结，得出真正的智慧。这种智慧对于人类这种特殊的哺乳动物可是有着不一般的价值。

在我最初涉足人类历史领域时，确实有些诚惶诚恐。在这里我引用一位科学家的名言，来对历史法则作出解释：

根据现代科学家的研究结论，当所有的物理和化学成分都达到了可以形成第一个细胞的理想比例时，生命便开始了。

将这句话翻译成为历史学的概念，就是：

当所有的种族、气候、经济和政治条件在不健全的世界中达到或者接近一种理想比例时，高级形式的文明才会自然而然、或者突然地脱颖而出。

我再列举几个反面事例来论述这一观点。

思想处于类人猿水平的种族是不可能永久昌盛的，即便在天堂也不可能。

倘若出生在爱斯基摩人的圆顶屋内，整日只知盯着冰面上猎捕海豹的冰洞看，那么伦勃朗就绘不出图画，巴赫就谱不出受难曲，伯拉克西特列斯也塑不出雕像。

倘若达尔文为谋生计而不得不到兰开夏郡的工厂里干活，那么他就不可能取得生物学上的成就，倘若亚历山大·格雷厄姆·贝尔是居住在罗曼诺夫庄园中偏僻小村落的一个没有人身自由的奴隶，那么他也不可能发明电话。

古埃及诞生了人类第一个高级文明，那里气候宜人，然而当地居民的体格却不特别壮硕，且他们的进取心也不够，以致经济和政治状况都十分糟糕。巴比伦和阿西利亚也是如此。后来迁居到幼发拉底河和底格里斯河流域的闪米特人却身材魁梧、精力充沛，两河流域的气候也非常适宜，不过那里的经济和政治状况也不怎么样。

巴勒斯坦的气候没什么值得夸耀的，那里农业落后，除了横贯国土连接亚非大陆的那条大篷车道外，基本上没有其他商业贸易。而且，巴勒斯坦的政治完全被耶路撒冷的教士所操纵着，这严重限制了个人发挥其积极性。

腓尼基的气候倒是不错，那里的人们十分高大，贸易状况也很好，不过，这个国家却遭遇了经济极端不平衡的危机。小部分船主掌控了大部分财富，并且建立了严苛的贸

达尔文与《物种起源》

作为"生物进化论"的奠基人，英国生物学家达尔文通过历时五年的环球航行考察了世界各地大量的动植物与地质结构。他编著的《物种起源》一书完全颠覆了传统观念，认为世上的物种为生存而不断斗争，并通过优胜劣汰存活下来，长期的自然选择促使物种逐步细微变异并积累成显著的转变，实现进化。

易垄断制度。由此一来，早先泰雅和西顿的政权就被几个大富豪所把持了，他们就连劳苦大众最基本的劳动权力也剥夺了。这些主宰者冷漠无情，对人民的生活不管不顾，由于他们的鼠目寸光和自私贪婪，腓尼基最终重蹈迦太基的覆辙，化为一片废墟。

总的来说，在各个早期文明的中心，成功的必要因素总是难以俱全。

公元5世纪，在希腊终于出现了完美平衡的奇迹了，然而它只维持了极短的时间，更奇怪的是，就连这奇迹也不是先发生在希腊本土上，而是在爱琴海彼岸的殖民地上。

我曾在另一本书中对著名的岛屿桥梁作过描述，它们沟通了亚欧大陆，促进了两大洲的交流和贸易。在还没有文字记载的时候，埃及、巴比伦和克里特商人就通过这些岛屿的桥梁来到欧洲。他们的登陆不仅有商业活动，更是把亚洲的思想引入欧洲。在小亚细亚西岸的一条狭长地带上留下了商人们的足迹，这个地方叫爱奥尼亚。

当时距离特洛伊之战还有数百年，希腊本土的一些部族逐渐控制了这块长约90英里、宽仅数英里的土地，在此建立了城市并予以殖民，其中有名的城市有以弗所、福赛、米莱图斯和艾里斯。在这些殖民城市的周围，成功的因素以理想的比例日臻完备，

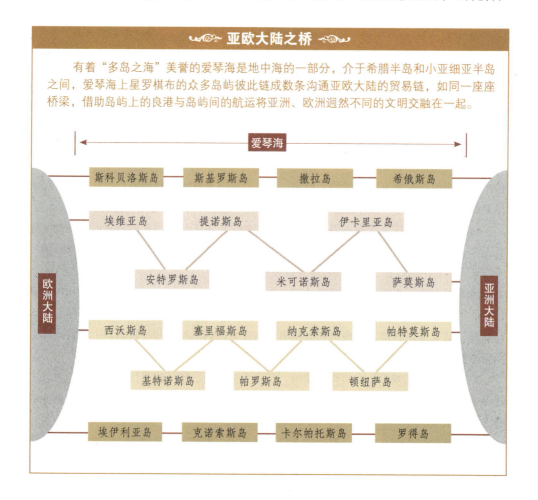

亚欧大陆之桥

有着"多岛之海"美誉的爱琴海是地中海的一部分，介于希腊半岛和小亚细亚半岛之间，爱琴海上星罗棋布的众多岛屿彼此链成数条沟通亚欧大陆的贸易链，如同一座座桥梁，借助岛屿上的良港与岛屿间的航运将亚洲、欧洲迥然不同的文明交融在一起。

致使这里的文明发展到了一个极高的水平，后世文明虽有比肩者，却从未能超越。

个中原因很多，有三点是最重要的：

第一，殖民城市的居民来自许多不同的民族，他们多是本民族思想最活跃、最有胆识的人。

第二，殖民地积累了大量新旧时代以及亚欧大陆通商贸易获得的财富。

第三，殖民地的统治者给予了广大人民群众平等的机会，以使他们可以充分发挥个人的才华。

为何我没有提及气候因素呢？其实对于一个重商轻农的地区来说，气候的因素真的可以忽略不计。不论是刮风下雨，还是晴空万里，船只照样会制造，货物一样可以装卸，只要港口没有结冰，只要城市没有遭遇洪灾，那么居民是不会对气候有多大的兴趣的。

文明诞生的要素

环境始终都对人类文明产生着重大的影响，对于人类早期文明来说，这些文明诞生之地都有着几个关键的要素，那就是适宜人类居住、发展。良好的地理位置与自然条件让那里的人们丰衣足食、身体强壮，而稳定的社会环境与繁荣的经济则为文明的诞生、持续发展提供土壤。

希腊的成功模式

希腊人在面积不大的国土上快速地建立起数个殖民城市，在这些城市的周围，理想的成功模式正逐步形成，致使希腊文明发展到了一个极高的水平，究其成功的关键因素，人们不难发现这些殖民城市的共性，即是具备前提基础、必要条件与适当引导。

城市统治者给予民众平等的机会，为每个人充分发挥个人才华创造空间。

适当引导

三者缺一不可

城市居民来自不同民族，皆是思想活跃、具有胆识的人。

前提基础

必要条件

城市积累了大量新旧时代以及亚欧大陆通商贸易获得的财富。

然而爱奥尼亚的气候对于知识阶层的发展倒是很有利，在没有书籍和图书馆的时代，知识是靠人类口口相传的，城市的水井附近成为了早期社会活动的中心，也是最古老大学的诞生地。

知识阶层中只有一个人被历史记录了下来，他就是现代科学的创始人，不过此人的背景遭到很多人的质疑。他们并非是怀疑他因抢劫了银行或者是杀了人，才从某个不为人知的地方跑到了米莱图斯，主要是因为对他的身份不确定，他是腓尼基人还是奥夏人？是闪米特人还是游牧人？

位于麦安德尔山口的这个小小的城邦在当时竟然是一个声名显赫的世界中心，城市的居民来自世界各地，就如今天的纽约一样，所以人们只凭直观印象来评价他们的邻居，很少会过问邻居的家庭。

我们这本书并非是关于介绍数学或者哲学的，所以不需要对泰勒斯的思想多费笔墨来阐述了。值得一提的是，泰勒斯对于新的思想常待以宽容，这种友善的态度在爱奥尼亚普遍存在。在当时，罗马不过是远方一条默默无闻的小河旁的小城镇，犹太人还是阿

城市文明的崛起

告别了游牧的生活，希腊城邦居民用双手缔造了城市文明，他们甚至用砖石修砌起让后人叹为观止的庞大、复杂的城市给水与排水系统。这些城市中的居民由众多民族中思想最活跃、最具胆识的人构成，繁荣的商贸让城市聚集了大量财富，执政者创造了一个相对平稳、公正的社会政治经济环境，使每一个人都可以尽展所长。

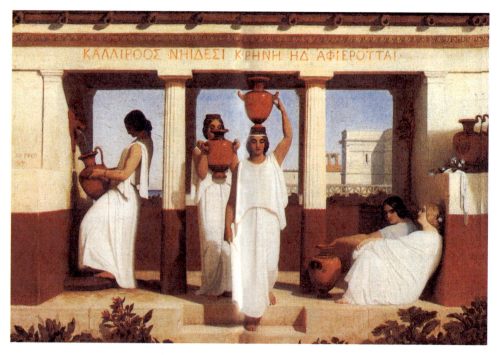

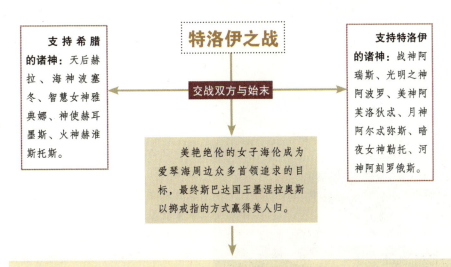

特洛伊之战

约在公元前1200年，迈锡尼人曾与欧亚交界的特洛伊人展开过一场长达10年的残酷战争。在这场传说中有着众多希腊主神参与的大战中，迈锡尼国王阿伽门农借助阿喀琉斯和奥德赛的力量，终以"木马屠城"的策略将固若金汤的特洛伊城踏为废墟。

支持希腊的诸神： 天后赫拉、海神波塞冬、智慧女神雅典娜、神使赫耳墨斯、火神赫淮斯托斯。

特洛伊之战

交战双方与始末

支持特洛伊的诸神： 战神阿瑞斯、光明之神阿波罗、美神阿芙洛狄忒、月神阿尔忒弥斯、暗夜女神勒托、河神阿刻罗俄斯。

美艳绝伦的女子海伦成为爱琴海周边众多首领追求的目标，最终斯巴达国王墨涅拉奥斯以掷戒指的方式赢得美人归。

不和女神厄里斯在诸神的婚宴上以一个"献给最美丽女神"的金苹果引发了赫拉、雅典娜、阿芙洛狄忒三位女神的争夺。

特洛伊王子帕里斯被阿芙洛狄忒提出的"给予他世上最美的女子海伦"条件所诱，裁定后者赢得金苹果，而心怀不满的另两位女神决意毁灭特洛伊。

特洛伊王子帕里斯远赴斯巴达与海伦双双坠入情网，携手偷返回特洛伊城；而墨涅拉奥斯得知后恼羞成怒，召集联军进攻特洛伊。

在长达10年的特洛伊围城之战后，希腊联军最终以奥德修斯的"木马计"里应外合攻陷特洛伊城。

西利亚人的俘虏，西欧和北欧也只是一片鬼哭狼嚎的荒野。

为了明白其中的原因，我们不得不对自从希腊众领袖渡过爱琴海将特洛伊城的财富掠劫一空后希腊所发生的种种变化有所了解。在那时，那些闻名遐迩的英雄，不过是初级文明社会的产物，他们就像是四肢发达的孩子，将生命看作是一场漫长而又光荣的搏斗，或者是充斥了刺激、赛跑、角斗等项目的竞技。我们现代人如果不是为了牛奶和面包而努力工作，那么人们未尝不想也从事这些活动。

这些血性的角斗士对待他们的信仰和上帝的态度十分诚挚，就如对待人生中的重要事件一样。在公元10世纪时奥林匹斯山上的众神就掌控着希腊人所创造的一切，然而他们也都是以人的形象出现的，与尘世间的人没有太大的区别。人类到底是什么时候、什么地点与他们信仰的上帝划清界限的呢？至今仍是一个未解之谜，没有人能明白。然而，天堂里的上帝从来就没有对尘世的子民中断过他的深情厚意，上帝的感情令人感到亲切而富有个性色彩，最终促使了希腊的宗教焕发了新的魅力。

那些受过良好教育的孩子大都明白，宙斯是万神之主，他胡须虬髯，他的力量非常强大，一旦他狂躁起来，世界立刻就会电闪雷鸣，仿佛到了世界末日。虽然孩子们在摇篮里常听大人讲述神的故事，然而等到他们稍微懂事，能够自己阅读神话故事时，他们便会尝试研究崇高的神灵的

人与神的界限

希腊神话中人与神的界限难以划清，那些半人半神、闻名遐迩的英雄皆是初级文明社会的产物，希腊人也从始至终坚信自己是神的子孙。奥林匹斯山上的诸神掌控着人世的一切，他们同凡人一样有着自己的性格、理想与欲望，他们将生命看作充满荣耀与刺激的竞技，他们用行动诠释着各自对理想生活的态度。

弱点了。那时他们所见到的神灵只是在愉快的家庭晚会上突然出现的易容客，这些人相互恶作剧，根本停不下来，或者他们会参与人们的政论活动，然后因为各自支持一方的观点而激烈地争吵着，所以，每当尘世发生争论的时候，奥林匹斯山上的众神也会掀起一场轩然大波。

不过，虽然宙斯也有和人类一样的弱点，他却仍称得上是伟大的上帝和强大无敌的万物主宰者。为了人类的安全，还是不要触怒他为好。然而，宙斯是比较"通情达理"的，这个"通情达理"词汇的含义，现在华盛顿会议中那些专门在院外进行游说活动的说客们已经解释得很清楚了。的确，宙斯是通情达理的，如果我们把握得好，还可以求得他的通融。更重要的是，宙斯十分幽默，他不会把本人和神界抬得高高在上。

宙斯

　　人们往往可以在神话中找到现实的模板。"万神之主"宙斯在孩子们看来胡须虬髯，拥有着无以匹敌的力量，但这位崇高的统治者也有着和人类一样的弱点，他有时会厌恶、嫉妒、脾气暴躁，有时也会"通情达理"，没有任何竞争对手的他甚至会给予他的子民以充分的信仰自由。

　　这或许是对宙斯最好的评价了。有一点有着明显的益处，那就是古希腊从来就没有制定过什么严苛的教规，来规定普通人应该信仰什么，不应该信仰什么。由于那时没有"信仰"这一概念，以及冷酷的教义和凭借绞刑来推行教义的教士，因此全国各地的人民都可以根据自己的意愿来修改宗教教义和天堂的概念。

残酷与野蛮

　　希腊神话中也充斥着残酷与野蛮，"森林之神"马斯亚斯曾向"太阳神"阿波罗发出挑战，双方展开一场音乐竞技，落败一方的命运则听从战胜方任意处置。结果最终落败的马斯亚斯被阿波罗判处活活剥皮。充满残酷与血腥的场面告诉人们战败者应对命运坦然接受，并从中赢得尊严与荣誉。

战争的起源

当人们的信仰或观念出现分歧时，身处异地的各方难于从认识上达成和解或共识，从而常常引发争执、激化甚至爆发战争。希腊的斯巴达人和雅典人都曾力图使自己的城市成为整个希腊的中心，但他们的尝试均告失败，而他们的努力换来的只是长年无意义的内战。图为斯巴达人在温泉关之战。

居住在奥林匹斯山附近的塞萨利人对于自己的邻居奥林匹斯众神的崇拜，并没有居住在遥远的拉科尼亚湾小村子里的阿索庇人那么强烈。雅典人认为受到了智慧女神雅典娜的庇护，所以常常对众神之主表现得不够恭敬。那些住在偏僻地区的阿卡迪亚人却坚持着质朴的信仰，他们最憎恨的就是以懒散的态度来对待宗教信仰。人们对德尔法的朝拜是福西斯的居民赖以维持生计的根本，所以他们认为在奥林匹斯众神中，阿波罗是最伟大的。那些从远方来的客人，不管他们身上还剩多少钱，都应该去向阿波罗烧香跪拜。

犹太人信仰的上帝只有一个，这是犹太民族与其他民族最大的区别。当时犹太人集聚在一个城市内，他们的力量日臻强盛，最终使其他的朝圣地没落，而犹太人将对宗教信仰的掌控维持了一千多年。否则，要使犹太人在这么长的岁月中只信仰一个上帝是不可能的。

希腊不具备这样的条件。斯巴达人和雅典人都力图使自己的城市成为整个希腊的中心，但他们的尝试均告失败，而他们的努力换来的只是长年无意义的内战。

一个性格自傲的民族绝对会因其独立思考的精神而有广阔的发展前景。

《伊利亚特》和《奥德赛》这两部时常被称作是"希腊人的圣经"的著作，实际上与真正的《圣经》毫不相干，充其量只是普通读物罢了，根本不能算是"圣书"。这两部著作所讲的都是一些建功立业的英雄人物的事迹，对其心存崇敬的后人便将他们列为希腊人的伟大先祖。不过书中也有不少宗教知识，因为当时在希腊人在内战中，众神各自支持所属的城市，反而将本来职责搁置一边，悠闲地坐观自己辖地内所展开的大厮杀。

至于荷马的《史诗》是不是从米纳瓦和阿波罗身上得到了启示才写就的，希腊人却没有予以什么关注。要知道，《荷马史诗》是人类文学史上光彩熠熠的篇章，在漫长的黑夜中，它不仅是陪伴人们的最好读物，也使孩子们增强了民族自豪感。

可以说，《荷马史诗》代表了一切。

在这个充溢着知识和自由精神氛围的城市中，到处弥漫着来自世界各地的轮渡所散发出来的呕人气味，到处铺衬着华美富丽的中国绸缎，也到处漂泊着富贵闲人的笑语。泰勒斯就是在这个城市中出生的，他在这里成长、学习、工作，最终也在这里撒手人寰。

倘若他从研究中得出的观点与其他人的看法有很大不同，也不需要因此而对其批判，因为泰勒斯的思想的影响力是有局限性的。泰勒斯在米莱图斯家喻户晓，就如现在爱因斯坦在纽约无人不知一样。倘若你向纽约人问起谁是爱因斯坦，他就会说，爱因斯

❦ 《荷马史诗》 ❦

相传《荷马史诗》是公元前9世纪由盲人诗人荷马所作，这部由他的名字而命名的文学作品由长篇史诗《伊里亚特》、《奥德赛》以及众多希腊神话传说构成，多被行走于民间的吟唱诗人所传诵，直至公元前6世纪中叶才被整理成文字保留下来。

《荷马史诗》内容简介		
《伊里亚特》	《奥德赛》	其他内容
讲述了特洛伊战争期间拒绝出战的希腊联军大将阿喀琉斯重返战场，并最终赢得了决定性的胜利的故事。	讲述了特洛伊战争结束后，献"木马计"帮助希腊联军攻克特洛伊的奥德修斯胜利返航，却遭遇种种劫难，历尽艰辛后最终重新与家人团聚的故事。	《荷马史诗》中也穿插了大量的希腊神话传说，反映出了公元前11世纪至公元前9世纪之间古代希腊的社会状况，也再现了迈锡尼文明的一些社会特征与道德风尚。

《荷马史诗》

　　荷马是古希腊著名的行吟盲诗人，相传他每日携带着七弦琴行走于热闹的市镇之中，为人们吟唱英雄的事迹与赞歌。没有人知道这些壮阔雄浑的史诗出自何处，但这并不能阻碍《荷马史诗》成为最受希腊人认可和欢迎的文集，皆因在需要英雄与光明的时代，它为人们带来了信心、希望与荣耀。

坦就是那个留着蓬乱头发、叼着烟斗、会拉小提琴的科学家，这个人还写过一本关于旅客从车头走到车尾的小说，并且在周末的报纸上发表了。

　　这个叼着烟斗、爱拉小提琴的怪才抓住了转瞬即逝的真理之光，最终颠覆了自16世纪以来所形成的物理学体系。然而，在当时他的这一发现并没得到千百万慵懒的纽约人的关注，他们只会在自己打高尔夫球时力图摆脱地球引力却没有成效时，才会记起这项伟大的发现。

　　古代的历史教科书通常都是对泰勒斯的贡献避而不提，只以"米莱图斯的泰勒斯，现代科学的奠基人"一句话敷衍。或许当时的《米莱图斯报》曾在头版刊登过大字标题："本地学生发现了真正的科学奥秘。"

到底泰勒斯是在什么时候、什么地点、以什么方式推翻了前人开创的道路，从而另辟蹊径的，我无法解释清楚，不过可以肯定的是：泰勒斯并非是生活在没有知识的真空世界的超人，他的智慧也不是凭空幻想出来的。在公元前7世纪，无数先哲都在努力探索新的科学领域，留下了大量的关于数学、物理学和天文学方面的资料，后世学者随时都可以用作参考。

巴比伦的天文学家已经开始探索宇宙了。

埃及的建筑师们也在经过精心设计后，才将两块百万吨重的花岗石安放在金字塔内部墓室的顶部。

尼罗河流域的数学家们对太阳的活动作了认真的观察，然后准确预测出了雨季和旱季的周期，为农民提供了耕种的日历，使得农业生产步入规范的轨道。

不过，即便这些人为现实问题的解决提供了有效的答案，他们依然认为大自然的变化是上帝旨意的具体体现。在他们的观念中，上帝掌控着季节更替、日月变换和潮汐涨落，就像是国会议员掌控着国家的农业部、邮政部和财政部一样。

❧ 古埃及人的计时 ❧

作为"四大文明古国"之一，古埃及依靠着农耕、水利支撑着这个庞大帝国的命脉，而这也导致了他们在天文历法方面获得了难得的发现与成就。古埃及人以月亮的盈亏作为计时标准，通过月相来计算时间，一年三季，一季四个月。

古埃及人是世界上最早采用太阳历的人，一年365天，共12个月，每月30天，多余出来的5天为宗教节日。图为记录着向死者供奉祭品的时间的墓绘。

分割成均匀小份的圆圈则代表着一年中每个月份须供奉祭品的节日。

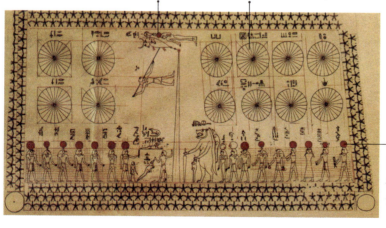

头顶红色圆盘的神像代表有着重大、特殊意义的日或月。

光明与黑暗

　　人们无法解释世间众多神奇的现象，无数先哲都曾努力地探求新的科学领域，这也为后人留下宝贵的遗产。但多数人仍始终坚信诸神掌控着季节更替、日月变换和潮汐涨落，即便是有少数反对派，出于环境与自身安全的考虑也很少公开质疑，这为整个文明世界蒙上了一层挥之不去的阴影。

　　泰勒斯对这种看法不以为然。不过，虽然他持反对态度，但是和多数受过教育的公民一样，他不会在公众场合下发表自己的观点。倘若海边的鱼贩子在某一天遇到了日食，因为被这怪异的天气吓住了，便跪拜在地上向神主宙斯祈祷，那也是他自己的事，泰勒斯不会将此事说给别人以引起讨论。实际上，稍微懂得天文学知识的小学生都知道，在公元前585年5月25日这一天，会发生日食，而米莱图斯城会在白日陷入片刻的黑暗。

　　日食发生的时间正是下午，当时利迪亚人和波斯人正在火拼，随后他们便罢手了。在一般人看来，正是由于光亮不够、视野模糊才使他们停止了厮杀。利迪亚人却认为是他们的守护神在效仿数年前阿加隆山谷战役所发生的奇迹，将天国的光芒遮住，以使他们所支持的一方不打败仗。

泰勒斯

　　泰勒斯曾准确地预测了日蚀，阐述"万物源于水"的观点，被称作"希腊七贤"之一。

对于这种看法，泰勒斯是绝对不相信的。

在泰勒斯的思想中，他将一切自然现象都看作是某种永恒法则所支配的结果，是永恒意志的真实体现，绝不是人们所想象的是神灵随意掌控的结果。以他的观点，即便那天下午除了以弗所大街上的猫狗追逐，或者是哈里奇所举行的一次婚礼，再没有什么重要的事件，日食这一现象仍会照常发生的。

通过科学的观察和分析，泰勒斯总结出了一条符合逻辑的理论。他将世间万物的发生和变化归纳成一条普遍存在的法则，并作出了这样的推测：世间万物皆源于水，世界实际上是一个水的世界，从创世之初水就与世界并存了。

很可惜，泰勒斯没有留下任何关于他的文稿资料，虽然他在那时可以运用文字来表达自己的思想，然而至今仍没有发现他写的文稿，我们对于他的了解仅限于与他同时代人的记载中关于他的一些只言片语，因此我们对于泰勒斯的真实生活只是略知一二，不

太阳神的尴尬

愚昧的人类总是试图将某种必然发生的自然现象归结于某种"神迹"，唯有少数贤者用他们犀利的双眼去揭露其中的谎言。泰勒斯对传统观念提出了他的质疑，并通过考察研究得出"万物源于水"的论断。正如图中充满骄傲与自信的太阳神来到凡人面前，但凡人们除了惊异之外，别无其他，神有时也会在智者面前无比尴尬。

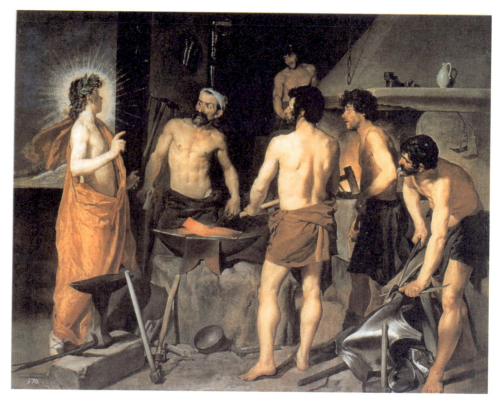

够完整。泰勒斯从事贸易行业，他曾去过地中海的许多地方，与许多不同的人打过交道。或许你们会疑惑，实际上，早期的哲人大都兼有商人的身份，这是当时普遍的社会现象。哲人是"智慧的恋人"，然而他们也从不会忘记另一个事实：生活的秘密寓于生命中。在他们看来，"为智慧而寻求智慧"，这一观点和"为艺术而寻求艺术"、或者为吃饭而吃饭一样，荒谬无极，贻害无穷。

哲人的观点是，世上的人们各有个性，有好的，有坏的，也有不好不坏的，评价世间万物就应该采用这样的标准，不能一概而论。所以，哲人们一有空闲，便开始研究人类这种难以捉摸的高等生物，而

先哲的态度

先哲们以客观的态度审视着这个世界，试图从中发现人类的本来面目，并赢得了世人的尊敬与信任。他们不愿被清规戒律所束缚，也不愿借助它们去束缚别人，他们以自身为榜样向外界传达着自我的态度，有时他们甚至会涉足研究的"禁区"，来印证依附于自然法则的人类仍然可以获得永恒的安宁。图为居住在木桶中的希腊先哲第欧根尼。

且他们试图以人类的本来面目为切入点去探讨，而不是先入为主的主观臆想。

这种做法使得哲人们能与普通人和睦共处，并极大地扩张了自己的影响力。相比不厌其烦的说教，指点人们通往理想国的捷径更有效果。

哲人们很少提出严苛的清规戒律来限制人们的行为。

然而，他们常以自身为榜样来向人们表示，只要认识到了大自然的法则，绝对可以获得寄存所有幸福的灵魂深处的永恒安宁。当哲人们在自己生活的圈子中赢得了人们的信任后，他们便有充分的自由继续作调查和研究了，甚至会去往一些被认为只有上帝才可到达的禁地进行探险活动。泰勒斯作为这群哲人的先驱，他将自己的一生都投入到了这项伟大的事业中去。

虽然他对希腊人古老的世界观作了分解，对每个部分都进行了细致入微的研究，并且对自古以来希腊人所坚持的一些天经地义的事情提出了质疑，然而人们还是采取了宽容的态度，使得他可以寿终正寝。或许当时有斥责他的观点是异端邪说的人，并要求他作出解释，不过我们已经无从考证了。

在泰勒斯为世人指明了科学的道路后，追随者便蜂拥云集了。

比如说阿那克萨格拉，在他36岁的时候，他从小亚细亚来到了雅典，一直在当"诡辩家"，同时还在其他几所城市中兼任家庭教师。他对天文学有着浓厚的兴趣，在他讲课时经常向学生暗示，太阳不是由阿波罗驾驭着一辆马车，车上装载着一个又红又烫的

火球，实际上太阳要比整个希腊还要大上一千万倍。

幸运的是，他的言论没有招致祸患，天国的众神没有因为他的胆大妄为而用雷霆劈死他。于是阿那克萨格拉便有了勇气，将自己的理论深化，他提出了一种假设，月亮的表面到处是山脉和山谷，然后他又暗示说，世界上有一种种子，它是万物的起源和归宿，从宇宙诞生之初它就存在了。

然而，这一次阿那克萨格拉所涉足的是一个禁忌的领域，他的言论正是关于人们最熟悉的事情，后世许多科学家也有过他这样的行为。日月星辰距离地球相隔千万里，然而哲人们通常不会这么认为。这位教师提出世间万物都是从一个"种子"起源而来的，这种言论显然太疯狂了。这一言论与创世神话相背离，在创世神话中，上帝在大洪水后

禁忌的"人类起源"

关于人类的起源，宗教神话中的诸多版本多充满着神奇与梦幻般的色彩。神在世界之初，创造了光明、天地、植物、日月星辰、海洋、动物以及人类。上帝在大洪水之后将小石子变成了男男女女，才使这个世界变得温馨而充满活力。人类与这个神创造的世界和睦相处，世世代代繁衍生息，不得怀疑先辈的智慧。

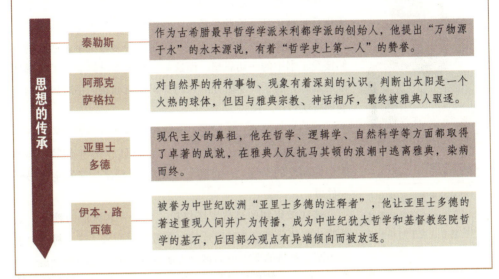

思想的传承

　　雅典良好的学术环境与民主氛围让自由的精神深入到每一个人的思想中，并由此孕育出众多像泰勒斯、阿那克萨格拉、亚里士多德、伊本·路西德的思想家，他们将人类对自身、对世界、对未来的理解与论述一代代传承下来，汇成滚滚的文明之河。

思想的传承

泰勒斯	作为古希腊最早哲学学派米利都学派的创始人，他提出"万物源于水"的水本源说，有着"哲学史上第一人"的赞誉。
阿那克萨格拉	对自然界的种种事物、现象有着深刻的认识，判断出太阳是一个火热的球体，但因与雅典宗教、神话相斥，最终被雅典人驱逐。
亚里士多德	现代主义的鼻祖，他在哲学、逻辑学、自然科学等方面都取得了卓著的成就，在雅典人反抗马其顿的浪潮中逃离雅典，染病而终。
伊本·路西德	被誉为中世纪欧洲"亚里士多德的注释者"，他让亚里士多德的著述重现人间并广为传播，成为中世纪犹太哲学和基督教经院哲学的基石，后因部分观点有异端倾向而被放逐。

　　将小石子变成了男男女女，才使世界变得人丁兴旺。所有的希腊人在小时候都会听说这个故事，所以，任何对于它的神圣的真实性的否认，都会给当时社会的安宁带来不安，也会让孩子们怀疑先辈的智慧，这可是非常危险的。因此，阿那克萨格拉便成为了雅典的家长们群起而攻击的对象了。

　　如果是在君主制或者是共和制的早期，一个国家的统治者还是有能力保护一名不受欢迎的教书先生的，以免他遭受那些没有受过教育的农民们的迫害。然而，在当时的雅典，民主的程度可以说登峰造极了，自由精神进入到了每个人的思想中。而且，当时也被众人所排斥的伯利克里正是这位教师的得意门生，这使得法庭在对其治罪时又多了一条证据。最终人们借此事件掀起了一场轰轰烈烈的反对独裁统治的运动。

　　当时有一名教士，他叫奥菲特斯。他是一个人口稠密的郊区的行政长官。他提出的一条建议最终成为了法律。这条法律条文的内容是：对于所有不尊敬宗教信仰或对神明持怀疑态度的人，都必须立刻治罪。也就是因为这条法律，阿那克萨格拉遭受了牢狱之灾。然而，希腊毕竟是个开明程度极高的城市，后来阿那克萨格拉缴纳了一些罚款就出狱了。他离开了雅典，又回到了小亚细亚，便一直居住在那里，他活了很久，在当地也有着极高的声望，直到公元前428年他才离开人世。

　　通过这件事我们可以明白，统治阶级想要压抑科学理论的发展是枉然的。虽然阿那克萨格拉被迫离开了雅典，然而他的学说却留在了那里，并逐渐被后人所接受。200年

伯利克里

旧时的雅典，民主与自由已潜入每一个国民的思想中，独裁者试图压制科学理论的发展，但先哲们的思想却在几百年后生根发芽。希腊政治家、改革者伯利克里就在其引导下走上了人生政治的前台，他的努力与改革促使希腊在政治、经济、军事以及文化等方面都达到了空前的兴盛、繁荣。

后，一个叫亚里士多德的人采用了他的学说，作为自己科学探索的基础。又经过了1000年的漫长黑暗时期，亚里士多德的思想又被伊本·路西德所接受，他是一位伟大的阿拉伯医学家。他在西班牙南部的摩尔大学里向学生们传播了亚里士多德的思想。他将理论与自己的观察研究相结合，写了许多论著。这些著作后来被传到了比利牛斯山，在巴黎和布伦大学中传播着，并且不断地被译成法文、英文和拉丁文等多种文字。西欧的人们接受了书中的一切思想，而这些思想现在已经成为了科学理论的基础，属于科学研究的入门知识，就如我们小时候所学习的加减法口诀一样。

我们再来谈论一下阿那克萨格拉。在他被治罪后的将近一代人的时间内，希腊的科学家们被批准可以向学生们教授与神明信仰相左的学说。一直到了公元前5世纪末，又发生了另外一件事。

这次被审判的是普罗塔格拉，他是一名流浪的教师，从希腊北部的爱奥尼亚殖民地的阿布戴拉村而来。这个村落由于是德谟克利特的诞生地而被世人所蔑视。德谟克利特可是一位有远见的"微笑哲学家"，他曾经提出一条思想：只有能够给大多数人提供最大的幸福和最小的痛苦的社会，才是健全的社会。这一思想在当时被认为是异端邪说，因此他也被看作是激进分子而长期受到了保安系统的监视。

普罗塔格拉深受这位老乡思想的影响，于是他来到了雅典，经过了几年的探索和研究，他向世人表明了自己的学说：人是衡量世间万物的标准；生命是短暂的，不要把宝贵的时间浪费在毫无意义的对神明的崇拜上，应该将毕生的精力用来追求美好幸福的生活。

这一学说无疑打动了人们灵魂深处的固执，相比过去所有的著作或者说教，这一学说更能使人们的信仰发生动摇。而且，当这一学说发表的时候，雅典和斯巴达两个城邦间的战争正处于白热化状态。当时的人们已经经历了太多的挫折和失败，他们已经对未来失去了信心。显而易见的是，在这非常时期对神明的力量提出怀疑，必然会激起众神之主宙斯的怒火，真是不合时宜啊。因此，普罗塔格拉被看做是无神论者，他被勒令必须按照法庭的裁决修改他的学说。

若是伯利克里还在，是能够保护普罗塔格拉免受迫害的，可惜他已经逝世了。虽然普罗塔格拉是一名科学家，不过他还没有作好准备"为真理而献身"。

最终他逃走了。

然而不幸接踵而至，他乘船前往西西里岛，所乘轮渡却在半途触礁损毁，从此就再也没有任何关于他的消息了，他极有可能在那场意外中溺水身亡了。

戴阿格拉斯是另一位受到希腊人迫害的科学家。不过他并不算是哲人，只能说是一名青年作家。由于他打输了一场官司，便认为是神明没有帮助他，于是他将个人的愤怒一股脑儿发泄在神明身上。在很长的一段时间内，他都在因为自己的苦命而独自思考着，最终他的思想发生了彻底的改变。他到处奔走，以恶毒的语言亵渎希腊北部人们所信仰的神明，他的狂妄也换来了法庭对他的绞刑判决。然而在临刑前夜，这个胆小的家伙也趁机逃走了。后来他去了科林斯，在那里他继续诽谤奥林匹斯山上的众神，可惜最终他因火气太盛而呛死了。

希腊人对于异见的排斥已经发展到了一个无所不用其极的地步了，最典型的事例就是法庭对于苏格拉底那场臭名昭著的死刑判决。这件事历史有着详细的记载。

自由与压制

思想的自由常常会遭遇内外部环境的强力压制，这类试图改变或颠覆社会整体既有框架的思想多被认定为异端邪说，而被关进囚笼。一切侵犯神圣神学的言论皆被强制修改，尽管无数先哲试图通过努力去改变环境，但多数无功而返，甚至遭致监视与迫害，最终不得不走上逃亡之路。

异见者的判决

苏格拉底的言论最终引起了部分人的注意与反对，后者以煽动青年、污辱雅典神灵的罪名将他告上法庭。为了彰显对这个公众人物的判罚公正，雅典特别召集了庞大的陪审团，并以雅典人习以为常的辩论、投票方式裁决，而结论是略占多数的人认为苏格拉底有罪。

判决再现

初始	准备	规则	审判
苏格拉底被冠以煽动青年、污辱雅典神灵的罪名成为被告。	法庭以抽签方式从雅典公民中选出多达500人的陪审团。	陪审团中每个人持有刻着"有罪"和"无罪"的两种小铜牌，在得出自己的判断后将相应的铜牌放入铜罐中。	经过激烈的法庭辩论与认真听审，坚持己见的苏格拉底俨然成为人们心中对国家、社会有着极大威胁的异见者，导致略占多数的人判定其有罪并处以死刑。

科林斯头盔

作为集贸和战略重地，科林斯曾是数百个结为一体的希腊城邦中的一员。依靠商业、手工业与航海业起家的科林斯是贵族与富人掌控的城市。那里的城防坚固、配置齐全，掌控者为维系安定、繁荣不惜投入巨额财富装备军队。图中有着狭小眼孔、狭长鼻甲、宽大护颊的头盔就是科林斯城邦军队的标准配备之一。

当人们谈起守旧的世界，谈起古代希腊人那极端狭隘的心胸，谁都会说出苏格拉底的事情，以此作为希腊人顽固不化的最有力证明。在今天，历史学家经过详细的搜集和考证，关于苏格拉底的情况已经掌握了充分的资料。他是一位街头的演说家，虽然他出身卑微，但却才华横溢，以致被人嫉妒。他对公元前5世纪古希腊盛行的思想自由精神作出了巨大的贡献。

在当时，人们仍是相信神明的存在，因此苏格拉底便声称自己是上帝的使者，虽然雅典人并不能真正理解他所说的"精灵"到底指的是什么，却明白了另一个事实：这位使者对于人们敬若神明的东西一概否定，就连传统的风俗也表现出轻视的态度。最终，雅典的统治者将这名老人迫害致死，虽然他的神学观点（这是统治阶级为了使大家相信而牵强附会加在他身上的）与他的罪名没有什么关系。

苏格拉底本是一位石匠的儿子。他的石匠父亲有很多子女，然而收入微薄。因此没有余钱来供这些孩子们念大学，要知道当时的教授们都是"实在人"，每教一名学生要收两千元的学费。而在苏格拉底看

希腊人的生活

希腊社会中少数富人掌控着更多的财富，但普通的民众仍可以维系平和、朴素的生活。图中一个希腊女子正站在宽大的木椅旁边，将干净、整齐的衣物放进柜子。贫穷的希腊人没有能力供养子女去念大学，但苏格拉底认为人们只需学会培养自己的理念，是否接受良好的教育也无所谓。

来，追求那些所谓的真理，研究一些无意义的现象，根本是在浪费时间和精力。他的观念是，人们只要学会培养自己的理念，即便没有接受良好的教育也无所谓，因为从学校学习的关于彗星和行星的知识本就无益于拯救灵魂。

就是这样一个鼻梁塌陷、衣冠不整，然而却气质朴实的小个子，不仅白天要在街头巷尾与那些游手好闲的人争论，到了晚上还得忍受着妻子的絮絮叨叨（他的妻子为了家庭的生计，天天在家中为别人洗衣服，然而她的丈夫却将这一谋生手段看作是生命中最微不足道的事情）。苏格拉底当过兵，打过仗，是一个受人尊敬的老兵，后来他成为了雅典参议院的议员，然而在当时众多的有着新思想的教师中，他成为了首个因自己的思想而被判死刑的人。

为了弄清楚整个事情的原委，我们就必须知道，在苏格拉底为科学的发展和人类的进步进行艰苦卓绝的努力时，当时的雅典究竟是一种什么样的政治环境。

苏格拉底以他一生的事业（他被处死的时候年逾七十），希望人们明白一个事实：光阴如梭，而他们正在虚度，他们的生活没有任何价值。只是将大量的时间花在了空洞的欢愉和无意义的胜利上。他们只知道挥霍上帝给予的诸般恩宠，以使自己的虚荣心得到哪怕几分钟的满足。苏格拉底相信人的命运应该是崇高的，他打破了传统哲学所设立的条条框框的限制，他的思想比普罗塔格拉更为深远。普罗塔格拉告诉人们："人是衡量世间万物的最高标准。"而苏格拉底的学说是："人的潜意识是衡量世间万物的最高

命运的主宰

希腊人喜欢在带有社交性质的酒会上高谈阔论，席间有时气氛融洽，有时则会沦为一场激烈的辩论。图中酒兴阑珊的客人正躺在躺椅上托着酒杯倾听吹笛人的演奏。贫富的差距造成主仆之间权益的巨大落差，但苏格拉底认为，主宰人命运的并非是什么神明，而恰恰就是人类自己。

标准。主宰我们命运的不是神明，恰恰就是我们自己。"

苏格拉底在审判他的法官面前所做的演说（法庭上一共有五名法官，他们都是苏格拉底的政敌精挑细选的，其中有些人还是高级知识分子呢），不管听众是否对这位老人抱有同情心，对他们来说，真算是最鼓舞人心且通俗易懂的哲理啊。

这位哲人向人们呐喊："世界上没有任何人有权力规定别人的信仰，或者剥夺别人自由思考的权力。"他又声称："人们只要有了自己独立的思想，即便他会失去家庭、朋友、金钱，他也会成功的。然而若是不对问题的来龙去脉有彻底的了解，任谁也无法得到准确的答案。所以，人们必须拥有讨论所有问题的自由，而且政府不能干涉。"

然而不幸的是，我们的这位哲学家是在一个错误的时间作了一个错误的选择。实际上，在伯罗奔尼撒半岛战争后，雅典的贫富之间、而苏格拉底是一个"温和分子"，他是一个能清楚地认识到其中的利害，并试图寻找一种折中的办法来满足所有人的要求的自由主义人士。然而，中间派是很难赢得任何一方的信任的，只是那时对立的两方处于对峙局面，谁也没工夫来对付他。

然后就到了公元前403年，当那些纯粹的民主派掌控了国家，将以往高高在上的贵族赶走后，苏格拉底也将遭受到他的劫数。

他的朋友得知这一情况后，劝他早些离开这座城市，到别的地方去。这是一个明智的建议。

但他的敌人太多了，以致苏格拉底无论如何也逃不出对方的魔掌。

在过去的几十年里，苏格拉底都在扮演着一个"口头演说家"的角色。他为了自己的演讲而整日忙碌着，他将那些自我标榜为雅典社会中流砥柱的政客的伪装和谎言在光天化日之下揭露出来，这后来成为了他的习惯。慢慢地，他的名字在希腊竟是无人不知了。当他在上午谈论一件事时，到了晚上全城的人都知道了，甚至有人根据他的事迹编写了一本戏剧。

在他被捕入狱前，整个希腊已经对于他的事迹，不论重要政论，还是生活琐事，都是了如指掌了。

　　他那些主导整个审判的敌人们（比如说那个没有知识，自以为明白神明的旨意而在起诉中格外卖力的可怜的粮商），均相信他们对于苏格拉底的审判是对社会尽责，是为城市除害，像这样一个"知识界"的高端危险分子，一个只会教人懒散、不满和犯罪的恐怖家伙，绝不能容许他存活于世。

　　值得一提的是，即便身处这样危险的境地，苏格拉底依然在用自己绝妙的口才为自己辩解，以致陪审团的大部分人都有了释放他的意向。他们提出了条件：只要苏格拉底放弃他的辩论和学说，不再企图去影响别人的选择，不再对政府进行无休止的质问，那就可以赦免他。

　　然而苏格拉底当场拒绝了。

　　"我办不到！"他喊道，"只要我还有良心，只要我还能听见自己的心声，那么我就会继续前进，为人们指明通往真理的道路。我要继续拉住每一个我所遇见的人，告诉他们我的想法，即便我会付出生命的代价。"

　　最终，法庭判处了苏格拉底死刑，这是他们唯一的办法了。

雅典学院

　　气势宏伟的雅典学院中，左侧壁龛上的太阳神阿波罗寓意着和谐与理性，右侧壁龛上的智慧女神弥涅耳瓦则寓意着守护知识与和平。中间通道上以手指天的柏拉图与以手覆地的亚里士多德似乎正在陈述着各自的观点。他们左侧台阶上聚拢讨论的人群中，苏格拉底身着淡绿色的长袍，正在给学生们讲解哲学观点。

苏格拉底之死

　　作为古希腊最著名的哲学大师之一，苏格拉底倡导人们辩证地看待传统观念中的谬误，他对雅典所施行的民主的质疑与攻击遭致法庭的传讯，并最终以反对民主、宣扬新神、误导青年等罪名被判处死刑。图中的苏格拉底在饮下毒酒之前仍义正言辞，告诫人们不要将精力浪费在物质追求上，而应更多思考精神领域的东西。

　　苏格拉底的死刑被缓期一个月执行，因为一年一度去戴洛斯朝拜的圣船还没有回来，按照雅典的法律，在这期间是不允许行刑的。在这一个月的缓期内，这位哲学家并没有设法逃走，反而是老老实实待在监狱中，思考着如何改进他的思想体系。虽然他有很多机会逃走，不过他都拒绝了。他已经觉得不枉此生了，他完成了自己的使命，他也累了，是该休息了。就是到了行刑的那一刻，他还在和朋友愉快地聊天，开导他们去追求真理，劝告他们不要将精力浪费在物质追求上，而应该更多地思考精神领域的东西。

　　然后，他饮下了毒酒，安静地躺在了床上。从此，关于他的一切争论也随着他的与世长辞而销声匿迹了。

　　苏格拉底的学生们曾经在那些气势汹汹的人们的咒骂中受过惊吓，他们不敢再抛头露面，于是便悄悄离开了这座城市。

　　等到天下太平了，他们又回来了，便开始继续他们老师的事业。因此，在苏格拉底离世后的十余年中，他的思想传播得更广泛了，被越来越多的人所接受了。

　　就在这时，希腊城经历了一个困难时期。争夺希腊半岛统治权的战争已经结束了，雅典人在这场战争中可算是完败，斯巴达人获取了最终的胜利。这是一场体力击败智力的胜利。不过，这种胜利的影响是不会持久的。因为斯巴达人从来没有对此战有任何记载，他们对于人类的历史没有任何贡献（当然，除了一些军事战术，这些战术已经被运用到了当今的足球比赛中）。斯巴达人自认为他们推倒了敌人的城墙，摧毁了敌人的舰队，他们已经取得了永久的胜利。然而，雅典人的思想却并没有因为此次战败而失去敏锐的锋芒。波罗尼撒半岛战争结束后不到10年，古老的比雷埃夫斯港便又云集了来自世界各地的渡轮，在希腊人组成的联合舰队中，雅典的海军将领们一次次地崭露头角。

并且，虽然伯利克里的努力在当时没能得到重视，不过最终却使雅典成为了世界文化的中心，就如公元前4世纪的罗马一样。罗马、阿拉伯和非洲的有钱人都想让自己的孩子接受更好的教育，即便只允许他们参观一下城邦附近的某所学校，他们也会感激涕零。

要我们现代人对古代的社会有一个准确的认识是非常困难的，因为在古代，生存对于每个人来说都是最重要的事情。

❧ 伯罗奔尼撒战争 ❧

　　波希战争的硝烟刚刚散去，登顶希腊霸主宝座的雅典人几次对外扩张引起了斯巴达人的不安，双方矛盾的尖锐与激化最终引发了伯罗奔尼撒战争。在这场体力完胜智力的战争中，强壮、好战的斯巴达人笑到了最后，然而希腊民主时代的落幕也未能掩去雅典人智慧的光芒。

战争起因：随着雅典人逐步确立了自己在希腊的强势地位，这引起了以斯巴达为首的伯罗奔尼撒同盟的不安与仇视，双方的摩擦与对抗愈加频繁，矛盾日益激化。

第一阶段	公元前431年春，伯罗奔尼撒同盟中的底比斯袭击希腊的盟友普拉提亚，成为战争的导火索。 公元前431年6月，斯巴达人挥兵侵入雅典，战争全面爆发。 公元前421年，势力双方互有胜负，无奈下签订《尼西阿斯和约》，互相许诺50年的和平。
第二阶段	休战喘息期间，双方违犯条约的小规模行动依然时有发生。 公元前415—前413年间，雅典率先发动夺取叙拉古的西西里远征，结果全军覆没。 西西里远征的失败让雅典元气大伤，觅到称霸良机的斯巴达人反手一击，让雅典岌岌可危。 公元前405年，羊河战役爆发，雅典海军全军覆没，大势已去的雅典被迫求和。 公元前404年4月，俯首称臣的雅典与斯巴达签订和约，伯罗奔尼撒战争结束。

雅典圣殿

　　希腊人内部对于希腊半岛统治权的争夺引发了残酷的战争，最终强势的斯巴达人凭借武力屈服了雅典人，然而雅典人的思想却并未因战败而丧失聪敏的智慧。聪慧、顽强的品性让希腊人快速修复了战争的创伤，他们修建起朝拜神灵的圣殿，组建了强大的军队，最终使雅典再次成为世界文化的中心。

　　由于受到早期基督教的影响，他们将罗马人和希腊人视作丧心病狂的人群，因为在那时基督教仇视一切异教文明。希腊人和罗马人被看作是对信仰的选择很随意的人，所敬拜的神明也不够崇高，而他们在大部分的时间都只知道吃喝；他们整桶整桶地饮着萨莱诺酒，沉湎于埃及舞姬的柔声细语，有时会奔赴沙场，仅仅是为了满足嗜血的乐趣而大肆屠杀无辜的日耳曼人、法兰克人和英格兰人。

　　不论是在希腊还是罗马，都有很多的商人和军火贩子，这是毋庸置疑的事实，在罗马这种人可能更多。他们不会理会苏格拉底在法官面前所陈述的精辟独到的伦理道德，他们通过贸易积累了大量的财富。正是由于他们的富有，所以下层人民不得不忍受着他们的霸道和无礼。然而，他们这些人在社会上毫无威信可言，所以他们也不可能被看作是当时社会文化的象征。

　　考古学家从地下发掘了埃帕菲洛地特的寓所，历史上这家伙联合尼禄将罗马及其殖民地掠劫一空，因此成为了拥有百万级家财的暴发户。当我们注视着这个投机主义商人运用得到的不义之财所建造的四十余间屋舍时，便不禁摇头长叹："这家伙实在是太腐败了。"

然后，我们便坐了下来，开始阅读爱比克泰德的书。爱比克泰德曾经给埃帕菲洛地特这个家伙当过仆人，但我们在细读他的书时，却明显感觉到在与一位有着高尚品格的灵魂神交。

人类都有这样的毛病，喜欢关起门来对自己的邻居或者身边的人评头论足，然而你们不要忘了，哲学家爱比克泰德可算是他所生活的那个时代最具代表性的人物了，正如统治阶层那个趋炎附势的小人艾洛菲洛地特是他那类人最真实的代表一样。2000年前人们对于完美生活的追求，其欲望并不比现代人低多少。

不过，那时的"完美"概念与现在的"完美"概念有着本质的区别，这是不可否认的。那时的"完美"是一个西化的产物，与东方文化是不相融合的。然而，那些根据

被埋没的高尚

人类常常沉湎于酒食、声色甚至杀戮中，仅仅是为了满足他们的某种欲望。一些投机者为了达到他们的目的，有时会完全无视任何伦理道德，尽管这也令他们成功地积累了大笔的财富，但出卖道德与诚信的他们却在社会中毫无威信可言。而站在他们对立面的高尚者，尽管多贫困潦倒，却能得到人们的信任。

自己的理解，并将之作为最高追求的所谓"野蛮人"，怎么说也是我们的祖先，正是他们推动了这种生活哲理的发展，后人才能对其不断完善并接受。倘若我们认为纯正的良心、朴素的衣食、以及健康的体魄和丰足的收入是幸福生活的根本保证，那么我们不妨承认祖先的生活哲理。那些"野蛮人"对于灵魂的归宿并不感兴趣，他们将自己视为有教养的高等生物，凌驾于地球其他生物之上。他们经常谈论神明，就如我们现在谈论"原子"、"电子"这样的概念一样。在他们的观念中，万物皆起源于同一个事物，所以当爱比克泰德在谈及宙斯时，便声称这位神只是所有尚未得到解答的难题的代名，正如欧几里德在解数学题时喜欢用X和Y来作为数字代名一样，这个代名可以有丰富的涵义，也可以不足称道。

在那时人们对生活投入的关注最多，其次便是艺术了。

他们对包罗万象的社会生活进行观察和研究，他们采用苏格拉底所创造的分析方法，并取得了令人瞩目的成就。

他们有时会出于对完美世界的追求，而陷入到一种荒唐的极端，这使人感到遗憾。当然，人非圣贤，孰能无过。

柏拉图是当时众多哲学家中唯一一个出于对完美精神世界的热爱而主张不宽容的人。

众所周知，这位雅典青年就是苏格拉底的得意门生，是苏格拉底思想的记载者。

他对老师苏格拉底的言论和所表达的思想进行了整理，编辑成对话形式，这就是传诵后世的《苏格拉底福音书》。

在他完成了本书的编纂工作后，便开始对老师思想中的一些艰涩隐晦之处作出注解，并为此撰写了大量文采斐然的文章。后来他便开课讲学，将雅典人对于公平和正义的学说跨越国境，传播于世界。

在这些活动中，他所表现出来的废寝忘食的忘我精神真是能与圣徒保罗相并论了。然而，圣徒保罗一生的经历充满了危险，他曾遍游各国，将上帝的恩惠传送到地中海的每一个角落里，而柏拉图却从来没有离开过他那张舒适的座椅，他所传授的思想需要世界各地的人去主动到他那里学习。

因为他的出身和他的财富足够支持他这样做。

首先，他是雅典人，他母亲的血统可以追溯到索伦。

其次，他到了法定年龄便可以继承一笔不小的财产，足够维持他的富足生活了。

最后，他的口才出众，不论谁听过他在柏拉图大学的讲课，哪怕只听过一次，都会甘愿跋山涉水来到他的寓所受教。

极致的完美

纯正的良心、朴素的衣食、健康的体魄以及丰足的收入是人们体验幸福生活的基本前提，而精神层面的愉悦与满足则成为追求完美者所倾向于额外关注的部分，他们主张寻找灵魂的归宿，向往一个完美的世界，但有时他们对完美世界与人生的狂热追求，会将他们拖入到一个荒唐的极端。

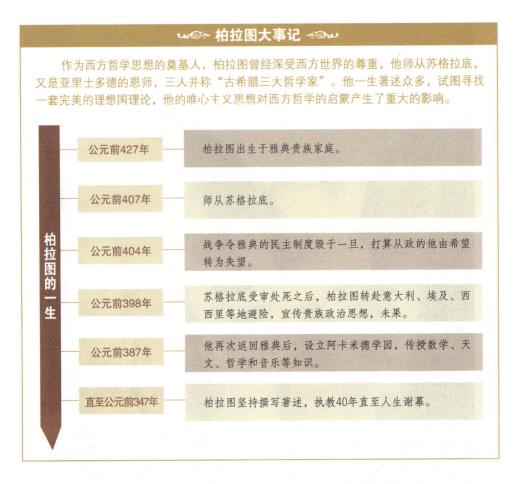

柏拉图大事记

作为西方哲学思想的奠基人，柏拉图曾经深受西方世界的尊重，他师从苏格拉底，又是亚里士多德的恩师，三人并称"古希腊三大哲学家"。他一生著述众多，试图寻找一套完美的理想国理论，他的唯心主义思想对西方哲学的启蒙产生了重大的影响。

柏拉图的一生

公元前427年	柏拉图出生于雅典贵族家庭。
公元前407年	师从苏格拉底。
公元前404年	战争令雅典的民主制度毁于一旦，打算从政的他由希望转为失望。
公元前398年	苏格拉底受审处死之后，柏拉图转赴意大利、埃及、西西里等地避险，宣传贵族政治思想，未果。
公元前387年	他再次返回雅典后，设立阿卡米德学园，传授数学、天文、哲学和音乐等知识。
直至公元前347年	柏拉图坚持撰写著述，执教40年直至人生谢幕。

当然，还有一些其他因素。柏拉图有着当时的年轻人普通存在的特性。他曾入伍当兵，军旅生涯并没有使他产生兴趣；他曾参加户外运动，他是个赛跑和摔跤的好手，然而他也从没有赢得过什么荣誉。和当时的许多年轻人一样，他喜欢去国外旅行。他曾经横渡爱琴海，在埃及的北部短暂地停留过，重温了他那赫赫有名的祖父索伦所走过的路。然而自从那次旅行归来，他就再也没有外出了。他在雅典郊区赛菲萨斯河畔的一座风景秀美的花园里住了下来，在长达50年的时间内他都在花园内向世人传授他的学说，闻名于世的"柏拉图学园"也因此得名。

柏拉图本来是个数学家，后来逐渐成为一个政治家，他关于政治领域的思想成为了现代政治体制的理论基础。柏拉图也是一名乐观主义者，他相信人类是在不断发展进步的。在他的思想中，人类是从低级逐步演化为高级，世界也从美好的社会中产生了美好的制度，又从美好的制度中产生了美好的理想。

当他把这一思想写在羊皮纸上向世人宣示时，的确吸引了众多的人，然而当他尝试将这一思想变为具体的法则，为他的"理想国"建立理论基础时，他对于人类公平和

保罗的皈依

　　作为首个涉足外邦去传播基督教的信仰者，圣徒保罗出生于罗马帝国的直属领地，拥有着罗马公民、犹太人的双重身份。他的足迹遍布土耳其、马其顿、希腊及地中海东部各地。他的勤奋与忘我精神使基督教得以迅速传播，并对社会产生了深远的影响，后被罗马皇帝处死。图为保罗皈依基督教。

正义的热情却使他变得疯狂起来，以致失去了其他的顾虑。他对于"理想国"的阐述虽然被那些有着浪漫情怀却只懂纸上谈兵的政治家推崇为人类未来至高无上的完美世界，然而在这个独特的城邦里，不论是过去还是现在乃至将来，人们对于这一思想都存在着诸多偏见，尤其是那些只懂得退伍的将军们。这些人有着富足的收入，他们过着安逸的生活，他们喜欢与政治家打交道，却对下层社会的人冷漠以待，以表明自己的崇高地位，自己属于上流社会，享受着上流社会的特权。

令人意外的是，柏拉图的著作流传到中世纪的欧洲时，受到了那里的哲人们的推崇。但很不幸，那些哲人们将柏拉图的"理想国"学说变成了对抗宽容精神的工具。

这些哲人们学识渊博、素养极高，然而对于柏拉图思想所形成的时代背景与他们所生活的中世纪的情况是完全不同的这一至关重要的事实，他们却视而不见。

比如，以基督教的教义来评判柏拉图，显然他不够虔诚。他对于祖先所敬拜的神明非常憎恶，他认为那些神明不过是同马其顿的乡下佬一样低俗无

理想国

《理想国》通过详述苏格拉底与他人的对话，呈现了一个近乎完美的城邦轮廓。在这个"完美"的城邦中，由有着严谨哲学思维的统治阶层、保卫国家的武士阶层以及卑微低下的平民阶层构成了这个国家的整体，统治阶层有着至高无上的权力，享受着上层社会的利益与特权，有着西方传统政治思想的典型特征。

趣。他曾对那些关于神明们在特洛伊战争中的丑恶行为的记载而深深不齿。等到他慢慢长大后，他终年坐在小橡树园中，对于国家各个城邦之间那些无意义的争论也变得愤慨起来。他认为旧民主思想是彻头彻尾的失败，他也慢慢相信，宗教信仰是普通老百姓不可或缺的，没有了信仰，他所追求的理想共和国就缺少安定团结的基础。因此以他的观点，理想的共和国就应该制定一部限制公民行为的法律，不论是自由人还是奴隶，不论是富豪贵胄，还是平民百姓，都必须绝对服从，没有例外，谁违背了这部法律，就应该被关押或者被流放，甚至处以极刑。此种观点是柏拉图思想的核心，然而看起来不免与他的老师苏格拉底曾经追求和为之奋斗的宽容精神和宗教信仰自由背道而驰。

背道而驰的宽容

　　柏拉图的理想国建筑在严明法律的基石上，最大限度限制公民的一切行为，不论他是自由人还是奴隶，不论是富豪贵胄，还是平民百姓，都必须绝对服从，任何违背者都要接受惩罚。这与苏格拉底曾经追求和为之奋斗的宽容精神和宗教信仰自由背道而驰，却成为了中世纪欧洲哲人们对抗宽容的工具。

仔细分析便不难发现柏拉图思想转变的原因。苏格拉底出身低贱，他在平民百姓的生活环境中长大，而柏拉图则生于大富之家，他远离了真实的社会，也惧怕现实的生活，虽然他也老是一样对世界的丑陋和黑暗充满了憎恨，但他选择了逃避，他躲到了自己臆想的理想国中。他当然知道自己的思想不可能实现，在那个割据征战的时代，不管是想象中的完美世界还是现实存在的完美世界，都已经逐渐消失了，再也不会有了。很快，整个希腊半岛被马其顿帝国所征服，马其顿帝国拥有广阔的疆域，从马里查河一直延伸到印度河畔。马其顿帝国开始了中央集权的统治时代。

然而，在古老的希腊半岛上的各个民主城邦尚未为马其顿帝国所征服的时候，半岛上出现了一位璀璨夺目的伟大思想家，他的存在使得那一带步入暮年的希腊民族成为了世人永久的怀念。

亚里士多德

作为柏拉图的弟子，亚里士多德并不认同老师以假定的理想国去衡量现实的论调，他更主张从现实主义出发，在防止国家堕落的基础上促进国家发展。亚里士多德的思想对整个欧洲都产生过巨大的影响，他被看作是史上最伟大的哲学家、思想家、科学家、教育家之一。马其顿国王亚历山大大帝也曾是他的学生。

这位思想家就是亚里士多德。他来自斯塔吉拉，从小便是一个神童。在他生活的那个时代，他已经知晓了许多不为人知的事情，为人类的文明添加了丰富的知识。他的著作被誉为智慧的源泉，在他之后的数百年中，欧洲和西亚的人们不需要再忍受10年寒窗苦读，就能获取丰富的知识食粮。

在18岁那年，他离开了斯塔吉拉，来到了雅典。他在这里聆听柏拉图的授课，当他毕业后，他又到各个城邦给别人授课。公元前336年，他回到了雅典，就安定了下来。他在阿波罗的寺庙旁边的一座花园开办了自己的学堂，当年他也曾在这里传道授课。他的学堂吸引了各地的学生前来听课。

不过令人奇怪的是，雅典城很少有人愿意开办学堂讲学授课。在当时，雅典城已经逐渐失去了曾经的商业重镇的地位，因此那些期望发财的居民都迁到了附近的亚历山大港和马赛，以及西南方的一些城市。至于那些没走的人，都是一些穷光蛋或者是好吃懒做之徒。他们是推崇自由精神的祖先们中顽固守旧一派的子孙。那些顽固派虽然曾经对民主城邦作出过贡献，却也为城邦埋下了灭亡的祸种。对于柏拉图的学园，他们充满了偏见。在柏拉图逝世的十多年后，他的得意门生亚里士多德回到了希腊，继承了老师的事业，继续向人们讲授关于万物起源和神明平凡的哲理，当然这些仍难以为公众所接受。不过，那些守旧的老人却非常激动，他们摇头叹息，咒骂他将希腊变成了虚妄自由和放任信仰的地方。

倘若守旧老人们冲动一些，那柏拉图的这位得意门生可能就会被赶出国了，然而老人们久经岁月，知晓利害，便没有这么做。因为，柏拉图的得意门生可是一位体格强健且文质彬彬的哲人，希腊人对于他渊博的学识和考究的衣装相当崇拜，他也是希腊政界一位重要的人物，绝不是一两个小流氓就能将他赶出城邦的。

柏拉图学园

柏拉图学园，也称阿卡米德学园，它曾坐落于雅典城郊的圣城阿卡米德，那里是希腊英雄阿卡德摩斯的长眠之地，也是柏拉图经常讲学授课的地方。对政治失望的柏拉图创立此学园的目的在于为希腊城邦培养优秀的政治人才，并将此作为他人生或实践理想的又一个出发点。

柏拉图学园始末

初始	公元前387年建立，遵循苏格拉底的教育方式，以柏拉图《国家篇》中"哲学王"的形态为模本培养政治人才，提倡自由辩论，传授数学、天文、哲学和音乐等知识。
中期	少年时的亚里士多德投奔雅典求学，在柏拉图学园深造20年，被柏拉图称作"学园精英"。
转变	亚里士多德在学术理念与政治学说上抛弃了柏拉图的众多唯心观点，自成体系。
高潮	公元前347年，柏拉图逝世后，亚里士多德不愿背弃自己的观点去认同老师的学说，远赴异地担任马其顿王子亚历山大的老师。
结局	公元529年，柏拉图学园最终被东罗马帝国皇帝查士丁尼大帝禁令关闭。

亚历山大出巡

　　亚里士多德借助亚历山大大帝的震慑力在希腊政界风生水起，编著了汇集各类实用知识的大百科全书。而亚历山大大帝在以武力征服了整个世界之后，也致力于将真正的希腊精神嫁接到其统辖的每一块属地，期望它在辽阔的帝国土地上生根发芽，这个宏大的理想也为亚里士多德的言行自由扫清了障碍。

　　亚里士多德还是马其顿帝国太医的儿子，曾和帝国的皇子们一起入学。在他刚毕业时就被任命为小皇子的教书先生，在其后的八年时间里，他都伴随着年轻的亚历山大皇子成长。因此，当皇子成为了亚历山大大帝后，他们的师生之谊便成为了他最坚强的后盾了。在亚历山大大帝征伐印度时，掌管希腊半岛的行政长官甚至对他关心备至，生怕这位帝王的恩师遭遇什么不测。

　　但是，当亚历山大大帝驾崩的消息传到希腊时，亚里士多德就不可避免地陷入了危险的境地。他想起了太师父苏格拉底的遭遇，他不愿经历像他那样的命运，于是他像老师柏拉图那样，从此慎言慎行，在给人讲哲理时绝口不提政治。然而，他对于统治阶级的民主和平民百姓的议政的非议在希腊无人不知。因此当他看到雅典人爆发起义，将马其顿帝国的守军赶走时，他也不免觉得恐惧。于是他借道埃维亚海峡，悄悄来到了卡尔希斯。当马其顿帝国的军队镇压了起义，再次征服了希腊时，他已经去世数月了。

　　两千多年过去了，要让我们现在寻找亚里士多德被指控不忠诚的证据，无异于痴人说梦。然而，考虑到当时的时代环境，在那个到处都是演说家的城邦内，他的任何活动都无法与政治脱离干系。可惜他的学说无法赢得人心，这并不是说他的思想就是诋毁神明以致遭受神主宙斯严厉惩罚的异端邪说。客观来说，是对他存有偏见的有实权的政客们对于他的敌视和污蔑使得他不能被公众所接受。

当然，这样的现实环境也没有什么太大的影响。

因为那些独立的民主城邦已经是强弩之末了，希腊半岛在不久后便被马其顿帝国征服了。

也没过多久，罗马帝国继承了亚历山大大帝在欧洲的统治地位，从此希腊城邦成为了帝国的一个省份。

在很多事情上，罗马人甚至都要比全盛时期的希腊人显得宽容，因此关于亚里士多德的争论也很快停止了。帝国的居民被允许自由思考和行动，但不允许对提过的政治原则提出质疑，因为在罗马人看来，他们的国家之所以能一直保持安定繁荣，全是依靠这些原则的指导。

与西塞罗同时代的人所推崇的思想和帕里克利的追随者所推崇的思想之间存在着微妙的差异。在希腊的思想体系中，主张宽容精神的祖先们将这一思想寓于一些明确的观

逆境

亚历山大大帝驾崩的消息让身在希腊的亚里士多德的前景蒙上了一层阴影，为了不重蹈苏格拉底的覆辙，他谨言慎行，绝口不提政治，并在后来逃离了希腊。对他存有偏见的有实权的政客们对于他的敌视和污蔑最大限度地压缩了他的生存空间。图为亚历山大在巴比伦临终前，就已预料到帝国将迎来的血雨腥风。

点中，这些观点是他们经过数十年乃至上百年的观察和思考后总结出来的，然而在罗马人看来，他们不需要讨论这方面的事情。他们漠视道德理论，且认为这种态度是天经地义的。他们只对实用的东西感兴趣，他们注重实践，向来对高谈阔论不屑一听。

假如一个外国人在某天的下午坐在老橡树下，向人们讲说政治理论或者月球潮汐，罗马人是不会拒绝的；假如这个外国人传授一些实用的知识，罗马人必然十分欢迎。

然而，若是谁想坐而论道，或者是谈论歌舞、烹饪、雕塑和科学这些方面，最好还是选择希腊人或者外国人为对象。既然爱神丘比特创造了他们，就是为了让他们来谈论那些严肃的罗马人所轻视的东西。

罗马人的工作是竭尽全力管理

务实的罗马人

务实的罗马人对于希腊人所主张的宽容精神不以为然，他们漠视道德理论和任何没有实际价值的高谈阔论，并且认为这种态度是天经地义的。他们注重实践，只对有实用价值的东西感兴趣，他们时刻对外界都保持着敏锐的触觉。图为意大利庞贝城一对平民夫妇手持着书写工具，炯炯有神的目光流露出对学识的热爱。

好不断扩张的疆域，他们从统治下的希腊人和其他外国人中挑选精壮男丁，将他们训练成步兵和骑兵，以保卫帝国的殖民地，扼守连通西班牙和保加利亚的通道。

罗马人将大部分的精力都花在了维持境内各民族和各省份之间的和平这件事上。

这是一项伟大的成就，而成就的桂冠只能赐予最功勋卓著的人。

通过精心地策划，罗马人创建了一个庞大的统治体制，这个体制以一种具体的形式存在着，一直沿用到今天。这可是一项伟大的功劳，在当时，帝国的臣民只需要缴足赋税，并在言行上遵从帝国统治者所指定的那几条法律，他们就可以享有充分的自由了，他们对于事物的判断可以根据自己的主观意愿，他们可以随意选择自己的信仰，他们可以敬拜一个神，也可以敬拜所有的神，都没人干涉。然而，不论他们有着什么样的信仰，都必须谨记，在这个横跨亚欧非的大帝国内，要保证所有部族和省份的人们的安定，就必须忠实地执行这样一条准则：宽容待人，人亦宽容相待。如此，"罗马和平"才能真正实现。不论在什么情况下，人们都不得干涉邻居或者陌生人的事情，即便他们认为对方侮辱了自己所信仰的上帝，那也不应该冲动解决或者求得官府判决，正如台比留大帝在一次重要的聚会上所讲的：如果你所敬拜的上帝认为应该补偿那人所蒙受的损

罗马人的统治体系——行省制度

　　"行省"一词源自拉丁文"provincia"，意为"委托"，最初泛指罗马境内外由罗马官员管理的地域，而后则成为特指境外缴纳贡赋属地的代名词。作为古罗马对所征服之地制定的一系列管理制度，行省制度是罗马管理境外属地的重要基石。

概念	随着罗马统辖的疆土不断扩张，行省制度成为罗马官员管理罗马境内外地域的重要管理制度，它起始于公元前3世纪，由罗马元老院制定并监督执行。
划定权益	划定所辖区域的行政法规，其中包括确定行省监管的领地范围、城镇数目、行省居民的权利与义务，并指定该行省应向罗马缴纳的贡赋品种与具体数量。
资产税收	各地行省施行包税制，多收多得让所属居民受尽盘剥；所有土地、资源等均为罗马国有资产，其经营、转让或者租赁的权力收归国家。
政务管理	每个行省由罗马元老院指派总督、副总督和财务官，总督通常由有经验的执政官担任，全权执掌行省的各项事务，自由度较高，逐步形成一系列特权、贵族阶层。

失，他一定施以某种恩惠的。

　　就因为这句权威性不够的话，官府可以拒绝受理任何关于信仰的案件，并要求军民不要将带有偏见的私人问题呈交法庭处理。

　　倘若一群卡帕蒂西亚商人迁居到歌罗西人的地方，不仅继续信仰自己的神明，而且还在那里建造了朝拜的寺庙，那么歌罗西人也可以因为相同的原因而搬迁到卡帕蒂西亚人的地盘，也同样可以信仰自己的神明，并建造庙宇。

　　人们在争论时常说，之所以罗马人将自己置于高高在上的位置，就是因为他们对歌罗西人、卡帕蒂西亚人以及其他部族的人都致以相同的蔑视态度。这种说法也许是正确的，不过我可不能确定。然而，在其后的5个世纪里，罗马人对于宗教信仰的宽容，在亚欧非三大洲的大部分地区都十分盛行。罗马人将他们的统治体制变成了一门艺术，这门艺术为大多数人所欣赏，他们愿意减少彼此的摩擦，愿意以实际的行动来收获成果。虽然在现代人看来，未免有些虚幻，然而这的确是事实。

　　没有什么事物是永恒的，凭借武力征服所建立起来的帝国是不可能长久的。

　　罗马人在征服世界的同时，也在毁灭自己。

　　年轻的罗马战士战死沙场，不计其数的白骨被抛在战场上无人问津。

　　在帝国建立后的五百多年中，无数的社会精英都将自己的精力和智慧投入到了这个横跨爱尔兰到黑海的庞大帝国的管理工作中。

　　最终，他们不得不自食恶果。

罗马万神殿

辽阔的疆域让罗马人不得不用心思考所有臣民的协调共处问题，罗马帝国要求臣民在严守几条重要的法律以外，可以享有充分的自由，可随意选择自己的信仰；宽容待人，任何情况下不得干涉他人，从而最大限度地减少相互之间的摩擦与冲突，达成和谐共处。图中高大空旷的罗马万神殿内，罗马人神情肃穆地仰视着屋顶唯一的天国之路。

厌倦背后的堕落

　　武力可以征服辽阔的疆土，却不能守住偌大的江山。罗马人在征讨、管辖中耗空了日渐微薄的人力和物力资源。人们对生活失去了热情，也厌倦了生活的现状，在酒色、利益、爱恨间肆意游走的人们渐渐麻木，一切美好的东西都失去了从前的吸引力，人性的泯灭让帝国的大厦岌岌可危。

　　毕竟，以一个城邦的力量来统治整个世界，即便罗马人完成了这个不可能完成的事业，其背后的管理工作也的确耗空了罗马的人力和物力资源。

　　后来又发生了一件可怕的事情。帝国的人们失去了对生活的热情，他们厌倦了生活的现状。

　　他们已经占领了所有的土地，拥有了想要的游船和马车。

　　他们也拥有了无数的奴隶。

　　他们尝遍了世间的美酒，吃遍了世间的美食，游遍了世间的青山绿水，结识了世间的美丽女子，并且将世界上所有的古籍典藏收归进他们的藏书室，将世界上所有的名画墨宝挂在他们居室的墙上。在他们用餐的时候，会有世界上最优秀的演奏家为他们演奏；在他们年幼时有世界上最出色的教育家为他们上课，他们也因此学到了应该了解的知识。然而，最终的结果是，他们觉得所有的美食都失去了味道，所有的书籍都变得乏味，所有的美丽女子都失去了诱惑，甚至于活在世上也成为了一种负担。有太多的人宁愿有一次轰轰烈烈的死亡。

对他们来说，只有对于未来世界的遐想是他们最好的安慰。

曾经崇拜的神明已经不复存在了，聪明的罗马人也不再相信托儿所传唱的歌谣中对丘比特和米纳瓦的赞美了。

在当时已经出现了享乐主义学派和犬儒主义学派的哲学体系，他们宣扬仁爱、克己奉公和大公无私的美德，宣扬要为公众奉献一生。

然而，这些学说不免空洞。

在各个城邦的书店内，到处堆满了赛诺、伊壁鸠鲁、普鲁塔克和爱克比泰德的著作，他们都是当时最有代表性的哲学人物。他们的著作内容华丽而丰富，然而，从长远来看，这种纯理论上的说教并不能对罗马人亟待解决的问题有所帮助，罗马人需要的是一种精神食粮式的"感觉"。

所以说，这种哲学体系只能说是一种纯哲学色彩的宗教（这里我们假设宗教思想和追求高尚有益的生活的愿望存在着密切的联系），而且它只能满足少数人的要求，这"少数人"属于上层阶级，他们很早就享有了学识渊博的希腊教授对他们单独授课这样的特权了。

因此，对于这种贵族的哲学思想，老百姓嗤之以鼻。在当时，他们的观念也发生了极大的转变，他们认为大多数的神话故事都是愚昧无知的祖先臆想出来的。然而，他们毕竟还没有达到那些大哲人的境界，因此也不敢对神明的存在持有异议。

于是，就像所有底层百姓会在那种环境下所做的，他们也采取了行动：虽然表面上对帝国所崇拜神明依然恭敬，然而背后却为了追求真正的幸福而信仰另一个宗教行会。在过去的两百年间，在泰伯河畔的古城中，越来越多的宗教行会被城中的居民所接受。

我所引用的"行会"是一个希腊词汇，它的本意是"一群受到启示的人"。这群人必须对行会最神圣的秘密守口如瓶，不能泄露半点信息。只要他们能做到这些，他们才有资格知道行会的秘密。行会的性质就如现在大学里的兄弟联盟一样，将相关联的人紧密结合在一起。

实际上，在公元一世纪时，行会只能算是一种信仰形式、或者一种思想、亦或者一种教义。一个希腊人或者罗马人离开了长老会而加入了基督科学教会，他就会告诉别人，他去参加另一个行会了。现在我们常说的"教堂"、"贵族院"和"英国北部教会"实际上都是新兴的词汇，在当时人们可没有这样的概念。

假如你想对这一问题有更多的了解，明白当时罗马的真实情况，你可以在下周末买一份《纽约时报》，不论哪一份，你都会得到你想要的信息。你会从中间的几版中读到关于印度、波斯、瑞典、中国以及其他许多国家引进的新教义和新处方的广告，这些广告旨在给人带来一种健康、富足和灵魂永恒的希望。

信仰的转移

　　整体社会的堕落与阶层冲突让人们将美好的未来看作是最好的归宿与安慰，曾经的神话传说褪去了色彩，人们表面上对帝国所崇拜的神明依然恭敬，但背后却为了追求真正的幸福而信仰另一个宗教行会。在耶路撒冷的冲突中，耶稣带着平静与宽恕走向十字架，而此后基督教在整个罗马帝国的影响却空前爆发了。

狄奥尼索斯秘仪

少数人必须严守秘密才能成为行会神圣秘密的知情人，他们同少数宗教仪式一样成为罗马帝国的禁忌。图中描绘的是古罗马人在酒神节祭祀狄奥尼索斯的秘密宗教团体仪式，整个仪式完全模拟酒神由死至生的全过程。仪式中充满原始野性与欲望的狂欢是对神学禁欲观念的挑战，后被罗马元老院禁令废止。

当时的罗马和现在的纽约一样，各种宗教信仰随处可见，这是不可避免的事实，毕竟罗马在当时是国际性大都市，与世界各地都存在着联系。

在小亚细亚北部覆盖着青藤的山顶上的人们，崇拜神母，他们将神母推崇为众神之母。然而，由于他们对神母祭拜时，常通过一些古怪而又不合礼法的形式来表达情感，因此罗马的统治者最终以武力手段将那些神母庙强行关闭了，并且还颁布了一道法令，禁止他们进行任何宗教仪式，因为他们信仰的宗教只会鼓励人们放荡堕落甚至做更恶劣的事情。

在埃及这块充满着神秘色彩和各种冲突的土地上，诞生了几个性情乖张的神明，有奥赛里斯、塞拉皮斯和爱西斯等，他们和希腊神话中的阿波罗、迪梅特和赫尔墨斯一样家喻户晓。

而希腊人，在数百年前他们就已经建立起抽象真理和法律条令的基础体系了。在当时，他们又向崇拜神明的异族人们带来了另一种信仰，那就是由艾迪斯、狄奥尼索斯、爱多尼奇和奥尔菲斯所建立的闻名遐迩的宗教行会。从道德的高度来讲，这些神明没有一个是完美的，然而他们却被人们所接受。

在其后的1000年里，腓尼基商人经常去意大利的海岸做贸易，于是他们所崇拜的上

狄奥尼索斯传说

　　作为主神宙斯之子，狄奥尼索斯是希腊神话中司掌草木、丰产、酒与狂欢之神。传说中醉酒熟睡的狄奥尼索斯被水手捕获、载往远方。当他醒来祈求自由时，水手们的嘲笑让他愤怒，他将怒火化作葡萄藤在桅杆上抽条，而在惊慌失措中跳海逃生的水手们都被变成了海豚。

葡萄是狄奥尼索斯的圣物，因狄奥尼索斯也是葡萄栽培之神。

洁白的帆寓意着他性格的善良与无邪。

四周环绕的海豚预示着神的惩罚，轻盈的姿态状如嬉戏，也暗示着一种精神上的狂欢。

图为公元前6世纪描绘着狄奥尼索斯与水手的神话传说的古希腊双柄酒杯。

迦太基城

迦太基，腓尼基语意为"新的城市"，作为腓尼基人的重要殖民地，迦太基城是由众多殖民者建立起的一座新城。精明的腓尼基商人将这里作为奴隶贸易与其他海上贸易的中转站。人们期待着神灵能赐予城市更多的繁荣，于是众多神灵翩然登场，其中掌管着丰饶与爱的女神艾斯塔蒂就是迦太基城的守护神。

帝巴尔（耶和华的世仇）和他的妻子艾斯塔蒂也慢慢地为罗马人所熟悉了。也许是出于对艾斯塔蒂女神的崇拜，年老的所罗门国王在耶路撒冷的中心建造了一个"高坛"，这使所有忠于他的臣民都感到意外。在漫长的地中海统治权的争夺中，这位令人敬畏的女神一直都被认为是迦太基城的守护神。虽然她在亚洲和非洲的庙宇被推倒了，不过很快她就以基督教神明的身份在欧洲建立起新的庙宇。

然而，还有一位重要的神明，他在军队中享有盛誉。从莱茵河口到底格里斯河源的罗马边境线上，他的形象被刻在每一堆断砖碎瓦上。

他就是伟大的米斯拉斯神。

我们从搜集的史料知道，米斯拉斯神本来是掌管亚洲的光热、气候和真理的神明，在里海地区有供奉着他旺盛香火的庙宇。当我们的祖先占领了那片水草丰沃的土地，在险山深谷的缝隙中找到了容身之所时，便在那里慢慢发展起来，最终这片土地成为现在我们所熟悉的欧洲。人们都相信，神明赐予了他们所需的东西，如果没有神明的恩惠，这地方的统治者根本就不能使他的权力起作用。米斯拉斯生活在天火中，他有时会将一缕天火洒在那些地位高贵的人身上，以作为恩赐。虽然他后来逐渐被人们淡忘了，就连他的名字也没人记得了，然而在中世纪的欧洲，那些仁爱的哲人们头上的光环已经向我们表明了，在教堂和牧师出现的1000年前便有了这个宗教传统。

虽然在一段很长的历史时期内，米斯拉斯神都在享受着人们敬拜的香火，然而对于我们现代人来说，想要了解关于他的事迹却异常困难。这是有原因的。在早期，基督教的教士极为仇视米斯拉斯的神话，对其的憎恨要超过一般神话的100倍。在他们的观念中，印度神是一个凶恶的敌人，于是便处心积虑想要毁掉他所有能留在人们记忆中的东西。他们煞费苦心，也收到了成效，米斯拉斯神的寺庙一个接一个地消失了。这位神明曾在罗马享受了500多年的香火，正如在今天的美国长盛不衰的长老会一样，现在也没有任何关于他的只言片语的记载被留下。

然而，在当时还没有火药，他的寺庙虽然被推倒了，却未必被完全摧毁。我们经过细致的搜寻，终于从一些古城废墟和几个古墓中发现了一些资料，从而弥补了这方面的空白。可以说，我们现在已经掌握了关于这位神明及其一生的相当可靠的信息了。

若要讲米斯拉斯的故事，就需从很久很久以前（也不知是哪个古老的年代）讲起。在某一天，米斯拉斯神从一块巨石中脱胎而出。那时他还是个婴儿，安静地睡在摇篮中，附近有几个放牧者看到这一神迹，都慌忙过来跪拜。一个人逗着婴儿，他也高兴地笑着。

到了儿童时代，米斯拉斯便有了许多各种各样的冒险经历，他的种种经历使我们想起了赫尔克里斯，这位神明也是做过许多惊人的事迹并最终成为了孩子们心中的英雄。不同的是，赫尔克里斯秉性残暴，而米斯拉斯却和善待人。比如说有一次他与太阳神决斗，虽然他将太阳神打倒在地，取得了胜利，不过他又大度地过去拉起了太阳神。从此两位神明结为知己，亲如兄弟，以致人们常将两人混为一谈。

后来，当罪恶之神艾赫里曼带来一场大干旱，意欲将人类置于死地时，米斯拉斯站了出来，他一箭射中一块巨石，裂口处顿时流出一道清泉，泉水滚滚，流入龟裂的土地。艾赫里曼心有不甘，为达到其罪恶的目的，便想引起一场大洪水淹死人

米斯拉斯神

米斯拉斯神是古波斯的光明之神，他掌管着光热、气候和真理，神话传说中米斯拉斯神通过宰杀原牛创造了世间万物，对米斯拉斯神的崇拜曾在罗马帝国风行一时，让基督教的教士们倍感压力。人们相信神明会赐予他们所需的东西，而米斯拉斯神有时会将一缕天火洒在那些地位高贵的人身上，以作为恩赐。

类。米斯拉斯知道这个情况后，便请人建造了一条大船，让人类将亲人和家畜全部带上船，这样一来又将人类从灭亡的深渊中拯救了出来。然而他为了拯救人类，不使他们因为自己的性恶而遭受惩罚，却累得精疲力竭，最后他升入了天堂，成为了掌管公平和正义的神。

在当时如果有谁想要表示对米斯拉斯的崇拜，就需要经过一项仪式，也就是将面包和葡萄酒作为礼餐，以纪念米斯拉斯神和他的兄弟太阳神那次著名的晚餐。然后，还要用泉水来进行一次洗礼。当然，我们现代人是无法感受到这些仪式的意义的，因为这一

国家信仰

宗教信仰对于每一个罗马臣民来说都是无比庄重肃穆的。罗马帝国在建立之初也曾致力于寻找能够满足臣民精神需求的思想，宣扬着公民在国家利益前所呈现出的无畏气概与美德。图中荷拉斯兄弟在父亲与天神面前宣誓为了国家随时准备献出亲情、爱情甚至生命。

宗教仪式在1500年前就已经消失了。

　　一旦有谁建立了对米斯拉斯的信仰，那么他就要对所有虔诚的信仰者一视同仁。大家会在同一个摆满了烛光的祭台上祷告，大家会同唱一首赞美诗，然后同在12月25日这一天来庆祝米斯拉斯的生日。在每个星期的首日，他们都会放下手中的工作，只为纪念这位伟大的神明。所以直到现在，我们仍称每星期的第一天为"星期日"。当有信仰者逝世，他们将会把他的尸体摆放好，然后等到审判日那天，好人会得到大家的祈祷，而坏人则会被投入烈火中烧毁。

　　这些美丽动听的神话以及在罗马军队中影响深远的米斯拉斯精神，都向我们传递了一个信号：那时的人们对于宗教信仰是很庄重的。实际上，罗马帝国在建立的最初几百年里，统治者一直都在找寻能够满足臣民精神需求的思想。

　　在公元47年，一件重要的事情不可避免地发生了。

　　一条小船从腓尼基向佩加城的方向驶去，船上只有两个人，他们都没带行李，他们要去那个通往欧洲各国的要塞城邦。

　　这两人一个叫保罗，另一个叫巴纳巴斯。

　　两人都是犹太人，不过其中一人通晓罗马人的文化，并且持有罗马护照。

　　他们开始了一次名垂青史的旅程。

　　从那一刻起，基督教开始传遍整个世界。

第 ③ 章

疯狂迫害

基督教迅速地在欧洲各个国家传播开来，有时人们会拿这一事实作为证据，以证明基督教思想来源于神明所居住的天国。对此我并不想多作讨论，不过有一点需要指明，早期宗教思想的成功传播，与大部分罗马人生活在水深火热的环境中有着莫大的关系。一般来说，穷苦的生活通常都会导致神学的传播。

在此，我已经描绘了罗马帝国的一个场景，那是一个政治家、富豪和军队主导的世界，他们都是幸运儿，他们居住在拉特山山坡上、坎帕尼亚山峰峡谷和那不勒斯海湾，在那里他们过着美满富足的生活。

然而他们的幸福只是帝国的一个方面。

在另一个方面，城邦内有众多的贫民窟，在那里有演说家肆意抒发内心激情的繁华盛况，也听不到诗人们对于太平盛世的无尽赞美。

贫民窟里有着一排排一眼望不到尽头的住宅，这些住宅陈旧破败，却是人满为患、恶臭熏天。吃了上顿没下顿的贫困生活和亲人流放的痛苦是这些穷苦百姓最真实的生活。对这些老百姓来说，他们只相信一个朴实的木匠所讲的故事。这个木匠住在大洋彼岸，他用自己辛勤的双手维持生计，他对于那些贫困百姓抱有极大的同情心，所以他被那些杀人如麻、丧心病狂的敌人害死了。

当然，罗马的穷苦百姓们都知道米斯拉斯、爱西斯和艾斯塔蒂这些仁爱神明的名字，然而他们已经不存在了，早在1000多年前就消失了。人们对于他们的了解，也只限于1000年前的祖先们所留下的野史记载。

不过，约书亚，耶稣（也就是传教士所说的救世主），他们都还活着。在当时有很多人都知道他的存在，在台比留大帝统治的时代，如果谁去过叙利亚的南部，甚至极有可能听到他的演说。

还有些其他事情。街头的面包师傅和对面的水果商曾在阿皮恩大道附近的一座花园内与一个叫彼得的人交谈过，彼得说过这样的话：那些到过戈尔戈塔山附近的渔民们有可能见过耶稣被罗马士兵钉在十字架上。

正是由于这种亲身的接触，也就是这种亲密的私人情感的交流，才使得基督教相比其他宗教有着更为突出的优势。基督教的教义在于将世界各国受压迫人们的呼声，传播到世界的各个角落。至于基督教的思想是否符合后人用以解释的词汇，这并不重要，只要那些做奴隶的人愿意倾听，可以明白就足够了。这些奴隶们曾在崇高的誓言面前感到恐惧，然而他们现在第一次看到了人生光明的希望。

他们对于自由的期盼终于有了实现的一天。在强权面前，他们也不再敢感到卑微自贱了。

恰恰相反，他们成为了上帝所宠爱的子民。

神学传播的土壤

在罗马帝国的内部，权势阶层过着幸福的生活，而在不幸的另一端，大批的贫民却挣扎在水深火热之中。穷困的生活为神学的传播提供了最肥沃的土壤，演说者充满激情的演说常能轻而易举地引发人们的注意和共鸣，人们也愿意倾听那些与自己一样身处苦难的人说出自己的心声。

十字架下的悲剧

　　拿撒勒木匠的儿子耶稣对贫困百姓抱有极大的同情心，他四处演说，倡导人们能够如同兄弟姐妹一般和谐相处，在他的世界里任何人都能够过上幸福的生活。他的话让奴隶们群起振奋，让奴隶主惊恐不安，但这种微弱的声音最终淹没在耶路撒冷暴民的讥讽谩骂中，耶稣也被钉死在了十字架上。

　　他们会成为世界的新主人。

　　他们也分享曾经一直被居住在萨姆尼别墅里那些高高在上的权贵们所据为己有的快乐生活。

　　一种基督教信仰的新力量诞生了。

　　基督教是使公平和正义在普通老百姓中得到实现的第一个宗教。

　　当然，我并不是在说基督教使"灵魂重生"（也就是人们换了一种新的生活和思考的方式），我想说的是，在腐朽落后的奴隶社会中，像这种美好生活的消息一定会传到世界各地，激发人们内心的熊熊烈火。然而，除了一些特殊情况，历史是不会对个人的冒险经历予以关注的，不管此人是自由人还是奴隶。倘若那些富有冒险精神的人们联合起来，组成民族、行会、教会、军队、兄弟会或者同盟组织，然后推选一个统一的指挥，并积累了足够的物资，并组建一支军队来征伐其他民族，那么他们的事迹才会被史学家所重视和记载。所以，尽管我们对于早期基督教的发展有了了解，然而对于教会的真正创始人我们却无法确定。这不能不说是一个遗憾，早期基督教的形成和发展怎么看都是一段极具吸引力的历史啊。

在古老帝国的废墟上，基督教堂拔地而起，它代表了两股利益势力，一股势力代表了仁慈思想，这是耶稣所传授的思想，另一股势力则代表了狭隘的地方主义，由于它的束缚，耶稣的同乡与世界各地的其他信仰者徒渐行渐远。

说白了，这种狭隘的地方主义使得罗马人的效率和朱迪亚人的专横相结合，最终产生了压抑思想的恐怖统治。虽然这种统治体制行之有效，却不合情理，更不得人心。

为了理清这段历史的脉络，我们不得不回溯到保罗生活的年代以及耶稣遇难后的半个世纪，以求发现事实。基督教源自犹太教，是从一次变革（或者说纯民族主义的运动）中产生的。自基督教诞生后，由于其令人惊讶的传播和影响力，因此成为了犹太统治者的眼中钉、肉中刺。

新生的力量

亲密的私人情感交流，让基督教相比其他宗教有着更为突出的优势。人们愿意倾听那些勇敢者的呼声，奴隶们终于看到了人生的希望，他们在强权面前不再卑微自贱，他们也能分享从前高高在上的权贵们据为己有的快乐生活，信仰的新生力量迅猛地传遍世界，激发出人们内心的熊熊烈火。

耶稣还活着的时候，统治犹太的帕里希人就视基督教为威胁。他们对于那些动摇信仰垄断的思想传播大为恐慌，因为他们对于宗教信仰的垄断是建立在武力强迫的基础上的。为了维护自身的统治地位，他们便在惊慌中开始了行动，在罗马的统治者没来得及干涉之前，他们便急急忙忙将耶稣钉在了十字架上。

谁也不知道如果当时耶稣没有死，能发生什么情况。

耶稣遇难时，他的支持者还不算是一个教派，他也没有留些什么遗嘱来告诉支持者们该如何做。

不过祸从天降，焉知非福？

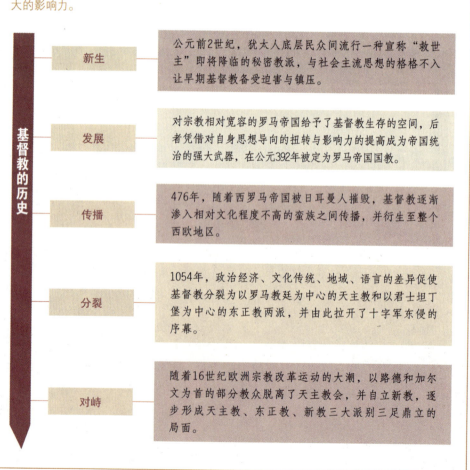

基督教的历史

发源于犹太教的基督教，由犹太人民间流行的秘密教派到罗马帝国公开推行的国教，再到传播至整个西欧、乃至整个世界的教派，基督教经历了一系列脱胎换骨般的蜕变过程。漫长、坎坷的历史不仅让它有着传奇般的过去，也让与权势同行的它拥有着巨大的影响力。

基督教的历史

新生
公元前2世纪，犹太人底层民众间流行一种宣称"救世主"即将降临的秘密教派，与社会主流思想的格格不入让早期基督教备受迫害与镇压。

发展
对宗教相对宽容的罗马帝国给予了基督教生存的空间，后者凭借对自身思想导向的扭转与影响力的提高成为帝国统治的强大武器，在公元392年被定为罗马帝国国教。

传播
476年，随着西罗马帝国被日耳曼人摧毁，基督教逐渐渗入相对文化程度不高的蛮族之间传播，并衍生至整个西欧地区。

分裂
1054年，政治经济、文化传统、地域、语言的差异促使基督教分裂为以罗马教廷为中心的天主教和以君士坦丁堡为中心的东正教两派，并由此拉开了十字军东侵的序幕。

对峙
随着16世纪欧洲宗教改革运动的大潮，以路德和加尔文为首的部分教众脱离了天主教会，并自立新教，逐步形成天主教、东正教、新教三大派别三足鼎立的局面。

没有明文规定的教义，没有条条框框的戒律，基督的信仰者反而可以不受教规的束缚而自由地信仰基督的思想了。倘若有某一条文对他们的信仰作了规定，那么他们势必会花费大量的精力来讨论对于规则的阐释，甚至于研究那些条文的合理性和文采性。

若真的如此，可以想象得到，除了那些所谓的专家外，有谁还会对新的信仰产生兴趣？那么基督教也会和许多其他教派一样，从诞生之初便制定诸多教规戒律，以致那些理论家为此无休无止地讨论并最终被当权者监禁起来从而逐渐被人淡忘。

在2000年后的今天，我们知道了基督教的诞生动摇了罗马帝国的统治根基，然而让人奇怪的是，既然基督教对于帝国统治有如此大的威胁，犹如曾经匈奴和哥特人的侵略一样，那帝国的当权者为何不采取惩罚或者镇压的行动呢？众所周知，一个东方的先知导致了奴隶的叛乱，妇女们絮絮叨叨地讨论着神主会再次降临人世，许多老人也在预言未来的某一天世界将会在一团火焰中毁灭。

穷苦百姓时常会因为某种宗教信仰而疯狂，对于基督的崇拜已经不是第一次了，当然也绝不会是最后一次。然而，只要帝国的警察队伍严密盯紧着他们的一举一动，他们这种信仰的热忱就只能停留在崇拜阶段了。

信仰的威胁

相传耶稣以悲悯和博爱之心看待世人，声势渐起的基督教很快成为了统治犹太地区的帕里希人的威胁。帕里希人对于那些动摇信仰垄断的思想传播大为恐慌，上层祭司们让耶稣对一个按律应处以乱石砸死的女子定罪，耶稣则判定只有无罪的人才有资格用石头砸她，从而引发了祭司们更强烈的不满。

　　由于警察的森严戒备，穷苦大众无法将他们的热情诉诸武力反抗。不过新宗教的信徒们对于信仰事业的追求方式倒令人推崇，他们无意推翻政府当局的统治，那些穷苦百姓曾期望上帝对于追随者的仁爱和信仰者之间的团结亲情能消除束缚在他们身上的主仆关系，然而圣徒保罗却解释说，基督的天国是凡人看不到的灵魂天国，只有一切凡人服从命运的安排，他们才能在死后灵魂升入天国。

　　奴隶斗争的同时，罗马的妇女们也在反抗着罗马法典中关于婚姻的不公平规定，她们从基督的思想中得出这样的结论：基督代表了思想解放和男女平等。然而这时保罗又站出来辩驳了，他以谆谆之语劝告他的姐妹们不要太过疯狂，否则那些思想保守的异教

当权者的宽容

　　新宗教的信仰者无意去推翻当权者的统治，信奉自由与宗教宽容的罗马为他们提供了尽量宽松的环境，让人们可以期待上帝的仁爱与信仰者之间的亲情能够化解当权者与穷苦大众身上的主仆关系。在当权者宽容的注视下，传道者保罗们也解读着符合当权者喜好和利益的教义，让人们成为帝国恭顺的子民。

难以跨越的距离

下层百姓读不懂当权者的宽容，他们的处境让他们无法获得安慰与满足，他们的恶劣行径甚至影响、欺骗着单纯的孩子；罗马的传教士们也必然为此处心积虑，他们在其他宗教的冲击下诋毁、诅咒那些不信奉传统宗教、背叛了祖先崇拜的神明的异教徒们会受到惩罚，然后再转身从臣民的口袋中狠敲一笔钱财。

徒会对基督起疑心，最终他说服了那些妇女们继续那种被压迫的奴隶生活，并使她们相信，自从亚当夏娃因为偷吃禁果而被赶出天国后，她们的命运就始终如此。以保罗为代表的信仰者对于帝国的法律尊敬而恭顺，这的确是一个有效的方法，所以帝国的统治者便允许境内的基督教传教士可以自由传教，因为他们对于教义的阐释最符合当权者的喜好和利益。

然而，历史永远是这样，穷苦百姓不如当权者那般宽容。因为他们贫困潦倒，因为他们饥寒交迫，即便理智告诉他们为了生活甚至为了财富必须忍辱负重，他们也不会因此而觉得安慰和满足。

在过去的数百年中，帝国的下层百姓们一直纵情于饮酒作乐和打架斗殴，他们的行为毫无例外地遵循着上述的规律。最初他们以欺骗那些庄重严肃的孩子们为乐，那些单纯的孩子们专注地倾听着他们讲述关于耶稣像普通罪犯一样被钉死在十字架上的故事，然后这些孩子们便将那些向十字架上的耶稣投掷石块的流氓们看作是英雄，于是由衷地为这些人祈祷。

罗马的传教士不可能对于这一恶果的发展视而不见，他们需要采取行动遏制这种势头。

由于当时罗马帝国的国教会有一些特定时节的大型祭祀，全国的臣民都要为此缴纳一些钱，然而这些钱大部分落入了教堂主教的口袋。倘若全国的百姓都不会理会这一旧式的宗教，而张开臂膀迎接另一个诞生不久的新宗教，那么帝国的国教会损失很多收入。国教的教士们当然不会甘心了，他们会处心积虑诋毁新宗教，诅咒那些不信奉传统宗教、背叛祖先崇拜的神明的异教徒们会受到惩罚，并怒斥他们对于异国上帝的敬拜是大逆不道。

然而相比那些守旧的教士，帝国的另一群人对基督教更恨之入骨。这群人是一伙骗子，他们的身份就和印度的瑜伽信奉者，和爱西斯、巴尔、艾什特、艾迪斯和西贝尔神话中的祭司长一样，只会花言巧语骗取帝国中产阶级的钱，然后去花天酒地，过着奢华糜烂的生活。他们将基督教视为假想中的竞争对手，他们认为基督教信仰者会为向世人所提供的启示而收费，然而在现实中他们却无法找到任何具体的理由向基督教发难。毕竟，生意就是生意，如果有人选择了基督教的预言，他们也无能为力。不过基督的信徒却没有这些人的生意头脑，他们竟然无偿地向世人开导，并且还向信众赠送东西，给饥饿的人饭吃，为无家可归的人提供住所，且不要求任何回报。他们的做法太令人诧异，没有私下的收入或

守旧者的敌视

守旧者对新崛起的宗教势力恨之入骨，他们一面骗取帝国中产阶级的钱去花天酒地，一面将搅乱他们既往生活的基督教视为假想中的竞争对手。他们忧虑着自己享有的一切有朝一日会被夺走，时刻寻找着竞争对手的漏洞伺机发起攻击，虽然他们无力改变人们的想法，但却是基督教最凶狠、最难以预计的敌人。

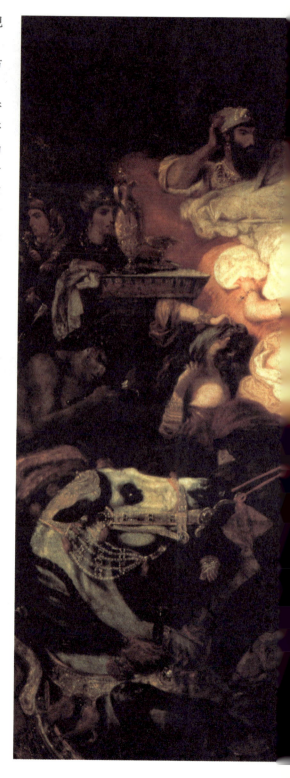

者丰厚的财力，他们怎么能办得到呢？

在当时，罗马已经不是一个自由往来的城邦了，城内聚集了成千上万从全国各地而来的无家可归的穷苦百姓。这些人只知道服从限制人们自由的罗马法典，对于那些性情乖张的人都很排斥，对于那些没由来想过苦日子的人心存戒备。他们将那些喜欢喝点小酒、聚餐时经常替人付账的好心人看作是善邻佳友，对于那些自命清高、不喜欢看科里西姆的角斗士表演或者看到战俘们被五花大绑在凯西特兰山的道路上游街示众时却不兴奋高呼的人士，他们视其为异类，对其避而远之。

在公元64年，罗马城的贫民窟在一场大火中被烧为灰烬，这场事故成为了反对派对基督教首次攻讦的借口。

最初有人传言，是由于醉酒的尼禄帝王突发奇想，便下令在城内纵火，烧掉贫民窟，以便他可以按照自己的意愿重建城邦。不过人们更愿意相信，这场大火是犹太人和基督教徒放的，因为他们经常说起天堂会有一团火焰降临，烧毁这充满邪恶的世界。

这种说法很快一传十，十传百，最后整个罗马城的人都知道了。于是城中便开始流传起更多关于基督教的传言，比如说有人听到了基督教信仰者在与死人说话，有人见

❧ 罗马斗兽场 ❧

罗马斗兽场，全称科洛塞奥大斗兽场，是罗马皇帝韦帕芗专为纪念罗马军团由耶路撒冷凯旋而修建。这座位于罗马城中心的斗兽场修建在昔日罗马暴君尼禄的"金色宫殿"旁的人工湖底，当年那场罗马纵火疑案也正是由这里燃起，一把大火将周边密集的建筑化为焦地。

场地边竖立着暴君尼禄高达120英尺的镀金铜像，罗马人据此而以"科洛塞奥"（高大）命名这座斗兽场。

斗兽场四周设有的80个出入口可供5万观众快速进出。

斗兽场分上中下以及顶阁四层，呈长圆形。

酝酿中的惨剧

　　声势渐起的基督教让罗马政府不得不开始格外重视它的存在与影响。狭小的生存空间以及反对者蓄谋已久的流言让基督教遭受着前所未有的挑战。罗马人不时以漫无边际的指控与罪名惩罚、屠杀基督教信仰者，而温顺的后者宁愿放弃生命依然坚持信念，图为罗马斗兽场内面对野兽獠牙的基督教徒。

　　到了基督教信仰者拐骗了孩子，然后割断其喉咙，将喷出的鲜血涂在那古怪的耶稣祭坛上。不过，传言毕竟是传言，没有人敢说自己亲眼见过基督教信仰者所做的这些罪恶勾当，然而他们认为是基督教信仰者太狡猾了，连警察都被他们收买了，以致他们可以瞒天过海。若是哪一次他们在作恶时被当场逮个正着，那么他们就要为自己的罪恶行为付出代价。

　　欲加其罪，何患少辞，于是便有无数虔诚的基督教信仰者被秘密处死了。现在我们无法了解到底有多少牺牲者，是否还包括保罗和彼得在内，总之历史上再也没有关于他们的记载了。

　　不用说，这场轰轰烈烈的全民参与的镇压运动没有一点收获。牺牲者临死时的凛然不屈是对新宗教和耶稣思想的最好宣传。死了一个基督教信仰者，会有千千万万个基督教信仰者出现。尼禄帝王在他庸碌的统治时代所做的唯一一件有意义的事，就是公元68年的自杀身亡。在他死后，异国的基督教信仰者便又返回了罗马城，继续开始他们的宣传了。

　　在那时，帝国新的统治者发现了一个他们所认为的事实，那就是基督教和犹太人是不同的。

　　对于他们的错误，我们很难再予以指责了，经过数百年的历史研究，有一点是可以明确的，犹太人的行会实质上是一个情报中转站，新的宗教就是通过它传播到世界各地的。

改革者的茫然

多数改革者都能清醒地认识到现实世界的种种弊端，他们期待着能在内部进行改革，在局部作出改善，他们为此大声疾呼，也尝试着通过有限的斗争来实现改革。然而，他们不知不觉中却发现自己成为了一个组织外部的新领袖，反对的声音与拥护的声音将他们推到与现实完全相反的对立面，陷入进退两难的境地。

谁都知道，救世主耶稣是犹太人，他一直都忠实地履行着祖先所制定的古老法律，他所做的演说也只针对犹太人。他的人生只有一次离开过故乡，而且时间很短暂。他为自己制定的使命是要所有犹太人一起完成的，使命的目的也是为了犹太人。他的言论中没有表达出任何关于基督教与犹太人有区别的意思。

实际上耶稣希望完成的是以下几件事：他清醒地认识到对于祖先的祭祀有着诸多陋习弊端，他为此曾大声疾呼过，并尝试过斗争和改变。然而，他所作的斗争仅限于内部的改革，绝没有想到有朝一日自己会成为一个新宗教的创始人。如果当初有人做出这样的预言，他可能付之一笑、不会当真。然而，就和历史上所有的改革家一样，他也陷入了一个两难的境地，既不能倒退，也不敢前进，因此，他的早死反而使他解脱，至少避免了路德和其他改革家的命运。那些改革家本来只想对组织内部作一些改善，然而最后却蓦然发现自己竟成为了组织外部的一个新组织的首领了，于是他们便茫然无措了。

实际上，在耶稣死后很多年内，基督教（当时还没有这个名字）只不过是犹太教的一个小教派，在耶稣撒冷、加里利村和朱迪亚村也只有寥寥可数的几个追随者，新宗教的影响力从未超出过叙利亚省。

　　有着犹太人血统的罗马公民盖尤斯首先发现了这个新宗教的教义可以影响整个世界，而他苦难的命运又向我们表示基督教信仰者对于宗教的世界化有着怎样激烈的反对。基督教信仰者只希望新宗教在本国内传播，只允许犹太人加入。他们对于那些向不论是犹太人还是非犹太人的世人宣传灵魂拯救思想的家伙极为反感。当保罗最后一次到

客西马尼园的领悟

　　基督教早期的影响仅限于部分地区和少数人群。在那里，不同世界的不同宗教势同水火，而得势的一方终将遮去其他宗教的光芒，成为唯一的主宰。图中在古代耶路撒冷的幻影之城下，耶稣在抓捕他的士兵赶到客西马尼园之前，祈祷着面对天使送来的十字架，领悟到了自己即将承受的苦难命运。

耶路撒冷时，幸亏他持有罗马公民的护照，否则他一定会被那些怒火中烧的同胞们钉死在十字架上，就如耶稣一般。

所以，罗马的统治者派出了一个军营的兵力来保护保罗，将他带到海滨城市，然后从海上回到了罗马，才使他免于参加那个著名的审判。现在看来，这是非常必要的。

在保罗去世后没多久，一件他一生都在预言的事情终于发生了。

罗马人摧毁了耶路撒冷，然后将那里的上帝庙宇改成了丘比特的寺庙，耶稣撒冷也被改名为埃利亚首都，朱迪亚村也成为了叙利亚省的一部分。而当地的犹太居民，不是被杀害就是被驱逐，处境相当凄惨。在圣城废墟周围的数里范围内，都禁止人居住。

耶路撒冷是犹太人的苦难之城，如今成为了一片废墟。在其后的数百年内，朱迪亚村附近常游荡着一些行踪诡异的人，他们称自己为"穷鬼"，他们终日在祈祷并耐心地等待着世界末日的到来。他们这些人就是在耶路撒冷劫后余生的犹太基督教信仰者。我们从15世纪、16世纪的书中可以了解他们的情况。在那时他们已经远离了喧嚣世界，并形成了一套怪异的教义体系，并且以憎恨圣徒保罗为宗旨。他们到了公元7世纪便失去了踪迹，从人类历史上消失了。不过，即便他们能偷生几百年，也无法影响历史的前进。

罗马人建立了一个横跨欧亚非的大帝国，他们建立了一套中央集权的政治体制，在他们的统治下，统一世界的宗教信仰的条件逐渐成熟了。基督教是一个简单而又实用的宗教，信徒们可以直接与上帝对话，因此它是有可能实现这一目的的。而犹太教、米斯拉斯教以及世界上其他有实力、有影响力的宗教，也绝不可能与之相抗衡。

唯一糟糕的是，新宗教也有一些自身固有的缺陷，这种缺陷明显与宗教教义背道而驰。

后来，保罗和巴纳巴斯乘坐小船从西亚来到了欧洲，为那里带来了希望和仁慈。

而另一个家伙也悄悄溜上了船。

它戴着神圣高尚的面纱，里面却掩盖着残忍和憎恨的嘴脸。

它的名字是：宗教的专横。

第四章

天国的阶梯

早期的教会只是很简单的组织，当人们明白世界末日远未到来，审判日也不会在耶稣遇难后降临，基督教信仰者仍在悲惨中苦苦挣扎，于是便觉得有必要建立一种新的统治体制了。

最初基督教信仰者的聚会地点是在犹太人的教堂内，然而后来由于信仰者中的犹太人和非犹太人发生了嫌隙，那些非犹太教信仰者便选择了在其他地点聚会。假如找不到足够大的房子来容纳虔诚的信仰者，他们也宁愿在露天野地或者废料场里开会。

最初的聚会被定在周六，然而由于犹太教信仰者和非犹太教信仰者之间的关系日趋恶化，非犹太教信仰者便不再以周六作为安息日，而将聚会的日期定于耶稣复活的周日。

涅槃

人们期待着摆脱现实的苦难，加入早期教会的他们满心期待守望着改变，但是当世界末日远未到来，末日审判更是遥不可及，而他们仍旧在悲惨中苦苦挣扎时，他们便会用行动作出回应，选择一个崭新的、值得期待的信仰紧紧追随，并借此倾注他们的情感与心血。

对于这庄重仪式的争执表现出了人们的情感价值。在当时没有规章化的演讲和说教，没有热忱的传教士，只要所有善男信女的内心被上帝的精神所激发，他们就会站起来恭敬地向上帝表达自己的信仰。根据圣徒保罗的解释，这些虔诚的信徒们都是以能言善辩来进行逻辑推论的。

古书中记载了保罗的二元论哲学思想，向世人阐述了这位伟大的圣徒内心对于人类前途的展望。

当时的基督教信仰者大多数都是平民百姓，他们没有什么知识。虽然我们不用质疑他们所表现出来的真诚，不过他们性子非常急躁，有时激动起来会像疯子一样大喊大叫。基督教承受得住敌人的迫害，却不能抵挡人们的冷言冷语。因此，保罗和彼得，以及他们的追随者不得不花费许多精力来平息信仰者因为想表达自己的精神世界和信仰的情感而导致的骚乱，以保证教会秩序的稳定。

最初他们的努力没有太大的成效，毕竟他们所制定的规章条文实质上是与教会的民主自由精神相对立的。然而教徒们最终还是实事求是，协商一致仍按原本的仪式聚会。

聚会的开始仪式通常是唱一首赞美诗，这可能是安抚那些犹太教徒们，然后所有人起立高唱那首为罗马和希腊崇拜者所谱写的新歌。

接着便是早已拟好的演说，这是一篇著名的凝聚了耶稣一生哲学思想的祷文。不过在这数百年间，布道都是自发的，只有那些内心有话说的人才愿登台说教。

新的秩序

早期的基督教追随者是由多数的平民百姓构成，他们才识匮乏，内心真诚却也容易急躁。基督教外部世界的侵扰与内部的摩擦让这群心怀期待的人们之间关系微妙，他们每每因错误地表达自己的精神世界与情感而引发骚乱，这让必要的秩序顺理成章，虽然这与民主自由精神背道而驰，但却让宗教内部趋于平稳。

随着聚会次数的增加，那些素来防范着宗教组织的警察们就介入其中了，于是基督教信仰们便决定推选出了几名代表来与他们打交道。保罗对于这些代表给予了高度的评价。他将他在亚洲和欧洲传教时的团队比喻为惊涛骇浪中的小舟，要渡过波涛汹涌的海洋，必须有一个沉稳且富有智慧的舵手。

因此虔诚的基督教信仰者们聚集在一起，公平推选出了男女两名执事。两名执事服务于整个团体，他们必须照顾好团体的病号和老者（这是早期基督中的仁爱思想），然后对团体的财产进行有效的管理，以及处理那些日常琐事。

日积月累，教会的信仰者越来越多，于是管理的事情也变得越来越复杂，这就需要有专门来进行管理的执事了，这自然要由极为德高望重的老者来担任了。这种身份在希腊被称为"长老"，而我们现在通常称为"神父"。

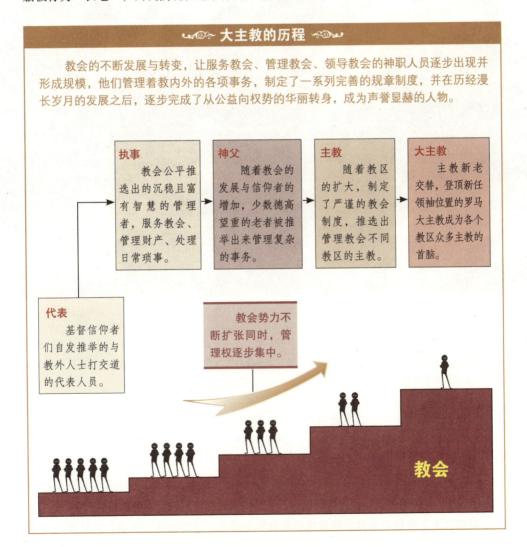

大主教的历程

教会的不断发展与转变，让服务教会、管理教会、领导教会的神职人员逐步出现并形成规模，他们管理着教内外的各项事务，制定了一系列完善的规章制度，并在历经漫长岁月的发展之后，逐步完成了从公益向权势的华丽转身，成为声誉显赫的人物。

执事
教会公平推选出的沉稳且富有智慧的管理者，服务教会、管理财产、处理日常琐事。

神父
随着教会的发展与信仰者的增加，少数德高望重的老者被推举出来管理复杂的事务。

主教
随着教区的扩大，制定了严谨的教会制度，推选出管理教会不同教区的主教。

大主教
主教新老交替，登顶新任领袖位置的罗马大主教成为各个教区众多主教的首脑。

代表
基督信仰者们自发推举的与教外人士打交道的代表人员。

教会势力不断扩张同时，管理权逐步集中。

教会

舵手——重铸的职权与体系

　　随着教会的发展与壮大，其内部的关系与各项事务也变得愈加复杂，于是人们通过公平推选来任命舵手进而服务、管理整个团体。为了确保教会内部各形各色的人的和谐共存，教会也建立了一系列体系与制度，然后由舵手全盘掌控。

　　又过了不知多少年，教堂遍布了各个村庄和城市，于是信仰者们便商议需要制定一套所有信仰者都必须遵守的规章制度。信仰者们推选出了主教来管理教会的势力范围，并作为教会的代表与政府当局进行谈判。

　　没过多久，罗马帝国的所有城市中都有了主教，在雅典、罗马、迦太基、耶路撒冷、君士坦丁堡、安提阿和亚历山大等城市内，教会的主教在当时可是声名显赫的人物。

　　最初犹太王国的老主教掌控着几乎所有耶稣留下足迹的地区，然而，自从罗马人推倒了耶路撒冷城，而那些祈祷世界末日降临并期望升入天国的人们都去世后，可怜的老主教便失去了本来的声望，只能孤独地居住在那凄凉的宫殿内。

很快便有另一位主教顶替了这位虔诚的基督教徒领袖的位置，这位新的主教居住在帝国的都城内，那里是圣徒保罗和彼得殉教的场所，而这位新主教就是赫赫有名的罗马大主教。

自然，这位新主教与以前的主教一样，也被人称为"神父"或者"圣父"，这是神职人员的一般称呼，表示尊敬和热爱。不过在其后的数百年中，一提到"圣父"，人们便会将它与教皇（也就是罗马大主教）联系起来。到后来"圣父"的头衔便专指罗马的大主教了，而君士坦丁堡或者雅典的主教都不会再被承认是"圣父"了。这样的一个发展似乎出人意料，却在情理之中。比如说我们常在报纸上看到"president"的称呼，不需要再加上"美国"两字，我们便知道它指的是美国总统，而不是哥伦比亚大学的校长或者加利福尼亚州财政部部长。

公元258年，"教皇"这个称呼正式出现在书面公文中，在当时罗马还是大帝国的都城，教皇的势力已经完全凌驾于主教之上。不过在其后的3个世纪，由于恺撒大帝的后人经常处于内忧外患的境地，于是他们便着意找寻新的帝都。他们找到了一座与罗马相

宗教城邦——拜占廷

为了寻找新的生机，罗马帝国急于寻找新的帝都，最终君士坦丁大帝在欧亚大陆的交界处建立起一个崭新的城市——君士坦丁堡，它建立于古希腊人迁徙的城市拜占廷旧址之上，故名拜占廷帝国。占据着战略与商贸要道的拜占廷逐步发展壮大起来，它几乎重现了昔日罗马帝国的辉煌。

主教与修士

罗马帝国的迁都让被遗弃的旧都城主教顺理成章地接管了罗马，继承着国家与教会昔日的荣耀，成为当仁不让的管理者。主教们施展着他们的政治才能，一跃成为教会永恒教义的代表，与修士们一同引导着帝国的发展与走向，在逐步壮大宗教与自己的实力同时，将教会的影响力蔓延至整个帝国。

隔千里的城市，叫作拜占廷。此城的名字据说是为纪念一个叫拜扎斯的英雄而得来。这座城池位于海滨之地，背靠黑海，面临地中海，是一处战略地位重要的商业通道。这座城市有多处工商业中心，他们都是独一无二的，对于帝国来讲商业地位极为重要。在过去，斯巴达人和雅典人就曾为争夺这个富裕的重镇而你死我活。

不过在亚历山大大帝的时代之前，拜占廷一直是一个独立自主的城邦。它后来被马其顿人占领了，然而不久马其顿帝国又被罗马帝国灭亡了，因此这座城市便被划入了罗马帝国的版图。

帝国的统治者迁都拜占廷，罗马的居民们被抛弃了。古老的都城多次遭受哥特人和范达尔人的侵犯，没人知道会不会有其它的野蛮部族跟着来欺凌他们。当罗马的居民们看着空空如也的宫殿，看着各个政府机构一个个搬到了博斯普鲁斯海峡之滨，看着城中的居民要遵照千里之外的城市所传达的法令，他们都觉得已经到了世界末日。

然而历史已经多次证明，塞翁失马、焉知非福？帝王迁都他乡，于是城中的主教变成了当地最为显赫的人物

了，在人们的心中，他们是皇冠荣耀的继承人。

主教们不失时机地抓住了这次机会，运用教会的声誉将帝国所有博学之士吸引了过来，而主教们也逐渐成为了精明能干的政治家。他们自认为代表着教会的一些永恒教义，所以他们不慌不忙，使用潜移默化的办法，然后在最佳时机出奇制胜。在过去有很多人迫于无端的压力，在推行政策时操之过急，以致经常忙中出错，最终导致了失败，相比他们，主教们可是聪明多了。

然而，对于主教们来说，最重要的事情是在确定一个目标后进行艰苦卓绝的奋斗以求实现它。他们一切行为的目的，只在于向世人推广上帝的仁爱，使代表上帝意志的教会在世界上形成更强大的势力。

在他们的努力下，教会的影响力逐渐蔓延至整个帝国。在以后的一千年内，这种影响力都在持续扩大。

在后来游牧民族的铁骑践踏整个欧洲大陆时，在他们野蛮地摧毁和灭亡中，罗马帝国的城墙不断地倒塌了，帝国的统治体制也如巴比伦平原上的废墟一样成为零碎的乱石。浩劫之中，唯有教会的教堂依然稳固，不论在哪个时代，他们都如中流砥柱，屹立不倒。

然而教会为了坚守下来，也付出了不小的代价。

本来基督起源于马房，然而最后却堂而皇之步入宫廷。要知道，教会本是作为一个与政府对立的行会而存在的，神父的工作是沟通世人与上帝的联系以使上帝能播撒他的仁爱，而现在教会的神职人员却倾向于让平民百姓逆来顺受。教会的产生本带有变革意义，然而随着影响力的扩大，在不到一个世纪的时间内它竟成为了一个神权统治机构。相比之下，古老的犹太国则成为了善良的平民百姓所追求的幸福天国了。

这一历史事实虽然出人意料，却又合乎情理。下面我就要对此进行深入阐述了。

如今去罗马旅游的人，大都会去游览科里西姆王宫，人们在饱受岁月侵蚀的宫墙内，可以看到一块凹陷的深坑，那里曾堆放了上千名基督教信仰者的尸体，他们都是罗马专制统治的牺牲品。

正统之剑

教会付出了极大的代价在帝国衰落的浪潮中保存自己，继而开始倾向于引导平民对生活逆来顺受。图中空荡的大厅里，异教徒的神像在十字架前支离破碎，基督教告别了过去遮遮掩掩的时代，步上前台，在他们自诩为正统的时刻，他们对待其他宗教的方式与他们曾反抗过的敌人如出一辙。

然而虽然历史上有过数次对于新宗教追随者的迫害，但这都与宗教的专横扯不上关系。所有的迫害都出自政治考量。

因为基督教作为一个新的宗教，与其他教会相比，其信仰者拥有更广泛的自由。

基督教信仰者宣称由于所信奉的宗教道德而拒绝服兵役，甚至当国家在面临异国威胁时还在大言不惭地鼓吹和平解决，且无时不刻地向人们表示对于土地法令的反对。自然，这些狂妄的基督教信仰者最后被国家判处了死刑。

基督教遵循他们的神圣信条行事，然而帝国的警察不理会他们这一套，虽然基督教信仰者尝试向他们解释所信仰的教义，然而那些警官们从来就弄不明白。

毕竟，罗马的警察也只是普通人，对他们来说，他们奉命来审判凡人，然而凡人所陈述的理由和证据却是一些滑稽可笑的谬论。他们不禁有点茫然失措了，不过多年来养成的职业素养使他们明白，对于神学中的问题他们应该采取超然的态度。他们还记得，很多帝王的敕令中都曾对政府的公务人员提出了明确的告诫，要他们在对付宗教信仰者时必须清醒理智，不能被对方所迷惑。因此警察们抖擞精神，想要说服那些神父。然而当彼此的对话转移到了一个原则性的问题时，警察们的一切努力都成了无用功。

后来，警官们不得不面临一个选择，究竟是实事求是地承认国家法律的不合理，还是坚持按照不合理的法律来惩治这些凡人。基督教信仰者们信奉生命的意义产生于死亡之后，因此他们不惧死亡，并且为能够离开这个邪恶世界而升入天国感到欢欣鼓舞，因此警察们的恐吓威胁根本就不起作用。

因此，政府当局和基督教追随者便开始了漫长而痛苦的游击战争，可惜现在我们无法确认伤亡的具体情况。在公元3世纪，有一个叫奥利金的著名神父，他有几位亲戚在亚历山大大帝的一次政治迫害中被杀死了，对此他曾经说过："我们是可以统计出为信仰而牺牲的基督教信仰者的数目的。"

如果我们能对早期圣人的事迹有一个充分的了解，就会发现许多充满血腥的事实，因此我们不禁觉得奇怪：像这样一个屡遭迫害和镇压的宗教，怎么可能会延续下来呢？

不管我提供什么样的材料予以佐证，也免不了心怀偏见的嫌疑。所以，我保留自己的见解而不发表，读者们若有兴趣，可以自行讨论。假如人们能对德西厄斯帝王和瓦莱里安帝王的生平多加关注，那么就会明白在那个宗教迫害最严重的时代罗马帝国专制的本性了。

还有，人们应该记得，开明智慧如马克奥勒这样的伟大君主也曾承认自己在处理宗

专制的本性

帝国的警察与宗教信仰者们彼此阐述着自己的信仰，试图去说服对方，但立场的不同决定了双方终将徒劳无功。漫长的交锋让基督教信仰者付出了生命的代价，而那些残酷、血腥的惩罚对于他们来说，更像是离开邪恶世界、转投天国的捷径。一面是无情的杀戮，一面是无畏的前赴后继，专制让每个人都忘记理智、成为正义的化身。

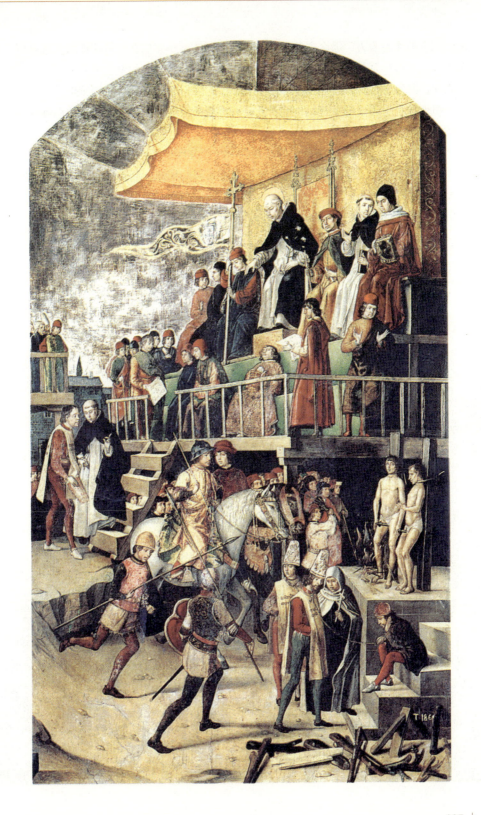

教问题上的无能为力，那么那些帝国边远地区的芝麻小官们在面对这样的问题是更一筹莫展了。那些小官员们经常陷入两难境地了，要么背弃自己的就职誓言，要么处死自己的亲友，因为他的亲友们不愿意服从政府当局为了维护帝国统治而制定的法令。

虽然深受迫害，但基督教信仰者并没有接受异教徒假惺惺的疑惑，他们继续向世人推销基督的思想。

公元4世纪末，罗马元老院里的基督教信仰者向当时的帝王格霍希恩请求说，活在异教神明阴影下的日子太不好受了，希望能搬走帝都的那座胜利女神像。因此，这座自恺撒大帝时代就矗立在王宫内至今已有4个世纪之久的神像从此移居他乡了。曾有几个元老提出抗议，然而除了使一些人被流放外，没有任何作用。

帝国的威胁

　　向往公正、自由的罗马赋予每一个人平等的机会，从而彼此共建起稳固的攻守同盟，将繁盛的罗马城视为永远不离不弃的精神家园。但各个宗教之间的攻伐与难以共存问题却始终无法解决，致使罗马帝国在维护帝国稳定与无视宗教信仰者的生命之间难以抉择，并最终成为帝国存亡的威胁。

就在这时，闻名遐迩的爱国者昆塔斯·奥里利厄斯·希马丘向皇帝呈上了一道信函。

信函说："为什么异教和基督教会不能和平共处呢？我们仰望同一片星空，足踏同一块土地，同样生活在苍穹之下。人们自己选择追求真理的道路有什么错？宇宙的奥妙变幻无穷，通往真理的道路又不止一条。"

不过这位爱国者并非看出罗马宗教开放政策的传统正在被破坏，并提出这一折中方案的唯一一人。

由于帝都的胜利女神像被迁至他方，很快拜占廷的基督教中两个敌对的教派发生了激烈的内讧。争论的焦点逐渐转向了"宽容"这一话题，并引发了有史以来最充满才智的讨论。

引起宽容话题的人就是大哲人西米斯蒂，他忠于祖先所信奉的神明，然而当瓦斯林皇帝在正统与非正统的基督教信仰者争论中有所偏袒时，他便忍不住告诉皇帝他必须有客观公正的态度。

他是这样进行劝说的：古代有一个国家，在这个国家内任何统治者都很难去贯彻自己的意志，这个国叫"美德"，美德之国有着充分的宗教信仰自由。如果在这

被扼杀的宽容

在"美德"面前，任何统治者都难以贯彻自己的意志，充分的宗教信仰自由让任何强制措施都必然带有一定欺骗性的虚伪和顺从。只有宽容地看待一切信仰，才能避免人们之间的冲突，即便是耶稣也曾表达过可以容纳所有宗教的思想，但是这种客观、公正的宽容态度却多被扼杀，很少有人愿去付诸行动。

个国家内实施任何强制措施，必然会导致带有欺骗性的虚伪和顺从。所以，作为帝国的最高领导者，应该大度地容纳所有的信仰，只有宽容才能避免人们起冲突。而且，宽容本是天道，上帝已经表示他会容纳所有宗教的思想，因为上帝能够猜透人类对于神意理解的办法，上帝也欣赏人类对他各种各样的崇拜。上帝不仅喜欢基督教的礼仪，也喜欢罗马人和埃及人的礼仪。

他的话真是至理名言，可惜没人愿意听。

传统的思想或者理想已经死亡，不论是谁企图阻碍历史的正常进程，其行为最终都会失败。要生存必须有进步，要进步必须经历磨难。于是帝国的旧秩序土崩瓦解了，军队也被敌国所策反，边境时有暴乱发生，而边远的英格兰及其周边地区早已落入野蛮民族的手中。

就在最后的灾难来临之际，数百年来一直在政府机构任职的那些年轻公务员们终于明白了，除了成为虔诚的信仰者外，已经没有别的拯救办法了。在西班牙，基督教的主教可以随意任免当地的行政长官，教会神职人员所发表的任何一篇关于阐述宗教理论的文章都会被争相传颂，教会的代表可以在君士坦丁堡的宫廷内代表罗马教皇，也可以到高卢或者斯堪的纳维亚赢得野蛮部落酋长的友谊并在那里成为权势人物，只要他们愿意。如果有谁担任了基督教的财务官员，他们便可以掌管那片富得流油的领地并暴敛横财，因为这块领地曾使拉特兰宫主人的财富飞快增长，一跃成为了意大利的大地主和大富豪。

在过去的5年中，我们可以发现太多相类似的事情，很多没有事业心也不希望做体力劳动的青年们都在想方设法进入政府部门工作，或者在海军和陆军中谋求一个职位。他们占据了法院的要职，管理着国家的财政，或者在殖民地当几个总督。他们没指望有多富有，然而他们的职位却使他们有了极高的社会地位，因此只要他们够聪明，就能拥有幸福的生活并安度晚年。

当战争来临时，这种在社会旧秩序下寻欢作乐的渣滓败类们被清除干净，下层百姓开始掌权了。那些原来的官员由于年迈，不可能再改变自己的习惯了，于是他们将自己的勋章变卖了，随后便逝世了。只有少数人愿意为自己的信念而不吃饭，在战乱后的几年里，那些政府长官和军官不得不为了生计做起了买卖，而在10年前他们对此是不屑一顾的。还有，这些官员们的家族大都世代从政，习惯了当领袖，所以他们的职业生涯通常都一帆风顺，他们的追求甚至比期望中还要来得快。

阶层的割裂

宗教的强势地位与绝对神权让人们趋之若鹜，为了一跃成为国家的主宰或富甲一方的权势人物，大量好逸恶劳的人设法进入政府担任要职，极高的社会地位让他们轻易拥有幸福的生活与晚年。直到社会危机来临时旧秩序被颠覆，下层百姓开始掌权，阶层的割裂让习于从政的人丧失原有的地位，不得不做起了买卖。

强与弱的自然法则

在房龙看来，人们社会在形成之后就始终存在着这样一条法则，那就是智者统治愚者，愚者服从智者。智者代表了力量和领导，如帝王、教皇、法律等，而愚者则代表了懦弱和服从，如奴隶、农民、乞丐等。为了生存，强弱分明的他们很自然地划分为统治与服从两个阵营。

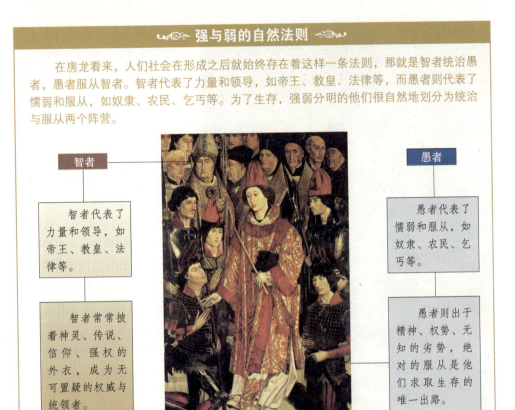

智者

智者代表了力量和领导，如帝王、教皇、法律等。

智者常常披着神灵、传说、信仰、强权的外衣，成为无可置疑的权威与统领者。

愚者

愚者代表了懦弱和服从，如奴隶、农民、乞丐等。

愚者则出于精神、权势、无知的劣势，绝对的服从是他们求取生存的唯一出路。

年轻人总喜欢将自己的祖先认作是赫尔利死神、罗米拉斯神或者特洛伊战争的英雄，要让他们相信自己是奴隶的后代这一事实，是异常困难的。不过，一些奴隶出身的牧师们对于祖先的阐述，则深受那些神化祖先身份的年轻人的喜爱。所以如果双方都聪明豁达，那么很快就能达成理解、和睦共处。这是一条令人奇怪的历史法则：表面的差异越大，双方就越容易相处。

也许自人类社会形成后就存在这样一条规律：智者统治愚者，愚者服从智者。这两种人在不同的历史时期有不同的名字，智者代表了力量和领导，他们被称为帝王、教皇、法律等，而愚者则代表了懦弱和服从，他们被称为奴隶、农民、乞丐等。这种规律不论在什么时间和地点，不论是在莫斯科、纽约、伦敦亦或是马德里，都有着同样的结果。而且它的表现方式也很幼稚，常是一些空洞的口号，如"忠于上帝就能带来幸福"等。然而在这虚伪的外表下却蕴含着最原始、也最真实的真理：生存是人类的第一要务。有的人很反感人类是哺乳动物演化而来的观点。他们自认是"利己主义者"或者"愤世嫉俗家"。他们将人类的历史看作是美好的神话故事，所以一旦被告知人类的发展受制于某种不容置疑的科学规律时，便会万分震惊。

在我看来，即便他们心有不愿，还是服从自然法则的好。

只有这样，历史对于人类才有价值。

如果谁还有所怀疑，那么我只能请他再仔细阅读一下前面所写的几章历史了，或者请他去研究耶稣诞生后的400年中教会领袖的一生了。

倘若他这么做了，就会发现那些教会的领袖原本出身于传统家族内，幼年就读于希腊哲学家的学堂，长大后纯粹是为了谋求一份工作才加入基督教会的。当然，也许有几个人接受了基督的新思想，成为了虔诚的基督教信仰者。不过大部分人选择信仰上帝，是因为升职的机会大一些。

教会是通情达理的，对于新信仰者们缘何改信基督教并不过分追究。教会对每个人都待以仁爱，若有人羡慕俗世繁华，教会便将他引入政界或者经济领域，鼓励他一展才华。对于那些忧郁多愁的信仰者，教会便带他离开拥挤、喧嚣的城市，为他提

力量与服从

人们总是难以接受自己卑微的出身，却对他人卑微的出身淡然处之，人与人之间表面的差异越大，双方就越容易相处。自人类社会形成后，就存在"智者统治愚者，愚者服从智者"的定律，智者代表了力量和领导，愚者则代表了懦弱和服从，生存的首要目的让两者必须达成共识、相互依存。

供一处安宁之地，以使他能够认真思考生命的价值。

这种基于对上帝的信仰而祈祷和思考的生活在最初时是非常自由自在的。

在教会建立后的几百年内，对于远离权力中心的平民百姓来说，没有太大的约束，然而，一旦帝国覆亡、教会成为了国家的主宰，成为了占有大片土地的政治集团后，便很难有人能过隐居的生活了。在那时，基督教信仰者可以集中精力做善事和祷告了。为了追求幸福，他们便想创造一些条件，以重现过去那种生活环境。

这种对于隐士生活的追求源自古老的中国，它极大地影响了其后10个世纪中世界的政治经济发展。从此在基督教对异教徒和不信教者的镇压运动中便有了一支强有力的反对力量。

各取所需，因势而导

　　教会中的人多出于平凡，他们为了生存或为了信仰而加入教会，教会也会对每一个人待以仁爱。对于羡慕俗世繁华的人，教会便将他引入政界或者经济领域，助他一展才华；对于忧郁多愁的人，教会便带他离开拥挤、喧嚣的城市，给他提供一片安宁之地，以便他能够认真思考生命的价值。

我们不需要为此惊讶。

　　地中海东岸的文明古国已经逐渐没落了，那里的人们已经变得慵懒而不知进取。新的文明此起彼伏，仅在埃及就出现了十多种不同的文化，自从在尼罗河诞生了第一个文明后，众多的文明便接二连三地出现。幼发拉底河和底格里斯河也是这样的情况。欧洲年轻的一代接受了基督教的思想，是因为它反映了人们对于美好生活的迫切愿望，从而激发了他们的热情和创造的动力。

隐士的庇护所

　　不同的地域孕育着不同的文明，各地的宗教也大相径庭。教会是人们对美好生活迫切期望的载体，从中人们能够获取对生活的热情与创造动力。隐士们为了免于因过分虔诚而步入极端，制定了世界上第一个宗教秩序，这让他们的行动变得务实起来，而他们坚守内心虔诚的修道院也成为了凡人逃避苦难的庇护所。

不过，埃及人和叙利亚人对于本民族的宗教生活存在着截然相反的观念。

基督的思想为他们带来了久已企盼的精神解脱。他们怀着升入天国的希望，忘记了灾害的记忆。他们来到沙漠中，终日在悲伤中与上帝交流，而对于存在的现实却置之不顾。

不知道为什么，改革总会受到军队的欢迎，或许是他们相比普通人更能清楚地认识到文明社会的野蛮和恐怖，或许他们明白，服从是军人的天职所在。在查理五世的军队中有一个上尉，他是一名为教会而战的伟大勇士。是他第一个将那些追求隐士生活的人组织起来，成为一个团体。

曾经有一个在君士坦丁堡皇家卫队中服役的埃及人，叫帕肖米厄斯。在他服完兵役后，便加入到那个隐居者的团体中。这个团体的头目叫安东尼，也是埃及人。于是帕肖米厄斯离开了君士坦丁堡，也来到沙漠，与沙漠上的豺狼虎豹相伴。然而，隐居生活也会遇到麻烦，人们常在宗教思想上发生冲突，以致会因为过分的虔诚而步入极端，比如说有人会爬到古老的石柱顶上或者阴森的坟墓中过夜，这实在是让异者可笑而同者可悲的一件事。因此，帕肖米厄斯便决心为这场隐居行动嵌入务实的根基，他制定了世界上第一个宗教秩序，于是从公元4世纪中期，沙漠上的隐居者便都有了一个领袖，他们称其为"最高统帅"。这位领袖有权任命修道院的院长，他将那些修道院看作是上帝的堡垒。

公元346年，帕肖米厄斯离开了人世。在他去世前，阿塔纳休斯主教将他的修道院思想引入了罗马，于是便有了成千上万的人为了躲避现实世界的邪恶和迫害而逃入修道院。

不过，阿塔纳休斯主教的期望很难完全成真，毕竟欧洲的气候、欧洲人的秉性和埃及有很大不同。欧洲有风雪交加的严寒天气，人们很难像尼罗河谷那里的人一样能忍受得住饥寒交迫。并且，欧洲人是很现实的，神圣的东方思想所反映的生活对他们来说肮脏邋遢，他们自认得不到任何有价值的启示。

意大利人和法国人喜欢问："基督教花那么多心血做善事究竟换来了什么？几个人居住在远离都市的大沙漠中禁欲修行，有什么意义呢？难道这样孤儿寡妇、老弱病残就能得到上帝的爱怜吗？"

以欧洲人的头脑来看，修道院必须变得更合理一些。对于修道院的改革，有一个人功不可没，他就是居住在亚平尼山脉纳西亚镇的本尼迪克特，通常人们称他为圣人本尼迪克特。幼年时他被父母送到罗马上学，不过这座城市的阴暗使他追求基督思想的愿望遭受极大的挫折，于是他来到了阿布鲁齐山的苏比亚克村，在尼禄时代所建造的一座乡间行宫暂居。

3年的隐居生活，虽然与世隔绝，却使他在苏比亚克村享有盛誉。不论谁接近过他，很快便能名扬天下，因此越来越多的隐居者都来拜访他，人数之众，便是10座修道院也容纳不下。

后来，本尼迪克特离开了苏比亚克村，开始为修道的生活制定秩序条文。他先是制定一部法规，并声称，凡是愿意遵守这部法规的修道士，都不得再游手好闲，在完成了

禁欲修行的改革

　　人们为了逃避现实世界的苦难而逃往修道院寻求庇护，但在那里修行所付出的代价可能远超乎人们最初的想象。在禁欲修行的改革呼声中，本尼迪克特制定了新的秩序条文，要求修道士除去每日例行祝福和诵告外也要从事农耕，年老体弱者可负责教育后代，这为修道士们换来了充足的衣食和少量的休息。

每日的祝福和祷告外，还要到农田中耕作。至于那些年老的修道士，则负责教育年轻的后代该怎么成为一个优秀的基督教信仰者。本尼迪克特修道院的人们都谨慎地遵守着这项法规，因此修道院的教育在其后的一千年中都在世界上独树一帜，在中世纪它的学徒们都是些才智出众的年轻人。

作为回报，修道士们有了体面的衣服和适口的食物。在每日劳动的间隙，还有两三个小时的休息时间。

不过，从历史的角度来说，这些修道士不可能是那些希望逃离现实社会而想要升入天国的凡夫俗子，他们是上帝的仆人，他们必须经历一段漫长而痛苦的考验期，那样他们才能成为真正的修道士，然后向世人传播上帝的力量和天国的幸福。

修道士的力量

真正的修道士是上帝的仆人。他们经历过漫长而痛苦的磨练后，才有资格向世人传播上帝的力量和天国的幸福。为了赢得平民百姓和政府官员的支持，他们扛着铁锹和锄头、捧着圣经前往不毛之地，他们在田间播种、耕作和收获，在民间传教布道、开堂讲学，为偏僻的土地送去上帝之音。

戴奥利先改革

作为在罗马帝国风雨飘摇之时接手政权的皇帝，戴奥利先以强硬的手腕，试图通过改革扭转整个罗马帝国的衰落。他强化了中央集权，创立了四帝共治制度，辅以各类经济改革，开启了帝国走向专制的大门，在一定程度上缓解了帝国所面临的社会危机。

戴奥利先改革	政治	1. 宣布废弃"元首制"，正式确立君主专制制度。
		2. 将罗马帝国一分为二，各由一位主皇帝、一位辅皇帝协同执政，共四人，史称"四帝共治"。
		3. 将帝国重新划分为100个行省，实行军政分治。
		4. 重组军队，划分为边防军和后备野战军两部分，削弱下放的军权，由皇帝直接控制，以减少政变危机。
	经济	1. 改革税制，将帝国划分为若干个税区，征收人头税和土地税。
		2. 为控制经济通胀恶化，颁布限价敕令，严格限定商品的最高价格。
	文化	主张复兴罗马古老宗教，对基督教大肆迫害。

被逼的专制

罗马统治者意识到帝国面对的困境与危机，但在不改变根本的前提下动用一切国家资源去修修补补的做法不仅加剧了国家与民众的负担，更促使两者之间引发怀疑与不满。两难的境地让政府不得不被逼施行专制来确保政令的执行，苛刻的政令让矛盾愈发尖锐，平静社会的表面下暗流涌动。

　　他们对那些不信教者做了卓有成效的传教工作，然而，为防止成果转瞬即逝，他们必须努力赢得平民百姓和政府官员的支持。因此修道士们扛着铁锹和锄头、捧着圣经，来到斯堪的纳维亚半岛、冰岛和俄罗斯这些不毛之地。他们在田间播种、耕作和收获，他们在民间传教布道、开堂讲学，为这片偏僻的土地上第一次带来了当地人一直听说的上帝之音。

　　罗马教皇运用这种办法激发了世界各地各族人们的精神力量。

　　只有现实主义者才有能力改变世界，就像只有浪漫主义者才能发现幽静深谷中的幸福一样。没有任何行为是无用的，没有任何事情是多余的。很快，世界各国的国王们如果再不屈尊纤贵，承认自己为基督教的信仰者，那么他们的王座很可能就不保了。

　　取得最终胜利的办法很有意思，它表明了基督教的胜利确有原因，而非一般人所认为的，仅是人们心血来潮而爆发出来的对于宗教的疯狂热情所导致的结果。

　　戴奥利先皇帝统治的时代，发动了最后一次对基督教信仰者的迫害运动。

　　令人难解的是，戴奥利先算不上是统治欧洲的最坏一个帝王，然而在上千年的历史中他一直都饱受人们的非议。实际上，他对于最基本的经济学知识也一无所知。

　　当他接手这个帝国时，就发现它已经处于风雨飘摇中。这位在马背上成长的帝王明白帝国最致命的弱点就是军队的内部体制，在这一体制中，边境的防卫任务由当地的驻防官兵管理，然而这些官兵们早已丧失了斗志。他们整日游手好闲，甚至会做点买卖，将本国的蔬菜和粮食卖给边境外的野蛮民族。

　　戴奥利先无力改变这一腐朽的体制，于是他重新建立了一支禁卫军。这支军队全都是由身手矫健的年轻战士组成，一旦国家有难，他们能在最短时间内奔赴到帝国的任何一个地方。

虽然这项措施行之有效，然而就如所有新的军事改革一样，所需要的花销很大，必须老百姓缴纳更多的赋税来维持。百姓们自然群情激昂，他们集会游行，声称他们已经没钱纳税了。戴奥利先一边忙着向百姓们解释，一边赋予征税官员生杀大权，然而这软硬两手都不被百姓买账。因为各行各样的百姓们都不愿意辛辛苦苦干一年，反而还要闹亏空。他们放下了本职的劳动，纷纷走上街头呼喊，有的甚至当了流浪汉，要求政府救济。然而戴奥利先似乎不理会百姓的呼声，又颁布了一项严苛的法令，这表明了罗马大帝国已经走向了专制主义的深渊。他动一动笔，于是所有政府部门和工商业的职业都变成了世袭，这就是说，官员的儿子将来也会当官，不管他愿不愿意，而裁缝的儿子即使他有绘画天分，长大后也必须子承父业。水手的儿子即便在湖中荡舟也会晕船，可他将来也只能在甲板上讨生活，而最底层的奴隶们，即便是他们生老病死，他们及其后代一辈子也只能是奴隶。

如果有谁认为刚愎自用的皇帝会有那么一点宽容，能允许少数人根据自己的意愿来选择是否遵循他所指定的法令，那他就有点痴心妄想了。不过我们在评价戴奥利先皇帝对于基督教信仰者的暴政时，必须记住一点，在当时他已经处于两难境地，并且他对于帝国臣民的忠诚抱着深深的怀疑，因为他认为臣民们只知醉生梦死，没有谁愿意再为国家分忧了。

早期的基督教信仰者没有留下过任何记载，因为在他们的观念中，世界随时都会覆亡，到时候所有费钱费时的文学创作也都将灰飞烟灭，所以何必做这些无用的记载呢？不过世纪末日的预言终究没有实现。虽然没有文字记载，不过基督的故事经过一百年的代代相传也保留了下来，不过它已经被改得面目全非了，就连最虔诚的基督教信仰者也难辨真伪。因此，人们觉得有必要写一本权威性的书，将基督的生平和圣徒们留下来的信件编成一卷书，这就是今天我们所见到的《新约》。

《新约》中有一篇章叫《天启录》，它包含了关于在"七山"之中建立的城市的引据和预言。自从罗穆卢斯时代人们就知道罗马城建立在"七山"之中，因此这个独特章节的匿名作者小心翼翼地以他所憎恨的巴比伦来替代这个城市，可惜帝国统治者的智商不算低。此章将罗马城说成是"妓女的母亲"和"世界的污点"，声称这里洒满了圣人和先驱者的鲜血，这里到处是魔鬼和邪恶，是肮脏龌龊的人的栖息地，诸如此类的疯狂的言论有很多很多。

这些言论被认为是一个精神错乱者的胡说八道，或许是这位精神错乱者想起了这几十年来许多被迫害致死的朋友，以致他心中满是激愤，眼中满是怒火。不过，如今这些言论已经成为了教堂弥撒的重要仪式，在基督教信仰者聚会的场所都会被传诵。旁观者一般认为，这种仪式表达了基督教信仰者对台伯河畔城市的真情实感。如果我们认同旁观者所说的基督教信仰者会拥有的情感，我们也不应该责备戴奥利先皇帝没有这种情感了。

总之，这种情感并非全部。

此后，一个新的名词在罗马人的印象中逐渐明晰起来，这个名词叫"异教徒"。最初"异教徒"这个名词只适用于那些信奉其他教派或者某种教义的人，而现在则指那些

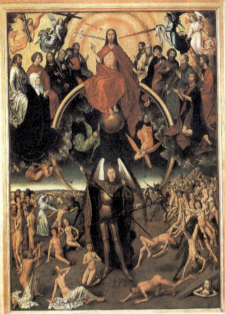

末日审判

　　基督教告诫人们，世界随时都可能覆灭，而世间的一切也都将灰飞烟灭，届时基督将对世人施以最后的审判，信仰上帝并行善者升入天堂，反之则堕入地狱。末日审判的传说代代相传，尽管已经被后人改得面目全非，不乏疯狂的言论，但仍作为传道士传教时的重要依据而存在。

不信仰由教会所指定的权威教义的人，用圣徒保罗的话说，他们就是"异端、虚假和荒谬的人"。

　　不过那些坚持传统信仰的罗马人并没有被指控为异端邪说者，因为他们被排斥在基督教信仰者外，并且他们也没有机会来阐释自己的信仰。同样，《新约》中有不少中伤帝王的话，比如说"异端邪说是可怕的恶魔，尤甚于通奸、淫荡、巫术、凶杀、叛乱、酗酒等罪恶"，不过出于礼貌，就不再提及了。

　　不可否认，这些偏激的话引起了帝王的震怒，于是便发动了迫害运动。基督教信仰者再一次被投入罗马的监狱。无数的信仰者死于刽子手的刀下，罗马城几乎血流成河了。可惜戴奥利先皇帝除了镇压别无他法。最终他放弃了帝位，回到了达尔马提亚马海岸的家乡，从此全心投入一项新的事业——在他的后院内种大白菜。

　　幸运的是，他的继任者取消了迫害政策，相反，他清楚地认识到，武力镇压根本无益于消灭基督教，于是便开展了另一项计划，企图利用收买来控制住基督教。

　　于是，公元313年，君士坦丁大帝第一次以官方名义承认了基督教会。

　　倘若某一天我们成立了一个"国际历史修改委员会"，所有享有"大"字称号的人，不论是帝王、教皇，还是总统、市长，都必须以新的标准来衡量，那么"国际历史

预谋的宽容

　　罗马的继任者意识到残酷的镇压无益于国家的长治久安，便试图通过拉拢来控制基督教的力量。在强敌面前，君士坦丁大帝祈求基督教会的支持，而后者的影响力以及背后巨大的辅政潜力让基督教最终获得了官方认可，并由此跻身罗马社会的上层。图为传说中君士坦丁大帝在梦境里望见了十字架以及天使的暗示。

修改委员会"的主席们所要谨慎评断的第一位肯定是君士坦丁大帝。

　　这位有着狂热征服欲望的塞尔维亚帝王，指挥着他的骑兵，在欧洲大陆上纵横驰骋，从英格兰的沃克一直打到博斯普鲁斯海峡的拜占廷。他又是一个恐怖的魔王，不仅杀害了自己的妻子、侄子和姐夫，还将一些地位卑微的远亲处以极刑。虽然他嗜血成性，然而面对他最强的对手莫克赞蒂厄斯时，他却不由得惊慌失措，为了求得基督教会的支持而终日祈祷许愿，没想到竟使他被誉为"第二个摩西"，亚美尼亚人和俄罗斯的教会将他遵奉为圣人。可惜他虽然表面上信奉基督的思想，但他终究有着野蛮人的血统，因此临死时他还幻想着用祭祀用的牛羊五脏来占卜生死。不过世人对这些历史事实没有什么印象，他们所关注的是这位野蛮皇帝所制定的用以保证他那善良仁爱的基督教信仰者"自由表达思想和集会的权力不受干扰"的著名法案《宽容法》。

前面我已经说了，在公元4世纪的前期，教会的领袖都是实干的政治家，正是他们的努力，才使得皇帝签署了这项意义重大的法案，从此基督教从一个小教派一跃而成帝国的国教。然而，不仅教会的领袖清楚他们是如何成功的，而且君士坦丁大帝的后代也很清楚，因此如果他们想瞒天过海掩盖什么，那是绝难办到的。

内斯特主教曾对狄奥多西帝王说："伟大的皇帝，将那些教会的敌人都交给我处置吧。你支持我将那些反对我们教义的敌人打倒，我们也将坚定地站在你这边，为你消灭你的敌人。"

在过去的2000年内，这样的交易不止一桩。

虽然这桩历史交易很龌龊，但从此基督教便掌握了统治权力。

这样的成功在历史的长河中鲜有所闻。

异教徒之祸

基督教逐渐走向罗马传统信仰的对立位置，且屡屡触犯罗马帝国统治者的威严和利益，结果招致无端的厄运。大量的基督教信仰者被看作异端分子，冠以各种名目投进监狱，无数信仰者死于刽子手的刀下，让整个罗马城蒙上了一层可怖的阴云。

第 ⑤ 章

监 禁

在帝国的大厦即将倾塌的时候，出现了一个伟大的人物，虽然他英年早逝，但"圣徒"这一称誉对他来说当之无愧。

这个人就是朱利安皇帝，他是君士坦丁大帝的侄子，公元331年出生于拜占廷。在六岁那年，他的叔叔君士坦丁大帝辞世了，于是叔叔的儿子便为了争夺帝位继承权而展开了一场你死我活的斗争。

虽然三兄弟势如水火，不过在阻止他人分享利益上却达成了共识，于是他们联合杀死了帝都的所有皇室成员。朱利安的父亲就惨遭杀害，而他的母亲在随后几年也与世长辞了。从此这个6岁的孩子成了孤儿。幸运的是，他有一位体弱多病的表兄相依为命，他们一起上学，在学校学到了基督的思想，他们的老师就是待人亲和，然而为人庸碌的尤斯比尔斯主教。

当孩子们长大成人后，为了避免重蹈曾经皇亲们所遭受的厄运，他们被送往遥远的他乡。最后两人在小亚细亚中部的一个小村落里住了下来，那里的生活索然无趣味，不过朱利安却学到了不少有用的知识，因为邻乡是开帕多西亚人，这是一群朴实的人们，他们一直信仰着祖先崇拜的神明。

两人在村里无事可做，于是他们便请求能集中精力研究学问，这自然得到允许了。

他们来到了尼克蒂姆，那里是少数几个还在讲授古希腊哲学的地方。在那里他学到了大量的文学和科学知识，以致他遗忘了从尤斯比尔斯那里学到的东西。

独行者的命运

慈爱的圣母深情地拥抱着怀中的圣子，她忧郁的神色暗示着其对圣子所即将担负的命运的忧虑，然而年幼的圣子却显露出超越年龄的成熟与自信。将倾的帝国王座引发了众多继承者的争夺，皇室成员陡然成为被排斥、杀戮的目标。命运的多舛给予了独行者更多的磨砺，也赋予了他们更多的重任。

堕入权力之争

　　被排斥在王权之外的朱利安幼年时获得了难得宽松的修习环境。圣地之旅更让他在孕育大师的土地上得以安心深造学习。在国家遭遇外敌进犯时，他被重新招用率军抵御蛮族，胜利捷报的频传不仅壮大了帝国的声势、提升了他个人的魅力与影响力，更遭致了帝王的疑心与谋害。

后来他被允许去雅典，在这个苏格拉底、柏拉图和亚里士多德浸淫多年过的圣地继续深造学习。

就在那个时候，噩耗传来，他的表兄被暗杀了，朱利安陷入了极大的痛苦中。

当时朱利安还有一个堂兄，就是君士坦丁剩下的唯一儿子坦蒂厄斯。他听闻了这件事，才想起了他还有一个堂弟，一个新生代哲学家。他念及家族中的男丁仅剩他们两人，便将朱利安从雅典接到了帝都，并做媒让他娶了自己的妹妹海伦娜。后来，他派朱利安统帅军队去高卢抵挡野蛮部落。

在希腊朱利安学到了比神学更为实用的东西。公元357年，阿拉曼尼人进犯法国，朱利安奉命在斯特拉斯堡截击，最终大胜阿拉曼尼军队，并且乘胜追击，将帝国的疆域延伸至墨慈和莱茵河流域。随后他在巴黎定居，将所有自己喜爱的先哲们的著作都搜刮进自己的图书馆内。虽然他平时不苟言笑，不过当他走进图书馆后，也不禁有些得意了。

当胜利的捷报传到拜占廷，帝王并没有为此而庆祝。反之，他开始谋划除掉这个假想中的敌人，因为他有些得意忘形了。

不过朱利安在军队中的威望很高，当他们听说统帅被皇帝召回时，便有一种不祥的预感，于是他们冲进朱利安的寓所，将黄袍披在他的身上，并声称，如果朱利安拒绝，就会杀死他。

朱利安没那么愚蠢，自然接受了。

在当时，每条通往罗马的大道上都有重兵把守。然而朱利安进兵神速，以迅雷之势将军队开到了博斯普鲁斯海岸，可是他还没达到拜占廷，就被告知，他的堂兄已经去世了。

自然而然，有着异教徒身份的朱利安成为了帝国新的统治者。

令人奇怪的是，像他这样聪慧开明的人竟会幻想，世上有某种力量会使死去的东西复活。他希望能恢复伯利克里的时代，他认为只要在废墟上重建城邦，在荒芜的田园中重新安置人丁，让教授们穿上传统的宽外袍，并用已经消失的伯利克里时代的语言作为人们交流的工具，那么就可以重现过去的一切了。

这就是朱利安的构图。

在他统治的两年内，一直想恢复早已为世人所抛弃的古老科学；他想探究修道士生活的世界，不过那些修道士不识字，他们认为所有有价值的思想都被写在了一本书中，不过他们绝不会对此进行研究，因为他们害怕会因此失去信仰，死后下地狱。朱利安还想使那些有朝气、有活力的人们重新过上快乐的生活。

他的这些措施遭到举国的反对，即使比他意志更坚定的人恐怕也难以忍受这种沸沸扬扬的非议。臣民们不断地进谏使得朱利安心烦意乱，甚至于在祖先的灵位前祈求神灵保佑。安提阿疯狂的基督教信仰者向他投掷石子，不过他始终没有采取任何强硬手段。一些心怀叵测的修道士千方百计想使他愤怒，以产生新的迫害悲剧，不过明智的殿下多次告诫百官，"不能有任何人牺牲"。

公元363年，一支冷箭结束了他的生命。

重建传统

　　以异教徒的身份登临帝国王座的新帝王妄图让过去被历史否认的东西重现生机，期待着能够一手复兴伯利克里的时代。他要在废墟上重建城邦，在荒芜的田园中重新安置人丁，恢复已被世人抛弃的古老科学。在辽阔的帝国土地上重建一切传统，但不得人心的举措、柔和手腕却遭致不断的非议与致命的冷箭。

　　或许对这位有史以来最伟大的异教徒帝王来说，这是最好的结局了。

　　如果他活得再长一些，可能就会对百姓们丧失耐心和容忍，那他将会成为又一个专横的帝王了。当他躺在医院的病床上，他可以说，他的子民没有一个因为与他观念相左而被处死。然而，他的子民却以怨报德，他们在帝都到处放言说，是一个基督教信仰者士兵射死了他们的皇帝，并且还为凶手写了赞美诗。他们又大放厥词，说朱利安皇帝临终前是如何忏悔自己的所作所为，并且承认了基督教会的权力。为了诋毁这位一生节俭、心怀天下苍生的帝王，他们极尽所能，将有史以来所有的贬义词都用于对他的描述。

　　当朱利安在坟墓下安息了，教会的主教们便开始为成为帝国真正的统治者而庆祝了。随后他们便对亚欧非三大洲所有的地方来了个大清扫，将那些异教徒和一切反对的势力都消灭了。

扫除异己

如果统治者丧失了耐心和容忍，他不可避免地会转入专横的死路，但若以宽容之心对待他的子民，他的子民也难保不会以怨报德。教会的主教们成为了这场帝国权力之争笑到最后的人，深谙其中利害的他们随即在帝国的各个角落清扫曾经的异己者，异教徒丧失了在帝国的生存空间，甚至被流放或处死。

在瓦林廷尼安和瓦林斯兄弟执政的公元364—378年，一道法令被颁布了，这道法令禁止所有罗马人祭拜原有的神明。如此一来，异教教士们便没有了收入，他们不得不另谋生计。

这种法令还不算太严苛。要知道，在迪奥多斯皇帝的时代，他下令所有的臣民不仅要接受基督的教义，而且还必须接受天主教的礼仪，俨然成了天主教的庇护者。

当这道法令颁布后，所有坚持"谬论"的人。所有坚持信奉"异端学说"的人。所有坚持对"异教的愚蠢教义"忠诚的人，都被流放到了边远地区或者处死。

从此，旧世界的没落进程加快了脚步。在意大利、高卢、西班牙和英格兰，异教徒的庙宇已经荡然无存，不是被拆除，就是被改为基督教的会场。无以计数的从帝国建立之初就开始积累的金银神像或被没收或被偷窃，最后所剩无几了。

六百多年来，希腊人、罗马人和埃及人所推崇的亚历山大大帝的塞拉佩尤姆庙被推倒了。

从亚历山大大帝时代就闻名于世的大学则被保留了下来，学校被允许继续教授古典哲学。因此，环地中海地区的学生们都云集来此求学。然而主教虽然下令学校可以继续办学，但是教士们却不理会这项法令，他们闯入学堂，殴打师生，并将最后一位柏拉图学派的老师海帕蒂娅五马分尸。

罗马的情况比这更糟。

丘比特的神庙被夷平了，古罗马信仰的经典《古罗马神言集》被烧成灰烬，古老的罗马城也被摧毁。

在赫赫有名的图尔斯主教当政时，他宣布旧的神明实际上是基督教义中魔鬼的化身，因此，所有异教的庙宇都被夷为平地。

在边远地区，那里的居民为了捍卫自己信奉的神明，与官吏发生了冲突，直到大军开到，用斧头和大刀才镇压了这场"撒旦的叛乱"。

希腊的毁灭要慢一些，不过在公元394年，奥林匹克运动会还是被禁止了。奥运会在希腊有着1000多年的历史，可以说是希腊国家生活的中心，当它被彻底禁止后，其他的活动也随之崩盘了。随着加斯蒂尼安皇帝的一道法令，所有的大学都被关闭了，哲人们也被驱逐出境，剩下的6位教授为谋生计，也逃到了波斯。波斯的乔斯罗斯王对他们很友好，为他们安排了一处世外桃源般的居所以安享晚年。

到了公元5世纪的上半叶，克莱索斯托大主教便宣称，这世界上从此再也没有古典的诗人和哲学家了。西塞罗、苏格拉底和柏拉图，还有那些被所有基督教信仰者恨之入骨的天文学家和数学家，都逐渐被世人遗忘。直到忍受了6个世纪的煎熬才得以重见天日，在此之前，人们对于文学艺术的态度，只能听凭神学家的指挥了。

残落的文明

教会的清扫加速了旧世界没落的脚步，古老的罗马文明在这场浪潮中也不能幸免，异教徒被看作是魔鬼的化身，曾经异教徒繁盛一时的神庙沦为一堆瓦砾。唯有那些传播传统知识和科学的大学被保留了下来，吸引着越来越多的年轻人前往求学，但持有旧世界观念与异端学说的师生仍无法逃脱被迫害的命运。

　　虽然基督教会击败了异教徒，成为了世界的主宰，然而问题却接踵而至。高卢和卢西塔尼亚的穷苦农民虽然曾高喊会继续为祖先崇拜的神明进香，不过他们很容易被驯服，但其他地区就没那么简单了。阿拉曼人、奥斯特罗格斯人和朗哥巴德人在亚历山大教士艾利厄斯所描述的基督真实面目是否准确、艾利厄斯的对手阿塔纳休斯是否错误这一问题上争论得不可开交，而朗哥巴德人和法兰克人在是否相信"上帝与基督并非同一人，而是相似而已"这个问题上也争得面红耳赤。还有撒克逊人和范达尔人，他们也在为证明内斯特所说的圣母玛利亚只是耶稣的母亲而非上帝的母亲这一问题的是非而引起了火药味十足的大争吵。弗利西人和布尔戈尼人也在为耶稣是否具有双重属性，即一半

❧ 古奥林匹克运动会 ❧

　　在古希腊，所有的成年男性一逢战事即为国从军。这是他们无可推卸的神圣使命，因而人们对身体的健康极为重视。结合宗教活动与体育竞技于一身的古奥林匹克运动会有着悠久的历史，它的出现、繁盛、衰落、消亡历经了1170年，见证了世事的沧桑与权势的残酷。

古奥林匹克运动会始末

公元前776年至公元前388年，伊利斯国王伊菲图斯将宗教祭典仪式添加了体育竞技内容，这场被定为四年一次的希腊城邦盛会第一届仅有伯罗奔尼撒、伊利斯、斯巴达三国参加，竞技项目为场地赛跑。

公元前490年，希腊城邦雅典在马拉松河谷对波斯人的大捷让希腊民心振奋，送达捷报的长跑健将菲迪浦底斯成为民族英雄，奥运会就此声名远播。

公元前388年至公元前146年，伯罗奔尼撒战争让希腊因内耗国力衰退，奥林匹克精神日渐衰落。

公元前146年至公元394年，大量职业运动员的涌现让体育竞技失去了全民色彩，罗马帝国将竞赛地移至罗马城。

公元2世纪以后，反对体育竞技的基督教成为整个欧洲的主宰，公元394年，罗马皇帝狄奥多西一世认定奥运会有违基督教教旨，宣布废止。

图为奥林匹克运动中的自由式摔跤，两个成年男子在捉对角力格斗。

是人一半是神的话题而几乎刀剑
相向。

虽然这些愚昧的野蛮人接
受了基督的教义，可惜他们的理
解进入了岔道。他们是基督教会
的支持者和朋友，因此不能按照
教规将他们革出教会，更不能用
"下地狱"的语言来威胁他们。
主教们唯有耐心地劝说，委婉地
指出他们的错误，才能使他们成
为心怀仁爱和奉献的信仰者。因
此，主教们必须向他们明确教会
的教义和宗旨，使他们能明辨是
非，如此才能治本。

有人提议，将世界上各种有
关信仰基督的思想汇总到一起，于
是便有了名垂青史的聚会——基
督教世界范围联合会。从公元4
世纪中期以来，这种聚会每隔
三五十年就会召开一次，聚会的
主要内容就是决定哪些教义是对
的，而哪些教义应被划归为异端
邪说。

新的分歧

随着大学的关闭、哲人们被放逐，所有被基督教徒恨之入骨
的诗人、哲学家、天文学家和数学家逐渐被世人遗忘，甚至消失
了踪迹。神学家摇身成为世上对文学艺术的唯一指导者，基督教
会则成为了世界无可争议的主宰，然而各地接受基督教义的蛮族
因为各自对教义理解上的分歧却引发了更多的争端。

公元325年在特洛伊城附近的尼西亚召开了第一次联合会，56年后在君士坦丁堡举行
了第二次联合会，第三次会议是在公元431年的以弗所召开的。后来，又在查尔斯顿举行
了几次会议，君士坦丁堡还有两次，尼西亚也有一次，公元869年在君士坦丁堡举行了最
后一次会议。

此后，如果有必要聚会，罗马教皇就会指定欧洲某个城市作为会议地点，因为从公
元四世纪以来，虽然皇帝才有权力指定会议地点，但人们心中都明白，教皇所提出的建
议才是最终的决策。历史没有记载谁主持了第一次会议，不过此后历次会议都是由教皇
主持，因为会议的任何决定若不经过教皇及其代表的批准，便不会产生效力。

在百姓安居乐业的西欧，宽容与专制互成犄角。人们一方面将宽容看作是人类最崇
高的美德，一方面却又诬蔑它是道德败坏的产物。从理论上很难予以"宽容"、公平的
涵义，不过我们必须承认，基督教的追随者们在残酷镇压异教徒时，他们的诡辩可称得
上是句句有理。

　　按照他们的说法："教会和所有的社会组织一样，需要一位领袖，需要一套行之有效、所有成员都必须严格遵守的规章制度。新入的成员宣誓忠于教会，也等于宣誓忠于领袖，忠于教规。倘若他们办不到，就必须按照所做的誓言，自行脱离教会。"

　　当然，这些说辞都是十分合理的。

　　而现在，如果有谁不再信奉教会的教义，可能就会信仰美以美教派，再后来如果他对美以美教产生了怀疑，便会立刻转投另一个教派，如天主教或者犹太教，或者印度教。世界广阔无边，人们的选择自由而众多，除了那些喜欢跟人唱反调的家伙，没人会阻拦他的选择。

　　如今这是一个满世界都是轮船火车、到处都充溢着机遇的时代。

　　然而公元5世纪的世界却相当复杂，因为罗马教皇的影响无处不在。虽然人们可以逃到波斯或者更远的中国，但是很少会有人回来，这就意味着不得不妻离子散。

　　既然人们认为对于基督的理解是正确的，教会迟早会修改教义，可是他们为何还又

教堂广场上的盛会

　　为了解决欧洲各地人们对教义理解上的分歧与正误判别，基督教会试图通过每隔三五十年召开一次的基督教世界范围联合会来加以解决，这种盛会唯有罗马教皇有资格指定会议地点、主持会议进程并拍定会议最终产生的决策。图为教堂广场上的盛会。

相对的宽容

　　宽容与专制互成犄角，人们一方面将宽容看作最崇高的美德，一方面却又诬蔑它是道德败坏的产物。人们对天堂里的幸福充满着渴望与向往，却往往无视那些成就他们梦想的天使，他们有着选择宗教信仰的自由，却往往又放弃它们，皆因他们认定"思想的价值是相对的，而非绝对的"。

放弃信仰自由的权力呢？

　　这才是最关键的问题。

　　早期的基督教信仰者，不管他们是虔诚的，还是持批判态度的，都有着相同的观点，那就是：思想的价值是相对的，而非绝对的。

　　学知渊博的教士虽然想对于那些无法解释的事情作出说明，将上帝的思想归纳为永恒不变的公式，不过这种行为就像数学家因为对X绝对值的争论而将对手处以绞刑一样荒谬而可笑。

　　然而，在当时，整个世界都充溢着这种自以为是的专制，即便到了近代，那些主张在承认"人不可能完全辨别是非"的基础上提倡宽容的哲人，他们也不得不小心翼翼地宣传自己的学说以免遭受处死的厄运。他们用拉丁文将自己的学说保留下来，然而后来的读者，能理解其中意思的人却戋戋有数。

第 六 章

世界的单纯

这里讲一个数学问题，很有意义。

将一根绳子绕成圈，如图：

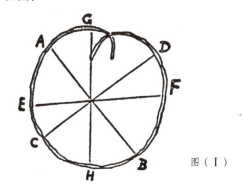

图（Ⅰ）

圆圈中各条直径自然是等长的。

AB=CD=EF=GH，以次类推。

不过，轻拉绳子的两边，于是圆圈就变成了椭圆形，完美的平衡被破坏了，每条直径都各有所长。AB和EF等几条线段也缩短了，其它的线，特别是CD，却增长了。

我们可以将这数学问题用到历史中。为了方面说明，我们先假设：

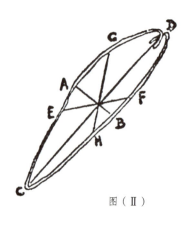

AB代表政治
CD代表商业
EF代表艺术
GH代表军事

图（Ⅱ）

图I是完美的平衡，所有线段都是一样的长短，对政治的关注与对商业、艺术和军事的关注基本相等。

但是图II（它不再是圆圈了）中，商业受到特别优待，代价就是政治和艺术几乎销声匿迹了，而军事却略长了一些。

或者使GH（军事）成为最长的线段，而其他的都逐渐消亡了。

这就是解答许多历史问题的钥匙。

试一下希腊这把锁。

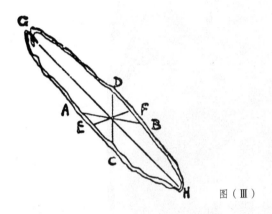

图（Ⅲ）

在短期内，希腊人还能够保持各个行业的完美圆圈。

不过，不同党派的人们很快便开始了无休无止的愚蠢争吵，国家的精力被他们不断消耗。军队不再被用来抵御外辱，他们被命令向一群同胞开枪，因为这群人支持另一个候选人，或者是他们反对征税法令。

商业是这些圆圈中最重要的一条直线，它也逐渐看到行进的艰难了，最终它无路可走，只好逃到了他乡了，毕竟这世界上总有稳定的地方。

贫穷滚滚而来，艺术悄悄而去，从此销声匿迹。教育和学术研究成为了昂贵的稀有物，就连最优秀的学校也难以为继的。为了生存，好的教授们不断地逃往亚历山大和罗马。

而剩下的次品，只能另谋其他生计了。

造成这种后果的原因便是政治线段的比例过大，圆圈的平衡被破坏了，因此其他的线段如艺术、科学和哲学等，也都不复存在了。

倘若将这个圆圈问题运用到罗马的城市，便会发现那条政治的线段增长得更快更猛，并最终将其他别的线段都挤兑掉。那么帝国的建立所组成的完美圆圈便消失了，只剩下一条极细的线段了，这条线段就是由兴至亡的最短距离。

我们再列举一个例子。假如用这个数学问题来说明中世纪教会的历史，便会明白以下情况：

早期的基督教信仰者曾努力保持着圆圈的完美。他们可能忽视了圆圈的直径，既然他们对世上的生活没有兴趣，那就不用要求他们对艺术、天文和数学等方面有太多的关注。他们只愿意为审判日作准备，这个世界对他们来说不过是通往天国的等候室，即便那些学科再有用，对他们也没有什么价值。

然而，其他基督教信仰者却希望能过上好日子，他们都是勤劳勇敢、正直善良之辈。

不过，当众多的小团体联合成为一个庞大的集团时，他们所肩负的世界性责任和义务便不得不对原有的完美圆圈有所破坏。他们的信仰是建立在贫穷和无私的原则上，对于那些刚刚温饱的木匠和面包师傅来说，遵守这样的教条并不难，然而对于罗马教皇的继承者，西方世界的大祭司和欧洲最富有的商人来说，他们不可能像平民百姓那样节俭度日。

用适才的圆圈理论来说，就是"世俗"和"对外政策"这两条直径延伸太长了，而代表"谦卑"、"无私"等其他美德的直径则被缩短到几乎可以忽略不计。

现代人在谈论中世纪的黑暗时期，总是对生活在那个时代的人们抱有深深的同情。他们的世界暗无天日，只有教堂内点燃的蜡烛才会给予他们一些光明。那时候他们没有知识的书本，对于现代所存在的诸多学科都一无所知。然而，知识和智力并非等同，他们虽然没受过教育，却能凭借聪明的头脑建立了一套沿用至今的政治和社会体制。

在很长的一段时间内，他们都无力应付那些对教会的恶毒诽谤，因此对于他们的评价，我们不应太过偏激了。至少他们始终忠实于自己的信仰，他们不顾一切地

偏执的力量

健全的社会框架总是在各项社会活动倾向间维系着一种微妙的平衡，当社会或人们偏执地倾向于某种事务，其他事务的关注度与精力支出便会被无限度地挤压，直到社会失去了原有的平衡，固执与武力就会成为压倒一切的力量，加速弱势趋向的消弱甚至逐渐走向消亡。

与那些邪恶的东西死拼，即便失去个人幸福，甚至自己的生命也在所不惜。

至于其他方面的情况我们就不太了解了。

在公元后的十几个世纪里，愿意为所追求的真理而牺牲的人实在屈指可数。然而，这并非是教会对于异端邪说的镇压不够严苛，而是教会的工作重心不在此，而在其他方面。

这个工作重心包括两个方面：一方面在欧洲不少地区，奥丁神和其他异教的神明仍是人们坚持的信仰，另一方面，也是最重要的，欧洲大陆发生了一件事，几乎让欧洲的政治秩序崩溃。

这件事就是出现了一个叫穆罕默德的先知，他带着一群人崇拜着一个叫"真主"的上帝，而这位"真主"已经被西亚和北非的人们所接受。

实际上，他们是同一类人，他们说同样的语言，他们都将亚伯拉罕尊为祖先，他们的祖籍都可以追溯到1000年前的波斯湾畔的地区。

失衡的罗马

　　曾经的罗马帝国过多地将注意力倾注在政治上，权势者的一举一动皆改变着社会应有的平衡框架，导致帝国逐步走向专制、衰落和消亡。人们终日等待着审判日的来临，宗教曾经建立在贫穷和无私基础上的信仰褪去了应有的色彩与生命力，当众多小团体结成集团并主宰国家时，那曾经完美的平衡便轰然倒塌。

这两位圣人的门徒本属于近亲，然而后来却彼此仇视，闹得水火不容。他们之间的冲突已经持续了1200年了，至今都没有消停下来。

已经不需要再作设想了，历史上已经发生过这样的事实：罗马的最大对手麦加险些成为了基督思想的追随者。

阿拉伯人就像所有沙漠居民一样，他们的工作就是放养牲畜，因此他们有足够的时间来祈祷。

城市居民可以从商贸市场的游逛中寻找乐趣，而农村的农夫、渔夫和放牧人的生活却非常单调，他们没有什么东西可以带来热闹和刺激，灵魂深处异常孤独。

在阿拉伯人寻求解放的过程中，他们曾试过多个宗教，但特别偏爱犹太教。原因就是，当时的阿拉伯地区居住的全是犹太人。公元前10世纪，所罗门国王治下的百姓由于无法忍受沉重的苛捐杂税，便逃到了阿拉伯地区。300年后，也就是公元前586年，尼布甲尼撒大帝征服了犹太人，由此引发了大迁徙的第二次浪潮。

从此犹太教声名远播。犹太教是真正的一神教，这与阿拉伯民族的传统思想是一致的。

若是有谁对穆罕默德的著作稍有涉猎，便会发现，书中的许多智慧哲言来源自《圣经·旧约》。

以实玛利的后代对拿撒勒的有着改革精神的先驱所宣传的思想并不排斥，相反，耶稣说世界上只有一个上帝，他是人类的慈父，他们也会毫不犹疑地相信。他们只是不愿苟同拿撒勒木匠的门徒无休无止地吹嘘的所谓奇迹，他们也不相信所谓的复活。然而，他们对于新的信仰颇有好感，愿意为它留个位置。

只是默罕穆德曾在一群极端的基督教信仰者手中吃过亏，这些头脑简单的家伙不容默罕穆德分辩，便不慎重地谴责他撒谎，不是真正的先知。正是由于这件事，再加上道听途说的关于基督教会有三个崇拜的神明的传言，最终使得沙漠中的居民对基督教极为反感。从此他们便忠实于那位麦地那的赶骆驼人，只因为他只宣传一个上帝，而不是三个甚至更多的上帝。

这样一来，西方世界发现自己有了两个宗教，都声称本宗教的神才是唯一的上帝，而将其他的神说成是冒牌货。

这种基本原则的针锋相对自然免不了引起冲突甚至战争了。

公元632年，默罕穆德离开了人世。

在其后十余年的时间内，巴勒斯坦、叙利亚、埃及和波斯相继沦陷，大马士革成为阿拉伯大帝国的首都。

至公元656年，西亚和北非的滨海国家都接受了"真主"即为天国上帝的思想。在不到一百年的时间内，地中海成为了穆斯林的内湖，亚洲和欧洲之间的交流全部中断了，在其后的一千多年里，欧洲大陆一直处于被围困中。

处于这种环境，基督教会要将本教的思想传播到东方无异于痴人说梦。所以，教会唯一的追求就是维持既得利益。它选择德国、俄国、丹麦、瑞典、挪威、波西米亚和匈牙利几个国家作为继续播撒基督精神的沃土，最后也卓有成效。不过也有像查理曼这样狂热的基督教信仰者。虽然他们心底善良，然而在信仰问题上却是个野蛮人，他们曾用残忍的手段杀害了那些热爱基督而放弃原来信奉的神明的百姓。总的来说基督教士还算是受欢迎的群体，因为他们正直诚实，所宣传的思想也简单易懂，他们为这个邪恶的世界带来了公平的秩序和光明。

　　虽然教会在欧洲大陆屡有斩获，但其内部出现了不和谐的声音。用本章开头的数学

所罗门之梦

　　所罗门，大卫之子，作为古代以色列王国的第三任国王，他以智慧和谋略为以色列民族开创了一个黄金时代。图中年轻的所罗门国王躺在华美的床榻上，梦见众多天使簇拥着上帝漂浮在云端，并给予他智慧之光。而智慧女神密涅瓦一手抱着小羊，一手持盾守护着他与他身后雄伟、壮丽的耶路撒冷神殿。

三位一体

　　忏悔的圣·杰罗姆眼中望见了传说中的神迹，在空中圣父持着十字架，耶稣悬在上面，而寓意圣灵的鸽子正朝着他飞来。图中所暗示的即是基督教所信仰的神明为圣父、圣子、圣灵三位一体的神，这种观念让阿拉伯人极为反感，不同的观念与信仰结果造就了西方两个宗教彼此长久对峙的局面。

术语来讲，就是"世俗"的线段不断增长，以致"政治"和"经济"成为了主宰，而教会的教旨和精神成为了附庸。虽然罗马教皇的权力在不断扩张，然而已经出现了崩溃的迹象，就连教士和平民百姓都看得出来。

在现在的新教徒看来，教堂如今只是一间空荡荡的房屋，只有每周日人们才会去听布道和唱赞美诗。教堂一般都有主教，他们偶尔会召集追随者开会，在聚会上我们会发现一些面容慈和的长者，他们衣冠整洁，举止得体。从报纸上我们会读到他们的思想，比如提倡跳舞或者反对离婚等，不过当他们回到家后，他们的生活却是那样的安静舒适，不会担心有人打扰。

普通人很少有人会将教堂活动与他的生命以及其他社会活动联系起来。

查理曼大帝加冕

正直、勇猛的法兰克王国国王查理曼控制着大半个欧洲的版图，图中教皇在罗马圣彼得大教堂正将备好的皇冠戴在诵念完祷词的查理曼头上，将他加冕为罗马皇帝的消息昭告天下。这次加冕标志着罗马教皇与日耳曼蛮族国家征服者之间的强强联盟，促成了掌控大半个欧洲政教实权的基督教帝国。

而当局却不一样，他们不仅强迫我们纳税，如果觉得有必要，有可能毫无理由地将我们处死。在当局的权威统治下，我们只能做逆来顺受的奴仆，彼此之间存在着不可逾越的鸿沟，但教会却可以成为我们的朋友，我们可以相信它，即便与它发生冲突也无所谓。

然而在中世纪的欧洲，就不存在这种情况了。在那时教会是一个无处不在的庞大组织，人们可以听到它的声音，可以感觉到它的呼吸，它可以运用种种不可思议连政府也办不到的手段摆布人们的命运。当教会的第一位主教接受帝王所赐予的土地从此摆脱贫苦的命运时，他决然不会想到帝国的开明政策会导致这样的结果。

最初，虔诚的基督教信仰者向圣徒彼得的后代赠送一些财物，从表面上看只是一次合情合理的善意馈赠，然而若仔细思量便不难发现，从约翰格罗斯到特莱比松，从迦太基到乌普拉沙，不论哪里都有程序复杂的管理体制，这一体制管理着无以计数的秘书、教士和文员，以及各个部门千千万万数不清的志愿者，每个人的衣食住行都需要花销，还有无数来往于欧洲大陆的信差和使节的费用，以及罗马教皇在与各个国邦的王储聚会时所穿的华贵衣冠的费用等。

回顾一些教会建立的初衷和基本教义，再仔细看看如今业已存在的一切，这期间的发展历程不能不说是一种遗憾。罗马逐渐成为了国中之国，教皇俨然成为了专制统治的君主。相比之下，过去的帝王的统治倒像是仁政了。

教会以所向披靡的势头扩张着，然而到了一定阶段，必然会遇到一些阻碍，使得它成为世界主宰的野心被迫停止。

民间又掀起了崇拜真正的上帝精神的浪潮，这不论对于哪个宗教组织来说，都是不能容忍的。

异教徒对此已经见怪不怪了。

因为出现了一种可能引起人们反对的单一信仰统治，于是便有了异见者。自教会诞生后，围绕其本身的争执就存在了，这种争执使得亚欧非三大洲在其后几百年间彼此仇视。

然而，撒比利人、马尼卡人和内斯特教派之间的血腥冲突没必要详述，因为通常来说，每个教派都是各怀鬼胎，不论是战神艾瑞斯的门徒，还是智慧女神雅典娜的信众，都是一路货色。

并且，那些所谓的争执其争论的焦点只是神学中一些细微的词句，根本无足称道，之所以讲述提及这些争执，只是想使读者明白祖先曾不惜性命而为之奋斗和追求的真理和思想，希望他们不要再有那种曾导致了两千年沉重灾祸的独断专行的态度和傲慢的教条主义。

继续讲"争议"的话题，到了13世纪，这种情况得到了改变。

异教徒不再是持有异见的反对派了，他们不会再为《天启录》中的某个错别字或者病句而与别人无休无止地争论了。

他们成长为了战士，他们俨然成为了真正的基督教信仰者。

第七章

宗教法庭

　　1198年，赛格尼公爵洛太里奥登上了罗马教皇的宝座，成为了赫赫有名的英诺森三世。

　　他是最有名的拉特兰宫的主人。他在37岁的时候继位，他还是巴黎大学的优等生，他聪明能干、精力充沛，而且精于权术，是个有野心的家伙。

君士坦丁堡的噩梦

　　致力于在欧洲建立基督教封建神权帝国的罗马教皇英诺森三世擅以武力镇压异端分子，他率领着原本向圣地与异教徒开进的军队在中途调转矛头杀向君士坦丁堡，在基督教兄弟的土地上奸淫杀戮，将库藏的财宝洗劫一空，滔天的罪行给那里善良的人们带去挥不去的噩梦。

　　他先是赶走了驻守在罗马的帝国官兵，随后征服了受帝国军队控制的巴尔干半岛，最后将皇太子也清除出教。可怜的皇太子身陷囹圄，走投无路，不得不放弃了阿尔卑斯山东面的属地。就这样，洛太里奥从德国人手中将意大利拯救出来了。

　　他还组织了著名的十字军东侵，他并没有将军队开赴圣地，而是转道去了君士坦丁堡，将那里的居民杀戮殆尽，将库藏的金银珠宝洗劫一空。他们犯下了滔天罪行，以致众将士们在征讨希腊时无不心悸，生怕遭到报复。英诺森三世也曾表示出了对这种罪恶行径的悔意，他是个实利主义者，于是便派了一个威尼斯人去君士坦丁堡当主教。这是一招绝妙的棋，于是东正教也落入了罗马教皇的掌控中，而英诺森三世还博得了威尼斯人的爱

戴。从此，威尼斯人便将君士坦丁堡看作是自己的殖民地而随意发号施令了。

在思想领域，英诺森三世也是一个手段极为高明的人物。

经过了10个世纪的犹豫，教会终于下定决心，宣称婚姻不仅是男女的简单结合，还是一件神圣的事，必须得到神父代表上帝的祝福才有效。法国的菲利普·奥古斯特和莱昂的阿方索四世曾任凭自己的意愿来治理国家，然而不久就被教会告诫，必须谨慎履行他们的职责。这两位统治者为维护自己的统治地位，不得不按照罗马教皇的旨意办事了。

就连基督教传入不久的北国寒地，那里的人们也将教会看作是他们未来的领袖。挪威国王哈康四世刚征服了一个小国家，他的帝国涵盖了北欧的大部分地区，然而，就是这位

教会的春天

同各国王权的多年博弈与异教徒征伐让掌管人们精神世界的教会聚敛起大笔的财富，权势地位的陡升让教会不仅敢于将手伸向社会男女之间的神圣婚姻，也伸向了各国的神圣王权。重现繁盛的教会高调地凌驾于一切权势之上，任何人都得对其顶礼膜拜、言听计从，任何胆敢冒犯的对手都将遭到无情的惩罚。

志得意满的国王，在他加冕称帝之前，也不得不将自己的身世向罗马教皇陈述清楚。

一年又一年，教会在欧洲的影响力逐渐根深蒂固，不可动摇了。

保加利亚的国王是个暴君，他不仅喜欢屠杀战俘，时不时还要率兵侵犯拜占廷，吓吓他们的帝王。虽然他对宗教信仰没什么兴趣，可是他还必须到千里之远的罗马，向教皇毕恭毕敬地请求做他的奴仆。

还有英格兰，那里的公爵喜欢搞出各种法律来限制国王的权力，教会便严厉指责他们的忤逆行为。由于他们制定了那份著名的文件《大宪章》，触怒了教皇，因此被驱逐出教。

英诺森三世对于那些善良朴素的纺织工人和目不识丁的放牧者也从不心慈手软，因为他们曾对教会的权威提出过质疑。

然而，总有那么些勇敢的人，他们做了公众不敢做的事。

"异端邪说"这个罪名实在是莫须有。

所谓的异教徒都是些穷苦百姓，他们没有能力宣传号召，至多是将自己的观点写在小本子上，展示给公众看，以博得同情，然而这却成为宗教法庭的鹰犬所认定的把柄。

约翰王与《大宪章》

面对教皇、贵族与皇室之间各自所拥有的特权之争。遭遇政治、经济双重困境的约翰王不得不被迫放弃部分特权，签署那份著名的文件《大宪章》。文件以宪法的形式对其特权的范围、程度加以挟制与约束，并给予贵族一定的政治权力与自由。

《大宪章》部分内容

1. 教会的选举自由、管理职权不容干扰或侵犯。
2. 由国王册封的伯爵或男爵，其继承者在继承土地时须缴纳相应税金。
3. 国王不应额外征收税金，若有额外征收，须发诏书召集主教、贵族集会商讨。
4. 任何自由人未经同级贵族裁判，不得抓捕、监禁、没收财产、流放或迫害。

共63条

文件注明监督与惩处措施

由25位男爵监督执行，皇室成员如有违反，监督者可动用一切手段敦促国王改正、惩处。

挑战权威的下场

　　任何试图挑战权威的勇敢者皆难以逃脱强势教会的严惩与打压，尽管这些"异端者"衣不遮体、食不果腹，为了他们自以为是的圣人本性不惜攻讦全世界，但他们的古怪思想搅乱了教会的体系、百姓的安宁，所有这些构成威胁的人与言论皆将被教会无情地抹杀。

　　于是那些"异教徒"就遭殃了，他们的敌人为了愚弄世人，硬说他们的文章是在宣扬"新撒旦的反叛"。我们所了解的异端邪说都来自这些文章和审判记录。

　　然而，我们不可能对事实有确切的了解，在今人的印象中，这些"异教徒"是些阴险之辈，他们蓬头垢面，衣衫褴褛，宁愿生活在肮脏的贫民窟中，也不愿接受教诲仁慈的救济。他们吃的是烂菜叶，喝的是凉白开，他们从不接触女性，他们只会辱骂教会，甚至攻讦世界万物。

　　由此看来，这些异教徒委实令人厌恶，或许这就是那种自以为是的圣人的本性。

　　有很多人拥有着不圣洁的热情，却在追求着神的生活，以致他们最后都成疯成魔了，他们那些关于上帝存在的古怪思想将百姓的安宁生活都搅乱了。

　　他们的勇气和坚持令人赞叹。

　　可惜他们最终什么都没了，他们坚持自己的信仰和追求，却没有任何成就。

　　当整个世界步入组织化的趋势时，就连那些不相信组织力量的人也会为有所作为而建立一个"无组织促进会"，其中就包括了那些沉溺于情感的中世纪异教徒。求生的压力促使他们不得不聚集在一起，而强烈的危机意识则使他们用一些神秘玄奥的礼仪来为

善与恶

    有着波斯血统的摩尼在基督教的熏陶下成长起来。他创立的摩尼教有着波斯琐罗亚斯德教、西方基督教与东方佛教的多重影子。摩尼教认为，世界并非掌控在独一无二的神明手中，仅仅是罪恶与善良两拨势力彼此交锋、混战的场所，世人必须不断地磨炼自己的身心。图为佛陀在世间众魔军中降魔成道。

自己信奉的教义掩饰。

不过，那些虔诚的基督追随者很难从这些区分个中差异。在他们的观念中，异教徒都是千人一面，他们都是肮脏的摩尼教信仰者或者其他邪恶宗教的崇拜者。

在中世纪的欧洲，摩尼教信仰者成为了公认的邪恶势力。

对中世纪的基督教信仰者来说，他们最讨厌的就是摩尼教信仰者了，只是他们没抓到什么把柄，只能根据谣传来诋毁摩尼教信仰者了。这个法子常被运用于私刑中，比法庭的审判要高效得多，然而它缺少准确和公平，以致产生了许多冤案。

在这次厄运中，摩尼教信仰者的处境变得每况愈下。

摩尼是波斯人，他被追随者尊为宽容和仁爱的化身。他是历史上真实存在过的人物，他出生于公元前3世纪的一个叫艾克巴塔娜的城镇，他的父亲帕塔克是当地很有名望的大地主。

他少年时代在底格里斯河畔的巴比伦上学，那时的巴比伦正处于历史上的鼎盛时期，就如今天的纽约一样，汇集了来自世界各地、各种族的人们。他们语言混杂、衣冠楚楚、熙熙

禁欲与食素

摩尼教主张人类的灵魂应从肉体上彻底地解脱，进而强调禁欲和食素。而西方基督教的强势地位与欧洲各国信仰的排斥也延缓了摩尼教西进的脚步，在波斯萨珊王朝的允许下，摩尼教曾获得了一定的发展空间，但随后遭致血腥迫害，那些沿着地中海和中亚地区逃亡的追随者将教义以波斯为界、向东西方传播。

攘攘、追求实利，因此他们从不信仰神明。不过，在这群来自天南地北的穿梭于美索不达米亚各大商业中心的人中，也夹杂了不少持有各种学说和思想的教派以及他们的追随者，就是在这样一个大杂烩的成长环境中，摩尼耳濡目染了各种思想和语言，后来他将佛教、犹太教等融合在一起，加入了一些古巴比伦的玄学，就形成了自己的一套独特的哲学。

倘若不对摩尼教信仰者时常将本教教义解释得过于极端这一点进行过多的追究，那么摩尼教的问题就是它复苏了古波斯神话中的好上帝和坏上帝的问题。坏上帝常压迫人类的灵魂，是万恶之神，而好上帝则拯救人类的灵魂，是万福之神。摩尼将《圣经·旧约》中的耶和华与万恶之神联系起来，而将万福之神看作是马太福音中的天父。还有，摩尼将人看作是丑恶的生物，他们有着龌龊的本性，他们必须甘于忍饥挨饿，不断磨炼自己的身心，那么将来才不会被投入地狱，不会被万恶之神烧成灰。他还在饮食上建立了许多禁忌，凡是摩尼教信仰者，都只能食用凉水、干草和死鱼。这条禁令的确令人吃

惊，但摩尼教徒们确认为水中的生物不会对人的灵魂纯洁度造成太大的损害。因此，这些人津津有味地吃着生鱼片，竟然没有一个人皱眉，并且他们宁死也不肯吃一点牛羊等陆生动物的肉。

摩尼轻视女性，这源自东方的血统。他不准追随者娶妻结婚，他认为人类都是有罪的，所以提出要逐步灭亡全人类。

摩尼对于犹太教创立的洗礼仪式十分厌恶，因此他规定本教的神职人员在就职时要行按手礼，而不必洗净身子。

在25岁那年，他开始向世人宣传他的思想了。他先是来到了印度和中国，并取得了很大的成就，然后他又回到了波斯，将自己的思想和祝福带给了同胞和邻国的人。

然而，波斯的传统教士们因为这种神圣的教义的成功使他们失去了大量的收入而恼羞成怒，于是群起反对摩尼，请求波斯王处死他。摩尼受到了波斯王的保护而幸免被害，然而当老波斯王去世后，继位的新国王对宗教的事不感兴趣，于是便将摩尼交给了教士阶层处置。教士们将摩尼吊死在城墙上，还剥了他的皮挂在城门上，以警告那些崇拜摩尼的异端邪说的人们。

由于教会内部矛盾重重，很快摩尼教也瓦解了。然而摩尼所留下的思想却如夜空中疾驰的流星，瞬间传遍了整个欧亚大陆，并在以后的数百年里对生活在贫民窟的穷苦百姓影响深远。当百姓们拾起摩尼的思想，越细细品味，越发觉它触动了灵魂深处的渴望。

至于摩尼教是什么时候、以什么样的方式传入欧洲的，我们就无法考证了。

也许它是经由小亚细亚、黑河和多瑙河传到了欧洲，而后翻越了阿尔卑斯山，在德国和法国流传开来，并取得了极大的成功。新的追随者们给自己起了个极具东方韵味的名字：凯瑟利，意即生活纯洁的人。然而麻烦却相伴而来，这个名字被指责为"异端邪说"，对于"凯瑟利"的排斥情绪很快蔓延至整个欧洲大陆。

千万不要以为"凯瑟利"是一个教派，因为没人想要建立一个新的教派。虽然摩尼的思想极大地影响了很多人，但那些人却坚称自己是虔诚的基督教信仰者，以致这种非我族类的异端邪说隐蔽很深，难以被发现。

有些病菌很大，用常见的显微镜就能观察到，因此对普通医生来说，诊断由这种病菌引起的疾病并不难。

虽然上帝保佑我们不受超紫外线的照射，但仍有形迹隐匿的微生物会侵害我们的身体，因为这些微生物想要存活下来。

在基督教看来，最危险的社会瘟疫莫过于摩尼教了。它使教会的官员们感到恐惧，而这种恐惧无法预知，只有当真正的麻烦到来时才会感觉得到。

虽然我的这些言论未经验证，不过就连意志最坚定的基督教徒的身上也曾出现过这种疾病的征兆，这是确凿无疑的。比如说圣·奥古斯丁，这位曾经冲锋陷阵、攻陷他教庙宇的十字军战士，据传他曾表示过对摩尼教的向往。

纯洁的人

　　人们向往着生活与内心的纯洁，尽管有些人坚称仍旧是虔诚的基督教信仰者，但他们对曾经信仰萌生的些许变化皆被他人看作是玷污与背叛。于是，与现实生活中群体特征稍有不同的人都成为了被传统观念恶意攻击的"异端"，嘲笑与谩骂，侮辱与打压，这让那些特立独行的人只好带起伪善的面具成为众人中的一员。

圣·奥古斯丁的倾动

　　圣·奥古斯丁是古罗马帝国时期最富盛名的神学家。相传他少年时曾脱离基督教，转投摩尼教，但随着他对后者研究的深入，他又放弃了当初对摩尼教的追逐，回归了基督教的怀抱。他所著的《忏悔录》中就以祷告自传的手法记录了他回归前后内心的挣扎与思想的转变。图中左侧的人物即是圣·奥古斯丁。

　　公元385年，西班牙主教普利西林死于大火中，因为他有崇拜摩尼教的倾向，因此成为了《反对异教法》的第一个刀下鬼。

　　最后，甚至连基督教会的几位主教，也逐渐被这危险的摩尼教义吸引了。

　　他们劝诫非基督教信仰者不要盲目崇拜上帝，并在12世纪颁布了那道著名的法令：

所有神职人员必须终生不婚。恐怖的摩尼教义不久就在教会的领袖、在那些基督思想的接引者身上也留下了不可消除的痕迹，最受人敬爱的阿西西的弗朗西斯颁布了严格的以摩尼教义为基础的新修道院条令，这使他被誉为"西方释迦牟尼"。

　　然而当人们逐渐崇尚心甘情愿的贫穷和灵魂谦卑的思想，当皇帝与教皇再次处于剑拔弩张的局势中时；当各国军队在为地中海沿岸的弹丸之地而拼斗厮杀时；当远侵的十字军从侵略地抢掠金银珠宝满载而归时；当主教们带着一群只会阿谀奉承的追随者过着奢华糜烂的生活时；当教士们在大街上策马横冲直撞奔向城外去狩猎时，一场灾祸便不

复古之光

　　随着昔日罗马帝国的衰落与教会的腐朽，人们期盼着重拾那曾经纯洁、谦逊的灵魂，新生的复古之光让那些新兴的港口城镇及其居民沉浸在幻想当中。人们呼吁教士们回归朴实无华、尊重生命，他们为通晓福音书而研习拉丁文，拒绝向教会纳贡，这种无法阻遏的"叛逆"势头让专制教会恼羞成怒、却束手无策。

可避免地发生了，而且是很快就发生了。

在法国的一个地方，最早产生对于基督教现状的不满，这不难理解，因为在当时那里仍属未开垦的文明荒野，虽然有着悠久的古罗马文化传统，却始终没能将那里的野蛮风尚驯化。

这个地方叫普罗旺斯，在今天的地图上也能找到。它包括地中海、隆河和阿尔卑斯山地区，其形如三角。腓尼基人的殖民地马赛一直都是普罗旺斯最重要的港口，这里有充沛的雨水和阳光，这里有广阔的良田和沃土，这里更有富足的城镇和乡村。

当中世纪的欧洲人都在恭听主教们所讲的那些很久很久以前的英雄故事时，唯有普罗旺斯的乡间艺人在追求艺术的创新，并发明了一种新的文艺形式，这奠定了现在西方小说的基础。由于普罗旺斯与邻近接壤的西班牙和隔海相望的西西里岛之间的贸易活动频繁，因此那里的人们很快就接触到了最新的文学著作，至于欧洲的其他地区，却很少有这种文学著作。

在11世纪初，这里就出现了复古早期基督教运动的迹象。

然而不管怎么审判，这种运动都不能被定位为叛乱。那里的乡村中，常有人意有所指地说，教士们应该像平民百姓一样朴实无华。他们努力学习拉丁文，以期能够通晓福音书；他们公开反对死刑，呼吁尊重生命；他们宣称炼狱是虚构的存在，要知道在公元6世纪，炼狱之说就被教会定位为上帝天国的一部分；更重要的一点，他们从不向教会纳贡。

然而一有机会，专制的教会领袖们就会将那些反对教士权威的忤逆分子揪出来，倘若他们不肯低头认错，就会将他们赶出教会。

不过这种"邪恶"以不可阻遏的势头传遍了整个地区，以致罗马教会被迫召集普罗旺斯的主教商议，应该采取什么样的措施才能使这种极具危险的骚乱停止下来。然而一直到1056年，他们都没能研究出什么有效的办法。

在当时，以常规的惩罚或者驱逐出教相威胁已经不能再恐吓住人们。对于那些淳朴的百姓来说，只要在监狱内还能崇拜基督的仁爱和宽容就足够了，倘若被处以极刑，他们也会庆幸不已而温顺地走上绞刑架。并且，一般来说，一个信仰者牺牲了，还有无数个新人等着填补他的空缺。

罗马的教会官员采取了更残酷的镇压行动，然而普罗旺斯的贵族和善解民意的神父却绝不执行镇压的命令，他们认为武力镇压除了使异教徒反对神圣真理的信念更坚定外，别无它用。这种争执竟然持续了一百多年。

圣·约翰

每个人对《圣经》的解读都有着各自的倾向和观点，圣徒约翰曾教导人们必须自己亲身去寻找《圣经》，领悟其中的奥义。但是，罗马教会为了防止在教内因解读的偏差而产生重大分歧，便以法规条文严格限制人们研读《圣经》，于是向往自由的思考者与教会产生了更多的矛盾。图为在约旦河岸边思考的圣徒约翰。

到了12世纪末，普罗旺斯的复古运动得到了北方的声援。

在与普罗旺斯隔河相望的里昂，那里居住着一位叫彼得·沃尔多的商人。他秉性稳重而宽厚，时常周济他人。他对于耶稣的崇拜很疯狂，总是想追随耶稣的生平。耶稣曾说，要让富足的青年登上天国是比让骆驼穿过针孔还难的事，这句话的真实意义让后代无数的基督教信仰者费劲脑汁也无法想明白。彼得·沃尔多没有执意去思考，他相信这句话就是意义确凿的真理，因此他将自己的财产分给了穷苦百姓，从此不再经商了，也不再谋财了。

圣徒约翰有句名言："你们必须自己找寻《圣经》。"

后来罗马教皇在对这句话作评断时，谨慎地为它制定限制性的法规条文，条文规定了只有在什么条件下平民百姓才能自己研读圣经，而不用受教会指点。

圣杰罗姆与《圣经》

作为西方最早期的《圣经》研究学者，圣杰罗姆始终致力于神学和《圣经》的研究。他长年苦修隐居，与忠诚的狮子为伴，历尽艰辛将希伯来文版本的《圣经》翻译成拉丁文字，而后广泛通用的通俗拉丁文译本《圣经》即是出自他之手。

狮子

相传杰罗姆在家中隐修，一只受伤的狮子找到了他，他帮助狮子取出了伤爪上的荆刺，而这只让人望而生畏的猛兽从此成为了他忠诚的朋友。

在荒野中修习的圣杰罗姆在翻译《圣经》。

《圣经》内容

旧约全书	新约全书
摩西五经、历史书、智慧书和先知书。	福音书、历史书、使徒书信和启示录。

圣杰罗姆和天使

在简陋的洞穴中，以博学和雄辩著称的圣杰罗姆依靠在洞壁的边缘，正聚精会神地将《圣经》翻译成拉丁文字。相传，圣杰罗姆致力于《圣经》与神学的研究，当他遇到困难之际，一位天使翩然出现在他的面前，启发并协助他完成余下艰巨的译制工作。

彼得·沃尔多却不以为然。

他认为，既然约翰说需要自己找寻《圣经》，那么他便要自己读一读《圣经》了。

这样一来，他发现了《圣经·新约》中的许多东西都与圣杰罗姆的结论不相符，于是他按照自己的理解将《圣经·新约》重新翻译了一遍，并将书稿在普罗旺斯地区散发。

最初教会的人不怎么关注他这一行为，或许他们认为彼得·沃尔多对于贫穷的追求构不成威胁。他们还准备说服彼得，让他为那些真正愿意贫穷过活的人们建立一种修道院式的禁欲条令，因为彼得一直在批评现在的修道院是个豪华的安乐窝。

对于那些为信仰而疯狂的人，罗马教会是很容易为其找到发泄场所的。

不过一切还得公事公办。因此如何处置普罗旺斯的"纯洁人"和里昂的"穷人"就比较麻烦了。他们拒绝向教皇承认他们的行为，并且公然声称没有教士的专门指点他们也能成为优秀的基督教信仰者。他们还斥责罗马的主教，说他们除了自己的司法职责没有权力规定人们该做什么、不该做什么，即便是培尔塔利的公爵和巴格达的哈里发也没有这种权力。

这使得罗马教会进退两难，以致决定以暴力手段消灭这些异端邪说，不过实事求是地说，镇压的命令也是经过了长时间的讨论才颁布的。

一般来说，当一个组织的宗旨只承认一种正确的思想和生活方式，而将其他都斥为肮脏龌龊时，那么一旦组织的权威性遭到质疑，它便极有可能不择手段消灭异见。

如果不这样做，它就没有立足之地了。基于这一点，罗马教会果断采取一系列的镇压手段，最终使那些心怀异见者噤若寒蝉，再也不敢反抗了。

沃尔多教信仰者（因创始人彼得·沃尔多而得名）和阿尔比教信仰者（以阿尔比城命名的教徒，此城是新教义的发源地）在国家的政治生活中地位卑下，所以他们很难自保。最后，他们成为了第一批牺牲者。

普罗旺斯的主教是英诺森三世派来的代表，他在这块被征服的土地上作威作福、祸害百姓，因此被杀害了。这一事件为罗马教皇的武力干涉提供了借口。

征服异己

对于罗马教会来说，他们只承认一种被他们认可的、正确的思想和生活方式，任何其他观念皆被划入异端邪说的范畴。他们一旦感觉自身的权威性受到质疑与威胁，便会动用暴力不择手段地征服异己。而当教皇带着疯狂、精锐的军队冲入"异教徒"的土地，等待着后者的只有避无可避的杀戮与灾难。

于是教皇派遣了一支精锐的军队，攻击阿尔比教徒和沃尔多教徒。

教皇并颁布了一项政策：凡是在一个月内愿意征讨异教徒的人，免去3年的赋税，赦免所犯过的罪孽，若将来作奸犯科，也不会立刻就受到法庭的审判。这种恩典对老百姓来说可是求之不得，尤其对贫穷的北欧人来说更是如此。

攻打普罗旺斯能得到如此多的恩惠，远远超出了在对巴勒斯坦的征讨中所能捞到的好处，北欧人怎能不兴奋异常地踊跃参加？何况相比千里之外的西亚，普罗旺斯近在咫尺，更少了许多奔波劳累。

这个曾经的"圣地"很快就被抛弃了，为了免受牵连，周边及邻邦的贪生怕死之辈，包括法国北部、英国南部、奥地利、萨克森和波兰的贵族绅士等，他们都收拾好了财产、逃之夭夭，只剩下普罗旺斯人等待着那不可预知的战祸了。

强大的军队毫不费力地征服了普罗旺斯，他们将那里的人们或绞死、或烧死、或斩首甚至大卸八块，谁也无法确认到底有多少万人丧生，总之是太多了。一般在执行大规模的死刑后都不会统计具体死亡人数，这些数字通常在2000—20000之间。

马丁·路德

撒克逊教士马丁·路德对罗马教会的贪污腐化与销售赎罪券的做法提出了强烈的质疑与抨击，并将其付诸拉丁文字写成"九十五条论纲"贴在萨克森宫廷教堂的大门上，这些文字很快被转译成其他语言传遍了欧洲，并在各地掀起了巨大的改革浪潮。

当军队占领了贝济埃城，却遇到了麻烦，他们难以分辨那里的人们究竟谁才是异教徒。这个问题被摆在了随军的教皇代表、宗教顾问那里。

这个自以为是的顾问便说："士兵们，将他们全部杀死，上帝会替我们分辨的。"

当时有一个叫西蒙·德·蒙特福特的英国人，他是一个功勋卓著的正牌军队。他嗜血成性，杀人如麻，满脑子都在想着杀人的新花样。由于他在这次战役中功劳很大，因此教皇将那座他刚掠夺来的城镇封赏给他，他的部下也都论功行赏。

只有几个沃尔多教信仰者在这场大屠杀中幸免于难，他们后来逃入了荒僻的庇耶蒙特山谷，直到16世纪的基督教改革运动沃尔多教信仰者才敢以真面目示人，这期间他们又成立了一个新的教会。

相对来说，阿尔比教徒比他们更惨。他们经受了100多年的压迫和折磨，直到教会的法庭已经懒得再审判他们了。然而在300年后，他们对教义作了简单修改后便又东山再起，他们的领袖叫马丁·路德，是一个撒克逊教士。他们的改革运动影响巨大，打破了15个世纪以来教会的垄断地位。

这种改革甚至欺骗了老谋深算的英诺森三世，在他看来，所有的障碍都已经清除了，人们心中已经确立了对教会绝对服从的信念。《路加福音》讲述了一条有名的命令，曾经有一个人举办了一个晚宴，然而宴会开始时主人却发现有几个空的座位，于是他就对下人说："去！把他们都揪过来！"

现在，这条命令再一次出现了。

"他们"指的就是异教徒，他们被教会揪了出来。

不过怎么处置他们却是个问题，直到过了很多年它才被解决。

因为地方的法庭迟迟不能对异教徒作出判决，于是在当初镇压阿尔比教信仰者造反时所成立的特别调查法庭取而代之成为了主角。特别调查法庭专门审理异端学说的案子，因此被后人称之为"宗教法庭"。

虽然今天宗教法庭已经权威不再，不过当人们听到这个名字时仍不免心颤，仿佛看

圣女贞德之死

宗教之争如同席卷欧陆的巨浪，将一切异己者连同人们的良知与宽容无情吞没。深陷天主教与新教的重重矛盾之中，漫长的斗争让所有人的精神变得极度脆弱起来，他们以充满怀疑与焦虑的目光看着异己者，甚至是自己的同僚，在他们中间众多诚实善良的普通人沦为狂热信仰的牺牲品。图为圣女贞德之死。

酷刑与逼迫

　　宗教法庭多与刑部联手将异端分子加以审判、处以极刑，即便是免于被处死，也难逃永久监禁的下场。无数的平民百姓在无孔不入的暗探和胡乱猜疑的邻居告发中遭遇这种灭顶之灾，无辜的人们只有承认那些莫须有的罪名，求死以解除无尽的痛苦，而巨额的罚金也源源不断地流入宗教法庭职员的口袋。

　　到了哈瓦那的监狱、里斯本的刑场、克拉科夫的烧得通红的刑具，以及那下额宽大、正看着一排排被五花大绑的异教徒走向绞刑架的国王。

　　有几本创作于上世纪末的通俗小说，将那个时代所发生的残忍无道的屠杀作了最真实的还原。也许其中有1/4是作者的虚构，1/4是他们的主观臆断，即便如此，剩下的1/2也足以证明那些宗教法庭是令人发指的吃人魔鬼。

　　亨利·查理利为了记叙宗教法庭的真实活动而费尽心血，写成了八卷书稿。现在我将它浓缩成一章，当然，如此短的篇幅是根本不可能对那个时代异常复杂的宗教问题作出准确的说明的。

　　在中世纪的欧洲，各个国家的首都都设有这样的宗教法庭，而每一个法庭所肩负的职责是不相同的。

　　其中最有名的是西班牙的皇家宗教法庭和罗马的圣宗教法庭。前者的职责专一，负责监视流放在利比里亚半岛和美洲殖民地的异教徒；而后者则是一个疯狂的刽子手，北欧的圣女贞德和南欧的乔达诺·布鲁诺都被它烧死了。

不过实事求是地说，宗教法庭并没有真正杀死过一个人。

因为经过宗教法庭审判后，异教徒们会被送到非宗教性质的刑部，由他们来选择以何种方式处死这些罪犯。如果刑部不将那些异教徒处以极刑，那就会遭受众多抗议，甚至会被驱驱逐出教。即便异教徒被送到刑部后免于被处死，这种事历史上的确发生过，那他们也不会有什么好下场，因为他们将面临永久而孤独的牢狱生涯了。

与其生不如死，他们宁愿在绞刑架上了却余生，因此，许多无辜的囚犯便承认了那些莫须有的罪名，希望能被判以异端邪说罪而赴死。

我们很难在讨论这些话题时保持客观的心态。

虽然难以置信，但的确存在这样的事实：在其后的五百多年里，欧洲有无以计数的平民百姓由于长舌邻居毫无凭据的猜疑而在深更半夜被士兵们从睡梦中惊醒，然后被投入到监牢中关押数月甚至数年。在这期间，他们只能安安分分地等待着不知哪里来的法官的审判。他们被禁止知道所犯下的罪名和指控他们的证人，也不允许他们与家人联系或请律师辩护。倘若他们坚称自己是无辜的，就会被严刑拷打，有时双手双脚都会被打断。其他被囚禁的异教徒只被允许揭发他们的罪状，而不能替他们求情。直到最后，当他们被送上绞刑架时，他们还不明白自己为何会遭受这样的厄运。

更让人不敢相信的是，那些已经死去的人也被从坟墓中挖出来听候应有的审判，他们的后代也会因死去几十年的祖先被重新判罪而被迫缴纳巨额的罚金，最终倾家荡产。

然而这的确是事实，因为宗教法庭的职员的收入大都来自罚金，而且这种丑陋的事情也绝不是一件、两件。去世的祖父被判罪导致子孙后代被剥夺财产的案子可谓数不胜数。

若是有谁读过上世纪末处于鼎盛时期的沙俄的报纸，便会明白所谓的"暗探"是什么。这种暗探喜欢披着悲惨的外衣，扮成经验丰富的小偷或者痛改前非的赌徒，然后故作悲情地说是由于身遭不幸才加入革命的，以博取那些反对专制统治的革命者的同情。然而当他们探清了革命的内部，便会立即向政府当局告发。然后他们心花怒放地收了酬劳，再到另一个地方继续上演无间道。

13世纪至15世纪，正是这种私人暗探最活跃的时期，当时的南欧和西欧到处都有这种阴险狡狯的细作。

他们以告密为生，对象就是那些反对教会统治或者对宗教教义提出质疑的人。

即便他们找不到这种异教徒，也会想办法无中生有地揪出几个倒霉蛋。

他们很清楚，即便被告是无辜的，但在教会的严刑逼问下，他们也不得不承认那些子虚乌有的罪名。因此，他们也不怕遭报应，他们照样可以心安理得地从事这一行业。

由于这种告密现象逐渐蔓延至欧洲许多国家，以致老百姓心头上布满了恐怖的阴云。到了最后，他们连最亲的人也不相信了，整个家庭的人彼此心怀戒心、慎言慎行。

而那些负责宗教法庭各项事宜的教士们便利用百姓这种恐惧心理，在其后的200年里横征暴敛，大肆搜刮民脂民膏。

历史已经证明，推动宗教改革的根本原因在于广大人民群众对于那些颐指气使的教

宗教法庭

　　宗教法庭的无上权威与暴戾让平民百姓噤若寒蝉，同时也助长了大量以告密为生的职业暗探的出现，后者遮起伪善的面具，游走于善良、无辜的人们周边，肆无忌惮地对其加以迫害，而宗教法庭也能从中横征暴敛，却不知贫苦百姓面露惧色的表情背后，同时也滋长着憎恨。图为中世纪法国的宗教法庭。

士们极深的憎恨。他们憎恨这些道貌岸然的教士披着神圣的外衣，无端闯入质朴善良的平民百姓们的家里，然后在那里衣来伸手、饭来张口，却念念叨叨地指责主人家没有好好招待，没有使他们生活得更舒服。如果他们听到有什么不满，便会恫吓主人，如果他们没有得到理想的服务，就会向宗教法庭告发。

　　当宗教法庭抓捕了无辜的百姓，他们就会说这样做完全是为了维护社会思想的纯洁，阻止污秽的思想在社会上继续蔓延。随后他们就会表现得宽容大量，声称那些异教徒只是误入歧途，因此不再追究他们的过错，除了那些背信弃教的人和屡教不改者，其他的人全都赦免。

　　然而这种伎俩会使百姓们真正地心悦诚服吗？

　　喜欢玩弄手段的政治家有本事将无辜的百姓变成有罪的异教徒，同样也有本事让罪犯悔恨改过。

　　因为小人和政治家本就是孪生兄弟。

　　所以，对于小人来说，捏造几份足以定罪的文件又有何难？

第八章

不宽容

和古代高卢人一样，现代人的不宽容分为三类：第一类是懒惰的不宽容，第二类是无知的不宽容，第三类则是自私的不宽容。

最常见的是第一种，它普遍存在于实际上任何一个国家和地区，特别是乡村和古老的城镇。

并且，它的存在超出了人类的范畴。

在我小的时候，我们家养了一匹健硕的老马。它在考利镇温暖的马厩里过了25年的安定日子，因此当我们家搬迁至西港时，它却死活不愿意到那同样温暖的新居里，原因很简单，它在考利镇住了很长时间，熟悉那里的一砖一瓦，所以当它每天在考利镇秀美的田野上散步时不用担心会突然出现陌生的景物。

科学家们曾投入大量的人力和财力来研究已经失传的波利尼西亚群岛的语言，然

惰之恶

懒惰的不宽容普遍地存在于世界上的任何一个角落、每一个人的身边。当人们熟悉了某一环境、条件或观念时，总是不愿作出改变，不愿尝试新生事物，甚至对突然出现的改变或新生事物报以抵触情绪。思维的惯性、懒惰与偏执让这些人成为旧势力残酷的卫道士，他们披着虚伪的外衣，让世界充满欺骗。

而他们却忽视了猫和狗的语言。我曾见过一匹叫"杜德"的马与我们家的老马亲密地交流，倘若我们能听懂它们的语言，或许会发现原来这匹"杜德"马在尽情地发泄抱怨。当时杜德已经成长为一匹骏马，就和十多年前俄国所建立起的共产主义社会一样，经历了一个从服从到抗争的革命转变过程，因此它便认为西港的风俗和生活习惯非常无趣，只有考利镇的风俗和生活习惯才美好、自在，就算到最后它还是这样的想法。

正是这种不宽容，才会使父母对子女恨铁不成钢，才会使人们在面对现实时有"回到过去"的愚蠢想法，才会使人们披上虚伪的外衣，让世界充满了欺骗，才会使那些思想先驱者成为了人类公敌。

不管怎么说，这种不宽容总体来说没有什么害处。

这种不宽容终将不可避免地改变着人们的命运。在过去的一百多年里，千百万人因为这种不宽容而离开家乡，又是因为这种不宽容，那些荒凉的土地上出现了人口聚集的城镇。

惯性的依赖

出于懒惰的不宽容普遍存在于我们的身边，甚至超出了人类的范畴。世间的一切事物从初始到逐步适应周边的环境与条件后，都会产生一种惯性的依赖，为了避免不必要或者未知的风险，固执的念旧情绪让他们安于现状、无意革新，甚至表现得抵触、虚伪和对抗。

自然界	初始阶段	人类
	↓	
	适应阶段	
多年饲养的老马	↓	多年不变的习惯
↓	产生惯性	↓
习于温暖的马厩和秀美的田野	↓	习于稳定的生计和固有的观念
↓	面对改变	↓
搬家时	↓	新思想的冲击时
→	抵触或否定	←

愚之恶

愚蠢的不宽容让人们总因无知而沦为魔鬼的化身，他们胆小而脆弱，只有攻击他人才能获得自身的存在感与安全感。他们为自己的无知辩解着，自诩为真理的代表，在内心灵魂的深处建起一道钢铁壁垒，将自己包裹、围困起来；他们以咄咄逼人的气势向异见者发难，并将他人一同拖入他的世界与泥潭。

第二种不宽容的影响更为深刻。

无知者常会因为无知而化身魔鬼。

不过，若是他们还为自己的无知而辩解，那就更恐怖了。无知虽然可怕，但最可怕的是不承认无知。他们在自己的灵魂深处建立了一道钢铁壁垒，自诩为真理的代表；他们以咄咄逼人的气势向异见者发难，质问他们为什么存活于世。

不过，可恨之人必有可怜之处，他们终年生活在恐惧中，以致性情蜕变，越来越残酷暴戾，以攻讦敌人为乐。他们自认为是"上帝的优等子民"，实际上他们幻想与上帝建立联系，不过是虚张声势，为自己偏执辩论壮胆而已。

比如说，他们不会公开宣称："我们杀了丹尼·迪弗尔，因为他们威胁我们的生活，我们恨不得将他五马分尸，不过最后还是绞死了他。"他们绝不会这样狂妄。不过他们会举行一个秘密会议，用上几个小时或者几天的时间来讨论丹尼·迪弗尔的命运，最后一旦通过了判罪的决议，那么丹尼·迪弗尔这个也许只会小偷小摸的人便成了罪大恶极的危险人物。他竟然违背上帝的意志，那就必须对其进行审判，法庭的法官也会因对这种恶魔判了罪而觉得无上荣幸。

不论是宽厚善良的平民百姓，还是杀人如麻的野蛮人，很容易被这种表面的幻象所迷惑，这在历史上屡见不鲜。

当一群麻木不仁的人们你拥我挤地观看着那些所谓的恶魔被绞死时，他们肯定不会认为自己也是刽子手，而将自己看作是忠诚的上帝子民，并且为积极参与这种代表上帝意志的屠杀而感到兴奋呢。

倘若有人提出宽容，他们会立即表示反对，认为这是传统道德的倒退。他们崇尚不宽容，在那种情况下甚至会为此而自豪。他们怒骂着身着囚服的丹尼·迪弗尔，看着他在清凉的晨曦中，高昂着头颅，从容镇定地走上放着绞刑架的刑台。当绞刑结束后，他们便在喧哗的议论中各回各家，做一顿土豆炖牛肉的晚餐，吃完后便躺在舒适的床上安歇了。

也许，他们所有的想法和行为都是正确的。

只因为他们只是看客，他们并没有亲身经历过。

如果让他们与牺牲者调换身份，他们会怎么想，怎么做呢？

可惜我这种假设没有现实的基础，因此很难推敲出什么有价值的东西来。世人都喜欢自以为是，认为自己所理解的上帝思想才是最准确的，却从不会意识到其中有什么错误。

至于第三类自私的宽容，实际上是妒忌的一种体现，它就像痔疮一样普遍存在。

耶稣曾告诫门徒，仅凭供奉"太牢"是无法得到伟大的上帝的垂怜的，所以那些依靠进香和祭祀谋生的人便将他视为眼中钉，在他还没能对他们产生危害前就处死了他。

过了几年，圣徒保罗来到了艾菲西斯，向那里的人们宣传一种新的教义，然而这种

私之恶

自私的不宽容事实上是一种妒忌的表现，在自私者的眼中只能看见自己，任何超越或寻求超越自己的力量皆被看作是一种异端。他们不择手段地窃取或损害着别人的利益，上演着一幕幕欲望、贪婪、虚荣、吝啬的悲剧。先驱者为寻求某种改变一旦触及他们脆弱的神经，便会引发一系列的冲突与劫难。

教义却损坏了那些通过制造和贩卖女神戴安娜的塑像而牟利的珠宝商的利益，因此艾菲西斯的金匠行会几乎要将这个"邪恶的入侵者"私下里处以极刑。

有的人依靠古老庙宇的香火维持生计，然而有的人却想将人们从那古老的庙宇带到另一个新的庙宇，因此，他们总会不可避免地发生冲突。

中世纪的不宽容是一个相当复杂的问题，这三种不同的不宽容很少单独出现。若是我们仔细研究那些已经发生的迫害案件，就会发现这三类不宽容都被包含在内。

倘若一个组织不仅有雄厚的财力，而且还管理着广阔的土地以及土地上大量的百姓，那么它就会将怒气全部倾洒在那些要重建宁静美好的地上天国的农民身上，这也很正常。

就这样，这种对异端邪说的毁灭成为了利益上的需要，这就是自私的不宽容。

中世纪的欧洲

中世纪的欧洲，强横的蛮族肆意摧残着昔日强盛的帝国，扬起的铁蹄将越来越多欧洲国家的文明与繁荣顷刻间化为焦土，博物馆和图书馆所收藏的珍贵的科学资料与书稿化为灰烬，艺术佳作被肆意破坏或被遗忘在角落里，曾经文明的社会在破坏与掠夺中奄奄一息。

然而科学家们却认为官方的禁令也是很重要的因素。于是，这一问题就愈加复杂了。

为了能充分了解罗马当局对那些发现科学真理的人的偏见，就需要我们将眼光放到中世纪的欧洲，看看那个时代到底有什么事情发生了。

当时野蛮人的铁骑横扫着整个欧洲大陆，越来越多的国家被征服，虽然还尚存几个罗马帝国的政府机构，然而文明社会已经被毁灭，书籍被焚烧，艺术被遗忘在高阁，博物馆和图书馆所收藏的珍贵的科学资料也被中亚的野蛮部落用来作为烧烤的燃料。

目前保留下来的只有10世纪的图书的数目，至于古希腊的图书，大部分都已被摧毁了，所剩寥寥无几。这听起来令人不敢相信，可是那些古籍是真的没了。历史学家为了能了解古人的思想，不得不借助那些亚里士多德和柏拉图著作中的个别章节的译文，虽然办法很拙劣。其实要想学习古人的思想并不难，只要找几个希腊的僧人就行了。他们都是在拜占廷的神学争论中被迫离开家园、流落他乡的。

实际上也有不少的拉丁文图书，只是它们大都是在公元4世纪和公元5世纪写成的，经过了无数次的传抄，早已面目全非，历史学者们必须穷极一生心血恐怕才能看得懂。

还有那些科学著作，也都被烧毁了，唯一幸免于难的就是欧几里德的那些几何作图题了。更令人心伤的是，如今那些科学著作已经被现代科学所抛弃。

在那个时代，世界的主宰者对于科学没什么兴趣，他们从不支持人们对于数学、生物学和心理学的研究，更不用说天文学和医学了。当时的科学地位卑微，不受重视，在大多数人看来，它们都没有可利用的价值。

在崇尚科学的今天，要使人们理解当时的情况可不那么容易。

现代人都追求进步，虽然立场不同，并且谁也不敢说有能力使世界趋向完美，然而所有人都会竭尽所能，因为这是他们的神圣职责。

诚然，进步已经成为了一种不可逆转的趋势了，甚至在某些国家视它为比国教教义还重要的信条。

不过生活在中世纪的人们却没有这种信念。

阿基米德

野蛮的时代将一切科学成果看作是毫无价值的垃圾，科学停滞在那里，一切进步思想与对完美世界的追求皆成为异想天开，这让众多古希腊贤者的著述与科学遗稿不是毁于战火，便是在传抄中面目全非。图中伟大的古希腊数学家、物理学家阿基米德一手拿着指南针，一手拿着数学图表，为人类文明的进步倾尽一生。

希腊曾尝试建立一个自由美好的完美世界，可惜这仅仅是幻想，从未能实现，因为国家动荡的政治生活无情地击碎了幻想的镜子，并将不幸的种子播撒到国家的各个角落，以致其后几百年内，希腊的艺术家都成了悲观主义者。他们看着那一片昔日家园的废墟伤心绝望，对于人们所做的重建努力，他们也不抱有任何希望。

不过罗马的艺术家却相反，他们从一千多年的历史中得出结论，人类的发展始终伴随着一种蓬勃向上的潮流。罗马哲人中最有名的就是伊壁鸠鲁了，他为了更美好的未来而悉心地教育着年轻的一代。

后来，基督教诞生了。

于是，人们的生活重心很快便转移到了另一个世界。不幸的是，他们又堕入一个黑

暗的深渊中，从此过着逆来顺受、杳无希望的日子。

那时人们的本性都是邪恶的，他们在罪恶中出生，在罪恶中成长，又沉湎于罪恶中无法自拔，最终在对罪恶的悔恨中离开人世。

不过新的厄运和旧的厄运存在着本质的差异。

虽然希腊人自认为比其他国家的人聪明，受教育程度更高，而且对于那些愚昧的野蛮人还抱有同情，不过他们都不因为自己是宙斯的子民而将本民族与其他民族区别开来。

相反，基督教则显得独立而高傲。在教会将《圣经·旧约》作为本教的唯一经书、继承了犹太教义的衣钵后，便觉得基督的信仰者比其他教会的教徒要崇高得多，只有当人们宣誓信仰基督的教义后，他们的灵魂才能被拯救，而其他人则注定沉沦。

很多人都有着高傲的秉性，他们认为自己是同类人中最独特优秀的人，而基督的思想所拯救的就是他们这样的人。基于这种信念，在历史上许多关键时期，基督教信仰者都团结成为一个联系密切的组织，在异教林立的世界上孤傲地矗立着。

对圣奥古斯丁、特图利安和其它致力于将宗教教义书写成文的人来说，不论外面的世界发生什么事情，都与他们无关。他们只期望能有一处安宁的地域，在那里建立一座信仰上帝的教堂。至于其他人所努力拼搏想要创造的丰功伟业，他们毫不关心。

所以，他们有着独特的关于人类起源和时空界限的观念，至于罗马人、希腊人、巴比伦人和埃及人所发现的科学奥秘，他们也都没什么兴趣。他们所信奉的是，随着上帝的降临，世间所有有价值的东西都将消失不在了。

比如说地球。

天文学家认为地球是宇宙无数亿星球中很普通的一个。

不过基督教信仰者对这种观点持反对态度。他们认为，人类赖以生存的地球是宇宙的中心。

地球是神明专门为人类而创造的栖息地。《创世纪》第一章已经对这个问题的来龙去脉说得很清楚了。

不过要确定上帝子民的历史长度，就不是那么容易了。如今已经被人类所发掘出来的灭绝的远古物种、已经变成化石的植物、深埋于地下的古城等，越来越多。当然，人们可以反驳这些东西的真实性，或者视而不见，那么或许就能推算出创世纪的具体日期了。

许多科学家信誓旦旦地说，自己是虔诚的上帝追随者，然而那些正统的基督教信仰者却

傲然的信仰

当人们对那些自由、美好的完美世界倍感绝望之际，华丽的基督教翩然滑入人们的视线，傲然、独立的基督教如同救世主一般成为人类罪恶灵魂唯一的拯救者，而那些不持有同样信仰的人将注定沉沦。然而，人们的生活却堕入又一个黑暗的深渊中，过着逆来顺受、杳无希望的日子。

经院哲学与革新思想

宗教思想与观念的持久传播对人类社会造成了深远的影响，很多人遵循着它的指引，将哲学与宗教神学相结合而成经院哲学，以权威和系统化的观念去抗衡革新思想的挑战。他们相信，随着末日的临近，一切有价值的东西都将消失不见。

派别	代表人物	思想观点
经院哲学	托马斯·阿奎纳	认为神学也是一种科学，倡导自然神学；将亚里士多德和托勒密的学说、观点融合起来，将天体运动的力量源头归结于上帝；主张运用理性的方法来了解上帝的真相，并且通过真相获得最终的救赎。
革新派	培根	不能完全依赖亚里士多德的演绎逻辑，应分辨经院哲学带给人们的假相；重视大胆猜测与科学实验，通过不断地探索总结、理性分析去重新认识这个世界。

认为，倘若一个人是真心热爱和忠于他的信仰，他们是不会有那么多好奇心的，不会想知道那么多与基督教义相左的东西。

他们只需要读一本书就够了。

这就是《圣经·新约》，书中的每个字、每句话、每篇文，都是作者按照上帝的指示所写的。

要是帕里克时代的希腊人知道有这样一本《圣经》存在，书

四使徒

那些致力于将宗教教义书写成文的人来说，他们对外界毫不关心，只想寻一处安宁的所在建起一座信仰上帝的教堂。他们将人类赖以生存的地球看做是宇宙的中心，那里是神明为人类专门而设的栖息地。他们不须对世界表现出格外的好奇，因为在《圣经》中他们可以找到想要的一切。

中所写的都是些艰涩难懂的民族史、意义朦胧的爱情诗、莫名其妙的先知预言和虚无缥缈的天国描述，以及不知何故而对亚洲诸多部族神明的歪曲诋毁，他们肯定会嗤之以鼻的。

然而，公元3世纪的野蛮部族却都很崇拜"文字"，他们认为"文字"是人类文明最伟大的创造。所以，当他们信奉的教会在一次会议上将这本书当作是最完美、最神圣的经典推荐给他们时，他们便毫不犹疑地接受了，并将这本书看作是人类所能知道的一切。如果有谁胆敢否认天国的存在，游荡在摩西和以赛亚所划定的界限之外从事研究，那么他就会受到严厉的惩罚。

毕竟，甘心情愿为真理而牺牲的人只是少数。

然而，人类对于知识充满了无限的不可压抑的渴望，他们总有一种蠢蠢欲动的精力需要发泄。所以，当求知的冲动与专横的压迫产生不可调节的矛盾时，便导致了另一支势单力薄的学派产生，它就是"经院学派"。

崇拜的延续

那些北部的蛮族对昔日帝国繁盛的文明有着发自内心的敬畏。他们更将"文字"视为人类文明最伟大的创造，所以当他们信奉的教会在一次会议上将《圣经》当作是最完美、最神圣的经典推荐给他们时，他们深信不疑并奉为至宝。图为教皇格利高里一世馈赠给伦巴德国王的镶满珠宝的金福音书封面。

这件事要追溯到公元8世纪中期，当时法兰西国王的王后生了一个王子，相比他那善良的父王路易王，他更有资格被国人称为法兰西民族的圣人，因为老百姓在得蒙路易王获释时还需要缴纳大约80万金币的赎金。

小王子叫卡罗鲁斯，在古代的许多宪章中都能看到他的署名。他的字体略显拙劣，因为他对于书写一向都很随意。他在童年时期学习了拉丁文和法文，只是后来在沙场上与摩尔人厮杀时右手指受了伤，就变得不太好使了，以致他不得不取消了练字的想法，而是请来一位当时著名的书法家来替他签署文件。

这位战功卓著的王子终其一生只穿过两次宫廷礼服。他很重视教育和学习，并将宫廷变成了国家的最高学府，在那里教授他和百官的子女。

言论的桎梏

　　由于科学领域难以受到国家和社会的重视，众多学者的生存地位也变得尴尬而低下，思想单纯的他们尽管有着极高的智慧、超强的实践能力以及看似自由的研究权力，但他们的一切行为与观点皆不能违背1768年出版的《大英百科全书》，只能在教会允许的极小范围内从事研究。

　　当时这位新即位的统治者身边聚集了很多学识渊博的人，他也很喜欢在业余时间与他们谈经论道。他崇尚学院式的民主，并且屈尊纡贵去参加各种学术研讨会，并允许地位卑微的学者与他辩论。

　　然而，当我们仔细审视他们所讨论的问题时，就会联想到田纳西州某一所乡村中学的辩论课上的辩题。

　　那时的学者都比较单纯，倘若800年前的历史是这种情况，那么1400年前自然也存这样的历史现实。所以，我们不能批评中世纪的学者们，只能说他们与处于20世纪的现代人有着同样的智慧。实际上当时的处境和20世纪的化学家和医生有很多相同之处，虽然他们拥有自由作研究的权力，然而他们的行为和观点却不能违背1768年出版的《大英百科全书》。理由很简单，当时的科学得不到足够的重视，他们的地位就和从事屠宰工作的人差不多。

　　所以，尽管中世纪的科学家们有着极高的智慧和超强的实践能力，他们却只能在极小的范围内从事研究。

　　然而，那些真正有理想的学者在面临不得不循规蹈矩的局面时，便会想法设法逃离宗教爪牙日日夜夜的监视。

　　于是他们制造了许多掩人耳目的烟雾弹：他们穿上奇异的服饰，在住所内悬挂满腊肉，在架子上摆满了装有老鼠、毒蛇的药酒，在火炉内添加一些草药，以产生一种令人作呕的气味将街坊四邻熏跑。因此他们便被认为是行为荒诞的神经病，他们可以横言无忌，而不必对自己的言论负责。就这样，他们慢慢地为他们的科学研究披上了一层伪装，时至今日的现代人也很难判断出他们的真实目的。

　　其后的数百年内，新教徒和中世纪教会一样，对科学和艺术的态度也很苛刻的，在此就不多说了。

　　教会的改革者们只会大声疾呼和痛斥，却从未将他们的抗议付诸行动。

　　然而罗马的教廷却不一样，它掌握着处死异己的权力，一旦时机成熟便会将这种权力发挥到极致。

　　如果有谁喜欢对宽容和专横的理论作抽象的思考，那么这两者的差别对他来说也没什么价值了。

　　不过，对于那些不得不选择是放弃信仰或者接受刑罚的学者来说，这种差别却具有重要的现实意义。

　　他们有时由于畏惧而不敢表达自己所探求出来的科学真理，而宁愿在《天启录》中野兽名称的纵横填字游戏上浪费时间。对于这一点，我们的态度也不用太严苛了。

　　我相信，如果我生活在600年前的那个时代，我也不敢写现在这本书。

第九章

禁忌的著作

我发现书写历史变成了一件非常困难的事情，就好像我小时候学习拉小提琴，可是人到中年后突然有一天别人送我一架钢琴，希望我能像克拉维尔一样弹奏。在我学会了某个行业的技能后，却被要求去从事另一个行业的工作。

我所学习的是通过一种明确秩序来观察曾经所发生的一切，也就是帝王、总统、丞相如何在文武百官的辅佐下有效地管理这个国家。在我年幼的时候，我一直都认为上帝才是掌握世间万物的尊神，必须毫不犹豫地对其崇拜。

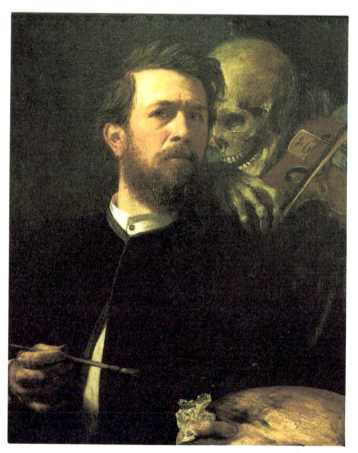

谎言与真相

人总是难于完成他所擅长的能力之外的事情。当我们通过一种明确的秩序去观察曾发生的时代，总能发现其中的可贵与瑕疵。但当一切秩序被打乱，死亡的禁忌让人难以借助本能对过去作出坦诚、客观的评述，就如同真相掩盖在谎言之下，自由与专制成为了每一个时代永恒的主题。

然而后来打仗了。

反对派摧毁了旧有秩序，将皇帝和皇后流放边疆，然后以秘密委员会取代了原有的统治秩序。在世界上的很多地方，天国的大门都被未经议会批准而颁布的法令关闭了，而官方将一个离世的经济学家当作是伟大先知的继承者。

不过这些都不会持久，然而仍需等到几百年才能恢复原有的文明，可惜我是不能活到那个时候了。

我只能利用现有的一切，然而这很不容易。

比如说俄国，20年前我曾在那居住过一段时间。那时我每日阅读的报纸，有1/4版面被被涂抹一黑，这被称为"鱼子酱"。这种涂抹是为了掩盖一些内容，因为政府当局不希望有些东西让老百姓知道。

世人将俄国政府的这种小心翼翼看作是黑暗时代的重现，是不能容忍的。至今西方的民主国家还保留着几份涂有"鱼子酱"的滑稽报纸向本国的老百姓展示，好使他们明白东方疆域辽阔的俄国人不过是野蛮落后的民族。

我们生活在文明进步

自由与专制

人们生活在文明的社会中，在他们看来最高形式的自由即是依照自己的良心自由地学习、表达和辩论。而权势者彼此之间的利益冲突、尔虞我诈让整个世界变得混乱不已，他们动用权力左右着人们的生活、思想与言论，甚至不惜动用战争剥夺他人的利益与生命，并在小人的阿谀奉承中加速了社会的腐败与堕落。

的社会中，我们信奉的是仰米尔顿的哲言：最高形式的自由是按照自己的良心自由地学习、自由地表达和自由地辩论。

因此，自由与专制开战了。在德国，《神山布道》被宣布是禁书，平民百姓乃至王公大臣都不得私自传阅。编辑部和出版商都不得印刷这种禁书，如有违反，轻则罚款，重则有牢狱之灾。

基于此，我们恐怕不得不放弃对历史的探究了，只能写点小说或者种几亩田地谋生计了。

舆论的空间

对于愚蠢舆论的控制如同对待炸药，若给予一个可以适度释放的空间，最多只能引起少数人的关注，这种小范围的波及会被巨大的空间缓冲掉；反过来，若加以限制在密闭的空间中，反而会引起更多人的好奇与同情，冲击力因无处释放而带来无法预计的破坏性，最终适得其反。

　　然而这就是向专制屈服，向命运低头，我是不会甘愿的。我会坚持自己的工作，我会坚持追求一个自由而有秩序的国度，在这里每一个百姓都可以表达自己的真实想法，只要是不干涉他们的幸福，不破坏社会的正常秩序，不违背国家的法律法规就好。

　　当然，最终当地的警察局会将我列为审查对象。不过在我看来，那些警察应该去审查那些为谋私利而出版色情刊物的不法分子。至于其他的出版物，就不应该再横加干涉。

　　我讲这些并非说我是个理想主义者或者改革家，我是很现实的，我讨厌碌碌无为。我对过去5个世纪的历史已经有了充分的了解，这段历史时期所发生的一切对文字和言论的压制都没有起到任何根本的作用。

　　愚蠢的言论就像是炸药，只有将其放入密封的瓷器中，不断施加外力，才会有危险。倘若一个不登大雅之堂的演说家在发表他的言论，顶多能获得少数人的关注，老百姓只会将他的苦心阔论当作茶余饭后的谈资。

　　然而，若是他被那些蛮横的警察捕获，然后关入大牢，再送到法庭上判处50年的监禁，或许他才会获得更多公众的关注并得到他们的怜悯，甚至还会被他们称作是烈士。

　　不过须谨记一点：

　　既然有不惧牺牲的烈士，自然也有不择手段的小人。小人都是阴险狡诈之辈，没人能猜出他们下一步要做什么。

　　所以我的观点是，随便他们去搬弄是非。倘若他们说的是真话，我们自然会相信，否则很快就会被人们所遗忘。希腊人明白这一点，帝国时代的罗马人也明白这一点。然而，当帝国军队的总司令成为了被神化的英雄，从而远离了公众的生活，那么这种情况就发生了改变。

　　"欺君之罪"是一项政治罪，从奥古斯都时代到查士丁尼时代，有太多的臣子因为直言进谏而触怒皇威，被打入大牢。然而除了帝王轶事之外，没什么话题是禁忌的。

　　当教会统治了世界后，这种无禁忌的自由便不存在了。

　　在耶稣死后没多久，正邪善恶之间便划分出了明确的界限。公元1世纪末，圣徒保罗曾周游到小亚细亚的以弗所斯，听说那里的护身符和符咒很盛行。圣保罗在那里传教，为人们驱赶魔鬼，取得了极大的成功，使得许多人心悦诚服。他们承认了对于异教的观念是错误的，为表忏悔，他们在一个碧空如洗的日子里，将古老的魔法书堆积在一起，并将它们付之一炬。

　　《使徒行传》中对这些事情作了记载，他们的忏悔完全出于自愿，因为书中的记载并没有迹象表明圣保罗曾禁止过以弗所斯人阅读或者收藏原有的古籍。

　　然而100年后，圣保罗的苦心经营化为乌有。

　　当时以弗所斯的主教们发布了一道法令，规定凡是记载有圣徒保罗事迹的书都属于禁书，不允许追随者们阅读。

　　其后的两百年内，出版的新书越来越少，因而被禁的书籍也很少了。

　　然而在公元325年召开的尼西亚会议后，基督教成为了罗马帝国的国教，书籍的审查

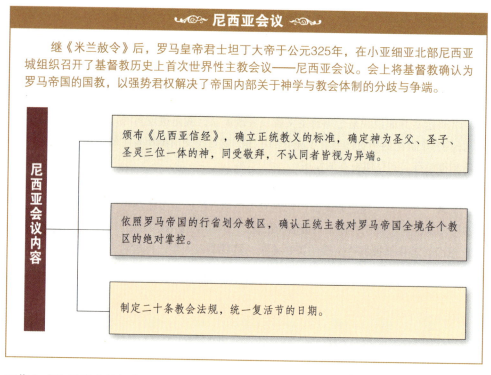

尼西亚会议

继《米兰赦令》后，罗马皇帝君士坦丁大帝于公元325年，在小亚细亚北部尼西亚城组织召开了基督教历史上首次世界性主教会议——尼西亚会议。会上将基督教确认为罗马帝国的国教，以强势君权解决了帝国内部关于神学与教会体制的分歧与争端。

尼西亚会议内容

颁布《尼西亚信经》，确立正统教义的标准，确定神为圣父、圣子、圣灵三位一体的神，同受敬拜，不认同者皆视为异端。

依照罗马帝国的行省划分教区，确认正统主教对罗马帝国全境各个教区的绝对掌控。

制定二十条教会法规，统一复活节的日期。

工作也成为了教士的权力。因此有很多著作都是被禁封的，而有些虽然没有被禁封，但却被称之为"危险物"，并向公众警告说，若想阅读这些书籍就必须作好随时掉脑袋的准备。当一本新书问世后，必须先得到教会当局的批准，才能被出版。后来就形成了一项制度，新书的书稿在投送出版商之前必须先经当地的主教审核通过。

即便作者服从这项制度，也不能保证自己的作品永安无忧，因为现任教皇批准这本书出版，可能下一任教皇就会认为它在亵渎、诋毁教会，而将其列为禁书。

然而总的来说，这项制度还是最大限度地保护了作家们的著作免于在血汗洒尽时却被付之一炬。在当时，图书最广泛的流传方式还是手抄传写，而想出版一本三卷的书，通常需要三年五载，因此这项审查制度在一定程度上是合理而奏效的。

不过后来谷登堡的发明改变了这一切，谷登堡又名古斯弗雷什。

从15世纪中期开始，那些实力雄厚的出版商便能够在短短两个星期内出版四五百本图书。在1453年至1500年这几十年里，欧洲竟然出版了多达4万册图书，这几乎相当于国家图书馆的全部藏书。

增长迅猛的图书数量，不能不使教会感到忧心。他们明知一个异教徒在研读《马太福音》，却无法将其抓捕，因为这样的读者不是少数，而是多达2000万之巨。这些异教徒读者对当权者的思想统治构成了极大的威胁，后来教会想出了对策，他们指派一个特别法庭审查所有出版的书籍，由他们决定哪些是可以出版的，哪些是被禁止的。

这个特别法庭会不时地公布一些书名，声称这些书籍内有禁忌的内容，于是便有了臭名昭著的"禁书"，它与宗教法庭一样声名狼藉。

有人认为只有教会才会对出版物进行监督审查，这是不完全的。其实有很多国家的政府，因担心出版物像病毒一样瞬间传染整个国家，威胁国家的安全，所以也会制定法律，命令出版商将书稿送到相关监督部门进行审查，凡是没有被官方签署通过，就不允许出版。

然而除了罗马，还没有哪一个国家将这项制度沿用至今。虽然罗马的情况与16世纪中期完全不一样，不过审查的制度却不得不被保留。由于出版业发展迅猛，红衣主教为审查各类出版物而成立的"《禁书目录》委员会"整日忙碌得应接不暇。并且除了常规的出版物外，还有各种小手册和文件，以及期期都需要大量印刷的报刊杂志，都像洪水猛兽一样扑过来，就算是最勤奋的人，想将其通读一遍恐怕就要耗费一生的时间，更别提审查了。

教会的禁忌

当教会统治了整个世界，禁忌便成为了一种常态，在所谓的正邪善恶之间，禁忌会在世界的任何一个角落吸引着人们的注意。这些禁忌从无到有，从邪恶到正义，从普遍到特例，人们永远无法掌握这些教会禁忌的变化特征，所能知道的仅是阅读或接触这些"危险"的禁忌，便会受到惩罚甚至面临死亡的威胁。

统治者对被统治的百姓运用专制蛮横的镇压手段，到头来他们却为自己的专制付出了惨重的代价。

公元1世纪的塔西陀就曾宣布自己是"反对专制作者"。他认为这种文化上的专制实际上愚不可及，如此一来，就连那些绝少有人会注意的图书也会因为它的禁封而受到公众的热捧。

禁书制度验证了塔西陀的预言。

当宗教改革取得成功后，禁书的地位就不再重要了，它们成了那些想了解历史的读者的指南。还有，16世纪的德国那些有野心的出版商，他们在罗马都安插有眼线，专门为他们搜集那些被禁止的新书，到手后便以最快的速度在最短的时间内越过阿尔卑斯山

印刷业的兴起

印刷业的兴起与繁荣让短期内大量低廉的图书涌入市场成为可能，曾被人们奉为至宝的《圣经》手抄本已普及为家庭常见读物，庞大的图书印刷与阅读群体极大削弱了教会对思想的控制，这让教会忧心重重。图为在北欧繁忙的印刷作坊里，印刷工人们正一刻不停地排字、运纸、印刷。

和莱茵河谷，送到他们手中。然后他们便在德国和荷兰的印刷厂开始排版印刷，推出典藏版，以高价卖出。

不过将禁书偷运至那些封闭的国家可有些难度，况且在意大利、西班牙或者葡萄牙这些国家，由于禁书不断在流传，因此当局实施了更为疯狂的压迫政策，其结果也是惨不忍睹的。

倘若这些国家最后在竞争中落后了，也是不难理解的，因为国家中的学生被禁止阅读国外的书籍，而本国内的官方教科书的编修水平实在是低下。

《禁书目录》使人们变得灰心，谁也没有心思再做学问了。试想，一个人辛辛苦苦写了一本书，却被那些无知而专横的审查官员修改得面目全非，或者被宗教法庭那些不学无术的调查委员会人员因为许多莫名其妙的理由而不予批准通过，那谁还有心思和多余的精力来浪费呢？

那些作家们宁愿到乡下钓鱼，或者去参加各种舞会和酒宴来打发时间。

或者也有人会坐下来，出于对自己和公众命运的绝望而写下了堂吉诃德的故事。

第**十**章

对历史著作的态度

　　如果读者们厌倦了现代小说的虚无缥缈，那么可以品读一下伊拉斯谟的信札，他是一位学识渊博的治学者。在他的求学生涯中，曾收到过许多性情温顺的朋友的来信，这些信的内容不乏真知灼见。

　　比如某行政长官在信中写道："我听说你曾考虑写一本关于路德之争的书。请你注

伊拉斯谟

　　对于教会言论上的禁忌与冷酷，多数人采取的对待方式是谨慎少言，而具有革新思想的人文主义者荷兰人伊拉斯谟却站了出来，他以讥讽、幽默的文字抨击藏污纳垢的政府、教会中的腐败与荒淫，为中世纪的宗教改革吹响了号角。

意把握火候，因为这样很容易触犯教皇，我希望你能平安无事。"

还有另一个人的话："有位从剑桥回来的朋友告诉我，你想出版一部散文集。你千万要谨慎行事，不要惹怒教皇，否则他会让你付出惨痛的代价的。"

还有卢樊主教、英格兰国王、索邦大学和剑桥大学的神学教授等，他们从方方面面为伊拉斯谟作了考虑，否则他不仅会没有收入，还会落入教会的魔掌，被置于马车的车轮下碾死。

如今，古老的车轮只能在博物馆内看到了，宗教法庭也已经被关闭了近一个世纪。对于那些文学作家来说，所谓的官方保护根本就没什么用，而历史学家聚会时也不再谈"收入"的问题了。

然而，当我准备写一部关于"宽容"的书时，立刻便有另一种形式的劝诫源源不断地钻入我的耳朵。

一个官员对我说："哈佛大学制定了禁止黑人入学的规定，请你在书中提一下这件事。"或者是另一宗劝告："弗拉明戈一家超市的老板公然宣布信仰天主教，所以当地的三K党准备惩罚他，请你在写书时就此事发表一些看法。"

这样的劝诫不胜枚举。

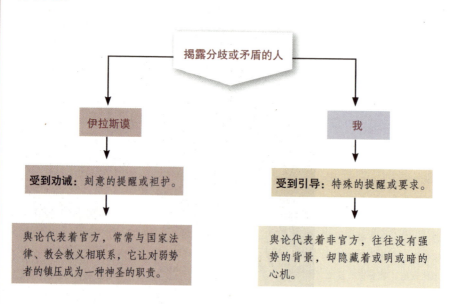

··· 两种形式的不宽容 ···

同样一部言辞尖锐的创作，古今人们却显现出完全不一致的态度与倾向。宽容的界定范围极为宽泛，官方的不宽容常常与国家法律、教会教义相联系，它让对弱势者的镇压成为一种神圣的职责；非官方的不宽容往往没有强势的基础，却隐藏着或明或暗的心机。

揭露分歧或矛盾的人

伊拉斯谟

我

受到劝诫：刻意的提醒或袒护。

受到引导：特殊的提醒或要求。

舆论代表着官方，常常与国家法律、教会教义相联系，它让对弱势者的镇压成为一种神圣的职责。

舆论代表着非官方，往往没有强势的背景，却隐藏着或明或暗的心机。

　　其实这种行为很愚蠢，应该受到批评。然而它们并不在我们所讨论的宽容范畴内，只是一种不够正派的公共精神的表现，与官方的不宽容行为是完全不同的性质。官方的不宽容与国家的法律和教会的教义是相联系的，它让对平民百姓的镇压成为了一种神圣的职责。

　　根据巴奇豪特的说法，历史就应该像伦勃朗的画作，用最重要的事情来表现它最美好的一部分，置于其他的部分，就由人们自主去欣赏吧。

　　现代的宽容信念也经过了疯狂的爆发，当时的报纸对这种现象做过报道，即便这种信念很疯狂，我们也能从中看出广阔无边的希望。

　　有许多事情在祖先看来都是合情合理的，认为它们一直都是这样，所以就应该被毫不犹豫地继承下来。然而今天对这些事情有必要进行一次彻底的争论。不少人为了保护某种思想而奋起斗争，但在父辈和祖辈看来，这种思想纯粹是无稽之谈，没有任何价值，所以他们经常试图改造下层百姓的精神生活，而且还取得了不小的成功。

　　由于本书的篇幅规划得很短，所以关于当铺老板的阿谀奉承之事，天高皇帝远的北欧人的名声低落，边疆地区的主教没有文化，农民传教士的偏执顽固，这些我都顾不得谈及了。这些事情本来一直萦绕在我脑海中，后来还是放弃了，因为叙述实在太麻烦了。

　　然而若是得不到官方的支持，那也没什么坏处，在开明的国家中，这种危害的可能性都会被降到最低。

　　一个人的不宽容是令人难以容忍的，因为它会破坏组织的和谐气氛，它比麻疹、天花和饶舌妇人所带来的危害总和还要大。然而这种不宽容并不是刽子手，因为若是如此，就会因逾越法律而成为警方的重点监视对象，一些国家就曾出现过这种情况。

　　这种不宽容也不会带来牢狱之灾，因为它并不能规定公众该干什么、不该干什么，若是真有这样的强迫效果，就会引起所有百姓的强烈抗议，那么国家的法律就成为一纸空文，哥伦比亚的法庭也会因失去权威性而形同虚设。

　　总之，个人的不宽容只有以开明国家的公众不介怀为前提才能存在，而不能超越公众的容忍底线。不过官方的不宽容却不用这样束手束脚，它可以随性所欲、横行无忌。

　　它可以除了自己外，不承认其他权威的存在。

　　一旦官方的不宽容发起狂来，它可以置人于死地，不管其是否有罪，而且也从不会后悔反省。它不会听从任何的忠告，它只会祈求上帝来支持自己的做法，然后将上帝的旨意花言巧语解释一番，说得就好像他们的成功之道便是生命存在的唯一真理。

　　若是你们认为书中所提到的不宽容指的就是官方的不宽容，还请多多包涵，因为我很少提及个人的不宽容。

第十一章

文艺复兴

　　我认识一位学识渊博的漫画家，他喜欢和自己说话，经常问自己，地上滚动的钢球、墙角放置的小提琴和衣架上的大衣，它们是怎么看待现实世界的呢？

　　然而，我很有兴趣了解那些操作大型现代化攻城炮的士兵们的心理活动。军队中的士兵从事着各种各样的工作，可是有哪一个会有比发射贝尔塔型巨炮更荒谬的吗？

　　其他士兵大概也都知道自己在做什么。

　　飞行员能从爆炸产生的火花中看出是否击中了目标；潜艇指挥员在经过数小时的潜行后浮出水面，能从遗弃的残骸中判断取得了多大的成功；壕沟里的守兵们也明白只要守住了战壕就是守住了阵地；甚至炮兵在向目不可见的目标射击后，也会通过耳机向10英里外潜伏在高树上的同伴询问，目标教堂是否已经倾塌，是否需要调整角度再打一次。

　　然而，操作贝尔塔型巨炮的士兵们却不得不生活在虚幻莫测的世界里，他们将炮弹朝着目标的方向射去，却对炮弹的最终落脚地不得而知，就连经验丰富的老兵也无法预测。也许炮弹击中了目标，也许落在了某个工厂，甚至击中了学校或者孤儿院，也有可能落到了河水或者深洞中，没有造成任何损伤。

巨炮阴云

　　德国人深信越是要攻克坚固的堡垒，就越需要强大的火炮，为此他们设计并制造了体型庞大、攻击距离远、威力巨大的重型火炮。操作这种榴弹炮的士兵很难实时观察着弹点，只能借助远程观察员评估报告，但这种超级武器却对躲在坚固堡垒的敌手产生着巨大的威慑作用，成为帮助德军在战场上攻城拔寨的利器。

　　我认为，其实作家和这些炮兵在很多方面都有相似之处。他们也在操作一门巨炮，也许他的文学炮弹会引发革命或者动乱，然而大部分都还是悄无声息的哑弹，它们静静地落在荒野上，最后被敌人当作废铁，制成花盆或者雨伞的骨架。

　　因此，作家们在很短的时间内创作了大量的作品，这在任何一个历史时期都是罕见的，于是这个时代就被称为"文艺复兴"。

意大利的每一个托马索、恩里格和里卡多，条顿大平原上的每一个里卡都斯教授、托马西医生和多米尼·海因里希，都急着将自己的作品出版，所有的纸张最小也是十二开的，更别提仿照希腊人写的十四行诗的托马西诺和学习罗马祖先的文体而写出颂歌的里卡蒂诺。还有数不清的人热衷收藏古币、雕塑、图画、手稿和古代盔甲。他们将刚刚从历史的废墟中挖掘出来的东西进行分类整理，然后存档登记，用大量的对开纸印出集子，然后再配上精致木刻或精美的铜版。

印刷术毁灭了古登堡，然而却使弗劳本、阿尔杜斯、爱琴尼等印刷工厂大发横财，他们从人们强烈的求知欲中捞足了油水。然而，在15世纪、16世纪的文艺复兴时期，作家们所创作的文学作品并没能在当时产生多大的影响。那些创造出新思想的艺术家们只有寥寥几位，他们就像是那些操纵巨炮的朋友们一样，无法亲眼看到自己能取得什么样的成功，他们的作品到底能产生什么样的影响。不过总的来说，他们将阻遏历史进步的所有障碍都铲除了。现代人必须感谢

作家的命运

　　作家们以他们的纸和笔作为武器，而他们的作品就如同巨炮的炮弹一般，这些文字炮弹也许会引发社会的革命与动荡，但它们中的多数因种种原因都成为了悄无声息的哑弹，静静地躺在荒野上，等待着敌人当作废铜烂铁拾走，改制成他们想要的样子重新利用起来。

这些伟大的祖先们，他们彻底清除了如山如海般的垃圾思想，否则今天我们恐怕就要大费干戈地自己动手处理了。

若是严格来说，文艺复兴最初并不是什么推动历史进步的活动，它主要是反对旧有的文明，认为过去的著作充其量是"野蛮之作"。文艺复兴的主要内容是艺术品，它认为艺术品中藏着一种物质，叫古典精神。

文艺复兴极大地推动了人们对于自由、宽容和完美世界的认识和追求，然而这并非是倡导这场运动的领袖们的初衷。

在很多年以前，曾有人提出质疑，为什么罗马教皇有权力规定波希米亚农民和英格兰自由民必须使用他所选择的语言祈祷，必须学习他所制定的基督精神，必须为自己的不敬付出代价，必须阅读他所指定的书籍。他们蔑视教皇的权力，可惜最终下场惨淡。他们曾领导过一场革命运动，然而还是失败了。

伟大的领袖简·胡斯那尚存温热的骨灰被洒在了莱茵河上，这是对人们的一次警告：教皇仍是至高无上的统治者。

回归古典

　　文艺复兴时期，有着新思想的艺术家寥寥无几，他们如同巨炮的操作者无法亲眼看到自己能取得什么样的成果，但他们的努力却扫清了社会中阻碍历史进步的一切障碍。在他们的笔下，告别了旧时的"野蛮"，重现了艺术品中的"古典精神"，这让他们在无心插柳间播下了自由、宽容与完美世界的希望。

维克利夫被处死后尸体也被焚烧，这向列斯特夏的下层农民表明了一个事实：教会的势力还能深入到坟墓里。

当然，正面攻击是不可能的。

在1500年里凭借巨大的权威而逐渐建成的坚不可摧的"传统堡垒"，仅凭外力是难以攻取它的。不过在堡垒之内却出现了内讧，因为三位教皇为了争夺圣彼得继承人的地位而争斗起来。罗马和阿维尼翁教廷腐败透顶，所制定的法律不过是允许人们可以花钱拉关系，以致破坏了原有秩序。至于教皇的生活，则完全是糜烂透顶。许多贪赃枉法的官员打着"炼狱是恐怖的受难所"的幌子，然后让那些可怜的父母们为他们死去的孩子缴纳大笔赎罪金，世人都知道教会这种伎俩，然而谁也不敢揭穿。

谁也没想到，一些对宗教精神没什么兴趣，对教会和教皇也没什么深仇大恨的人，不过是象征性地抗议了一下，却使这座外强中干的大厦瞬间倾塌了。

"传统堡垒"的缔造者

1500年间，虔诚的信仰者、狡猾的功利者、暴躁的专制者先后在教会建起一座坚不可摧的"传统堡垒"，任何敢于向权威提出正面质疑或反抗的人最后都遭到教会的打压，甚至被请进了坟墓。然而万万没有想到的是教会的危机竟来自于内部，改革者仅凭一些看似无力的抗议就将这腐朽不堪的堡垒顷刻间摧垮。

布拉格有一位瘦弱的人，他对于基督的崇高理想充满了美好的向往，可惜未能实现，不过后来却被一群鱼龙混杂的百姓实现了。他们其实也没什么追求，不过是向那些活着和死去的致力于行善的赞助人祈祷，作一名虔诚的追随者而已。

这些人来自欧洲各地，所从事的行业也不尽相同。倘若当时有人指明他们的真实意图，他们肯定会怒火勃发。

比如说马可·波罗。

虔诚者的谣言

13世纪的意大利著名旅行家、商人马可·波罗，跟随父亲与叔叔从威尼斯出发，途径中东，历时4年最终抵达中国。他对游历的回忆与叙述让人们对教会所灌输的地理学观点、世界观念产生了质疑，而这样一个虔诚者对广大人群带来的负面影响远远超过了有着新思想的先驱者，这是教会始料未及的。

杜撰的幸福宣言

　　薄伽丘在他的《十日谈》中讲述了1348年佛罗伦萨爆发黑死病时，逃往乡村避难的10位男女在10天中为打发无聊，每天每人讲述的众多故事。这些杜撰的故事批判了宗教的守旧与伪善，表达了人们对幸福生活的追求，也因讲述的真诚赢得了人们的认可。图为欧洲文艺复兴的发源地佛罗伦萨。

　　他是一名功绩卓越的旅行家，他在游记中描绘了大量东方的奇异景象，以致那些生活在欧洲狭隘区域的人们戏称他为"百万马可"。在他的游记描述中，金色的御座有宝塔那么高，大理石城墙的长度就是巴尔干半岛到黑海的距离，这些都太不可思议了，人们哄然大笑，却从不相信。

　　可怜的家伙无能为力，不过他之于历史进步的贡献绝对是不容忽视的。马可·波罗的文笔不算好，他对文学也充满了偏见。在他看来，击剑应比文学创作更像是一个绅士必备的修养，所以波罗先生不愿意当什么作家。后来，在一次战争中他被关入热那亚的监狱。为了打发无聊的牢狱时光，他就向牢友——一位可怜的作家——讲述了他在东方的游历所见。凭借这种间接的传播途径，欧洲人知道了许多过去不知道的事情。

　　马可·波罗是个不够聪明但却十分固执的家伙，他坚信曾经在小亚细亚看到过一座高山被一个圣人挪动了两英里，或许圣人是想告诉异教徒们"什么才是真正的信仰"。他也对许多流言蜚语深信不疑，比如无头人和三只脚的鸭，不过他所讲述的游历故事，却比欧洲过去一千多年的历史还要丰富，这导致了教会的地理学观点沦为笑柄。

　　马可·波罗自认是一名虔诚的基督教信仰者，他很讨厌被人们比作同时代提出新思想的罗吉尔·培根。培根是一个纯正的科学家，他坚持自己所追求的新思想和新知识，为此蹲了14年的大牢。

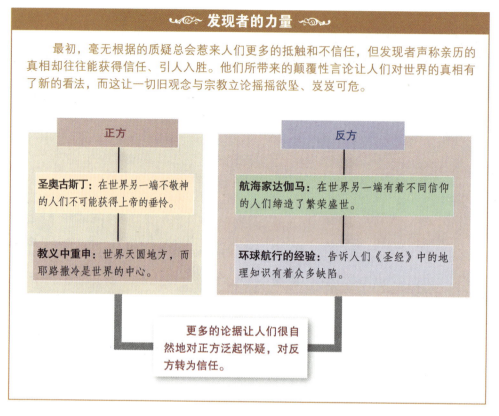

发现者的力量

最初，毫无根据的质疑总会惹来人们更多的抵触和不信任，但发现者声称亲历的真相却往往能获得信任、引人入胜。他们所带来的颠覆性言论让人们对世界的真相有了新的看法，而这让一切旧观念与宗教立论摇摇欲坠、岌岌可危。

正方	反方
圣奥古斯丁：在世界另一端不敬神的人们不可能获得上帝的垂怜。	**航海家达伽马**：在世界另一端有着不同信仰的人们缔造了繁荣盛世。
教义中重申：世界天圆地方，而耶路撒冷是世界的中心。	**环球航行的经验**：告诉人们《圣经》中的地理知识有着众多缺陷。

更多的论据让人们很自然地对正方泛起怀疑，对反方转为信任。

然而相比之下，波罗先生所造成的影响更危险些。

一万个人中最多只有一人会跟随培根去追逐天上虚无缥缈的彩虹，听他讲那莫名其妙的与当时神学理论完全对立的进化理论，而凡是稍懂一点文字的人，就能从马可·波罗的描绘中发现一个与《圣经》所记载的完全不同的另一个奇妙世界。

这并不是说人们还不能获得任何自由之前，仅凭一本书就能激起众人对于教义经典《圣经》的权威性的质疑和反对。思想的启蒙是一个艰难的过程，而普遍的思想启蒙则需经历数百年的艰苦努力才能实现。然而，探险家和旅行家的真诚记述却能得到大家的认可，这极大地促进了怀疑论精神的萌发。怀疑论是文艺复兴后期的重要思想表现，这种怀疑论使人们敢于去发表那些在过去会成为宗教鹰犬对当事者治罪的把柄的言论。

我们可以通过对薄伽丘的独特故事的了解来说明。当他的朋友从佛罗伦萨开始一次长途旅行时，在旅行的第一天就听说了一些故事，故事讲的是现行宗教体制的是与非。倘若按照这种说法的见解，所有的宗教体制都是有是也有非，而且对等，那么很多既有的观点都是荒谬或者无法证实的。若真是如此，那么历史上的那些异见者本就没有罪，为何还要被送上刑场呢？

著名学者洛伦佐·瓦拉的经历更为奇特。他是罗马教廷最受尊敬的政府大臣，然而他在研究拉丁文时却说，那关于康斯坦丁大帝曾将意大利和西方所有的国家赐予西尔敏斯特教皇的说法（此后历代罗马教皇都以此为据，在欧洲横行无忌）不过是一个瞒天过海的拙劣阴谋。这道法令根本不是康斯坦丁大帝颁布的，而是帝王死后罗马教会一个狗胆包天的无名小吏编造的。

现在我们来谈论一些实际问题。圣奥古斯丁曾训诫那些虔诚的追随者们，告诉他们在世界的另一头，那里的人们对于信仰相当不敬，他们是不可能得到上帝的垂怜的，他们也不配活在这世上。然而，当1499年达伽马的航船回来后，当探险者向人们描述了世界另一头那人口稠密、商业繁华的国度时，那些深受圣奥古斯丁思想熏陶的善男信女们恐怕就要对他的教义或多或少产生怀疑了。

在这些虔诚追随者的观念中，世界天圆地方，而耶路撒冷是世界的中心。但在"维托里亚"号环游世界归来后，向世人证明了《圣经》中的地理知识存在有很多缺陷后，普通百姓该如何判断呢？

读者需要明白，文艺复兴并不是科学大发展的时代，在思想领域也缺少足够的野心。文艺复兴的300年里，美和享乐才是一切新生事物的主流。虽然教皇会因为臣民

托勒密的世界

古希腊地理学家、天文学家、数学家克劳丢斯·托勒密曾提出过著名的"地心说"，他向人们展示了一个他眼中的"真实"世界，在那里地球是方的。而在虔诚的基督信徒看来，世界天圆地方，耶路撒冷是世界的中心。然而环游世界的探险者将所有这些观念击得粉碎，《圣经》中的世界存在着很多偏差。

们的一些异端邪说而暴怒，但只要这些异见者学识广博且健谈，他也愿意邀请他们吃顿饭。

像撒沃纳罗拉这样的美德鼓吹者，就和那些头脑简单的学者一样，身处极大的危险之中。那些年轻的学者自负才华，在作品中对教会进行无情地嘲讽，而且措词非常尖锐。

虽然人们是在表达对美好新生活的向往，实则其中蕴含了一种对现状的不满，人们对于高高在上、拥有生杀大权的教会强加给他们的束缚所表达着的强烈抗争。

薄伽丘和伊拉斯谟这两位先哲相差将近200年，在这200年的时间里，出版商和印刷厂从来就没有清闲过。除了教会自己出版的书籍外，其他著作都在有意无意地暗示，欧洲社会落入了愚昧无知的教士手中，从此世界便步入了黑暗无期的时代。

在那个时代，除了马基雅维利和洛伦佐·美第奇，其他人都对伦理学不感兴趣。他们非常现实，不愿碰钉子。他们明确表示要与教会和平共处，毕竟他们是至高无上的统治者，他们的势力遍布整个欧洲大陆，所以他们不想尝试改变现状，或者对现有的宗教体制提出质疑。

然而，他们却难以压抑住自己的好奇心，他们总想着探索新的事物，追求新的思想。他们相信自己了解这个世界，然而当他人对其提出疑问时，他却不免犯难。

相比彼得拉克的十四行诗集和拉斐尔的画集，这种时代的产物更值得后世铭记。

第十二章

轰轰烈烈的宗教改革

现代心理学使我们明白了许多有用的东西，比如说，我们不管做什么事情都是由种种复杂的动机导致的。不论是捐建一所爱心小学，还是不肯向衣衫褴褛的乞丐施舍一毛钱；不论是推崇国外民主自由的生活，还是宣称喜欢美国的花花世界；不论是以非为是，还是以是为非，总是有各种各样的原因才使我们下定决心的，大部分人心里都很清楚。然而，若是要我们向公众承认这一点，恐怕谁也不愿意，因为一旦如此，我们在公众面前精心塑造的形象就会大打折扣的。所以，出于一种私心，我们便从这种种原因中

被默许的虚伪

复杂的动机导致了人们生活中的种种态度与行为，人们总是愿意从众多动机中挑选出最有价值、最合理、最使人信服的一种，经粉饰加工后公布给他人，然后试图借助这些我们自己都无法信服的理由去说服别人。却没有人愿意将真实的自我坦露在公众的视线下，这是一种下意识的自我保护。

❧ 沉默的潜规则 ❧

人类的种种行为都有着动机，一些不愿为人所知的动机常常有着最有价值、最合理、最让人信服的伪装。这些伪装让谎言难以发现，而事实上部分谎言即使拙劣也无被戳穿之虑，出于对自身的保护与彼此依赖，人们也习惯于对此保持沉默。

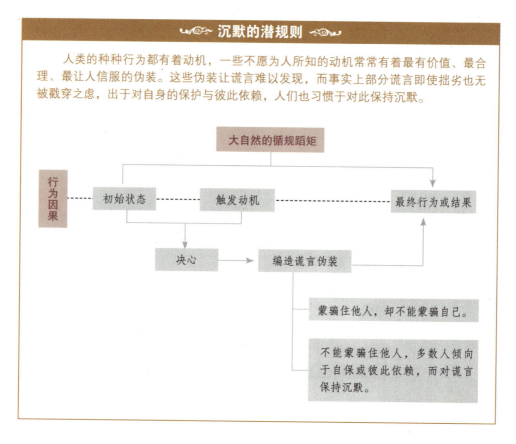

挑出最有价值、最合理、最使人信服的一种，将其粉饰妥当之后再向世人公布，并美其名曰："这是导致我们作出决定的根本原因。"

可惜这种手段在经常能蒙骗住世人的同时，却从来不能蒙骗我们自己，即便是一分钟也没有可能。

因为谁都明白这一条潜规则，自从人类文明产生依赖，人们便不自觉地形成了默契，在大庭广众下，彼此都不揭穿。

我们内心有什么想法，别人是无权过问的。因此，只要我们气定神闲，不露出马脚，就不会害怕，并且也愿意这条潜规则：你信我，我信你，大家相安无事。

然而大自然却没有人类社会那么多虚伪的礼仪，大自然的喜怒哀乐和生老病死用人类的法则是无法解释的，或许是因为大自然无法产生人类社会那样的高度文明。

所谓的历史，其实就是一部暴君史，是由处于金字塔顶端的当权者所掌控的。

曾有一名叫克莱奥的女神，她整日无所事事，生活极其枯燥。然而她的姐妹们，虽然没有她那般高贵的容貌和气质，却自盘古开天地以来一直都沉浸在欢乐的歌舞升平中，她们时常参加宴会，然后在宴会上欢声笑语、载歌载舞。这引起了那位可怜的女神的嫉恨，于是她便施展诡计，破坏她们的幸福。

　　不得不承认，嫉妒是人类的劣质天性之一。它非常危险，人类也常因此付出财产甚至生命的代价。

　　于是，女神克莱奥便向世人揭穿了千百年来那条约定俗成的潜规则，导致了原本宁静祥和的国家陷入了动乱之中。在这种动乱中，爆发了上千次战争，野蛮的骑兵在国土上纵横驰骋，穷困的百姓被迫携家带子离开故土。后来，当一切都安定下来时，已经有很多人去往另一个世界了，而剩下的人所面临的只是残破的家园。在这些浩劫中，国家和人民遭受重创，几千年积累的金银珠宝和一切有价值的财富统统毁于一旦。

　　惨痛的历史事实使学者们认识到，历史不仅是一门科学，还是一门艺术。历史受某种自然法则支配，然而除了化学家和天文学家外，其他人都很难相信这一法则的存在。因此，人们便开始了一次全面的科学大研究，试图将所有学科的基本原理予以定论。

女神的报复

　　缪斯女神克莱奥终日无所事事、落落寡欢，然而她的姐妹们却始终沉浸在歌舞升平之中，这让高贵却又幽幽自处的她嫉恨不已，于是她施展诡计破坏了他人的幸福。作为人类最劣质的天性之一，嫉妒随处可见，也异常危险，它打破了约定俗成的潜规则，让人类为此付出了巨大的代价。

现在终于可以提及本章的话题了，也就是宗教改革运动。

一直以来，学术界对于这场社会和思想的变革都持有两种对立的观点：一种是全面肯定，一种是全面否定。

持肯定态度的学者认为，这场运动是一次宗教热情的全面爆发，它是一些有良知的神父出于对教皇恐怖统治和对教廷暴敛横财行为的失望，便建立了独立的教堂，向那些真正虔诚的追随者传授真正的基督精神。

至于罗马教廷的追随者们，就没有如此高的热情了。

在他们看来，所谓的宗教改革是一场无耻的叛乱，不过是一个懒惰的大达官权贵不想成家立业，却觊觎着教廷的财产，想要分一杯羹，于是便合伙闹事。

所谓公说公有理，婆说婆有理。双方各执一词，互不相让。

直到现在我们才明白，宗教改革是各种各样的人出于各种各样的动机所造成的，对宗教的失望只是这场运动的次因，实际上它是一场不可避免的社会大革命，而宗教的原因几乎微乎其微。

假如我们对自己的孩子们说，菲利普王子是一代明主，他对宗教改革充满了热情；

看待历史的真相

全面的肯定与全面的否定是人们对社会变革总是持有的两种对立观点。前者认为变革源于腐败堕落的教会的横征暴敛，后者认为达官权贵觊觎教廷的财产而引发了这场无耻的叛乱，然而事实上无可避免的变革出于各种动机，对宗教的失望只是导火线。图为教会售卖"赎罪券"疯狂敛财成为宗教改革的导火线。

相比说菲利普王子是一个阴险的政治家，他玩弄手段，借助信仰异教的突厥人势力向本国传统的基督教信仰者宣战，前者更容易让孩子们接受。因此在其后的几个世纪内，这位年轻的野心家便被新教徒们推崇为一位胸怀博大的英雄，而他所代表的黑森家族也取代了自古以来掌权的哈布斯堡家族成为了国家新的主人。

还有，克莱门特主教被新教徒比喻为可爱的牧羊人，因为他在晚年将全部的心血都用在了保护羊群不被愚蠢的领头羊引入歧途。没有谁会过多去关注他是美第奇家族的王子这一身份，因为保守的美第奇家族对宗教改革存有偏见，认为这不过是一群喝醉酒的德国教士在无理取闹，妄想将自己的势力深入意大利的罗马教廷。而克莱门特主教绝对是美第奇家族的异类，他是一位受人尊敬的先驱，所以，若是我们在宗教学校的教科书上看到有关他的记载，也不需要大惊小怪。

改革是必要的，然而改革也会因冲动而犯错。既然我们在新大陆建立了自由共和国，就不需要循规蹈矩，走欧洲祖先的老路，可以自由地选择我们的观点。

菲利普王子是马丁·路德的挚友和追随者，然而他有着强烈的政治野心，但我们不能就此否认他在宗教信仰上的虔诚态度。

他对于信仰是真心实意的。

公元1529年，菲利普王子在著名的《抗议》上签字，所有人都知道，他们将遭受暴风骤雨般的反对，甚至于有朝一日他会被叛军送上断头台。但如果没有非凡的气魄，他是不可能扮演他以后的历史角色的。

然而有一点需要说明，历史人物想要完成某些事情的同时，也不得不放弃另外一些事情。然而若是不对他的种种动机有充分的了解，是很难甚至不可能对其下定论的。

法兰西有一句俗语："知之即恕之。"也许你们对这句话不理解，那么我根据其意义换个说法：了解一切即理解一切。仁慈的上帝在数百年前就已经赐予了我们宽恕的权力，因此我们还是得饶人处且饶人吧。

若是我们做不到，那就尝试着理解，这应该是做人的基本要求。

话题有些扯远了，还是回到宗教改革上来。

据我了解，这场运动最初体现了一种新的精神，这种精神是几百年国家经济和政治发展的必然结果，它就是"民族主义"。民族主义与凌驾于国家之上的外来宗教是仇敌，在过去的500年内，欧洲大陆的人们都对外来宗教的压迫统治逆来顺受。

基于这种同仇敌忾，德国人、丹麦人、法国人、挪威人、芬兰人、瑞典人和英国人结成了同盟，汇成了一股强大的势力，强到足以摧毁监禁他们几百年的围墙了。

若是他们各怀私心，在追求这样一个伟大的理想时不懂得收敛自己的私欲和野心，那么这场运动也就不会取得成功。

后来，欧洲各国揭竿而起，这场运动演变成了多点开花的地方起义。

然而，相对罗马教廷，他们的力量还是太微不足道了。教皇只需派出一个师甚至一个旅，再加上几名有耐性的法官，就可以将他们的反抗轻松地镇压下去。

先驱者的背负

当历史人物想要完成某些事情的同时，也不得不放弃其他一些难以割舍或抉择的东西，有时是背负家族的污点，有时是承受疾风暴雨般的反对，有时是担起生与死的考验，只有对他作出最终抉择的种种动机进行充分的搜集与思考，我们才能较清楚地看清事实的真相。图为改革的支持者取代教士为一个孩子洗礼，微微的笑意充满着挑战权威的意味。

无力抗争

几百年间的发展为这个国家孕育了民族主义的精神，这让本国国民对一切凌驾于国家之上的外来宗教同仇敌忾，但在强大的罗马教廷面前，改革者与他的追随者们仍难以逃脱被绞杀的命运。即便是取得了一些微不足道的战果，暂时摆脱死亡威胁的他们就变得形同散沙，从内部土崩瓦解，重新陷入错误的泥潭。

于是，运动的领导者便重复了胡斯的下场，他们的追随者也像从前的阿尔比格学派和沃尔登学派一样被绞杀。罗马教廷的史官们在官方修纂的史书上记下了教皇的又一次"丰功伟绩"。而接下来的事情就是让那些胆敢公然违犯规矩的人得到教训了。

这场运动也取得了一些胜利，虽然胜利的成果很小。然而一旦胜利到手，反抗者们也就暂时摆脱了生存的威胁，结果却造成改革阵营内部的土崩瓦解，许多地方都自立山头，割据称雄，很快斗争的方向便从对外转向了对内。

一位法国主教曾说过，我们必须热爱人类，不管人类处于什么情况。

若是我们从旁观者的角度来思考，便会发现在将近400年的时间里，人们对生活充满了希望，却不断地忍受着失望。曾有太多的人为了追求一种崇高的理想而甘愿抛弃自己的生命，然而他们的理想却从来没有实现过；已经有太多默默无名的平民百姓，他们为了追求某种神圣的东西而甘愿牺牲；还有那些新教徒所发动的起义，他们也是想建立一个自由民主的新世界，然而却最终一败再败。如此残酷的事实严重考验着人们的博爱之心。

然而说实话，新教徒所奉行的主义并没有为这个世界带来更多更美好的东西，反而加入了不少丑陋、狭隘的糟粕，因此它不仅不可能使人类变得和谐、纯净，反而会使世界更加杂乱无章。不过，这并非是宗教改革的过错，而是由大部分人天性中的弱点所导致的。

新教徒没有勤奋的天赋。

他们也很难与领袖们步调一致。

虽然他们善良、有理想，并且最终也会跨过天桥步入新世界，但是当要他们慎重选择时，却没有谁愿意放弃祖先遗留的传统。

这场改革运动本想在基督教和上帝之间建立一种新型的关系，将过去所有的偏见和陋习尽数抛弃，然而后来却被新教徒们的传统思维搞得乱七八糟、进退两难，最终发展

　　成为了一个与它的仇敌罗马教廷性质相同的运动。

　　这不能不说是宗教改革的悲哀，最终它也不能摆脱追随者世俗与智理的纠缠。

　　因此，起义地区的人们并没有取得期望中的长足进步。

　　虽然这场运动没能贡献一个完美无瑕的代表，却贡献了一本完美无瑕的书。

　　在这场运动后，除了教皇这位至高无上的统治者外，还出现了许多"山大王"，他

悲哀的妥协

　　缺乏勤奋的新教徒无法担负重铸世界的使命，他们在面临慎重选择时也不愿放弃祖先遗留的传统。改革本意是将所有的偏见与陋习统统抛弃，但却让改革者进退维谷，逐步演化成一场与教廷性质同样的丑恶运动。图为神圣罗马帝国皇帝查理五世正同萨克森选侯就新旧教间的分歧认真磋商。

新势力的逆袭

改革让无数崛起的新势力妄图在教皇统治之外，建立自己绝对主宰的势力范围，无数小团体就此孕育而生。他们扯起宽容的大旗，却最终走上了昔日教会的老路，他们用权力与专制强行划定自己的阵营，然后对那些主义相左的势力发起攻击。图为众多改革者簇拥在萨克森选帝侯约翰·弗雷德里克的身后。

们都想在自己的势力范围内成为绝对的主宰。

这并不是将基督世界分为一半占统治地位一半占非统治地位，或者一半是虔诚的追随者一半是异端分子的两部分，而是制造了无数个分庭抗礼的小团体，这些小团体不仅宗旨各异，而且还仇视与自己相左的异见者。

这种现象没有促使建立一个统一的宽容秩序，而是仿造早期的教会，一旦拥有了权力，便依靠广泛散发的宗教手册和独有教义构筑起了一道坚不可摧的围墙，然后向对手公然挑衅，肆意打击那些与他们奉行的主义相左的个人和团体。

然而在15世纪、16世纪，这是无可避免的。

若是对马丁·路德和加尔文这样的领袖所具备的非凡勇气用一个词来形容，那就只能是：硕大无朋。

在德国的边远地区有一所潮汐学院，学院的院长是一位朴实的多明我会教士，他曾当众烧毁了教皇所颁布的一道训谕，将自己的叛逆思想表露无疑。还有法国一位虚弱的病人，他完全忽视教皇的敕令，将瑞士的一个小镇改造成了堡垒。这些事例向我们展示了当时人们的果敢勇气和坚韧秉性，他们是超越时代而存在的，即便是现在也无人能及。

后来这些大胆的反叛者找到了他们的亲戚朋友，希望能得到他们的支持和帮助，然而他们的亲友都各怀私心，含糊其辞，最终不了了之。不过这并不是本书所讨论的话题。

这些反叛者拿自己的性命做赌注，只为求个心安理得，他们无法预知将来的世界会是什么样子，更不会想到北方各民族的人们会景从云集于自己的周围。

然而一旦他们步入反叛这条路，就再也无法回头了。

很快，他们就开始在如何使自己打出名号这个问题上争论不休了。远在千里之外的罗马教皇后来知道了这一情况，明白这场叛乱可不是以往的小打小闹了，它是一位法国教士精心策划的阴谋，比多明我会和奥古斯丁教士们的起义要严重得多。为了使教廷资助人安心，教皇将筹建中的大教堂停工，开始与大臣们商讨征讨叛逆的细节。没过多久，教皇的敕令便向雪花一般飞往各地，教皇的军队也整装出发了。造反派的领导们避

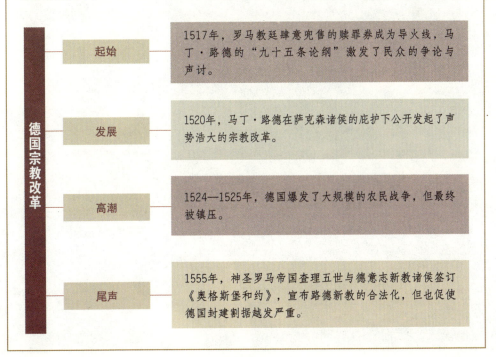

德国宗教改革

在文艺复兴之风的唤醒下，一部分人文主义者对罗马教皇、主教、修道士的腐朽和贪婪提出强烈的抗议与抨击，而"新教"一词正来源于德语"protestanten"（抗议者）。作为从罗马天主教会和基督教会中脱离出来的崭新群体，这些人成为了德国宗教改革的主力军。

德国宗教改革

起始	1517年，罗马教廷肆意兜售的赎罪券成为导火线，马丁·路德的"九十五条论纲"激发了民众的争论与声讨。
发展	1520年，马丁·路德在萨克森诸侯的庇护下公开发起了声势浩大的宗教改革。
高潮	1524—1525年，德国爆发了大规模的农民战争，但最终被镇压。
尾声	1555年，神圣罗马帝国查理五世与德意志新教诸侯签订《奥格斯堡和约》，宣布路德新教的合法化，但也促使德国封建割据越发严重。

致命的诱惑

　　改革者会高举着信仰自由的神圣权力去攻击敌人，也会将这种权力束之高阁、蒙蔽灰尘，直到新一代改革者发现并拾起。图中在野外取水的少年被湖中美丽无邪的少女诱惑，并最终被杀死。人们总是愿意相信黑暗的终点即是光明的开始，但现实告诉人们美丽与邪恶、宽容与残酷绝不是彼此完全绝缘的两个词。

无可避，只得背水一战。

在这场你死我活的战争中，伟大的领袖也难免会失去理智，这在历史上已经多次证明了。马丁·路德曾宣称："烧死异教徒是违背上帝的仁慈思想的。"然而没过几年，当他想起邪恶的德国人竟然有拉拢教徒的小动作时，也变得怒不可遏，以致成疯成魔。

这位勇敢的改革者最初认为，没有谁可以将自己的思想强加于上帝身上，然而到头来他却将思想阐述得比他更高明的敌人活活烧死。

今天是异教徒，明天可能就成了全民公敌。

虽然加尔文和路德经常谈论说，当黑暗结束，新的曙光出现时，新的世界就诞生了，不过两人终其一生都是中世纪传统的追随者。

在他们看来，宽容从来就与美德挂不上钩。当他们无处安身立命时，他们会高举信仰自由的神圣权力，将它作为攻击敌人的工具。若是胜利了，就将这个十足有效的工具小心翼翼地放在新教徒的废品仓库中保存着，或者和其它许多善良的思想一样被当作没用的废品随手扔掉。它独居偏僻阴暗的一隅，逐渐被人忽略和遗忘，很多年后它才被新一代的人从灰尘满布的角落里拣出来，将它擦洗干净，然后带着它重新走上战场。可惜使用它的人已经不是以前那种为追求理想而甘愿牺牲的勇士了，他们的本质已经发生了改变。

然而必须承认，新教徒的革命运动也为宽容事业作出了巨大的贡献。虽然这并非革命的初衷，但的确成果丰硕。不仅如此，宗教改革运动还促使了社会其他方面的可喜进步。

首先它使《圣经》更为人们所熟知。虽然以前教会并没有禁止公民阅读《圣经》，但也没有表示出鼓励的态度，而人们对于《圣经》的态度也是不冷不热。而今，每一个面包师或者裁缝都可以拥有一本《圣经》了，他们可以在仓库中阅读它，也可以在卧室中对其内容作思考研究，绝不会担心自己会因此

《圣经》的力量

宗教改革让更多人关注并阅读《圣经》，宗教曾经浓厚的神秘感在人们的逐步熟悉中渐渐消除，换回的是少数人的质疑与绝大多数人的信任。过去的人们在敬畏与恐惧中过分夸大了《圣经》的表面力量，它真正强大的力量在于书的背后，它所代表着的众多民众的力量。

而被送上断头台。

人们在面对那些神秘事物时所带有的敬畏和恐惧心理，也会在其后的熟悉过程中慢慢消除。在宗教改革后的两个世纪里，虔诚的新教徒们对于《圣经》中记载的一切都深信不疑，不论是巴拉姆的驴子还是乔纳的鲸鱼。

那些对圣书提出质疑的人，心里很清楚不能使别人知道自己带有怀疑的想法，这并非是他们害怕落入宗教法庭的手中，而是忠于圣书的新教徒们会让他们的生活不得安宁。他们人多势众，他们的责难所导致的后果即便害不死人，也会将人吓个半死。其实《圣经》不过是一部记载由商人和牧民所组成的小民族的史书，只是人们在对它长期的研究过程中，却产生了世界性的影响，这也是加尔文和马丁·路德以及其它改革者所未能预想到的。

如果他们能未卜先知，那么他们一定也和教会一样，对犹太人和希腊人产生极深的憎恶，并小心翼翼地保管《圣经》，不使其落入凡夫俗子的手中。以致到后来，那些有兴趣阅读的人们只将《圣经》作为一本有趣的书来看了。在他们眼里，书中所描写的诸多残忍、贪婪、令人发指的故事绝不会是遵循上帝的旨意所写的。从书的内容来判断，它应该反映的是处于野蛮和文明边缘的部落的社会现实。

基于此，很少再有人将《圣经》作为获取智慧的唯一源泉。一旦解除了思想自由的禁锢，那被压抑上千年的科学探索冲动便像火山一样爆发了，曾经被迫中断的古希腊和古罗马哲学家的作品也在两千年前被丢弃的地方被捡起。

还有更为重要的一点，宗教改革解除了束缚在西欧和北欧身上的专制枷锁，虽然这种专制是披着教廷的外衣，实则是罗马帝国专制统治的翻版。

虽然天主教的信仰者并不完全相信上述的观点，不过他们对宗教改革运动也充满了感激，不仅是因为它顺应历史发展潮流，而且它也有益于天主教义的稳固和传播。

总的来说，改革的成果十分丰硕。

自16世纪中期，梵蒂冈的主教就将波尔吉亚人排除在外。然而，历来的教皇都是意大利人，若想改变这种现状未免有些异想天开，就如罗马帝国时期，罗马的主教们在挑选教皇时若是选择一个德国人、英国人或者其它任何一个国家的人，那全国的老百姓非闹翻天不可。

新教皇的推选必须慎之又慎，必须选择德高望重的人才行。

当新的教皇在忠诚的大主教们的拥戴下即位后，大清洗便开始了。

任性放荡的行为被禁止了。

修道院的神职人员也必须无条件服从修道院创始人所定下的规矩。

在各大城市中，乞讨的流浪者被遣送出城。

公众不再对宗教改革冷眼旁观了，他们开始热情地追求纯洁高尚的生活。他们热心公益，努力帮助那些人生遭受了不幸的人。

教会的情况发生了本质的改观，也因此而失去了大片的土地，再也收不回来了。

危机下的转变

　　解除了思想自由的禁锢让科学探索重新回到人们的视野，天文、航海、科学等领域的不断发展，改变了《圣经》作为知识源泉的垄断地位，也让基督教曾经牢不可破的知识体系岌岌可危。感到危机的教会解除了束缚在西欧和北欧身上的专制枷锁，他们试图通过改变来重新回到"正确"的道路上。

　　从地理层面上讲，北欧人信奉新教，而南欧人信奉天主教。

　　然而，若是我们用图画来说明宗教改革的成果，就会对欧洲大陆所发生的变化有一个更为清晰的认识了。

　　中世纪的欧洲曾建有一座囚禁一切信仰与观念的监狱。

　　当时新教徒的起义摧毁了原有的建筑，然后建立了他们自己的监狱。

　　1517年后，欧洲出现了两座地牢，一座是天主教徒的，一座是新教徒的。

　　本来是这样规划的。

　　然而新教徒在数百年的镇压和迫害中并没有学到敌人的手段，因此他们虽然建立了一个囚禁反对者的监狱，却最终失败了。

　　越来越多的囚犯从铁窗、地道和烟筒逃走了。

　　很快，监狱便陷入了瘫痪。

　　每天晚上，异教徒们便开始拉运石头和木梁，然后在第二天用这些材料建立起一座小型的堡垒。从外面来看它很像一千年前格雷戈里大帝建造的监狱，只是缺少内在的防御力量。

　　当堡垒投入使用后，新的规定就被贴在牢狱的大门上，导致了许多持反对态度的教徒出走了。他们的领导，也就是当地的主教，由于缺少对旧有纪律的执行力，如驱逐出教、判刑、没收财产和流放等，只能眼睁睁看着那些已经决心出走的信徒离去。这些出走的教徒们按照自己的神学信仰又建立了一座城堡，并制定了一套暂时适用的新教旨。

　　这种情况时有发生，并在多处禁地形成了精神上的"无人区"。求知者可以在此随意游览，刚直的人可以在此自由遐想，而不用担心受到干涉。

　　这里重塑了人们的尊严。

重建信仰

　　信奉新教的北欧人摧毁了陈旧、腐朽的一切来重建信仰，他们追求纯洁而高尚的生活，热心公益，他们试图去建起一个与前任类似的社会构架，内涵与强制的匮乏让他们不可避免地走向混乱与失败，但自由的风气却让不少人找到了精神的归宿。图为繁闹、混乱的北欧城市。

第十三章

伊拉斯谟

不管编写哪本书都会出现危机，有时是在前50页就出现了，而有时却是在稿子快要结束时才出现。如果一本书没有出现危机，那就像一个小孩从没有得过天花一样，这或许正是问题的所在。而这本书的危机是在几分钟前出现的，因为在1925年编写一本关于宽容思想的书是很荒谬的，而且到目前为止，我为这项研究所花费的宝贵时间和辛勤劳动可能都白费了。有时我很想把伯里、莱基、伏尔泰、蒙田和怀特的书给毁了，也想把

编写者的忐忑

书籍总能带给人以启发与思考，相处日久也难免会心生厌烦，但是对于编写者来说，让人忐忑不安的是所倾注了大量时间与精力编写的东西是否具有实用价值，是否为那些不宽容的人提供冠冕堂皇的说辞。一本书总是有头有尾，但书写人类永无止境的宽容却常常让人倍感徒劳与压力。

自己的书给毁了。这种情况该怎么解释呢？其实是有很多原因的。首先是因为作者和自己所定的命题是寸步不离的，在一起相处了那么久，难免会感到厌烦。其实是因为怀疑这本书没有任何的实用价值。最后是因为害怕这本书会给那些不怎么宽容的人提供证据，他们会用书中一些不重要的材料来为自己的可恶行为作辩护。

其实，除了上面三个原因外（一些严肃的图书中确实有这种问题），这本书还有另外一个困难难以克服，那就是这本书的"结构"。如果一本书想获得成功，那它必须具有开头和结尾。这本书是有个开头，可是会有结尾吗？而这也正是问题的关键。我可以列举很多耸人听闻的罪行，这些罪行表面以正直和公正为口号，实际上却是不宽容的结果。我也可以讲述在那些痛苦的日子中，不宽容被放在了多么崇高的位置。我还可以一直指责和嘲笑不宽容，直到读者们共同高喊："打到这个令人厌恶的东西，让我们都获得宽容吧！"可是有一件事我却做不到，那

宽容的影像

现实中真切如实的宽容总给人一种还在路上的奔波感，它永远都是那么地遥不可及。就如同人们自己的影子，它总是悄然地在特定的环境与条件下出现，它属于我们这个世界，我们可以看见，却无力触及；我们甚至可以通过努力使它成为我们身边的常客，但却只有无限接近，没有永恒、绝对的相交。

就是我不知道怎样才能实现我努力追求的目标。现在有各种小册子在向我们讲述这个世界上的诸多事情，这些内容从饭后的闲聊到怎样表演口技。我在上个周末还看到了一则广告，是关于讲授课程的，上面至少有249个题目，而且学院还保证学生的水平会突飞猛进，费用也不贵。可是到目前为止，却没有一个人提出怎样在40（或4000）个课时中把"如何做到宽容"给讲清楚。虽说历史是一把可以解开很多秘密的万能钥匙，可它也无法帮我摆脱这种危机的窘境。

稍瞬即逝的宽容

历史中没有人真心愿意将宽容当作自己的事业，宽容只是一个副产品，那些执着地寻求宽容的人绝大多数是出于偶然。图为英国民间传说中一个倾尽全力寻找世间完美女子的国王，一脸痴迷地凝望着意中人平静的面庞，人们为了自己的事业与理想有时会为宽容说上几句，但也仅是一时的兴致而已。

确实，人们可以写出大部头的专业著作，来讨论奴隶制、自由贸易、死刑和哥特式建筑，因为这些问题都是具体的。就算是什么资料都没有，我们也能对那些在奴隶制、自由贸易和哥特式建筑中有所作为，或者是极力反对的青年男女的事迹进行研究。我们通过这些人物来讲述他们的命题方法，通过他们的个人习惯、社会关系，对食品、饮料和烟草的兴趣，甚至是他们穿的马裤，来对他们的热情赞助或恶意诋毁的理想作出一些结论。可是却没有一个人把宽容当作自己的事业。那些热烈地从事宽容事业的人很大的原因是出于偶然，他们的宽容只是一个副产品而已，他们追求的是另外的东西。这些人主要是政客、作者、国王、物理学家或谦虚的美术家，在国王的事务中，或在行医和刻制钢板的事业中，他们有时间的话就会为宽容说上几句好话，可他们的毕生事业却不是为宽容而奋斗，他们对宽容的兴趣也就像对待下象棋和拉小提琴一样。而且这些人的关系还非常混乱复杂（斯宾诺沙、弗雷德里克大帝、托马斯、杰弗逊和蒙田他们竟然会是好朋友！），虽然说不管是从军、探测还是让世界免遭灾难，只要是从事相同职业的人都会有共同的性格，可是要在这些人中找到性格的相同处却是不可能的。因此，作家们才想从警句中获得帮助。据说世界上的某个地方有一句警句，可以应对各种困境。可是在宽容这个特殊的问题上，就算是《圣经》、莎士比亚、艾萨克·沃尔顿和老贝哈姆，也没有给我们留下什么东西。根据我的记忆，或许乔

纳森·斯威夫特和这个问题比较接近，他说很大一部分人能依靠足够的宗教信仰去憎恶别人，却不能爱别人。但遗憾的是，就连这个见解也不能完全解决我们目前的困境。有

些人对宗教的熟悉程度不亚于任何人，却也是打心底里最仇视别人；有的人天生就不信奉宗教，却对野猫、野狗和信奉基督的人们投入了真感情。

现在我必须要自己总结答案。在经过那些必须的深思熟虑后（但却没太大的把握），我要讲述一下我自己的真理。即那些为宽容而奋斗的人们，不管他们之间有什么不同，但至少有一点是相同的，那就是他们的信仰总是伴随着怀疑。他们可以很诚实地相信自己是正确的，但又不能把自己的怀疑转变为绝对的相信。在如今这个超爱国主义时代，我们总是嚷着要完全地相信这个，完全地相信那个。但是我们可以去看一下大自然所给我们的那些启示，好像它一直都很反感绝对化的理想。大家都知道那些只靠人们喂养而长大的猫和狗都是傻瓜，因为如果没有人把它们从雨里抱走，它们就会死掉。而那些绝对的纯铁也已经被丢弃了，并用钢这个混合金属来代替。也没有一个珠宝商会费尽心思地去打造一些绝对的纯金、纯银首饰。小提琴再好，也是由六七种不同的木材组成的。至于一顿饭嘛，如果全部都是蘑菇，那我还真的是很难接受。总之一句话，世上大部分有用的东西都是含有不同成分的，可为什么信仰要例外呢？目前我还真不知道。如果我们的"肯定"中没有掺杂一点"怀疑"，那么我们的信仰就会和纯银的钟表一样，总是叮当地响，或者和铜制的长号一样，十分刺耳。

而那些宽容的英雄们也正是因为赞赏这些，才和别的人相分开的。他们在人品的正直方面，比如对信仰的真诚，对职责的忠实，以及别人所熟知的美德，本可以被清教徒

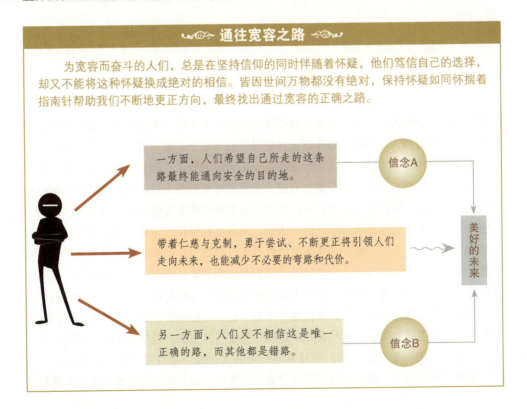

通往宽容之路

为宽容而奋斗的人们，总是在坚持信仰的同时伴随着怀疑，他们笃信自己的选择，却又不能将这种怀疑换成绝对的相信。皆因世间万物都没有绝对，保持怀疑如同怀揣着指南针帮助我们不断地更正方向，最终找出通过宽容的正确之路。

一方面，人们希望自己所走的这条路最终能通向安全的目的地。

信念A

带着仁慈与克制，勇于尝试、不断更正将引领人们走向未来，也能减少不必要的弯路和代价。

美好的未来

另一方面，人们又不相信这是唯一正确的路，而其他都是错路。

信念B

回归自然

　　世间万物都有着它们美与丑的两面，拒绝绝对的大自然常常给人类呈现出一种明净的和谐、变幻之美。人们总是天真地试图让世界和自己变得纯粹而绝对，而这种无视自然的理想化状态却难以存在。为宽容而奋斗的人们应擅于借助质疑的双眼去看待这个世界，多一些仁慈与克制也许会收获更多。

法庭看作是完美的人。更近一步说，也就是他们当中至少有一半的人在活着时和死后可以加入圣人的行列，可他们的特殊意识却使得他们与某个宣称只有自己才有权加封普通人为圣人的机构公开为敌。有人怀疑这些英雄是天国的神灵。因为他们知道（像古罗马人和古希腊人那样）自己要面临很多问题，只要是有头脑的人都不会去期望能够解决这些问题。一方面，他们希望并祈祷自己所走的这条路最终能通向安全的目的地，但另一方面，他们又不相信这是唯一正确的一条路，别的都是错误的道路。他们认为这些错误的道路虽然很吸引人，也能让那些头脑简单的人沉醉其中，但却不一定就是通往毁灭的罪恶之路。而这听起来是与《宗教问答手册》和伦理学教科书上的观点是相悖的。因为这些书所宣传的观点是，绝对信念的火焰所照耀的世界有着绝对的美德。或许的确是这样，但是在几个世纪的时间里，虽然这个火焰一直都是在熊熊燃烧，但普通人民却过着算不上是幸福美满的生活。虽然我并不想搞一些激烈的变革，但是为了能够变换一下，我建议还是采用一下别的火焰，而且宽容行会的人也是一直在靠它来审查世界上的事情。如果尝试失败了，我们还可以回到父辈的传统中。如果新的光亮能在社会上投射一缕合适的光芒，多带些仁慈和克制，让社会少受丑恶、贪婪和仇恨的打扰，那么我敢肯定一定会有很大的收获，而且所付出的代价也会很小。以上这只是我的一点个人意见，还有待评价。下面我要接着讲历史。

随着最后一个罗马人被掩埋，世界的最后一个公民（取其最佳、最广泛的含义）也消亡了。古时世界的先进思想充满了人道的古老精神，可是在很长一段时间后，这个精神才再次来到人间，再次让社会有了安全方面的保障。正如大家所看见的，它是发生在文艺复兴时期。而国际商业的卷土重来，也为西方贫困国家带来了新的资本，出现了新的城市和阶层。他们还捐助艺术、资助购书，为伴随着繁荣而兴起的大学投资。那些支持"人道思想"的人甚至还大胆地把整个人类作为尝试对象，举起叛逆的旗帜，去打破那些旧式经院哲学的局限，与旧的虔诚之徒划清界限。因为旧的虔诚之徒只会把他们对古人智慧和原理的兴趣，看作是邪恶、肮脏的好奇心的表现。于是，其中一些人就站在

新思潮的出现

商业的繁荣让西方国家和民众获得了新的资本，新的城市与阶层的出现造就了更多的人对孕育、传播思想与知识的大学产生了浓厚的兴趣。在那里人们聆听着导师的教诲，可以随时随地共享、发表自己的领悟与见解，并由此展开激烈、有益的讨论。图为意大利波伦那大学的学生在认真听课、做笔记。

鲱鱼之乡

在欧洲西北沿海的小镇上，人们用盐将鲱鱼加工、装桶，然后通过海路、陆路运往遥远的地区。这样一个充满平凡、自然特征的商贸之地，还很难说已打下文明的基础。庸碌的环境在人的心中埋下童年的阴影，但却激励了那些充满好奇的孩子去奋力挣脱，如伊拉斯谟，他们也确实成功地改变了命运。

了这些叛逆者们的前列，而这本书后面讲的全是他们的故事，这当中最值得称赞的就是那个温顺的灵魂——伊拉斯谟。

虽然伊拉斯谟很温顺，但在那时他也参加了所有的文字大论战，而且还掌握了幽默这一最厉害的武器作为他的远程大炮，也因此使得敌人更加仇视他。他用智慧制成芥子气，再装进炮弹中，直接射向了敌人的领土。伊拉斯谟式的炮弹有很多种，而且都很危险。第一眼看上去好像没什么危害，它没有很明显的导火索，倒像是绚丽多彩的花炮。可是，希望上帝能够保佑那些把这些东西拿回家玩的小孩们，因为毒气会进入他们的心灵，而且坚不可摧，整整4个世纪的时间也不能使人们消除后遗症。但就是这么一个人，他竟然是在北海东海岸一个枯燥的小镇子中出生，还真是奇怪。因为在15世纪，那里还没有达到繁荣独立的全盛时期，只是一群无关紧要的小公国，还不是文明社会。长年以来，他们都是闻着鲱鱼味，因为他们的主要出口物就是鲱鱼。而且就算他们这里来了一个不速之客，也只会是那些船触礁后走投无路的水手。这样一个令人讨厌的环境只会造成童年的恐惧，但对那些好奇心重的孩子来说，却会激励他们奋力挣扎，最终得以摆脱出来，成为当时最著名的人物。

伊拉斯谟一出生就诸事不顺。他是个私生子，可在中世纪，人们与上帝和大自然比较亲密，十分友好，所以对这样的事情要比我们计较得多。他们只能为他感到遗憾，因为既然这样的事情不应该发生，他们当然也就不赞同了。不过除了不赞同外，这些人因为头脑过于简单，倒没想起来要去惩罚还在襁褓中的伊拉斯谟，毕竟这也不是他的错。因此，伊拉斯谟的私生子身份也没给他带来太大的不便，但他的父母太愚笨，根本没有能力来应对这样的局面，只有把伊拉斯谟和他的哥哥留给亲戚照顾，而这些亲戚不是笨蛋就是流氓。不知怎么的，这些监护人和叔叔们把他们俩给打发了，所以，他们的母亲一死，他们就无家可归了。后来他们先是被送到德汉特那里一个比较有名的学校里，因

悲剧的童年

年幼的伊拉斯谟背负着私生子的命运，被他的父母托付给亲戚照顾，这些被寄予厚望的监护人并未尽到应有的义务，先是将他送到德汉特比较有名的学校里，然后又在拉丁文学校豪达接受校长的直接监督，待到他的监护人挥霍光了他所继承的微薄财产，他便被踢到修道院修行，还要对此感恩戴德。

为那里有几个老师加入了"共同生活兄弟会"。不过，只要我们读一读伊拉斯谟后来所写的信件，就会发现这些老师们只是在共同生活这个词的完全不同的意义上来进行"共同"的。接着，他们兄弟俩就分开了，伊拉斯谟被带到了豪达，受拉丁文学校校长的直接监督。这个校长是管理伊拉斯谟所继承的微薄产业的三个监护人之一。如果伊拉斯谟那个时代的学校像4个世纪后我所参观的学校那样糟糕，那么我就只能为他感到难受

寻找灵魂的安宁

　　修道院中的颓废与乏味让伊拉斯谟这种思想灵敏的年轻人感到形单影只，只有靠研究前任院长放在图书馆里早已被人们遗忘的拉丁文手稿来打发时间，而正是这让他获益匪浅。他擅于在苛刻的环境条件下创造出属于自己的世界，直到他最终离开那里时，他也一直在为寻找灵魂的安宁而努力。

了。可更糟糕的是，这时三个监护人已经把他的每分钱都给挥霍光了，而他们为了躲避诉讼（当时荷兰法庭对这样的事是绝不姑息的），就赶忙把他送进了修道院，让他出家修行，还祝福他，说什么他现在的前途已经有保障了。

历史这个大磨盘终于从那些可怕的历程中获得了具有文学价值的东西。中世纪末，所有的修道院中，大多数人都只是不识字的乡巴佬和种地的人，于是伊拉斯谟这个敏感的年轻人就变得形单影只了。长久以来，他一直被迫和这些人住在一起，一想起这些他就觉得很不是滋味。不过幸运的是，当时施泰恩修道院的纪律要求不是太严格，因此，伊拉斯谟能用更多的时间来研究前任修道院长所收藏的拉丁文手稿，而这些放在图书馆的手稿早就被人遗忘了。他就一直在这些著作中吸收知识，最后成为了一本古代学问的活百科全书，而这也对他以后的发展有着很大的帮助。他一直在活动，很少去参阅图书馆的书，不过这也没关系，因为他可以凭着自己的记忆来引用。只要读过10本含有他著作的卷宗或者是只通读了一部分，那么就一定会极力称赞15世纪所描述的"古典知识"。当然，最后伊拉斯谟还是离开了那个修道院。其实，像他这种人是不会受环境影响的，因为他能创造出属于自己的环境，而且还是用那些不成器的材料来创造的。就这样，伊拉斯谟的后半生完全自由了，他一直在寻找一个安静的住所，来避免那些慕名而来的客人打扰他的工作。可是一直到他快要去世，才获得了一会儿真正的清闲。对紧跟苏格拉底和赛诺之后的人来说，这一直都是很少有人能够获得的最美好的境况。因为这个过程经常会有人描述，我也就不再详细地讲述了。一旦有两个或更多的人以真正智慧的名义碰在一起，那么伊拉斯谟就一定会出现，不管是早还是晚。

他曾到过巴黎去学习，作为一个贫困生，差点在饥寒交迫中死去。他也曾在剑桥授课，在巴塞尔印过书，还曾奢望在著名的卢万大学传授启蒙思想、打破旧制度等级森严的传统偏执。他也在伦敦待过很长一段时间，并获得了都灵大学的神学博士学位。他对威尼斯大运河十分熟悉，在对新兰岛的道路表示不满时，就像是在对伦巴第表示不满一样，十分熟悉。他对罗马的天国、公园、人行道和图书馆都有着极深刻的印象，就算是莱塞河水也无法从他的记忆里把这座圣城给抹杀掉。只要他还在威尼斯，就可以获得一笔可观的薪金，而每当威尼斯修建了一所新的学校，人们就会邀请他去担任教授，他可以选择任意一门课程，就算他不去任教，哪怕只是偶尔去一次，学校人员也会认为这是一种莫大的荣幸。可是对于这样的邀请，他每次都回绝了，因为这里包含着一种威胁，那就是约束和依赖，他可是个凡事以自由为首的人。他喜欢舒适的房子，不喜欢破旧的；喜欢有意思的同伴，不喜欢比较呆笨的。对于布尔根迪的美食和亚平宁的红墨水之间的区别，他十分清楚，但是他想要自己安排生活，如果被别人称为"大师"那么这些就都不会实现了。于是他就为自己选择知识探照灯这个角色。在时事上，不管是什么情况，他都能马上把自己的智慧之光照在上面，脱掉它的武装，揭穿它的愚蠢和他痛恨的无知，尽量让别人看清它的真面目。在历史上最乱的时期，伊拉斯谟这样做不仅避开了新教狂热者们的愤怒，同时又不惹怒宗教法庭的那些朋友。然而，这也是他一生中被人

自由的灵魂

伊拉斯谟不愿被任何一座城市所束缚，因为那对于他渴望自由的灵魂来说，包含着一种威胁，那就是约束和依赖。他喜欢舒适的房子，不喜欢破旧的；喜欢有意思的同伴，不喜欢呆笨的。他按照自己的意愿去安排生活，冷静而客观地看待这个世界，这让他赢得了更充裕的生存空间。

们经常指责的一点。

好像子孙后代们一提到古人，就会对那些殉道者们饱含真情。他们会问："为什么伊拉斯谟不去支持路德，不拼了命地和其他改革者站在一起呢？"这个问题好像已经困扰了十二代人，而最终的回答是："他为什么要这样做呢？"借助暴力并不是伊拉斯谟的本性，他也从没把自己当作运动领袖。虽然他要告诉全世界下个一千年要如何实现，但他却没有把握说自己是正确的，不过这也正是他的一大特点。他还提出，当我们认为住房需要重新布置时，不一定非要把房子给拆了。虽然地基也确实需要重修，下水道也过时了，花园里也很杂乱，还有早先搬走的人留下了很多的垃圾，但是，只要房主肯兑现承诺，肯花点钱卓有成效地作出改进，那么房子就会焕然一新。而伊拉斯谟所要求也仅此而已。虽然他像敌人所嘲讽的那般中庸，但是与那些所谓的激进派相比，他的成功并不低于他们，甚至还要比他们高。世界上本来只有一个暴君，但是激进派却带来了两个。与所有真正的伟大人物一样，伊拉斯谟对制度没有任何好感。他认为拯救世界需要每个人的努力，只要改造好每个人，就可以改造世界。

于是，他就采用高明的手段，展开了对现有的无稽之谈的攻击，以呼吁广大普通民众。首先，他向国王、皇帝、教皇、修道院长、骑士和恶棍们写了信。还向每一个想接近他的人写信（当时信封上不需要邮票和写信人的地址），而且一写就不低于八页。

其次，他开始大量地编辑那些被抄录得乱七八糟，甚至已经词不达意的古文。为了可以做好这个编辑工作，他还被迫去学习希腊文。对于这种已经被教会禁止的语言，他是费尽心思地去掌握，结果使很多虔诚的天主教徒都指责他和真正的异教徒一样坏。这

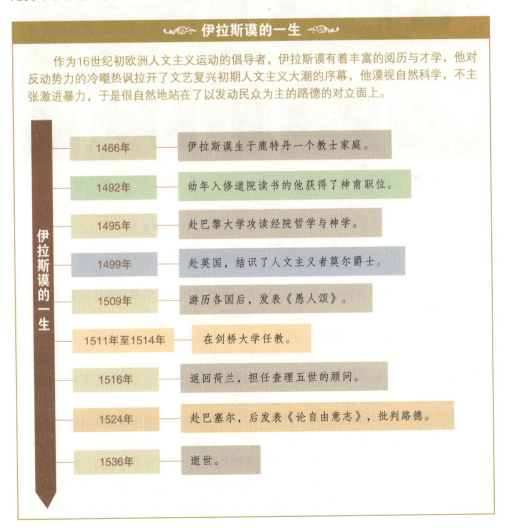

伊拉斯谟的一生

作为16世纪初欧洲人文主义运动的倡导者，伊拉斯谟有着丰富的阅历与才学，他对反动势力的冷嘲热讽拉开了文艺复兴初期人文主义大潮的序幕，他漠视自然科学，不主张激进暴力，于是很自然地站在了以发动民众为主的路德的对立面上。

伊拉斯谟的一生

1466年	伊拉斯谟生于鹿特丹一个教士家庭。
1492年	幼年入修道院读书的他获得了神甫职位。
1495年	赴巴黎大学攻读经院哲学与神学。
1499年	赴英国，结识了人文主义者莫尔爵士。
1509年	游历各国后，发表《愚人颂》。
1511年至1514年	在剑桥大学任教。
1516年	返回荷兰，担任查理五世的顾问。
1524年	赴巴塞尔，后发表《论自由意志》，批判路德。
1536年	逝世。

拯救世界

    伊拉斯谟认为，住房需要重新布置时，不一定非要把整栋房子拆掉重建，只要房主肯兑现承诺，稍花点钱就可以很快卓有成效地作出改进，那么房子就会焕然一新。拯救世界需要的不是激进派宣称的、对旧世界彻底的否定与推翻，这需要每一个人认同自我的救赎，并为此努力，进而改造世界。

话听起来很滑稽，但却是事实。因为在15世纪，那些比较体面的基督教信仰者是绝对不想掌握这种被禁止的语言的，哪怕是会一点希腊文，也会召来无尽的麻烦。它会引诱人们将那些信誓旦旦宣称忠实再现原文的福音书译本与它的真正原文相比较。而学习希腊文只是个开头，后来他又去了犹太区，在那里学习希伯莱文，而且还差点与教会的权威公开对峙。于是在很长一段时间内，一本画得乱七八糟的书，也会被认为是有秘密革命倾向的确凿物证。长老会的首领们经常会闯到别人的房间里去搜查这些违禁书，那些为了谋生而偷偷教一点本国语言的拜占廷难民们，也会被赶出这座用来避难的城市。而这些阻碍，伊拉斯谟都克服了，他还学会了希腊文。在编辑塞浦路斯和别的教会神父的书史时，他加入了一些注释，这些注释中隐藏着很多评论，都是针对时事的。而如果把这些话当作是一本小册子的主题，那是肯定不会被授权印刷出版的。可是，这些注释的内容是在伊拉斯谟创造的另外一种完全不同的文学形式中出现的，这个另外的形式就是指大家所熟悉的、他的希腊和拉丁文成语收藏。为了能让当时的孩子们学会那些高雅的古文，他把成语归纳到一起，变得比较方便、易懂。而那些充满智慧的评论就藏在这些所谓的"箴言集"中，这在保守派的眼中，肯定不是对教皇持有善意态度的人所写的。

最后，他完成了一本书，这本书可以说是那个时代里最怪诞的小书中的一本。其实这本书只是为了几个朋友而创作的，却不想会在古典文学中占有重要的地位，作者本人也没料到。这本书就叫作《对傻瓜的奖励》，现在我们来讲一下它是怎样被创作的。

1515年，一本小册子轰动了整个世界。这本书写得非常巧妙，完全看不出它是在攻击僧侣，还是在保卫修道生活，而且封面上也没有名字，不过了解作者的人都知道这是古怪的乌尔里克·冯·赫顿所写的。他们猜得很对，这个年轻有为的桂冠诗人，这个奇怪的城市游民确实在这本书中发挥了很大的作用，他写了比较实用的滑稽部分，也让他对此骄傲不已。在他听说英国新学领袖托马斯·莫尔都对自己的书极力称赞时，他就给伊拉斯谟写了一封信，向后者请教了一些细节。可伊拉斯谟并不怎么喜欢冯·赫顿。作

解读禁忌与未来

面对权势与世俗的压力，人们总是擅于将自己的思想伪装起来，借助各种曲线迂回的策略提出自己的观念与想法。图中左幅的天堂中是人类美好的精神家园，中幅的人间充斥着人类的贪欲，右幅的地狱则呈现了堕落的悲惨，艺术家试图告诫人们原罪色欲主宰着人类的命运，过度沉迷只会带来无尽的灾难。

为一个不管是头脑还是生活都十分有条理的人，伊拉斯谟对邂逅的条顿人很是厌恶。因为这些人基本上一整天都在为启蒙事业疯狂地工作，然后会闲逛到附近的小酒馆中，不停地喝酒，连时间都忘了。不过，冯·赫顿也有自己的方法，他确实是个有才干的人，伊拉斯谟的回信也是彬彬有礼的。伊拉斯谟在写信时，起初渐渐地称赞起他那位伦敦朋友的美德，还描绘了一幅迷人的幸福家庭场景，认为托马斯爵士的家庭一直都是其他家庭的典范。在这封信中，他还提到莫尔是一个有着非凡能力的幽默家，为自己创作《对傻瓜的奖励》提供了最初的灵感。正是莫尔营建起的和谐、热情家庭（如同一个真正的挪亚方舟，里面有一家人，有宠物，有私人动物园，还有私人业余演出和小提琴乐队）给他带来了启发，让他写出了一本令人兴奋的书，而这本书还让他一举成名。

这让我想起了英国的木偶剧《庞奇和朱迪》，那是在几个世纪的时间中，荷兰儿童获得欢愉的唯一方式。虽然这个木偶剧中有着大量的粗俗对话，但同时又保持着一种严肃而又高雅的气息。当那个有着空洞嗓音的"死神"出现在舞台上时，演员们就一个个地站到他的面前，开始进行自我介绍。而最令孩子们感到高兴的是，这些人一个个地被人用大棒敲了脑袋，然后又被扔进了假想的垃圾堆中。在《对傻瓜的奖励》里，整个时代的社会面纱被一层层地揭开，而"傻瓜"就像是受到了启发的验尸官，用他的评论和公众站在一起，并赞扬他们。书中有各种人物，连整个"中世纪的主要街道"中那些合适的形象也都被收

挪亚方舟

在基督教《圣经》的《创世记》中曾经记载，人世间日益泛滥的原罪让创造人类的上帝决心以毁天灭地的洪水重建这个世界。在灾难降临以前，他嘱咐挪亚一家建起一条巨大的方舟，用以帮助他们和世间的陆地生物逃离这场浩劫。图为大量的陆地生物正有序地登上挪亚方舟。

精神世界

　　伊拉斯谟始终试图告诉人们待人宽容，他人亦会待你以宽容，这个道理是对神圣教规实质内涵的暗示。将神圣教规作为伦理学来对待，而不是作为某种统治形式来接受。他希望能够用理智和常识修建堤坝，以阻挡不断上涨的无知与偏执的洪水，但在顽固者邪恶意图与仇恨的强烈冲击下，他的所有努力付之东流。

进书里。此外，书中还有当时的野心家、唠叨着要拯救世界的僧侣，并连同他们假装虔诚的游说和哗众取宠的言词，一同受到了谴责。因为这是不会被忘记的，也是不会被饶恕的。那些与加里利地区的穷苦渔民和木匠截然相反的教皇、红衣主教和主教们，也都出现在了人物表中，而且一写就是好几章。

　　不过，伊拉斯谟所写的"傻瓜"要比玩具式的幽默文化更加人性化。在整本书中（其实是在他所写的那一部分中），他始终都在宣传自己的哲理，我们尚且可以把这个哲理称为"宽容的哲学"。待人宽容，他人亦会待你以宽容，这个道理是对神圣教规实质内涵的暗示。人们不需将注意力集中到神圣教规字里行间逗号与分号的区别上来，把宗教作为伦理学来接受，而不是仅仅当作某种统治形式来接受。也正因为如此，伊拉斯谟才被那些顽固的天主教信仰者和新教徒们指责为"不信任上帝的骗子"，是所有真正宗教的敌人，是"污蔑了基督"的人。可是对于这本小册子中那些有趣的言辞背后所隐藏的含义，他们却只字不提。

这种对伊拉斯谟的攻击（直到他去世）是完全没有用的。当时的大背景是，谁要是敢在官方既定的文字中增加或减少一个字，那么他就会被处以绞刑。但就是在这样的背景下，伊拉斯谟还是活到了70岁。他公开表示对盛极一时的英雄没有任何兴趣，也从来都不奢望能从那些剑和火绳枪中得到什么。因为他知道，如果神学上的一点争执就导致了世界范围内宗教战争的爆发，那么世界将会冒多大的风险。所以，他就像是个大海狸，不停地用理智和常识来修建堤坝，期望能把那些不断上涨的由无知和偏执组成的洪水给阻挡下来。很显然地，他失败了，因为是不可能阻挡住这股从日耳曼山峰和阿尔卑斯山上冲来的由邪恶意图和仇恨组成的洪水。不过，他付出的努力，使那些沉船的残骸又被冲到了后代人的岸边，成为了那些永远不会被制服的乐观主义者们的材料。他们相信，我们总有一天会建起一条长提，来阻挡住那股洪水。伊拉斯谟是在1536年6月在他的出版商家中去世的，而他的幽默感也一直陪伴着他。

第 十四 章

拉伯雷

正所谓乱世出英雄，时势造奇才。

伊拉斯谟的名字可以被印在书刊中供人阅读，而拉伯雷却不同，当众谈论拉伯雷是所有公众的忌讳。也许是这个家伙太危险了，因此合众国通过了一项法律，禁止儿童阅读他的著作。实际上在很多国家中，拉伯雷的书都被当作是邪恶的代表而遭禁，因此要想买到他的书，只能从那些要钱不要命的书贩手中才能买得到。

当然，这种官方的禁忌不过是统治者在其施行的恐怖统治中所做的无数荒唐事中的一个。

其实拉伯雷的书对于我们现代人来说相当乏味，堪比《汤姆·琼斯》和《七面山墙的房舍》，大多数人还没读完第一章就昏昏欲睡了。

还有，书中文字所表示的意义并不是很清楚。书中的词汇可能在他生活的时代属于白话，但对现代人来说却是文言文。然而，在那个绿野青山的田园时代，大多数人的生命都植根于土地，因此当时的语言没有高低贵贱之分，铁锹就是铁锹，京巴也不是贵妇人的宠物。

至于针对这位文学巨匠的著作的反对声音，不仅仅由于他所使用的那些丰富而艰涩的词汇，还有许多更深的原因，它们大都源自这种情况：许多伟大的人物都对曾经打击和侮辱自己的人有着无法谅解的憎恶。

根据我的研究，人类可以分为两种，一种习惯对生活说"是"，一种习惯对生活说"不"。前者不仅愿意接受生活，更有勇气去追求生活，而后者虽然也接受了生活，却往往不屑一顾，有时还为此烦恼，就像是小孩子想要妈妈给他买新的玩具，然而妈妈却为他增添了一个小弟弟。

前者是乐观派，后者是悲观派。乐观派的仁兄们愿意接受愤世嫉俗的邻居对自己的评价，并处处忍让着他们，即便邻居属于悲观派，他们也不会表示异议。而悲观派的朋友们却很少愿意与前者和谐相处。

若是乐观派想要选择自己的路，悲观派就会千方百计地加以阻挠。

虽然阻挠之路走起来很难，但悲观派无所不用其极，他们无休无止地加害那些认为生者当存、死者当亡的人。

拉伯雷与《巨人传》

　　法国文艺复兴时期的小说家拉伯雷在他的著作《巨人传》中借助发生在巨人国中的故事，运用夸张、幽默与讽刺批判了教会的虚伪与残酷，表达了新兴资产阶级对封建社会的不满，以及试图挣脱精神枷锁的欲望，他让人在忍俊不禁的闹剧中重新审视自己的灵魂与现实世界，并收获深刻的人生哲理。

乐观与悲观

　　人类通常可以分为两种，一种是习惯对生活说"是"的乐观派，一种是习惯对生活说"不"的悲观派。前者接受并追求生活，他们给世界带来和谐与希望；后者放弃并抱怨生活，他们很少愿意与乐观派和谐相处，千方百计将乐观派拖入泥潭。

乐观派

　　勇于接受生活、追求生活，他们逆来顺受，不在乎接受恶意的评价。

悲观派

　　对生活不屑一顾，烦恼怨世，对他人的和善与上进千方百计地加以阻挠。

　　拉伯雷医生就是这种乐观派，不论是他医治的病人，还是他自己，从未对死亡有过什么想法。这当然不是一件坏事，不能所有人都想醉生梦死，必须有一些对生活充满乐观的人才行。若是世界上所有人都是哈姆雷特，那就太可怕了。

　　其实拉伯雷的一生也很平淡，远称不上传奇。他的朋友为他撰写过记载他生平的传记，有些重要的年份是空白的，这可以在他敌人的著作中找到，由此我们就能详细地了解拉伯雷的一生了。

　　拉伯雷承接伊拉斯谟的时代，然而在他诞生时整个世界仍是教廷、教士和修女的天下。他出生于芝侬城的一个富裕人家，他的父亲是一名药商或者酒商，总之很有钱，以至于可以让儿子在贵族学校里读书。当他年轻的时候，他认识了杜贝拉·兰格家族的后人。杜贝拉·兰格家族也是当地有名望的贵族，家族的男丁个个天资聪颖、能文能武，并且精于世故。这个家族是国王眼中最忠心的臣子，他们在朝中担任各种要职，背负着众多的责任和义务，因此他们的生活缺少乐趣。然而，在他们担任主教和大使时，翻译了大量的古文，编撰了军队训练的手册，这使他们在贵族的位置上成绩斐然。

拉伯雷与杜贝拉家族的关系十分特殊，他不仅仅是一个陪酒作乐的宾客那么简单。拉伯雷一生多不如意，不过冥冥之中总有贵人相助。当他与顶头上司发生冲突时，杜贝拉家族的同学便会替他解困；后来他在法国由于宣扬真善美，而又不肯向统治者低头以致遭到当局的迫害时，又是杜贝拉家族及时伸出援手，将他送出法国，并在其他的国家为他找到了一份足以安身立命的工作。

乐观派的烦恼

人类通常可以分为乐观派和悲观派两种，前者总能面对生活，更有勇气去追求生活，后者却往往对此不屑一顾，有时还为此烦恼。乐观派能够处处忍让那些来自生活各处的打压与讥讽，而悲观派却每每在给乐观派带去无尽的困扰与痛苦同时，对他人的可贵勇气横加指责。

这种种事例不必细说，总之，每当我们这位文学巨匠自以为生命行将结束时，总会有老朋友出现，将他从巴黎大学神学院的群起攻讦或者加尔文主义者的怒火中解救出来。

本来加尔文主义者视他为同道中人，然而他却在公众面前宣称加尔文派学者们戴着有色眼镜看待世界，就如他在马耶萨斯对身边同事的讽刺一样，这自然遭到了加尔文学派对他的攻击。

不过巴黎大学神学院才是最危险的敌人。虽然加尔文学派对拉伯雷怒火中烧，大肆批判，然而仅限于巴掌大的瑞士州，一出瑞士，他们那狂风骤雨般的声讨也就立刻销声匿迹了。

反之，巴黎大学神学院却神通广大，它联合牛津大学神学院，坚决维护正统神学，若是谁胆敢挑衅，他们绝对会毫不留情地予以反击。要知道，他们与法兰西王国的酷吏可是心有灵犀。

因此，当拉伯雷离开学校后，他就成了名人。原因不是他喜欢与人喝酒，向人讲有趣的教士故事，他的行为可要更严重得多。在别人看来，他是受了邪恶的希腊文的蛊惑。

当他居住的修道院的院长听说了他的"大名"后，便派人去搜查他的居所，果然发现了大量的违禁书籍，其中包括一本《荷马史诗》、一本《圣经·新约》和一本希罗多得的书。

贵族的庇护

在教廷、教士与修女控制的世界，任何危险或愚蠢的言论都可能使人堕入万劫不复的劫难，然而这一定律却在拉伯雷身上成为例外。家境的殷实让拉伯雷得以接触并结交了颇有名望的贵族后裔，这让他在遇到麻烦或险境时，总有适时出现的老朋友帮他化险为夷。图为主教在贵族、艺术家的簇拥中商量决策。

这一发现再次使拉伯雷落入险境，幸亏他那些有钱有势的朋友出面斡旋，他才脱困。

当时教会正经历一个独特的发展阶段。

前面我已经说过，修道院是文明的先行者和推动者，它在为教会谋利上付出了巨大的努力，也取得了显著的成效。然而，罗马历任的教皇都已清醒地认识到，修道院的势力日渐强大，终将会成为一个潜在的危险。因此，他们都在盘算着该如何抑制修道院的势力扩张，只是始终未能付诸行动。

　　新教徒几乎一致认为，天主教会素以稳定、团结著称，虽然由少数几个高高在上的贵族永久且无耻地掌控着，然而教会内部从来没有发生过什么冲突，反观其他教会以及那些由平民百姓所组成的团体，却一直内讧不断。

　　在这个世界上，我们能发现离我们最远的地球另一端的人们，却很难发现真理。

　　或许和前面所说的一样，这种看法也有些片面。

　　民主世界的人对于"绝对权威者"从来都是震惊和怀疑的。

　　传统的观点认为：一个组织只能有一位领导者，其他成员则必须恭顺地服从，如此才能有效地进行管理。

教会内的暗流

　　作为社会文明卓有成效的先行者和推动者，修道院在为教会谋利上付出巨大努力的同时，也在不断扩大着自己的势力。这让罗马历任教皇时刻关注着形势的变化，并将修道院视为潜在的对手与危险，图中在宏伟的圣彼得大教堂内，权势的利益纷争让教会内依然暗流涌动。

无知者的内讧

民主与专制的交锋总是在世界的任何时期、任何地点出现，片面地对待只会产生更多的争执与内讧。传统世界的人认为绝对权威的存在理所应当，而民主世界的人则对此饱含震惊与质疑。人们彼此之间的争论与内讧在反复论证"权威结论"的同时，也往往成为了破坏团体稳定、团结的内因。

在信奉天主教的国家长大的人要想深入了解这样一个复杂的问题，那可真是难于上青天了。然而，如果我没理解错的话，教皇所谓绝对权威的言论就像合众国的宪法修订案一样反复无常。

还有，凡是重要的决策都需要经过充分的讨论才能拍板通过，而通过之前的争论往往会使教会的稳定和团结出现间隙。不过这最终的决策的确可称得上是"绝对权威"，就如合众国的宪法一样，因为他们都是最终的、不可更改的，一旦被写入法律，就不得再有任何异议。

然而不要就此认为公民在危急时刻都会毫不犹豫地站在宪法这一边，事情没那么简单。正如有些人认为天主教信仰者既然在重大的信仰问题上承认教皇的绝对权威，那么他们一定也是一群温顺的羔羊，不会想要拥有自由思想的权力，这种想法完全是错误的。

倘若这种纯真的想法能成为现实，那么梵蒂冈和拉特兰的主教和神职人员倒会活得很自在了。然而，只要对过去1500年的宗教历史有个大概的了解，就会发现事实正好相反。那些充满理想并主张改革的人将承载自己思想的传单广为散发，还以为罗马的统治者并不知情，或者对马丁·路德和加尔文针对宗教罪恶发出的无情、怨毒之声不屑一顾。其实他们才是真正的无知者，甚至他们根本就没有足够的智慧来驾驭他们追求美好世界的热情与冲动。

即便是艾德里安六世和克莱芒七世这样的君王，也清楚地意识到教会所存在的重大弊端，然而认识错误和改正错误是两码事，就连勇敢的哈姆雷特也承认了这一点。

最初哈姆雷特对世界充满了美好的向往，他认为凭借自己的诚实和努力就能纠正存在了几个世纪的错误，然而他的确太理想主义了，以致于最后不幸身死。

很多俄国人虽然明白腐朽的帝国统治已经失去民心，严重威胁着本民族的安全和生存，他们也曾为此作出了强烈的抗争，然而最终还是失败了。

很多人绞尽脑汁也想不明白新政府应该是民主式的还是代表式的，以致最后造成了大规模的混乱。

然而说实话，他们也无能为力。

自从出现了问题以后，人们都给予了高度的关注，然而这类问题常常复杂难解，若不经历一场大乱，是很难求得大治的。只是发动一场社会大动乱是相当可怕的，以致许多人都望而却步。他们不愿意走极端，只愿意对破旧的机构和落后的秩序作一次小修小补，然后祈祷着它们能够再次正常运转。

依靠教会所建立的专制的宗教统治秩序，是中世纪最令人愤慨的罪恶。

在中世纪的大部分时期，统帅才是军队的真正掌控者。说明白点就是，国家的形势根本就不受教皇的控制，他所能做的就是在保证自己权威的基础上，对统治集团的内部结构进行改善，并招安集团的共同敌人。

矛盾的改革

人们对世界充满了美好的向往，但过度的理想主义只会被现实无情吞没。俄国人在改革期间也曾经历过内乱，但都被彼得大帝以武力无情镇压，这让民众对民主与专制之间的改革倾向难以做出判断。事实上认识错误与改正错误是两码事，改革者的初衷与现实也常常充满着矛盾与变数。

教皇才是伊拉斯谟的贵人，不论卢万大学怒火中烧还是多明我会暴跳如雷，教皇总在暗中保护着此人，他常指着这个桀骜不驯的人对众人宣称："不要管他，由他去吧。"

明白了这一点，我们就不会对以下事实感到惊讶了：天资聪敏却目无法纪的拉伯雷在受到领导的惩罚时常会得到罗马教廷的暗中相助；当他的研究工作不断地遭受骚扰以致忍无可忍时，他也被允许离开修道院。

他走出修道院的大门后，长吁一口气，拍了拍沾染灰尘的衣服，然后来到了蒙彼利埃和里昂学医。

他的才华的确光彩夺目，仅仅两年，他就成为了里昂市中心医院的主治医师。虽然他的事业再攀高峰，却无法压抑他那颗永远安静不下来、期望找寻自由乐园的心。

里昂位于罗纳河谷附近，对于致力于文学创作的人来说是一处宁静所在。它毗邻着意大利，距离普罗旺斯也不远。虽然特鲁巴杜尔的乐园被宗教法庭毁于一旦，但闻名遐迩的古老传统却没有完全丧失。此外，里昂的印刷业远近驰名，优秀的书籍以及最新的出版物都有着它的标签。

曾有一个叫塞巴斯蒂安·格里弗斯的出版商，他想找一个人帮他编辑中世纪的藏书，于是便想起了这位医学界的新贵。他聘用了拉伯雷为他工作，先是编订了卡朗和希波克拉底教授的论文发表，然后是历书和集注。正是这样微小的工作，促使拉伯雷产生了创造那本彪炳青史的文学巨作，从此他便跨入了文学大师的行列。

不断求新、求变的天性不仅能使拉伯雷成为有名的医生，还让他成为了成功的小说家。他还推陈出新，首先运用白话文写作。他抛弃了几千年的写作传统。在过去，那些饱学之士只能用艰涩难懂的文言写作，而他首创白话写作，所采用的语言文字是1532年的民间俗话，并且不加任何修饰。

至于拉伯雷是在什么情况下创造出了两个主人公卡冈都亚和庞大固埃，我不了解，这只能留给文学教授们来研究了。也许他们是异教的神明，依靠坚韧的耐力，忍受住了15个世纪基督教的鄙视和迫害，然后借助拉伯雷的笔现身人间。

也许拉伯雷是在一次睡梦中得到了两位神明的指示，也许是在一次狂欢时脑海中出现了他们的形象，不管怎么都好，拉伯雷贡献巨大，每个人都称赞他为人类追求欢乐增添了力量，这是以往任何作家都得不到的荣誉。但是，我们不能就此将他的著作等同于那些"趣味书"，他的著作也有严肃的一面，书中的人物正是对教廷专制统治的真实写照，要知道这种专制统治给16世纪的人们带来了无数难以想象的痛苦。

执权者的力量

执权者才是国家走向、臣民思想的真正掌控者，他们甚至左右着他人的生杀予夺。这让毫无实权的改革派难以开展任何实质性的变革，他们所能做到的仅仅是在确保自己权威不受侵害的基础上，对统治集团的内部结构进行局部的改善。

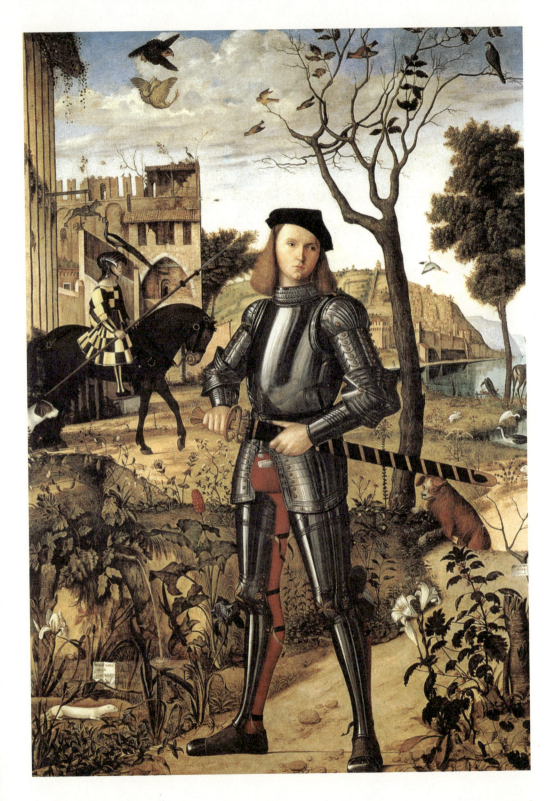

拉伯雷的一生

作为法国文艺复兴时期杰出的人文主义作家，拉伯雷凭借家庭出身、社会关系、多年游历与上层社会的频繁接触，对法国社会各阶层的现状、弊端有着清晰的认识。他宣扬个性自由与人性解放的思想虽引发了社会的轰动，但也让他的人生充满坎坷与艰辛。

拉伯雷的一生

1494年	拉伯雷出生于法国富裕的法官之家。
1510年	作为见习修道士进入方济各会。
1530年	进入蒙彼利埃的医学院进修，后成为小有名气的医生。
1532年	出版长篇《巨人传》第一部，遭禁。
1534年	获得离开教会而免于惩处的特赦令。
1534年至1536年	在剑桥大学任教。
1545年	在皇室特许下出版《巨人传》第三部，突生变故遭禁后外逃。
1550年	返回法国后，坚持完成《巨人传》第四、五部。
1553年	逝世于巴黎。

虽然拉伯雷的书充满了对教会的无情嘲讽和批判，然而他不愧是素养极高的神学家，所以他极力避免了会惹来麻烦的对现实的直接评论。他的原则就是：宁愿做一个活泼、自由的幽默家，也不愿意当一个桀骜不驯，却只能在铁窗度过余生的改革家，所以他避免将自己那种叛逆的观点表现得太露骨。

其实他的敌人都清楚他的真实想法。巴黎大学神学院对他的书进行了无情地批判，巴黎国会也将他的著作列为禁书，在全国范围内彻查他的书然后将其付之一炬。然而，即便专制王国的酷吏疯狂地焚书，《巨人传》仍畅销整个欧洲。在其后400年里，它都在启发着能从书中获得乐趣的人们。然而有些人认为真理都应该是庄重严肃的，一旦它有滑稽的一面，便不能再被称为真理了，因此《巨人传》也常被他们当作娱乐读物。

而拉伯雷本人，一直以来人们对他的观点就是：十年寒窗苦作书，一朝成名天下知。虽然他的老朋友杜贝拉家族一直对他不离不弃，然而拉伯雷心里很清楚他是由于大人物的特别关照才有机会发表那部"臭名昭著"的著作，因此他为人很谨慎，避免与老朋友走得太近。

后来他去了罗马，没有遇到想象中的危险，反而受到了友好的欢迎。

1550年，他回到了法国，在默顿定居下来，三年后去世。

如何来衡量一个人所带来的积极意义是很难的，因为人毕竟不是电流或者汽油。

有人说他不过是在搞破坏。

或许没错。

然而在他所生活的年代，正是人们强烈呼吁摧毁教会专制统治的时代，而拉伯雷正是和伊拉斯谟一样的领导者。

当然，谁也没能预想到，他们所追求和建立的新秩序，很多地方比旧秩序还不如。

查禁印刷品

面对蠢蠢欲动的社会与各种不安的声音，当权者往往定期查禁对宗教信仰或政权稳定有害的印刷品，甚至将异端人士逮捕入狱。拉伯雷的书中虽充满了对教会的无情嘲讽和批判，但他仍十分注意规避那些对现实的直接评论，以免给自己带来不必要的麻烦，但仍然招致各种势力的抵触与激烈批判。

不管怎么说，这并非他们的过错，而是下一代人的责任。

我们应该批评下一代人，因为他们本应该作出改革的，然而几乎没有人愿意这样做。

他们没有履行应有的职责，我们又能说什么？

还是让上帝宽恕他们吧。

第 十五 章

新时代的萌发

现代诗人中最伟大的诗人把世界比作了一片大海，里面有很多船只在航行。当一艘船与另一艘船相撞，就会有"美妙的音乐"出现，人们把这个音乐叫作历史。

我愿借用海涅口中的大海，只为实现我的目的来进行比喻。在孩童时期，我们就喜欢向水池中抛石子，认为这很有趣。石子溅起的水花很美丽，漂亮的涟漪一圈圈地扩大，很是好看。如果此时手边有个砖头（有时刚好就有），我们还可以用核桃壳和火柴来制造"无敌舰队"，然后把它放在人为的壮丽的风暴里。但是要注意，别因扔出那些沉重的投掷物而失去了平衡，否则那也会将那些靠水太近的孩子给摔下去，使得他事后一直在床上躺着，连晚饭都没办法吃。

人与世界

世界如同一片大海，很多船只在其中航行，当一只船与另一只相撞，就会有"美妙的音乐"出现，人们将这个音乐叫作历史。人与人之间的交锋、摩擦造就了我们的历史，那些被人为有意或者无意制造的过去都会成为历史的记忆，它有时会带给我们欣喜，但有时也因失去控制而让我们铸就痛苦。

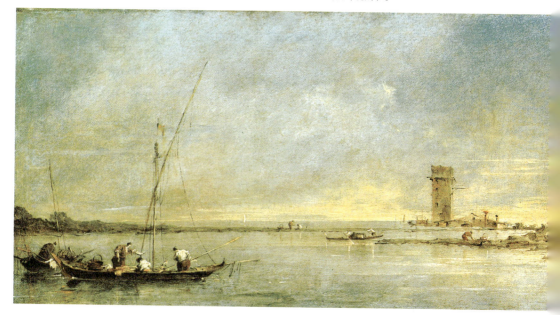

小人物之灾

　　小人物总是在人们沉浸在平和、快乐中时淬不及防地突然发难，如果他们带来的小范围冲突得到了友善的人的谅解，那么小人物的过错将获得更多人的效仿。随后将有越来越多的人破坏规则，直到局面不能控制时引发混乱。历史中这样的小人物有很多，他们的小动作如果被忽视或处理不慎就足以破坏一切。

　　在成人的世界里，这样的娱乐他们也知晓，但后果却是惨痛的。

　　有一天，阳光明媚，一切都是那么地平静安宁，滑冰者们也在愉快地玩耍着。突然间，一个大胆的坏孩子抱着一块大石头进来了（不晓得他是从哪里找来的），别人还没来得及阻止，他就已经用力地把大石头扔到池塘中央了，接着就出现了混乱的场面。大家都在问这件事是谁做的，找到肇事者后，大家都讨论着该怎么惩罚他。最后有一个人说："放他走吧。"于是其他的人就开始忌妒这个孩子，因为他引起了所有人的注意。接着他们也捡起周边破旧的东西开始往池塘里扔，结果溅了大家一身水。就这样一波未平一波又起，最终引发了一场群殴，几百万人被打破了脑袋。而亚历山大就曾是这么一个大胆的坏孩子。特洛伊城的海伦是个美丽动人的女子，但她同时也是个大胆的坏女人。而且在历史上，这样的人有很多。

但是，从古至今，最坏的肇事者往往是那些卑鄙的小人，他们借助人们思想中一成不变的冷漠态度作为武器，以此来实现自己的目的。有思想的人在提到这些人时就会咬牙切齿，而且只要抓住了他们的把柄，就会将之放在劳动群众的对立面，要不然，就是对他们施以重罚。对于这些，我丝毫不感到奇怪，因为你们可以回想这400年来这些小人所带来的灾难。

他们曾是恢复旧制度的首领。中世纪那些宏伟的城堡所反映出的社会形象是，颜色和结构搭配得很协调。虽然它不是十分完美，但人们很喜欢它，喜欢看着自己宅院的红墙和灰色的天主教堂溶合在一起，而教堂的塔楼高高在上地守望着他们的灵魂。可是后来，文艺复兴这股浪潮以可怕的速度席卷而至，整个欧洲一夜之间出现了天翻地覆的变化，可这却只是个开始。那些寻求自由的可怜的民众刚刚从震惊中回过神来，可怕的日耳曼僧人就又出现了。他们特意准备了一整车的砖头，然后带进城堡，扔到了教皇的环礁湖的中心。这种行为确实有点过分，以至于人们花费了300年的时间才从震惊中回过神来。

文艺复兴与宗教改革

文艺复兴的浪潮宛若一夜间让整个欧洲发生着天翻地覆的变化，而有的历史学者在研究这段历史时，总会将社会的动荡简单归结于某一个原因造成的。事实上，无论是文艺复兴还是宗教改革，尽管它们所采取的方式不同，但追求的却是同一个目的。

文艺复兴与宗教改革对比分析

对比项目	文艺复兴	宗教改革
时间	13世纪末期	16世纪至17世纪
发起地	意大利	德国
核心	人文主义	人文主义
实质	资产阶级反封建的思想文化运动	宗教外衣掩饰下的早期资产阶级反封建斗争
起因	1. 14世纪的资本主义萌芽。 2. 基督教对西欧文化的长年垄断与压制。 3. 资产阶级队伍的不断壮大。	1. 文艺复兴运动的影响。 2. 罗马天主教会对德国的压制。 3. 罗马教廷出售赎罪券。
结果	扩展至西欧各国，促进了人们的思想解放与文化繁荣，提倡重视人性、探索人的价值。	扩展至整个欧洲，引发了农民战争，促进了资产阶级力量的壮大，为资本主义的发展进一步奠定基础。

中世纪的人

　　中世纪的人们完全没有争取自由与权力的意识，他们将自己看做是社会中万年不变的一分子，将这个世界看作是通往未来美好世界的中转站，他们喜欢看着那教堂的塔楼高高在上地守望着他们的灵魂，满心期待地为步入未来时刻准备着，直到文艺复兴和宗教改革的浪潮将他们淹没。

而研究这段历史的老历史学家们，他们经常会犯这样一个小错误。即他们一看到动乱，就下结论说这些现象是由同一个原因引起的，并来回替换地说这个原因不是文艺复兴就是宗教改革。其实，文艺复兴和宗教改革是两种运动，只不过它们追求的是同一个目的而已。它们为实现目的所采取的方法是完全不同的，所以人文主义者和新教信仰者之间经常会有敌意。

不过双方还是有一点相同的，那就是都认为人应该享有最高的权力。在中世纪，个人被集体所吞没。不过这种说法并不适合约翰·多伊，他是个很聪明的人，他来去随意，随便地做些买卖，十多个

赫尔克里斯的选择

在古典神话中以勇猛、强悍著称的赫尔克里斯在他人生的最初阶段，也曾在命运与欲望的十字路口上犹豫困惑。他必须在通往美德的荆棘险路和通过恶行的安逸大路之间作出选择，这是两条背向而行的路，选择了任何一方就意味着对另一方的放弃，而他最终也选择了美德。

罗耀拉

军旅出身的罗耀拉经历过战火与伤痛的洗礼，对过去罪恶的厌恶让他最终踏上追寻圣光之路。他在每一处地方殚精竭虑地为人们讲授教义与神学，将志同道合的小型兄弟会逐步发展壮大为组织严密的耶稣会，并最终与罗马教会达成同盟，成为一支不可小觑的力量。

教堂他想去哪个就去哪个（或者哪个都不去，这取决于他的喜好和成见）。不过，他一生都是按照经济和精神礼节的规章来行事，这些规章教导他，身体就像是从亲身父母那里借来的次品衣服，除了暂时用来寄托灵魂，再无别的任何作用。这样的教导使他相信，这个世界只是通向未来美好世界的一个中转站，应该像那些去纽约旅行的人鄙视昆斯顿和哈利法克斯一样来鄙视它。于是约翰就对这个世界很满足，然后快乐地生活着（因为所知的只有这个世界）。但这时突然来了两个神仙教母，文艺复兴和宗教改革。她们就对他说："高贵的人呀，起来吧，从今往后你就自由了。"

约翰就问："可以自由地去做什么呢？"可她们对此的回答却不一致。

文艺复兴说："可以自由地去追求美的事物。"

宗教改革却提醒他说："可以自由地去追求真理。"

接着，文艺复兴承诺说："可以自由地去寻觅过去，那时的世界才是真正属于人类的；可以自由地去实现那些诗人、画家、雕塑家及建筑家们一心想实现的理想；可以自由地去把整个宇宙包罗在你永恒的实验室中，让你探知它的所有奥秘。"

而宗教改革也告诫说："可以自由地去钻研上帝的言语，这样你会获得灵魂的救赎和对罪恶的宽恕。"

然后她们就转身离开了，留下可怜的约翰·多伊开始享受新的自由。然而，新的自由却比以前的约束更让他感到难受。

不过，不管是万幸还是不幸，文艺复兴总算是很快就和原定的秩序和好如初了。但是菲狄亚斯和贺瑞斯的后代们却发现，对上帝的信仰和表面上对教会条例的服从是截然不同的。只要小心地称呼赫尔克里斯神、施法者约翰·赫拉和圣母玛利亚，你就可以卑劣地绘制异教图画，谱写异教协奏曲。这就和去印度旅行一样，只要你遵守了一些无关紧要的法律，就能进庙舍，还能够自由地旅行，不会惹上麻烦。

但是，在那些真挚地追随路德的人的眼中，就算是最微小的细节，也能变成重大的事情。在《圣经·旧约》中用错了一个逗号就意味着要被流放，如果在《启示录》中用错了一个句号，那就会被立刻处死。这些人是用相当严厉的态度来对待宗教信仰问题的，所以，在他们眼里，文艺复兴的那种轻松的折衷的精神其实是懦夫的行为。结果，文艺复兴就和宗教改革分开了，后来再也没有团结过。于是，宗教改革就独自和整个世界相抗衡，带上"正确"这一战甲，打算保卫、捍卫它最神圣的权力。

最初进行反叛的军队几乎全是日耳曼人，他们战斗、受难、无比英勇，但是后来，相互妒忌成了灾难的源头。北方各国之间的争执很快削弱了他们自身的势力，最后不得不接受停止战事。在这场战事中，是一位完全不同的天才提出了使战争获得最终胜利的策略，于是，路德就让位于加尔文。其实，早就该这样了。

这还得从头说起。伊拉斯谟曾在一个法国学院里有着很多不愉快的时日，而在这个学院里有一个人，因为被高卢人的子弹射中而瘸腿。他是一个长着黑胡子的西班牙青年，总希望有一天能率领一支上帝的军队，横扫世上一切异教信仰者。于是这就需要由一个狂热者去打败另一个狂热者。而只有像加尔文这种坚定不移的人，才能够把罗耀拉的计划打败。其实，我很高兴自己不是生活在16世纪的日内瓦，但同时也很庆幸16世纪有日内瓦的存在。因为如果没有它，20世纪的世界或许就会变得更加糟糕，像我这样的人很可能就要蹲监狱。

在这场光荣的战事中出现的那名英雄，就是著名的约翰·加尔文，他比路德小几岁。1509年6月10日他出生于法国北部诺扬城的一个中产阶级家庭。父亲是一个低级的圣职人员，而母亲是酒馆老板之女，家中有五个儿子，两个女儿。他少年时期接受的教育就是要敏捷、单纯、做事有秩序、不吝啬、细致、有效率。加尔文是家中的第二个儿子，家里想让他去当教士，而且父亲有一些比较有权势的朋友，可以把他安排在好教区。所以，他还没满13岁就开始在城里的教堂做事了。同时还有了一些固定的收入，他就用这些钱去巴黎的好学校读书。加尔文是个很出色的人，只要是和他接触的过的人都会说："要注意这个小伙子。"16世纪的法国教育培养出来的孩子都是能够尽情发挥自己才能的。19岁时，加尔文就被批准去布道，他注定要做一个称职的副主祭。

但是他家中有5个兄弟和两个妹妹，负担太重，教堂的晋升速度又很慢，况且当时宗教正在发生动乱，所以前途难测。不过当时法律却能够提供一个更好的机会，加尔文有一个叫彼尔·奥利维的远亲，这个远亲刚把《圣经》翻译成法文。在巴黎时，他们曾经常在一起。可是如果一个家庭中有两个异教信仰者，那他们是无法相处的，所以加尔文就被送到了奥

加尔文

少年时期便接受单纯、细致、有秩序的教育观念的熏陶，让加尔文成为16世纪法国宽容、精英教育下的产物，并早早成为了一名教士去尽情施展自己的才能。作为一名神学家，律师的从业经历更让他兼任着立法者的身份，这为教会新秩序的建立奠定了基础。

坚贞的追随者

罗马法典对加尔文产生过深远的影响，他以一种神圣的责任感去看待生活，始终试图将所有问题简化为最基础的原则和教义，然后任由人类感情这块试金石去检验。尽管他的教导常让追随者们身陷险境，但他对人心理情况的细致观察与理解，让那些遭受宗教迫害的追随者在赴死之际仍不忘为其虔诚地祈祷。

尔良，在那里受教于一个老律师，来掌握辩护、争论和起草辩护状的业务。和在巴黎时的情况一样，他在年底就从学生变成了老师，向那些不刻苦学习的学生教授法学概要。很快的，他就掌握了那些有用的知识，可以独立办理案件了。他的父亲对此很是高兴，希望终有一天他可以和那些著名的律师相媲美。因为那些律师只发表一点意见就能够得到100个金币，而且远方的贡比涅国王召见他们时还会让他们坐四轮马车去。但是，这些愿望从来都没有实现过，而加尔文也从来没从事过法律工作。

加尔文又重拾自己原本的爱好，他把那些法律汇集和法典都卖掉，然后专注于神学著作的搜集，认真地开始了自己的神学工作。而这个工作最终使他成为20个世纪以来最重要的历史人物。

不过，那几年所学的罗马法典也给他以后的生活留下了深远的影响，使他不再只是单凭感情用事。他看待事物常常能够入木三分，大家阅读一下他写给追随者们的那些信件，就会了解了。不过这些追随者后来被天主教会的人所逮捕，还被判为火刑。可是即便是在绝望的痛苦中，这些人仍然把他的信件看作是世上最美的名作。因为信件中表达的是对人的心理情况的细致观察和理解，这使得那些遭受迫害的追随者临死前还在为一个人祈祷，而正是这个人的教导使得他们深陷险境。

其实，加尔文并不像他的那些敌人说的是个无情的人。相反的，他对生活有着一种神圣的责任。他极力地忠诚于自己和上帝，所以他把每个问题简化为最基础的原则和教义，然后让人类的感情这个试金石来检验。在听到他的死讯时，教皇庇护四世就说："对金钱的冷漠就是这个异教信仰者的力量来源。"如果教皇是在称赞加尔文从不考虑自己的利益，那么他就说对了。加尔文的一生的确很贫困，而且他还拒绝了最后的一笔酬薪，因为疾病已经使得他无法再像以前那样去挣钱了。不过，他的力量所表现的却是另外一方面。

他一生只有一个信念，也是他一生中唯一的强大推动力，即识别《圣经》里所体现的上帝真理。在他认为他最终得出的结论足够与所有的争辩和反对之声相抗衡时，他就把这些结论应用到自己的生活准则中来。自此他就开始按照自己的想法做事，全然不顾这个决定会带来怎样的后果，然后成为了一个不可战胜、不可阻挡的人。不过，这样的情况是在许多年后才得以实现的，因为在转变信念的前十年的时间里，他要竭力应对谋生这一最平常的问题。

当时，"新学"在巴黎大学取得了暂时的胜利，希腊文词尾变化、希

寻找真理

加尔文始终都在致力于寻找《圣经》中的上帝真理，直到他认为已找到这种足以同所有争辩和反对之声抗衡的结论时，便将其应用到一切生活准则中。他以自己的想法做事，完全不计后果，从而成为一个不可战胜、不可阻挡的人，同时也成为了教会视为头号危险的嫌疑犯。

伯莱文的不规则动词以及其他被禁知识的数次传播，均引起了很大的反响，就连那些著名而又博学的教区长也受到了日耳曼新教义的沾染。于是，人们就开始采取措施，清除那些被现代医学会称为"思想传播者"的人。据说当时加尔文曾把最能引起争议的几篇演讲稿交给了教区长，所以，他被认为是头号嫌疑犯。警方开始搜查他的房间，没收他的文章，还签署了拘捕他的命令。闻讯得知后，他就马上藏到了朋友的家中。虽然这样的风浪在一个小学院里是不会持续太长时间的，但他要想在罗马教会中当职却已经不可能了。现在是要作出决定的时刻。于是，加尔文在1534年抛弃了旧信仰。而几乎是在同一时间，罗耀拉和他的几个学生也在蒙特马特山上庄严地起誓，这

个誓言后来被纳入到耶稣会的法规中。然后，他们就都离开了巴黎。

　　罗耀拉本是向东行进的，但是当他想起自己第一次攻打圣地的不幸结局时，就又按照原路返回了，然后到达了罗马。在这，他从事了一份工作，而这个工作使他的美名（也可能是恶名）传到了世界的各个角落。加尔文与他的情况却是大不相同，加尔文所追求的上帝王国不受时间和地点的限制。于是他就到处遨游，希望能找到一个安静之所，然后用所剩余的时间来阅读、思索并安宁地去宣传自己的真理。在前往斯特拉斯堡的路上，他正好遇到查理五世和弗朗西斯一世交战，于是他就被迫改道到瑞士的西部。在日内瓦，加尔文受到了吉勒莫·法里尔的热烈欢迎。法里尔是法国宗教改革中的一只海燕，是突破了长老会和宗教法庭的杰出人物。法里尔张开双臂迎接他，告诉他在瑞士公园能够获得哪些业绩，并诚恳地请求他留下来。加尔文说要考虑一下，并最终留了下来。

　　应该把新天国建立在阿尔卑斯山脚下，这样才可以躲避战争，可这是个很奇怪的世界，正如哥伦布要寻找印度，却在偶然间发现了新大陆。加尔文也一直在寻找一片安静之所，来研究和思索圣教，然后度过自己的余生。他来到一个三等的瑞士小镇，然后把它作为精神的首都，然后人们很快就把这块天主教王国的领土，变成了庞大的基督教帝国。

　　既然读史就能实现包罗万象的目的，那为什么还要读小说呢？我不知道现在加尔文的家庭圣经是否仍然保存着。如果还保存着的话，人们就会发现，这本书的第六章磨损的特别厉害，因为这一章记载着丹尼尔的相关内容。丹尼尔是法国改革家，也是个自制力很强的人，但却时常需要从仆人坚定不移地服从上帝这样一个故事中来寻求安慰。可那个仆人却被扔进了狮穴里，不过后来他的清白拯救了他，使他免遭杀害。但日内瓦毕竟不是巴比伦，而是一个令人肃然起敬的小城，里面居住着很多有身份的裁缝。虽然他们对待生活的态度也很严谨，但却比不上

安静之所

　　加尔文对上帝王国的追求不受时间和地点的限制，他四处漂泊，期待着能找到一处安静之所，用余生去阅读、思索并不受干扰地宣传自己寻到的真理。混迹于尘嚣之外，让加尔文的新思想获得了难得的孕育和成长空间，而这个充满着奇迹的世界也往往在人无心插柳之际，慷慨地赠予他丰厚的回报。

这位新宗教的首领，因为他就像彼得一样在讲坛上滔滔不绝地布道。而且，在当地有一个叫内布查尼萨的，是撒沃依家族的公爵。恺撒的后裔正是在和他们家族的无休止的争吵中，才决定要和瑞士其他地区联合的，同时还加入了宗教改革运动。日内瓦与维登堡的联合就像是相互利用的婚姻，是建立在共同的利益下，而不是建立在相互爱慕的基础上。但是，当日内瓦改奉新教的消息传开，那些对各种新式的五花八门的教义比较热心的传教士就马上纷纷来到了莱芒湖边，而且传教士还不低于50个。他们开始大肆地宣讲那些迄今为止人们所能想象出来的最怪异的教义。

对于这些人，加尔文是打心眼里厌恶的。他知道这些人虽然是很热情的战士，但却选错了道路，会对他所夸耀的事业带来危害。在休息了几个月后，加尔文所做的第一件事就是尽可能精确、简单地写下了对与错的界线，他希望这些新教民能够掌握这些界线。如此一来，人们也就没法再用"我不知道啊"这个借口了。接着他就和朋友德里尔

瑞士宗教改革

随着宗教改革大潮的席卷，瑞士的苏黎世和日内瓦也在德国路德宗教改革的影响下，先后发起了由茨温利和加尔文倡导的宗教改革。后者于1559年创立了日内瓦学院，并使瑞士的日内瓦成为又一个"罗马"，加尔文教由此迅猛崛起并广泛传播。

瑞士宗教改革进程

1523年	瑞士宗教改革家乌利希·茨温利发表《六十七条论纲》，并率先在苏黎世进行宗教改革。
1528年	反宗教改革的天主教联盟成立，拉开了与新教的大战序幕。
1536年	加尔文出版《基督教原理》，继承并发展了奥古斯丁的预定论，在日内瓦进行宗教改革。
1538年	加尔文被日内瓦驱逐。
1540年	加尔文重返日内瓦并领导宗教改革。
1555年	归正教会在日内瓦确立了绝对的统治地位。
1555年至1559年	加尔文开始排除异己，疯狂镇压反对者。
1559年	日内瓦学院成立并致力于加尔文宗教思想的传播。

无端涉险

　　阿波罗之子背着父亲，驾起太阳神的战车在天国肆意驰骋，因无法驾驭疯狂的马匹而遭致袭击。神话告诫人们对待诸神不可肆意妄为，以免遭致杀身之祸。大量形形色色的传教士涌入改奉新教的日内瓦仍让加尔文不得不未雨绸缪，他告知这些容易激进的斗士们对与错的界线，以防止他们走向歧途。

亲自把这些人分为十人一组进行检查，只有那些发誓要效忠于这个奇怪的宗教法规的人才能享有公民的全部权力。然后，他就为年轻人编写了一本巨大的教义问答手册，又说服市议会把那些仍旧坚持错误的旧观点的人全部赶出城去。

在为下一步的行动扫清了障碍后，他就开始按照《出埃及》和《申命记》中政治经济学家所制定的规范来建立一个公国。像很多其他的大改革家一样，加尔文不是现代基督教信仰者，倒像是古老的犹太人。虽然他嘴上说要崇拜上帝耶稣，但心底里却是向往着摩西的耶和华。当然，这种现象常出现在感情压力很大的时候。比如，那些低微的拿撒勒木匠对仇恨和斗争的看法十分明确，最终导致没有办法来调和他的见解与暴力。而两千多年来，每个民族、每个人都想通过暴力来实现目的。所以，一旦战争爆发，所有相关的人便都默许了。他们暂时丢弃了福音书，手舞足蹈地在血泊和雷鸣中欢呼，在《圣经·旧约》的以牙还牙的哲学中沉沦。

宗教改革是场战争，而且是场很残忍的战争。在这场战争中没有人期望生命能够获得保证，也没有人希望能够获得宽恕。而加尔文的公国实际上就像是一个军营，压制了所有的个性自由的表现。当然，这一切的获得并不是没有遭受到阻碍。1538年，组织中出现的那些比较开朗的人就对加尔文造成了很大的威胁，于是加尔文就被迫离开了城市。但在1541年，他的支持者们再次掌权。于是就在一片钟声和教士们响亮地赞美欢呼声中，乔安尼斯行政长官又重新回到了罗纳河的城堡。自此他就成为了日内瓦王国中的"无冕之王"，他也在后来的23年中一直致力于建立和完善神权形式的政府，而这种政府是自伊齐基尔和埃兹拉的以来，人们从未见过的。

根据《牛津大辞典》上面的解释，"纪律"一词的意思应该是："使受控制，训练服从和执行。"该词对加尔文梦想中整个政治宗教结构的实质给予了很好地诠释。和大多数日耳曼人一样，路德是个感伤主义者。他认为只有上帝的话才能够给人们指出一条通向永恒世界的道路。但这种说法不够确切，法国改革家们也不认同。因为虽然上帝的言语是通向希望的指引灯塔，但是这段道路却十分漫长和黑暗，同时还有各种诱惑，使得人们忘记了自己的目的。但他却是个例外，他不会走弯路。因为他知道全部的诱惑，也不会被人收买，即便是偶尔偏离了正道，他也很快就会在每周的教士例会上认清自己的责任。因为在例会上，那些真正的君子是可以相互批评的。所以他是那些真挚地追求拯救的人心中的理想人选。

永恒的暴力

　　两千多年来，每个民族、每个人都习惯于通过暴力来实现自己的目的，在他们眼中残酷的暴力与战争是被默许的正义。人们抛却了手中的福音书，在血泊和雷鸣中欢呼，在以牙还牙的暴力哲学中沉沦，没有人为即将逝去的生命呐喊，也没有人希望能够获得宽恕，永恒的暴力成为人类彼此不宽容的永恒主题。

　　那些爬过山的人都知道，职业导游有时会彻底成为一个专制的人。他们知道哪些岩石、哪些地方是危险的，知道一块看起来很平坦的雪地其实很危险，对自己所照料的旅行人员有着绝对的支配权力。要是谁敢不听命令，就会遭受导游严厉地指责。在加尔文的理想公国中，那些教士也有着这样的责任感。他们对那些跌倒了、请求别人把他

超越法律的专制

　　"纪律"一词对加尔文欲构建的政治宗教结构作出了最精辟的注解，肩负责任感的教士们对同道中人不辞辛苦地给予帮助，而对异见者的背叛施以严厉的惩罚。尽管教士们难以跨越法庭和行刑官的职权范畴，但事实上他们在其管辖范围内通过严厉的教会纪律早已超越了法律。

扶起来的人，很乐意给予帮助。但对那些执意要离开这条道路的、离开大学的人，他们会给予严厉的惩罚。在很多别的宗教组织中，教士们也喜欢运用这样的权力。但是由于地方长官对他们的这种特权很忌妒，所以基本上不会允许教士与法庭和行刑官并肩前进。加尔文知道这些后，就在自己的管辖范围设立了一种教会纪律，而这种纪律实际上已经超越了法律。

　　大战结束后，很多奇怪又错误的历史说法就开始出现了，而且流传范围很广。但最令人感到吃惊的是，竟有人说法国人（与条顿人相比较）热爱自由，厌恶所有的限制。其实，几个世纪以来，法国一直受官僚体制的控制，很是繁琐，而且比战前普鲁士政府的效率要低很多。在上班时官员们可以迟到和早退，领子也不整齐，甚至还抽着劣质的纸烟。要不就像东欧的政府官员一样乱搞一通，引起人们的反感。但是对于这些官员们的粗鲁行为，公众却温顺地接受了。对一个热衷于反叛的民族来说，这还真是一件令人惊讶的事情。

　　但是，加尔文热衷于集权，是一个典型的法国人。在某些细节上他已经和拿破仑成功的秘诀很接近了，但他却和拿破仑很不相同。他没有雄心大志，胃口又差，还缺乏幽默感，只是个严肃的让人感到害怕的人。为了找到能和耶和华相适应的词语，他翻遍了《圣经·旧约》，还强迫日内瓦人接受他对犹太历史所作的那些解释，并认为这个解释是上帝意志的直接体现。于是，罗纳河这座迷人的城市顷刻间变成了那些悲惨的罪人的汇集之地。6个教士和12个长者组成了城市宗教法庭，日夜监听市民私下的讨论和言语，一旦怀疑谁有"受禁的异教观点"的倾向，就马上把他传讯到长老会法庭，对他的所有观点进行盘查，要他解释那些向他人传输有害思想，使他迷失方向的书是从哪些地方以及怎样得到的。如果他表示悔过，就可以免除刑罚，判处他在主日学校旁听；但如果他不肯悔过，就要在24小时内离开城市，并永远不能再出现在日内瓦联邦所管辖的范围。但也不仅仅是因为缺乏一点正统感，才会与那所谓的"教议会上院"产生矛盾。如果有人下午在邻村玩滚木球而被控告（常常会如此），那么他就会被狠狠地责骂一番。因为玩笑，不管是有用还是没用，都被认为是最坏的形式。如果在婚礼上出一些智力问题，也是会被捉进监狱的。渐渐地，新天国中有了法律、法令、规则、命令和政令，生活开始变得十分复杂，也没有了往昔的风采。跳舞、唱歌、玩扑克都是不被允许的，赌博更是不被允许。此外，举办生日宴会，举办乡间市场也不被允许，同时还不允许有丝绸和所有外表华丽的装饰品。只有去教堂和学校是被允许的，因为加尔文主张思想要鲜明。

这一系列人为的禁止虽然可以免除罪行的出现，但却不能强迫人们去热爱美德，因为美德是受心灵的启发而产生的。所以加尔文就建立了很多优秀的学校和一流的大学，鼓励举办一些有利于治学的活动，同时还设立了很多有趣的集体生活，以此来吸引大家的剩余精力，使他们忘记痛苦和约束。如果加尔文制定的这些规则没有考虑人的情

净化思想与城市

教会一面向人们散布着对上帝意志不容置疑的解释，一面圈起人们生活、思想的空间。他们日夜监听市民私下的讨论和言语，观察市民的一举一动，任何异端倾向皆会遭致长老会法庭的传讯，当事人要对有害思想及来源作出解释，悔过者将被施以惩罚，否则将被驱逐出这座城市，永不得踏上这片土地。

趣，那么它们是无法存在的，也不会在近300年的历史上起着决定性的作用。不过，这所有的一切都要归功于论述政治思想发展这本书。现在我们对日内瓦究竟为宽容事业做了什么比较感兴趣，而对此的结论就是，新教信仰者的罗马并不比天主教的罗马强到哪里去。在前面几页中我就已经举出了那些可以减少罪行的情况。那个时代有圣巴陀洛梅大屠杀和扫除很多荷兰城市等野蛮行为，所以希望一方（弱的一方）有坐以待毙这一美德，是荒谬滑稽的。但这并不能为加尔文煽动法庭杀害格鲁艾以及塞维图斯的罪行进行开脱。这个案件中，在煽动市民暴动上，加尔文可以说雅克·格鲁艾想推翻加尔文主义的政党，有着重大的嫌疑。可要说塞维图斯对日内瓦有威胁，这是绝对不可能的。按照现代护照的规则，他只能算是个"过境人员"，24小时后就可以离境，但是他却误了船，因此丧失了性命。这真是一件令人惊骇的事。

麦格尔·塞维图斯是西班牙人，他的父亲是受人尊敬的公证人（这在欧洲有着法律一半的地位，不只是拿着盖章机，在别人签完字后就索要两毛五分钱的年轻人）。麦格

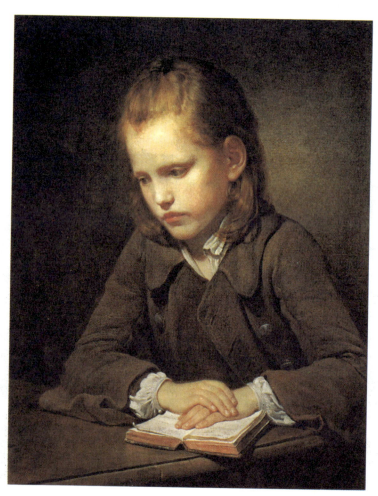

孕育美德

美德的种子只能在人心灵的深处生根发芽，尽管蛮横的禁止总能在一定程度上遏制罪行的出现，但却无力去引导人们发自内心地热爱美德。孕育美德的关键因素在于人，思想与环境则成为它最敏感的触发点，故而加尔文对人的教育，特别是对可塑性较强的少年们寄予了殷切的期望。

尔也打算从事法律工作，后来被送到了鲁兹大学。在大学的那些日子很快乐，全部是用拉丁文进行教学，学习的范围也涉及到各行各业，只要学会了五个词尾变化和几个不规则的动词，所有的人可以去学习整个世界的知识。在法国大学里，塞维图斯认识了胡安·德·金塔那，而金塔那不久就成为了查理五世皇帝的忏悔教父。中世纪的皇帝加冕就像现代的国际展览会。1530年查理在波罗那加冕时，金塔那让麦格尔做秘书。麦格尔在看到眼前的一切时，就像当时的很多人一样有着永远无法满足的好奇心。在以后的10年中，他接触到了各种各样的学科，像医学、天文学、占星术、希腊文、希伯莱文以及最令人头疼的神学。他算是个很有潜力的医生，因为他在研究神学

查理五世

有着哈布斯堡王朝复杂背景的查理五世幼年时便继承了欧洲大片的领地与巨额财富，并借此顺理成章地登顶了神圣罗马帝国的王座。作为忠诚而狂热的天主教信仰者，查理五世不能容忍任何"异端邪说"破坏社会秩序、动摇他的国家政权，而周边各国纷乱的利益纷争也让他一生忙于四处协调、征讨。

时产生了血液循环的想法，在他的反对三位一体教义和第一本书的第十五章中，我们可以找到上面所说的这些。但是，在检查过塞维图斯著作的那些人中竟没有人看出他有这项伟大的发现，由此可见16世纪的神学思想是多么地偏执。要是塞维图斯能够一直坚持医学的研究，该是多好的一件事啊，那样他也就可以活到老，然后平静地死去。但对当时那些激烈争辩的重大问题他简直是无法避开。后来他知道了里昂的印刷厂，就开始对各式各样的题目发表自己的观点。

现在，一个大方的百万富翁可以劝说一所学院把"三位一体学院"变成一个流行烟草的商标，而且事后还会平安无事。对此，宣传机器还会说："丁古斯先生这样慷慨解囊，难道不好吗？"然后大家就会说："阿门！"现在的人们对侮辱神明这样的事情也不再感到震惊了，所以要描述过去的情况确实是件很难的事情，在那时，单凭怀疑一个市民对三位一体有了不敬的言语，就能引起整个社会的恐慌。但如果我们对过去的情况没有充分的了解，就无法明白16世纪上半叶，塞维斯图究竟给善良的基督教信仰者带来了怎样的恐慌。他不是激进派，而是我们现在所谓的自由派。他对新教信仰者和天主教信仰者承认的三位一体旧信仰加以抵制。由于他一直坚信自己的观点是正确的，于是他

异地打压

　　宗教在思想上的权威与禁锢，让任何敢于质疑或抵触的言论皆成为麻木人群中爆发恐慌的焦点。自由派的塞维斯图过于坚信自我观点的正确与教会的宽容，他坦言直谏的信件为他引来了本可避免的祸端。图为与加尔文保持书信往来的修道会。

　　就和加尔文写信，提议在日内瓦和他展开私人会晤，来彻底地讨论这个问题。但是他写信本身就犯了一个很大的错误。最终，他没有受到邀请，而且也不可能受到邀请，因为里昂宗教法庭的大法官干涉了这件事，于是塞维图斯就入狱了。其实法官早就听闻了他的冒犯行径，因为加尔文派出一个日内瓦人向他秘密地送去了一封信。

　　不久，加尔文又秘密地提供了一些手稿，证实了对塞维图斯的控告。由此可知加尔文只想他被处死，但并不在乎他会被谁处死。可是由于宗教法官玩忽职守，塞维图斯越狱了。他本打算越过西班牙边境，但是别人都知道他的名字，长途旅行穿过法国南部会有很大的危险，所以他就决定绕道日内瓦、米兰、那不勒斯和地中海。他在1553年8月一个星期六的傍晚时分来到了日内瓦，本打算乘船到湖的对岸去，但是船在快到安息日的时候是不开的，需要等到星期一才开。翌日是星期日，不管是本地人还是外地人都不能躲避这种宗教礼拜式，要不然就是不端行为，于是塞维图斯也跟着去了教堂。但是他被别人认出来了，接着就被逮捕了。由于他是西班牙人，所以没被指控违反日内瓦的任何法律，但他在宗教信仰上是自由派，不尊敬神明，竟敢对三位一体发表异端言论。这样的人想获得法律的保护还真是可笑，罪犯有可能会受到法律的保护，但异教者是绝对不可能的。接着他就被紧锁在潮湿肮脏的小洞内，他的钱财和个人物品也全都被没收了。

两天后，他被带上了法庭，要回答问题单上38个不同的问题。

审讯一直持续了两个月又零十二天，在谈论到他的观点时，他所作的回答顿时让法官火冒三丈，最终，他被判处"坚持反对基督教基础的异端邪说"罪。一般在处理这类型的案件时，特别是对外国人，就是把他永远地赶出日内瓦城市，但塞维图斯这个案件却是个例外，他被直接判处火刑。同一时间，法国法庭也重新审理了塞维图斯的案件，与新教信仰者的审理结果一样，判处他死刑，同时法国还派出司法长官到日内瓦，要求把他带回法国。但是这个要求被拒绝了，因为加尔文也可以执行火刑。走向刑场的这段路确实很难走，而一队牧师还跟着塞维图斯一直走完这段路，还喋喋不休地进行劝说。这样的痛苦一直持续了半个多小时，直到有人因为同情他而向火焰中扔了一把刚采集来的柴火为止。对那些喜欢这种事情的人来说，读这样的事情倒是很有意思，但还是省略不谈的好。因为在肆无忌惮的热衷宗教的年代里，死刑犯多一个还是少一个是没有区别的。

日内瓦湖

由罗纳冰川形成的日内瓦湖位于瑞士与法国之间的边境地带，临近意大利的米兰，在日内瓦公国时期，才开始被称为日内瓦湖。日内瓦湖的平静与蔚蓝吸引了古今无数艺术家倾心于此，在人们的眼中，那里的蓝天、云彩、湖水、草地如此秩序井然，赋予人一种精神世界的宁静与博大。

塞维图斯案件

作为16世纪欧洲新教改革的代表人物，加尔文常被看作是宗教不宽容的反面教材，他将西班牙人文主义者塞维图斯送上法庭并判处火刑始终作为"不宽容"的佐证成为人们争论的焦点，事实上事件的始末有着众多的疑点值得商榷。

塞维图斯案件始末

- 西班牙人文主义者塞维斯图对教会的三位一体理论提出质疑，并出书系统阐述了反对观点，这令其遭致新教神学家的一致反对与声讨，教会也声称要抓捕并判处其火刑。

- 事态的严峻让塞维斯图不得不隐姓埋名，但他仍坚信自己观点的正确性。

- 塞维斯图致信加尔文，期望能获得认可，但双方各持立场，最终不欢而散，逐步势不两立。

- 加尔文以反三位一体观点的图书《基督教的复原》指证其作者为塞维斯图，遭到教会与法庭的调查，塞维图斯锒铛入狱。

- 越狱后的塞维斯图决定绕道日内瓦，越过西班牙边境，开始逃亡。

- 在被迫前往日内瓦的教堂聆听加尔文布道时，行迹泄露的塞维斯图被抓获。

- 法庭最终以异端邪说罪判处塞维斯图火刑并执行。

但是塞维图斯的案件不会就这么轻易地算了，它有着十分可怕的后果。结果已经很直接地表明，那些新教信仰者虽然一直强调"保留己见的权力"，但他们实际上都是伪装的天主教信仰者，心胸十分狭隘，对待那些和自己意见不同的人就像对待敌人一样残忍。而他们也只是在等待建立自己的恐怖统治的时机。对塞维图斯的这个指控是很严肃的，并不是我们耸着肩说"哎，你还能希望什么"就可以的。对这次的审判，我们有着大量的材料，也详细地知道外界是如何看待这次审判的，而读起来也确实让人痛心疾首。加尔文也曾大方地建议不烧死塞维图斯，而是改为砍头。塞维图斯虽然很感激他的仁慈，但却要求另外一种解决方法，他要求被释放获得自由。他一直认为（道理全是在他这方）法庭没有权力来对他进行判处，而自己也只不过是一个追求真理的仁人君子罢了，所以他有权力和加尔文在大庭广众之下进行辩论。但加尔文却不听这些。因为加尔文曾发誓说只要塞维图斯落入他的手中，就绝不让他活着逃走，他要遵守这个誓言。如果他想给塞维图斯判刑就必须要和自己最大的敌人，即宗教法庭合作，但是这些都不重要，如果教皇有能够使塞维图斯的罪行加重的文件，他甚至愿意和教皇携手。

此外，还有更糟糕的事情。塞维图斯在临死的那天早上要见加尔文，于是加尔文就来到了这间又黑又脏的牢房。此时此刻，他应该变得大度点，最起码也应该有点人性，但他都没有。他只是站在这个两个小时后就要死亡的人面前，不停地争辩着，口水四溅，面色阴沉，暴跳如雷。没有一句怜悯的话，只有狠毒和仇恨，还说："活该，固执的流氓，就应该烧死你这个该死的人！"这是很久之前的事情了。塞维图斯死了，再多的雕像和纪念碑也不能让他再活过来。加尔文也死了，所有那些咒骂他的书也无法触及他那不被人知的坟墓。

在审判时，疯狂的宗教改革者们异常激动，害怕这个冒犯神灵的人会逃走；而那些坚定地支持教会的人们在刑罚结束后就开始赞美欢呼，彼此之间相互传言："日内瓦万岁！开始采取行动了。"

伪装的仁慈

尽管新教信仰者始终强调"保留己见的权力"，但他们的心胸仍十分狭隘，他们装扮起仁慈的伪装，对那些与自己意见相左的人就如同对待敌人一般残忍无情。一旦他们建立起自己恐怖统治的时机成熟，他们便会给予敌手冷酷、致命的一击，即便是据理力争的仁人君子，也不会获得丝毫求生的机会。

最后，他们全都死了，最好也能被人们所遗忘。对此，我们需要留心的只有一件事，即宽容和自由一样，不是单靠乞求就能得到的，而是要一直保持警惕，这样才能保住它。就算是为了子孙中新的塞维图斯，我们也要记住这一点。

第十六章

再洗礼教信仰者

每个时代都会有自己特有的产物。像我们这代有"赤党";父辈那代有社会主义者;祖辈那代有莫利·马圭尔;曾祖辈那代有雅各宾派;而300年前的祖先也并不比现在

再洗礼派

再洗礼派,也被称作"重浸派",在他们看来,一个人只有在长大成熟以后才适宜接受洗礼成为信徒,他们对宗教舍己为人、圣洁、仁爱、谦逊的宗旨有着强烈的诉求,倡导严格限定政教分开,回归教会内部人人平等、互助的传统,藐视和批判一切法律,态度激进的他们也因此成为权势打压的对象。

好到哪去，因为他们那时有再洗礼教信仰者。《世界史纲》是16世纪最盛行的一本"世界之书"，或编年表，它出版于1534年，作者塞巴斯蒂安是个肥皂匠，同时还是个禁酒主义者，就住在乌尔姆城。

对于再洗礼教信仰者，塞巴斯蒂安很是了解，因为他娶了一个再洗礼教信仰者家庭的女儿。不过他本身是个坚定的自由思想者，与他们的理念并不相同。但是对于他们，他只是这样说："他们传授的是爱、信仰和十字架杀身，不管在怎样的困境下都能保持耐性和谦逊的心态，相互之间真诚地帮助，互称兄弟，还认为大家可以共同分享所有的东西。"他们本应该受到最庄重的称赞，但是一百年来却像野兽一样遭受猎杀，在最血腥的年代里，在他们身上施加最残忍的刑罚。这是很奇怪的事情。对此，有一个原因可以进行解释，但是要理解这个原因，就必须要知道宗教改革中的一些事情。其实，宗教改革并没有改革任何东西。

改革者的困境

改革者为实现目的不惜只身犯险，但不知不觉间却将自己陷入一个可怕的境地中，正面尖锐的对抗让他们脱离了旧教会，但良知又不允许他们另投其他信仰，他们逐渐成为被国家和社会完全孤立的人。他们顽强地在权势与现实的夹缝中生存，并只能寄托于再建一个新组织来赢得生存空间和人们的信任。

而宗教改革的成果就是，给世界带来的不是一个监狱而是两个，用它制造的一本很准确的书代替了一个向来很准确的人，建立了（不如说是企图建立）黑袍教士的统治，取代了白袍教士的统治。经过半个世纪的努力和牺牲，只换来这样寥寥数几的成果，的确让很多人感到失望。他们本来还希望社会和宗教此后能有1000年的安定，对于迫害和经济奴役根本是毫无准备。因为改革者本打算来一次大冒险，但却发生了一件事。就像是掉进了码头和船的缝隙中，只能尽力挣扎，尽可能地露出水面一样，他们陷入了一个可怕的境地中。虽然他们已经脱离了旧教会，但良知又不允许他们有另外的信仰。而政府已经认为他们不存在了，可他们确实还活着，还有呼吸。既然继续生存是他们的责任，那么他们就想从无知中把罪恶的世界给拯救出来。最终，他们活了下来，但是请不要追问他们是怎么活下来的。既然他们以往的关系被剥夺了，那么他们就需要再建立一个新的组织，寻找新的领袖。可是，但凡是神经正常的人都不会去理会这群可怜的疯子。

结果，充当预言家这个角色的人是那些有预见能力的鞋匠和充满虚幻色彩且总是歇斯底里的助产婆。他们不断地乞求、祷告，甚至是胡言乱语，在虔诚的追随者开始赞美时，他们开会所用的小黑屋的橡木就会颤颤悠悠的，直到村里的法警被迫来查看时，他们才有所收敛。然后，就有几名男女被带进监狱，村镇议员们就开始了他们所谓的"调查"。既然这些人既不去天主教堂，也不尊敬新教信仰者的苏格兰教会，那么他们就必须要说清楚自己究竟是什么人、信奉什么教。老实说，这些议员们的处境也确实够尴尬

放弃武力

耶稣曾对自己的追随者说，当敌人打你的左脸时，你也要把右脸伸出来让他打，拿剑的人终将死在剑下。这对再洗礼教信仰者来说，放弃武力就是绝对的命令，他们主张和平，无怨无悔地接受命运的安排，背诵着《马太福音》第26章中的第52节，直到死亡结束他们的痛苦。

耶稣平和而锐利的目光似乎洞穿了背叛者犹大卑微、懦弱的灵魂。

出卖了耶稣的门徒犹大，在客西马尼园指认并捉拿耶稣。

门徒彼得为将耶稣解救出来，情急之下抽出了匕首。

耶稣对门徒彼得说："收刀入鞘吧，凡动刀者，必死在刀下。"

——《马太福音》第26章第52节

的，因为这些罪犯是所有异教信仰者中最为不幸的，他们对待宗教信仰是很谨慎的。而那些最受尊敬的改革者却很圆滑，只要能过上舒适体面的生活，他们不介意作出妥协。

可是真正的再洗礼教信仰者并不是这样，他们对所有不够彻底的措施都感到厌恶。耶稣曾对那些追随者说，当敌人打你的左脸时，你要把右脸伸出来让他打，拿剑的人必须要死在剑下。这对再洗礼教信仰者来说就是绝对的命令，不允许使用任何的暴力。当他们还在那慢悠悠地说着什么环境会改变情况，对于战争，他们自然是反对的，但这场战争和以往的都不同，偶尔扔几个炸弹，只此一回，上帝还是允许的。但命令终归是命令，仅此而已。于是他们拒接应征，也拒绝扛枪。在他们因主张和平主义而被捕入狱时，他们仍旧是无怨无悔地接受命运，他们一直在背诵《马太福音》的第26章中的第52节，直到死亡结束了他们的痛苦才不再背诵。

可是，反对暴力也只是他们诸多奇怪行为中的一小部分。耶稣曾很明确地说，上帝的王国是和恺撒的王国截然不同的，两者之间是不可能也不应该相互融合的。所以，那些好的再洗礼教信仰者就都避开了国家的那些公职，拒绝做官，别人花费在政治上的时间，他们用来研究《圣经》。另外，耶稣还劝诫他的信徒不要去争吵，否则会有失体面，于是，再洗礼教信仰者宁愿失去财产的所有权，也不会对法庭提出任何的异议。此外，还有几点表现使这些奇怪的人和世界隔绝，但是过着享受生活的肥胖邻人却对这几个奇怪行为的例子感到怀疑和厌恶，因为他们总是把"待人宽则人亦待己宽"的教会宗旨和虔诚相提并论。如果再洗礼教信仰者能够保护自己不遭受来自朋友的伤害，那他就可以像再洗礼教信仰者及别的诸多观点不一致人的一样，寻找到和政府和解的方法。

可是作为一个教派，有很多依据可以证明他们犯有许多奇怪的罪行。他们认真地研读《圣经》自然是不会有罪，再洗礼教信仰者在研究《圣经》时不掺杂任何的偏见是不被认为有罪的，但如果谁特别喜欢看《天启录》，那他就很危险了。因为直到15世纪，这本书还因为有点"虚伪"而遭受抵制。可是感情冲动的人很喜欢看这本书，这些被猎捕的人完全可以理解帕特莫斯在流放时所说的话。在看到他因衰弱的怒火而淹没在现代巴比伦的歇斯底里的预言里时，所有的再洗礼教信仰者就高呼"阿门"，祈祷着新天国新大地的快速到来。像这种软弱的头脑被高度疯狂的压力所压制的情形，也不是第一次出现了。每次迫害再洗礼教信仰者，几乎都会爆发宗教疯狂，男男女女都赤身裸体地跑到大街上，宣布世界的末日，极力想用这种奇怪的牺牲行为来平息上帝的怒火。而老巫婆则会跑到其他教派正在举行的仪式上，打断仪式，尖叫着胡言乱语，说是魔鬼要来了。这种令人苦恼的情况（轻度稍微轻一点）总是会时刻出现在我们身边。通过看日

反对暴力(下页图)

对于再洗礼教派来说，神所启示的话语是神圣不可侵犯的，故此他们严格恪守神的教诲，竭尽可能地去避免或远离任何暴力与争执。图中维纳斯竭力阻止暴戾嗜杀的战神去再造杀戮，皆因人们向往和平，黑色的浓烟中身陷战争苦难的人们惊恐的眼神与无力的挣扎正暗示着战争的残酷与灾祸。

报，你会看到在俄亥俄州、衣阿华州或佛罗里达州的偏远的小村落中，有个女人用切肉刀把自己的丈夫的身体切得四分五裂，只因天使说"让她这样做"；或者是你会看到，一个头脑清醒的父亲因为预见到了七支号角的声音，就把自己的妻子和八个孩子给杀死了。不过，这样的情况并不多见，而且当地的警察也能轻易地抓到他们，不会给国家的安全和生活带来影响。

但是，1534年在那所美丽的蒙斯特小城发生了一件不同寻常的事情，按照再洗礼教信仰者的理论来说，新天国在这里宣布成立。所有的北欧人一想起这个令人恐惧的冬春时节就感到害怕。这件事的起因是一个叫简·比克斯宗的漂亮裁缝。史书上称他为莱顿的约翰，因为约翰是那座勤奋的小城里的人，童年是在脏乱的莱茵河畔度过的。和当年所有的学徒一样，他也是四处游荡，学习自己这个行业的技巧。他没有受过正规的教育，读和写的能力也只够用来玩耍。很多人因为自己的社会地位低下和缺乏知识而感到自卑，但是他却没有。他年轻漂亮，而且脸皮很厚，爱慕虚荣。在离开英国和德国很长一段时间后，他重返故乡，开始经营长袍和礼服。同时他还加入了宗教，从此开始了特殊的生活，成为了托马斯·芒泽尔的追随者。芒泽尔是个以做面包为业的著名人物。1521年，维滕贝格突然出现了三个再洗礼预言家，他们要向路德指明通往拯救的真正的道路，而芒泽尔就是其中的一个人。虽然他的本意是好的，但是却没被赏识，还被赶出了新教信仰者城堡，永远不许出现在撒克森尼公爵的管辖范围内。

在1534年，再洗礼教信仰者已经多次失败，于是他们决定铤而走险，把所有的赌注都押在这场大胆的大规模行动上。他们把最终的尝试点选在威斯特法伦的蒙斯特，这

最后的审判

相传圣约翰被罗马人放逐到帕特莫斯岛，并在那里写下了著名的《天启录》。在书中他预见了即将降临的世界末日，上帝交付给他有着七个封印的卷轴，一只羊帮助他打开封印之后引发了最后的审判。图中坐在审判席上的十二使徒多数人握着"精神之剑"，唯有中间的圣约翰持着十字架，为苦难祈祷祝福。

倒不让人感到诧异，因为该城的公爵主教弗朗兹·范·沃尔德克是个很莽撞的人，还酷爱喝酒，常年公开和六个女人同居，从16岁开始就因为生活腐化而得罪了所有的正派人士。在城市出现新教时他妥协了，但他是个十足的骗子，新教信仰者并没有因为他的和平条约而拥有安全感，而这种没有安全感的生活实在是太艰难了。于是蒙特斯的民众就憋足了劲，等着下一次的选举。因此就出现了城市政权落入再洗礼教信仰者手中这件很令人吃惊的事，他们的主席伯纳德·尼普多林克白天是个布商，晚上就是个预言家。而那个主教看了一眼新长官后，就偷偷溜走了。

此时，莱顿的约翰就出现了。他是以简·马系兹的圣徒的身份来到蒙特斯的，而马系兹是自己创建了一个教派，被世人推为圣人。在听说正义事业发起了一次有力的攻

不公正的对待

雅典公主普罗克莉斯在爱人的百般猜忌中负气出走，狩猎女神的介入几乎让破碎的爱情重获新生，但晨光女神的忌妒与陷害却让公主死于爱人狩猎时的一次误杀。美好的初衷多难以实现，当再洗礼派满心期待出现在维滕贝格时遭遇了种种不公正的对待，命运的轮盘总让人猜不透结局，即便是生命逝去也让人看不出丝毫感伤。

击后，约翰就决定留下来为胜利庆祝，还在教区里扫除了原主教的残余势力。而再洗礼教信仰者为了斩草除根，就把教堂变成了采石场，同时还没收了女修道会，这个女修道会是专门为那些无家可归的人修建的，烧掉了《圣经》以外的所有图书。他们甚至还把那些不按照再洗礼教信仰者的仪式进行再洗礼的人全都赶到了主教营地，对其砍头或溺毙，说他们是异教信仰者，就算死了也不会对社会带来什么损失。这就是掀开的序幕，而戏剧本身的可怕更是有增无减。有几十种不同信仰的上层教士纷纷来到这个新耶路撒冷。在这他们遇到了一些人，以为自己能够号召那些虔诚、正直、向上的人们，但是在他们遇到政治和手段时，就变得像孩子一样懵懂无知。蒙特斯被侵占了5个月，在这段时间里，他们尝试了所有的社会和精神复兴的计划、制度和议程，每个新出道的预言家也都在议会上夸耀了一番。但显然的，这个到处都是逃犯、瘟疫和饥饿的小城并不适合这些实验，而且军队首领的势力也因不同宗派之间的分歧和争执而被削弱。在这紧要关头，裁缝约翰挺身而出，他那昙花一现的荣耀时刻到来了。

　　在饥饿的人们和受难的孩子那里，什么都有可能会发生。所以约翰就根据《旧约》中他看到的旧神学政府的形式，开始照搬模式地建立自己的王国，还把蒙特斯的自由民众划分为以色列的12个部落，而他自己当国王。本来他已经和预言家尼普多克林的女儿

结婚了，可现在他又娶了一个寡妇，这个寡妇原是他的老师马系兹的妻子，后来约翰想起所罗门，就又增加了三个妃子。于是一场丑态毕露的滑稽闹剧就开始了。约翰终日坐在商业区的大卫宝座上，而人们就在他的周边站着，然后听宫廷牧师宣读最新的命令。而这场闹剧来的太快太猛，因为城市的命运已经开始逐渐恶化，所以人们急切地希望它发生。而约翰对此却完全是采取乐观的态度，因为他相信一纸条令有着至高无上的权威。人们抱怨饥饿，约翰就承诺说要解决这件事。然后就有一道圣旨要穷人和富人之间平分城中的财产，把街道改成菜园，所有的餐厅都共同使用。到目前为止还算是很顺利的，但是有人说富人把一部分财产给藏起来了，对此，约翰让他们先不要着急。接着第二天就有法令说谁要是敢违反任何一条法律，就会被立即砍头。请注意，这个警告可不是随随便便的一个恐吓，因为他手中总是拿着剑和剪刀，还时常自己动手行刑。

接着就到了虚幻期，人们都开始对宗教狂热，成千上万的人们不分昼夜地挤在商业区上，等待着好事的出现。然后就到了恐惧期，约翰凭借他杀人如麻所积累的勇气，杀害了他的一个王后。再接下来就是遭到报应的可怕时期，两个深感绝望的平民为主教的军队打开了城门，然后预言家们就被锁进了铁笼里，在维特斯法轮的各个民间市场上

罪恶之城

再洗礼教信仰者将新的赌注都押在小城蒙斯特上，没有丝毫安全感的他们通过政治手腕获得了城市的掌控权，再付诸武力扫除原主教的一切残余势力。遭到清洗的"崭新"世界吸引来众多传道者的涌入，但没有人发觉这座充斥着逃犯、瘟疫、饥饿的城市除了压榨与残忍，已没有宗教信仰繁生的土壤。

信仰之舟

掌权者抛开了一切严明的律法条文，采取充分自由、共享权益的路线，趋利的心理引发周边大量人潮涌入蒙斯特，让城市生存的重心发生了足以致命的倾斜，直到将所有人拉入泥潭。图中深陷在世间苦难泥沼里挣扎的人们慌不择路地爬上不同的信仰之舟，唯有船体最大的帆船在圣灵的吹拂下扬帆前行。

游行示众，最后被折磨死了。这是个很奇怪的尾声，但对那些害怕上帝的朴素灵魂的人来说，却有着很可怕的后果。此后，所有的再洗礼教信仰者都遭到了通缉，而逃过蒙斯特大屠杀的首领也像野兔一样被追捕，然后就地处死。在每次的演讲上，大臣和牧师们都要谴责那些再洗礼教信仰者，咒骂并诅咒他们的叛逆行为，说他们妄想扰乱现在的秩序，同情狼狗也不会去同情他们。对异己的围剿是很少能够取得这样的成功的，终于，再洗礼教信仰者作为一个教派已经不存在了。但是有一个很奇怪的现象就是他们的思想却存活了下来，还被其他的教派所吸收，融入到各种宗教和哲学体系中，变得让人肃然起敬，现在已经成为每个人精神和智力遗产中的一部分了。

这件事虽然叙述起来不难，但是解释起来却很困难。几乎所有的再洗礼教信仰者都是这样一个阶层：他们甚至连墨水瓶都认为是一个没用的奢侈品。过去那些编写再洗礼教信仰者历史的人都是把这个教派看作是恶毒的宗教激进派，只有在一个世纪后的今天，我们才开始了解，这些平贱的农民和艺术家的思想，在把基督教发展得更理智、更宽容的事业中，究竟发挥了多么大的作用。可是，思想就像是闪电，你永远不会知道第二个霹雳火降落在哪里。如果狂风骤雨是在锡耶纳的上空降落，那么此时装在蒙特斯的避雷针又有什么用呢？

第十七章

索兹尼叔侄

意大利的宗教改革从来没有成功过,而且也不可能会成功。其原因主要有两点:第一,南部的人并不重视宗教,因此不需要为了它而挑起战事;第二,罗马就在旁边,还是宗教法庭的中心,一应俱全,如果是想发表不同的观点会很危险,而且还会付出代价。不过在这座有着成千上万名人文主义者的半岛上,总是会有那么几个祸害,重视亚里士多德而轻视圣克里索斯顿。其实这些人也有很多发泄精力的方式和机会,像俱乐

挑战权威

在意大利这座孕育了成千上万名人文主义者的半岛上,安逸经商的南方人并不重视宗教,而近在咫尺的罗马教廷也没有给任何不同的宗教观点提供空间,这让那里的宗教改革始终默默无声。但世界上总能有那么几个勇敢且不甘寂寞的人站出来,直面教皇的无上权威。

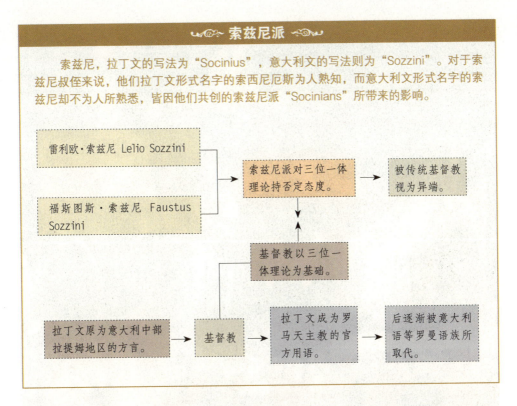

索兹尼派

索兹尼，拉丁文的写法为"Socinius"，意大利文的写法则为"Sozzini"。对于索兹尼叔侄来说，他们拉丁文形式名字的索西尼厄斯为人熟知，而意大利文形式名字的索兹尼却不为人所熟悉，皆因他们共创的索兹尼派"Socinians"所带来的影响。

雷利欧·索兹尼 Lelio Sozzini

福斯图斯·索兹尼 Faustus Sozzini

索兹尼派对三位一体理论持否定态度。

被传统基督教视为异端。

基督教以三位一体理论为基础。

拉丁文原为意大利中部拉提姆地区的方言。

基督教

拉丁文成为罗马天主教的官方用语。

后逐渐被意大利语等罗曼语族所取代。

部、咖啡馆和重视礼节的沙龙等，在这些地方他们可以任意地发挥知识的热情而又不得罪帝国。这样的话，一切都显得那些闲适。其实生活不就是这样调和吗？它过去不也一直是这样吗？难道在世界末日到来之前就不需要调和了？为什么非要为了信仰中的一点小事而大费周折呢？

经过几句介绍后，在我们的两名主角登场时，大家也就不会再希望有什么大吹大擂或隆隆炮声出现了。他们都是讲话很文雅的谦谦君子，做事情也很讲究体面。可是在推翻让人受难的暴政上，他们两个人的贡献要远比那些滔滔不绝的改革者的贡献大。但这却是无法预知的怪事，事情发生了我们会谢天谢地，但如果要问我们原因，其实连我们也不是很明白。在葡萄园中安安静静工作的这两个人叫索兹尼，而且他们是叔侄关系。但不知道为什么，年纪大的雷利欧·弗朗西斯科在拼写名字时用了一个"z"，而年级小的福斯图·保罗却用了两个"z"。不过，对他们的拉丁文形式的索西尼厄斯这个名字，人们都很熟悉，但对意大利文形式的索兹尼却不熟悉，这个细节，我们可以留给语法家和词源学家去解决。由于叔叔没有侄子的影响重要，所以我们先谈论叔叔，然后再讲侄子。

雷利欧·索兹尼是锡耶纳人，出生在银行家和法官世家，所以注定要在博洛尼亚大学毕业后直接从事法律行业。但他却像同代人一样固执地去研究神学，并且不再去学习法律，而是摆弄起那些希腊文、希伯莱文和阿拉伯文，最终（和大多数同代人的结局一

锡耶纳的和平

    在锡耶纳社区人们的仰视中，城市的执政者、法官神情肃穆地坐在宝座上，后者在拥有无上的荣光同时，也肩负着维护锡耶纳和平、正义与繁荣的责任。然而，出身于锡耶纳银行家和法官世家的雷利欧·索兹尼却对神学有着近乎固执的兴趣，甚至在远游修习的过程中积累了大量的奇思怪想。

样）成为了理智神秘主义者，即通晓世故，但又不够老练。这些听起来很复杂，但是对那些能够理解的人我不需要多解释，对那些不能理解的人我解释再多也没有用。可是，他的父亲还坚信他能够成为世界文坛上的一个名人，然后就给了他一张支票，让他去外面的世界增长见识。于是他就离开了锡耶纳，在往后的10年间，他从威尼斯到达了日内瓦，接着从日内瓦到达了苏黎世，然后又从苏黎世到达了维藤贝格，又到达了伦敦、布拉格、维也纳和克拉科夫，不时地会在小镇或村庄里住上几个月或是一年半载，希望可以找到一个很有趣的同伴或是学到有趣的新鲜东西。在当时，人们一谈起宗教就像我们现在谈生意一样没完没了，所以雷利欧就积累了各种各样的奇怪思想，他到处打听，很快就熟悉了那些从地中海到波罗的海的异端观点。

可是，当他带着那些知识来到日内瓦时，迎接他的却是很不友善的无礼招待，而加尔文总是用戒备的眼神来打量他。因为他是个出身高贵的杰出青年，并不像塞维图斯那样贫困潦倒而又孤苦无依，可是听说他比较偏向于塞维图斯。加尔文认为，随着对塞维图斯的火刑，三位一体是非曲直已经盖棺定论了。可是实际上，结果却恰恰是完全相反的，从马德里到斯德哥尔摩，人们谈论的主题都是塞维图斯的命运，而且全世界那些思想比较严肃的人都开始反对三位一体。此外，他们还利用古登堡的发明，来到处宣扬自己的观点，由于日内瓦离得比较远，所以他们的言辞也就多有不敬。其实，在这之前曾出现过一本很有才华的小册子，里面收集了历代以来的教会神父对迫害和处罚异端者所说所写的言语。加尔文所说的"憎恨上帝"的人们，或者是按他们自己反驳的"憎恨加尔文"的人们，他们都很喜欢这本小册子，纷纷购买。加尔文曾宣称要和这本小册子的作者单独地谈一谈，不过这位作者提前料到会有这样一个邀请，就很明智地把自己的名字从封面上删掉了。据说作者是塞巴斯蒂安·卡斯特里奥，他曾是日内瓦一所中学的教师，对各种神学罪行有着很深的见解，这也就促使他厌恶加尔文赞美蒙田。不过这些都是道听途说，并没有人能够证实，可是，一旦有人开了

红衣主教的无奈

思想严谨的人们对三位一体的质疑充斥着每一个角落，而在那些远离教廷的地区，改革者的言辞更加尖锐、刺耳，甚至一些记录着历代教会神父对迫害和处罚异端者定论的印刷品成为了引导社会舆论的重要推手。尽管红衣主教们背后有着残忍、无情的特权，但在面对道听途说的异端指控仍毫无办法。

商人之道

商人的经历让福斯图斯·索兹尼深谙一个道理，那就是如果对方处于有利的地位，那么你单靠暴力或发脾气是没有任何意义的。没有绝对的权威地位，也就永远不可能拥有最终的话语权，过于袒露自己的观点，反而容易招致额外的损失。图为16世纪记录账目的精明商人。

这个假设的头，其他人也就跟着附和。

所以，加尔文对索兹尼可以说是敬而远之，却又建议索兹尼去巴塞尔，他说那里的空气柔和，比撒沃伊的潮湿气候更加适合在锡耶纳出生的他。而在索兹尼准备去著名的古伊拉斯米安要塞时，他就衷心地祝愿他一路顺风。令加尔文感到高兴的是，不久宗教法庭就对索兹尼叔侄产生了怀疑，雷利欧被没收了全部的资产，同时他还发着高烧，年仅36岁就死在了苏黎世。他的早逝在日内瓦引起了一片欢呼，不过这份高兴并没有持续太长时间。

雷利欧除了留下了遗孀和几箱子笔记本外，还有一个侄子。这个侄子不仅继承了他未完成的手稿，还青出于蓝而胜于蓝地成为了塞维图斯的热衷者。这个侄子名叫福斯图斯·索兹尼，他和他的叔叔一样喜欢旅行。他的祖父给他留下了一小块不动产，他一直到快50岁时才结婚，他也因此能把全部的时间都放在他喜欢的神学上。不过他好像曾在里昂做过一段时间的生意，我不知道他是一个什么样的生意人，但我知道他经营的是具体的商品而不是那些精神产品。这一经历也让他明白，在买卖中，如果是对方处于有利的地位，那么你单靠暴力或发脾气是没用的。他一生中也一直保持着这样的一个认知，这种认知虽然在公司办公室里可以找到，但是在神学院里却是很难找到。

1563年他回到了意大利。在返回的途中他来到了日内瓦，不过他好像没去向当地的主教表示敬意，况且加尔文当时也病了，索兹尼家族的人去拜访只会让他感到烦恼。在后来的10年间，索兹尼就在伊莎贝拉·德·梅迪希那里工作。但在1576年，这位太太结婚还没高兴几天，就被丈夫保罗·奥希尼给杀死了，索兹尼也就辞了工作，永远地离开意大利了。后来他来到巴塞尔，并把《赞美诗》翻译成了意大利白话文，同时还写了一本关于耶稣的书。他就像自己的作品中所展示的那样，是个小心谨慎的人。他的小心谨慎主要有两个原因：首先，他的耳朵不好使，耳聋的人天生谨慎。其次，他可以从阿尔卑斯山另一面的几块地产中获得效益，于是托斯卡那的当权者就暗示他说，那些被怀疑是"路德学说"的人，只要他们在评论那些让宗教法庭恼火的题目时不太过分就行。于是他就采用了很多的笔名，而且在出版一本书之前，还必须请朋友看一遍，确定比较安全后才送去印刷。这样一来，他的书就没被列为禁书，而那本讲述耶稣一生的书也就一直流传到了南喀尔巴阡山，落入到另外一个有着自由思想的意大利人的手中。这个人是

印刷业的兴起

索兹尼在巴塞尔从事将《赞美诗》译成意大利白话文的工作，此外还写了一本关于耶稣的书。有人暗示他，不要对宗教法庭感到恼火的题目过分评论。于是，谨慎的他通过反复确认安全后才付诸印刷，而这也让他的书逃过禁书的惩罚，广为流传。图为当时的印刷作坊，印刷业的兴起为书籍的传播推波助澜。

一些来自米兰和佛罗伦萨城中的贵妇的私人医生，与波兰和南喀尔巴阡山的贵族有着频繁接触。

在当时，南喀尔巴阡山是欧洲的远东，一直到12世纪初期仍旧是一片荒野之地，被用来安置德国的多余人员。后来，勤劳的撒克逊农民把这里建设成了一个繁荣昌盛、井然有序的小国家，里面有城市、学校，还有几所大学。但是这个小国家远离了通商要道，有些人因为某种原因，不希望和宗教法庭的人靠得太近，希望能和他们相隔很远，最好有沼泽地和高山阻挡着，于是，这个小国家就成了人们心中理想的生活之所。而波兰，这么多个世纪以来，人们一旦提起它就会想到保守和沙文主义。但是现在我要告诉大家，它在16世纪上半叶确确实实是个避难所，保护了那些因为宗教信仰而在欧洲其他地方饱受折磨的人们，这的确是个令人感到高兴的意外吧。而这个意外的情形是由典型

波兰的崛起

作为一个中欧国家，长期的分裂与混乱让波兰成为众多国家眼中的肥肉。南喀尔巴阡山高耸、绵延的山脉犹如一道天然屏障，将位于远东的波兰与繁荣商道、宗教腹地相隔开来，这也让那里成为因宗教信仰而在欧洲其它地方饱受折磨的人们理想的避难所。

波兰的崛起

6世纪至7世纪	西斯拉夫人在维斯瓦河与奥得河流域建起他们的家园。
10世纪	波兰部落逐步统一了其他部落，建起属于自己的国家。
996年	波兰人开始接受基督教。
1025年	博莱斯瓦夫一世统一波兰并加冕为波兰国王。
12世纪中叶	随着王室贵族、宗教势力的发展与城市的出现，波兰分裂为若干公国割据长达200年。
1320年	瓦迪斯瓦夫一世统一大波兰和小波兰，完成统一大业并加冕为波兰国王。
1385年	通过王室联姻，波兰和立陶宛共同抵御条顿骑士团的侵略。
15世纪	通过与匈牙利、捷克等国的联合，波兰逐步跻身欧洲实力较强国家之列。

避难之地

　　晴朗的天空下，人们悠闲地沐浴着温暖、柔和的阳光，在那片昔日欧洲远东的蛮荒之地，勤劳的人们逐步建起一个繁荣昌盛、井然有序的国家。地域的偏远与宗教管控的相对宽松，让波兰成了因宗教信仰而在欧洲其他地方饱受折磨的人最后的避难所。

　　的波兰风格造成的。大家都知道，这个共和国在很长一段时间内，一直是欧洲管理最不好的国家。由于西方各国的主教和乡村牧师也经常会有放荡和酗酒行为，所以波兰上层教士玩忽职守这种情况也就没有被重视起来。但是在15世纪下半叶，日耳曼大学中的波兰学生越来越多，这就引起了维藤贝格和莱比锡当权者的重视。对此，学生们开始不断地质问，接着事态越来越严重，最后波兰教会管理的克拉科夫波兰学院被摧垮，于是这些可怜的波兰人要是想受到教育就必须要远离家乡。不久，条顿大学因为受到新教旨的影响，所以华沙、拉杜姆和琴斯托霍瓦的学生也能够进入这所学校了。在他们衣锦还乡之时，已经是羽翼丰满的路德派了。

　　在宗教改革的前期，国王、贵族和教士要想消除错误思想的传播还是比较容易的，不过这就要求共和国的统治者要有一个明确而统一的政策。这自然是很相互矛盾的，因为这个奇怪国度里最神圣的传统就是，一张反对票就足以推翻一条法律，就算是有国会中其他所有议员的支持也不行。

幸免的圣杯

各个宗教之间的尖锐争端让合法接管、没收其他教会财产的行为成为可能，这让各地众多的权势者争相恐后地加入战团，在将各地教会的存亡推上风口浪尖的同时，人们对其展开了大肆的掠夺和破坏，大量的黄金、白银收入了他们的口袋。图为因在主教坟墓中而未遭洗劫的镀银圣杯。

不久，那位著名的维藤贝格教授在宣传自己的宗教时又推出了一个经济附属品，这个附属品就是没收所有教会的财产。但是，在波罗的海到黑海之间这块肥沃的平原上的波尔劳斯家族、乌拉蒂斯家族和其他骑士、伯爵、男爵、王子和公爵，很显然是倾向于另外一种信念，这个信念就是口袋里要有钱。紧接着就展开了对修道院真正领地的非神圣抢夺，导致了有名的"间歇"的出现，而自从开始有人类记载，波兰就是凭借这种"间歇"来拖延思考时间的。在这段抢夺的时期内，所有的权力都以逸待劳，于是新教信仰者就利用这个机会，不到一年就建起了自己的教堂，而且还遍布全国。当然，新教长之间的争执，最终又使得农民回到了教会，而波兰再次成为天主教的一个坚固城堡。然而在16世纪下半叶，波兰却被允许可以有各种特别宗教的并存。当时西欧的天主教和新教展开了针对再洗礼教信仰者进行屠杀的战事，幸存者们就开始向东逃亡，最后在维斯杜拉河畔居住了下来。几乎是同一时间，索兹尼所写的关于耶稣的书被布兰德拉塔大夫看到了，于是他就表示想要认识这本书的作者。

乔古奥·布兰德拉塔，意大利人，毕业于蒙彼利埃大学，职业是医生，而且是出色的妇科专家，多才多艺，桀骜不驯，却很聪明。他和当时很多的医生一样（回想一下拉伯雷和塞维图斯），既是神学家同时又是神经病专家，时常扮演不同的角色。他曾成功地治愈了波兰皇太后的疾病，这位皇太后原本是一直有幻觉的，即认为那些怀疑三位一体的人都是错的，病情痊愈后她就开始对自己以前的认知感到后悔，后来就只对那些认同三位一体的人进行惩处。她死后（被情人所杀），她的两个女儿都嫁给了当地的贵族，而布兰德拉塔作为她的医疗顾问，在政治上也有着很大的影响。他知道如果不采取措施停止宗教之间的争执，内战就会一触即发。所以，他就努力想避免对立教派之间的战事，但是要想实现这个目的，就必须要有一个比他还要精通复杂的宗教论战的人，他就突然想起了那个写耶稣一生的人。于是，他就给索兹尼写了一封信，请他来此。但不幸的是，索兹尼刚到达南喀尔巴阡山，布兰德拉塔就因为被公布了贵族私生活上的丑闻而被迫辞职。索兹尼就留在了这片偏远的土地上，然后娶了一个波兰女孩，在1604年死在了当地。

夭折的诊治

　　通常有着神学家和神经病专家双重身份的医生深知自己的职权和影响力，他们有时甚至可以左右政治的决策与影响。为了避免或阻止教派之间的战事，不懂宗教论战的医生期待着能与深谙此道的人联手，然而一个丑闻让计划最终搁浅，也把索兹尼丢在了偏远的土地上。图为给皇室成员做身体检查的医生。

索兹尼一生中的后20年是最为有趣的一个时期，因为这时他已经具体地阐述了自己的宽容思想。16世纪下半叶是这样一个时代，即大量地出版宗教问答手册，进行信仰、信条和教旨的告解，而且在德国、瑞士、法国、荷兰和丹麦，人们都在大量地写这些东西。那些印刷做工不精的小册子都表明了这样一个很糟糕的信仰：他们（也只有他们）才代表真正的真理，那些宣过誓的当权者的职责就是要支持这个形式特殊的真理，然后对那些随意信仰其他低劣真理的人用剑、十字架和火刑柱进行惩罚。而索兹尼的信仰却有着完全不同的精神，他一开始就很直接地说自己的真正的意图并不是要和别人吵架。然后他还说："很多虔诚的人都很有理由地抱怨，说现在已经出版的和各个教会正在出版的各种教义和宗教手册，导致了基督教信仰者之间产生分歧，因为它们都想强行把一些原则加注在人们的良知上，把和自己意见不同的人看作是异端者。"因此，索兹尼就很正式地宣布，自己的教派绝不会剥夺或压抑任何人的宗教信仰。在讲到广义上的人性时，他又作出了下面这样的呼吁："让每个人去自由地选择宗教吧，因为这是《圣经·新约》所定的准则，最初的教会也已经开创了先河。对于熄灭上帝在人们心中点燃的圣灵之火，我们这些悲惨的人又有什么资格去压制呢？我们之中又有谁能够独占《圣经》的含义呢？为什么我们不记住我们唯一的主是耶稣，而我们大家是兄弟，我们当中有谁被赋予了权力去压制别人呢？可能我们当中会有人比别人要博学，可是在自由和基督面前，我们是平等的。"

所有的这些都描述的那么美好，只是早了300年。在那个动荡的年代里，索兹尼派和其他教派都不能指望可以长期坚持自己的立场，而反对宗教改革这一潮流又来势凶猛。大批的耶稣教会的神父在已经丢失的省份里大肆放纵，新教信仰者们边工作边争执，最终导致东部的人又很快地返回到了罗马。今天那些来到这片远离欧洲文明的土地旅行的人，很难会联想起这里不久前还曾是最先进最自由的城堡，也不会猜到在那可怕的路德山丛中曾有一个小村庄，而这个小村庄正是第一次获得实现宽容的方法的地方。

由于清闲和好奇，我就在一天上午来到了图书馆，大致地查看了一下那些最流行的教科书，而这些书是供我们年轻人了解过去的。但里面却对索兹尼派或索兹尼叔侄是只字未提，所有的书都是直接从社会民主派跳到汉诺威的索菲亚，从撒拉森跳到索比斯基。其实在这个被跳过的时期里，是有着很多的伟大宗教领袖的，这些人中有厄可兰帕鸠斯和一些次要人物。而只有一卷提到了索兹尼叔侄，但也只是出现在那个列举路德或加尔文所说所做的事情的一个不明确的附录里。

预见的确是件很危险的事，但我还是认为在以后300年的通俗史中，这一切都会发生改变，索兹尼叔侄会独自占据一个小章节，而那些宗教改革的传统的主角则会退居到次要的位置。就算他们的名字被人踩在脚下，也同样会气焰万丈。

真理争逐

　　在混乱的年代，大量的宗教宣传手册充斥着人们的世界，它们都声称代表着唯一真正的真理，从而引发了宗教之间、人们之间的分歧与争执。它们强行将一些原则加注在人们的良知之上，进而将那些不同见解称其为异端，在获得当权者的支持后，对一切异端者施以残酷的压迫与各种刑罚。

第十八章

蒙 田

　　有人说中世纪的城市空气有利于自由，也确实是这样。那些躲在高高的城墙后面的人可以尽情地鄙视那些男爵和教士，而且很安全。后来，欧洲大陆的条件好转，发展国际商业又变得有可能了，所以就产生了另外一种历史现象。这个现象用三个词语组合就是：生意益于宽容。但是你会在一周中任何一天，特别是在周末，改变这种观点。温斯堡和俄亥俄可以支持三K党，但是纽约却不可以。如果纽约人掀起了一场运动，把所有的犹太人、天主教信仰者和外籍人都驱逐出境，那么华尔街就会变得一团乱，劳工运动就会马上爆发，所有的一切都会变成废墟，一发不可收拾。不过中世纪后半期也确实是这样，莫斯科里居住的是那些小伯爵，他们看起来很像是公爵，这会激怒新教信仰者。但

是在位于国际商业中心的诺夫哥罗德里，他们就需要小心行事了，要不然就会惹恼那些前来做生意的瑞典、挪威、日耳曼和佛兰芒商人，然后被赶到维斯比去。

一个纯农业国可以很镇定的用一顿丰盛的饭菜来款待农民，但是，如果威尼斯人、热那亚人和吕赫人在这个国度内杀害异教信仰者，那么那些外国公司的代表就会马上离开，也会随之抽回资金，导致城市破产。然而，很多国家却不能从根本上吸取教训（像西班牙、教皇统治区和哈布斯堡的领地），仍然受"对信仰的忠诚"的控制，把信仰的那些敌人无情地驱赶出去。结果，它们要不就是变得什么都没有，要不就是衰落为第七等国家。可是商业国家和城市的当权者就不是这样，他们通常都很尊重事实，也知道自己的利益所在，所以在精神这个领域一直保持中立。因此，天主教、新教、犹太人和中国顾客都能够继续经商，同时还能继续忠诚于自己的宗教。

而威尼斯为了能有光鲜的外表，就设立了一项反对加尔文教派的法案，但是十人

中世纪的朝圣者

中世纪城市的蓬勃发展为自由空气的流动创造了空间，人们可以安然地躲在高高的城墙后面对所有男爵和教士尽情鄙视。城市之间商贸发展所带来的巨大利益与发展契机，让每一个当权者对宽容尺度的把握越来越开始倾向于利益的权衡，即所谓的生意决定宽容。

内阁却偷偷地告诉宪兵，说不必太用心地去执行这条法令，可以让那些教信仰者自行其事，愿意信仰什么就信仰什么，除非他们真的把圣马尔可抓到自己的会场去。其实他们在阿姆斯特丹的朋友也是这样行事的，每个周末，新教牧师们都会大声地斥责那些"淫荡女人"的罪行。旁边的街道里有一个很不起眼的房子，那些可怕的天主教信仰者们也在房子里默默地做着弥撒，而且外面还有新教的警长在戒备，时刻防备着日内瓦宗教的那些狂热者们突然闯入这个违反了禁令的会议，把那些还有用处的法国和意大利客人给吓跑。但这也并不是说，威尼斯和阿姆斯特丹的人们已经不再忠诚于自己那可敬的教会了，他们还像往常一样是好天主教信仰者或新教信仰者。但是他们知道，从汉堡、吕贝克或里斯本的10个经商的异教信仰者那里获得的愿望，要比从日内瓦或罗马的10个寒酸教士那里获取的允许更有价值，所以他们就见机行事。

现在让我们来说蒙田的事迹。他思想开通，有着自由的见解（并不总是一种），他的父亲和祖父都是做鲱鱼生意的，而母亲却是西班牙犹太人的后裔，把这两者联系在一起未免显得有些生拉硬扯。但是我认为，有个做商人的长辈，对蒙田的观点有着

城市信仰

商业的发展让新兴城市逐步告别了自给自足的封闭时代，来自不同地域的商贸实体成长为城市的脊梁，支撑起整座城市的繁荣。一荣俱荣、一损俱损的格局让商业国家或城市的当权者清醒认识到商业利益的所在，故而他们尊重事实，在精神领域始终保持中立。图为繁荣的威尼斯圣马可广场。

设计好的人生

　　成功商贾的家庭背景影响着蒙田的一生，他的祖辈清楚地认识到，只有从政才能从根本上改变家族的地位与未来。而商人的本性赋予了蒙田厌恶盲目信从和固执的天性，并帮助他在祖辈为他设计好的人生之路上一帆风顺，最终成为一名受人尊敬的批评家、学者。图为码头市场上鱼铺前售鱼的商人。

很大的影响。作为战士和政治家，蒙田一生的特点就是厌恶盲目信从和固执，这主要起因于一家小鱼铺，而这个鱼铺距离波尔多的主要码头并不远。如果我是当着蒙田的面这样说，我想他肯定不会感谢我，因为在他出生时，所有"生意"的迹象都已经从这个华丽的家族纹章中被偷偷地抹去了。他的父亲在获取了蒙田地方的产业后，就开始挥霍无度，希望儿子能够成为一个绅士。蒙田刚会走路时，私人教师就开始向他灌输拉丁文和希腊文，6岁时就被送到了高级学校，还不到20岁就已经成为了波尔多市议会中羽翼丰满的一员。然后他做了军人，还在法院工作过。38岁时他的父亲去世时，他就退出了所有的外界活动，在剩余的21年里一直致力于马匹、狗和书的研究上，而且还有所成就。

蒙田可以算得上是具有划时代意义的人物，但他还有几个缺点。其中一个就是他从来都没有彻底摆脱掉某些情感和礼仪，但他相信这样才算是真正的绅士风度。而且他一直到死，还在说自己不是真正的作家，只是一个乡村绅士，只是在冬天没事做时，才会匆匆地记下一些比较哲理的杂乱思想。其实这全都是废话，如果说还有谁能够把整个的

蒙田的一生

作为16世纪法国人文主义思想家、作家，蒙田出身于法国贵族家庭，他向往自由、静谧与闲趣，一度曾过着退隐避世的生活。当时贵族重武轻文的风气让他常常避称作家，而以乡村绅士自居，他用心感受人世的冷暖，并以笔下文字丰富的思想内涵赢得人们的尊敬。

蒙田的一生

幼年时代	寄宿在农村家庭，成长在以拉丁文为母语的学习环境下。
少年时代	在高级学院先后修习希腊文、法文、文学和法律。
1557年	在波尔多最高法院担任要职。
1561年至1563年	成为法国皇帝查理九世的座上宾。
1571年	退隐蒙田堡，潜心从事《蒙田随笔》的创作。
1580年至1581年	游历欧洲各国后重回政坛，出任波尔多市市长。
1592年	病逝于蒙田堡。

心、灵魂、美德和罪恶及一切都奉献给自己的
书，那也只有这位开朗的绅士了，这位能和不
朽的达尔塔昂相媲美的绅士。由于这位性情宜
人、深有教养、豁达大方的人拥有心、灵魂、
美德和罪行，所以他的所有作品与文学作品相
比是毫不逊色，甚至是更胜一筹，这些作品已
经发展成为了生活哲理，把常识和实际的日常
体面作为基础。

　　蒙田在世时是天主教信仰者，死时依旧如
此，年轻的时候还曾加入过天主教贵族联盟，
这个联盟是法国贵族为了要把加尔文主义驱逐
出境而成立的。但是，在1572年8月，教皇格
列高里八世为了欢庆杀死了300名法国新教信
仰者，这对来蒙田来说是决定命运的一天，自
此他就永远地离开了天主教会。但他却没有再
加入别的宗派，而且为了免得别人多嘴，他还
继续参加某些重大的仪式。但是在圣巴塞洛梅
惨案之夜之后，他的作品就全都和别人的著作
同出一辙了，而这些人就是马尔库斯、爱比克
泰德、奥里利厄斯或其他十多个希腊罗马哲学
家。在这些作品中，其中有一篇名为《论良知
的自由》很值得怀念，因为他在文章中所使用
的语气好像是和古代的帕里克利属于同一个

圣巴塞洛梅之夜

　　在法国狂欢节的前夜，暗流涌动的宗教争
锋无情地将人们卷入旋涡，这一夜法国国王查
理九世展开了一场历史上对新教信仰者充满血
腥与恐怖的屠杀。图中天主教贵族手持着冰冷
的长剑，冷峻的神情暗示着残忍的时刻一触即
发，而伏在地上祈求阻止罪恶行径发生的修女
显得如此虚弱、无力。

时代，而不是法国皇后凯瑟琳·德·美第奇的仆人，此外，他还把变节者朱利安当作例
子，讲明了真正宽容的政治家应该获得的成就。这篇文章很短，总共才五页，大家可以
在第二册第十九章中找到。

　　对于那些冥顽不灵的新教信仰者和天主教信仰者所提倡的绝对自由，蒙田早就已
经感到厌烦了，因为这种自由（在当时的环境中）只会招来新的内战。但是一旦条件允
许，这些新教信仰者和天主教信仰者就不用在睡觉时再在枕头下放两把匕首和手枪了，
而且聪明的政府应该懂得尽量不去干涉别人的思想，应该允许所有的民众按照自己的方
式去热爱上帝，这种方式是能使心灵获得幸福的方式。其实产生这种想法并把它公诸于
世，蒙田不是唯一的一个，也不是第一个。早在1560年，凯瑟琳·德·美第奇的前大臣
麦克尔·德·豪皮塔尔，还有几个意大利大学的毕业生（因此被怀疑是受了再洗礼教信
仰者的影响）就曾说过，对于异端者只适合以文字为武器。但蒙田让人感到惊讶的是，
良知有着自己的本来面目，不是单凭武力就可以改变的。两年后，他促使了《皇家宽容

自由的良知

　　浓密的树丛中一束神圣的光斜射下来，每一个人却表现出崇拜、惊愕、惶恐的不同表情。对于人们心中完全各异的思想与观念，每一个人都有着不同的解答，良知存在于他们的心中，不能凭借武力屈服或改变。为了避免绝对的自由而招致争端，执政者们都试图对不同的人区别对待，并给予他们不同的自由与宽容。

法》的诞生，该法律使得胡格诺教派有权力召开自己的集会，举办宗教会议来讨论本宗教的事情，就像是一个完全自由独立的教派，而不是仰人鼻息的小派别。巴黎律师让·保丹，这个令人尊敬的公民（他保卫了私人财产，反对托马斯·莫尔在《乌托邦》中所表达的共产倾向），这是持有这样的观点，不认为国王有权力运用武力去强迫臣民去这个或那个教堂。

　　大臣们的演讲和政治哲学家的论文几乎是不受欢迎的，但是那些以智慧之士座谈会为名义而聚在一起的人，都在普遍地阅读、翻译和讨论蒙田的书，而且长达300年之久。其实是蒙田的业余身份和只为乐趣而写作，是他深得大众之心，不然的话人们是不会去购买（或借阅）被官方列为"哲学"的图书的。

第十九章

阿米尼斯

在所有的考虑中，"有机社会"会把"整体"的安全放在最前面，而智力或精力惊人的个人则认为世界迄今为止的发展全是依靠个人的努力，并不是凭借集体（其实就是不相信所有的变革），所以认为个人的权力要比集体的权力重要，而他们之间这种对个人和集体权力的一代又一代的争执，正是争取宽容的斗争中的一部分。如果我们认为这个前提是正确的，那么一个国家的宽容程度就与大多数居民的个性自由程度成正比。在过去，有时也会出现非常开明的统治者，他会对孩子们说："我相信

宽容与个性

在团队看来，整体的利益永远优先于个人利益，而对于一些智力或精力惊人的个体来说，正是与大多数人格格不入的他们通过努力才推动了世界的发展。集体与个人孰胜孰强的争执世代延续，而争执的背后隐藏的却是国家的宽容程度与大多数居民的个性自由程度成正比的结论。

公正的评判者

　　一个客观公正的评判结论取决于一个能够站在客观、公正立场上的评判者。在荷兰，有着众多半自给自足的城镇、乡村，那里有着大量独立性较强的渔夫、水手和商人，他们学会了根据自己的利弊去作出判断，对宽容的中立态度让他们的评判有着得天独厚的理解。

'待人宽则人亦待己宽'这句话。我希望所有的臣民都要宽以待人，要不然就会自食其果。"于是，那些性急的臣民就会慌忙储存官方徽章，徽章上刻有几个绚丽的大字：宽容第一。但是他们的这种改变只是因为害怕国王的绞刑史吏，所以并不会持续太久。国王只有在恐吓的同时，建立一套逐层教育的体制，并把它作为每天的政治事项，这样才能取得成效。

16世纪下半叶，这种理想的情况出现在了荷兰共和国。这种情况会出现首先是因为，这个国家有上千个半自给自足的城镇和乡村，居民多是渔夫、水手和商人。而这三种人习惯了一定程度的独立行动，所从事工作的性质迫使他们在作决定时要迅速果断，要根据自己的利弊来判断工作中出现的机遇。当然，我并不是说他们就比世界上其他地方的人更加聪明，心胸更加宽广。但是艰辛的工作和不达目的誓不罢休的那股干劲，使得他们成为了整个北欧和西欧的谷物鱼类搬运工人。他们知道，天主教信仰者的钱是和新教信仰者的钱一样好使。他们喜欢直接付现金的土耳其人，不喜欢要欠账6个月的长老会教信仰者。所以，要进行宽容的试验，他们就是理想的国度，更重要的是每个人都能各取所需，可以说天时地利人和全占了。

一向寡言少语的威廉是"意图统治世界的人必须要先了解世界"这句古老格言的典型代表。一开始他是个穿着时尚、钱财很多的年轻人，有着令人羡慕的社会地位，即给当时最大的君王做机要秘书。在晚宴和舞会上他挥金如土，还娶了好几个比较出名的女继承人，行为放纵，过着今朝有酒今朝醉的生活。而且还不是很用功，在他看来宗教小册子远没有竞赛图表有趣。最初在他的眼里，宗教改革所引起的生活动荡只不过是雇佣者之间的又一次争执罢了，只要稍微运用一点手段，再整出几个人高马大的警察，这件事就可以解决了。但是，在他真正了解了国王和臣民之间争执的本质时，他已经成为了比较有才能的领袖。其实，他要从事的工作是在当时已经完全失势的事业。于是他就在短期内把宫殿、马匹、金盘和乡间地产全卖掉（或者是马上放弃）。因此这个布鲁塞尔的花花公子就成为了哈布斯堡最顽固也是最成功的敌人。但他的个性并没有因为财产的变动而发生改变。威廉在仓满囤流的时候是哲学家，在住进两三间出租屋里、周六都不知道怎样交洗衣费时还是个哲学家。过去他曾击败了一个主教妄想建造足够的绞刑架来处死所有新教信仰者的企图，如今他同样要努力制止热情的加尔文教信仰者要绞死所有天主教信仰者的势头。然而，他所付出的努力却是毫无用途，两到三万的人已经惨遭杀害，宗教法庭的监狱里堆满了新的尸体，远处的西班牙正在召集军队，准备在叛乱传播到欧洲其他各地之前粉碎它。在这场叛乱中，对于这个绞死了自己的父亲、兄长、叔叔和爷爷的人，有的人说应该热爱他，也有人拼命地反对这种说法，在这里没有必要告诉大家是谁在反对。但是通过自己的态度和对反对者的和解态度，他已经明确地向追随者表明，有性格的人应该超越摩西的以眼还眼、以牙还牙的律法。

在这场努力实现公共道德的论战中，一个杰出人物给予威廉以支持。这个人就是德克·孔赫特，你会在一个奢侈的教堂中看到一个十分奇特的简短碑文，碑文就记载着

沉默者威廉

作为尼德兰革命中反抗西班牙哈布斯堡王朝统治的领袖人物，沉默者威廉被荷兰人看做是他们的"国父"。这位以头脑冷静而获得"沉默者"绰号的政治家，为荷兰的独立几番浮沉、奋斗不息，决海潦地而解莱顿之围就出自他的手笔。

沉默者威廉大事记

时间	事件
1533年	出生于德意志拿骚的迪伦堡，幼年继承家族的爵位成为奥兰治亲王。
1556年	作为神圣罗马帝国皇帝查理五世的侍从官率军征战，屡获殊荣。
1559年	身兼荷兰、泽兰、乌得勒支三省执政，反对哈布斯堡王朝的专制统治。
1565年	组建"贵族同盟"，控诉西班牙国王腓力二世在尼德兰对新教信仰者的迫害。
1567年	西班牙军队开进尼德兰疯狂镇压，威廉逃亡德意志，筹款募军伺机反攻。
1568年	挥兵反攻尼德兰遭到挫败后，应邀担任尼德兰北方两省执政。
1574年	莱顿城外率军决海潦地，逼退不擅水战的西班牙军队。
1576年	以尼德兰北方行省总督身份促成南北各省《根特协定》的签署。
1581年	担任荷兰共和国第一执政，于1584年遇刺身亡。

他的品德，而他的遗体也就埋在那里。孔赫特是个很有意思的人，他出生于一个富裕家庭，年轻时就常年在外旅行，掌握了德国、西班牙和法国的第一手资料，他回国后就爱上了一个一贫如洗的女孩。但他的父亲是个荷兰人，做事很谨慎，自然是不同意他们的婚姻，可是孔赫特还是和那个女孩结婚了。这时他的父亲就做了所有的长辈都会做的事情，即斥责自己的儿子忘恩负义，同时还剥夺了他的继承权。于是，年轻的孔赫特就被迫做活来谋生，这样的事情做起来确实有点困难，不过幸好他多才多艺，很快就掌握了一门手艺，成为了铜雕匠。

但是，作为荷兰人就少不了要说教，每到晚上，他就会赶忙放下雕刻刀，拿起鹅毛笔来记录一天中的大事。他的文笔并不像我们现代人所说的那样"引人入胜"，但他的书中有很多可以让人轻易接受的道理，这些道理和伊拉斯谟所阐述很相似。他因此交到了很多朋友，也和威廉有了接触。威廉对他的能力很是赞赏，并雇佣他做机要顾问。因为当时的威廉正处以一场奇怪的争论中，国王菲利浦因有教皇的支持，就想解决掉这个人类的公敌（也就是他的敌人威廉）。国王承诺只要有人能杀掉威廉，他就会给这个人25000个金币，还有贵族的头衔以及免除他的一切罪行。威廉已经五次遇难，可是他仍然认为用小册子来推翻菲利浦是他的责任，于是，孔赫特就帮助了他。接着他们就把矛头直指哈布斯堡内阁，可是要想内阁能因此而变得宽容，那简直是痴人说梦。不过威廉和菲利浦之间的斗争引起了全世界的关注，小册子也因此被翻译成不同的文字，大量地传播，其中有些人们过去只敢私下谈论的题目，现在却被激烈的讨论了起来。然而不幸的是，这场斗争并没有持续太长时间。因为在1584年7月9日，一个法国的天主教信仰者杀害了威廉，拿到了那25000个金币的酬劳，而在6年后，孔赫特也与世长辞了，此时他还没有完全把伊拉斯谟的著作翻译成荷兰文。

在往后的20年间，战事持续不断，有着不同观点的神学家之间的相互责骂也被淹没在战事中。最终新共和国成立，敌人被驱逐出境，但此时再也没有像威廉那样的人来

莱顿之围

西班牙军队将荷兰起义者团团围困在莱顿城，在西班牙当权者看来，他们将以强硬的手腕粉碎这场大有四处蔓延之势的叛乱。占尽优势的西班牙人为彰显实力、以儆效尤，意图困死城中的反叛力量，直到威廉决海潦地，带着"海上乞丐"惊走不擅水战的西班牙人，才让这座绝望之城重获生机。

掌管内部事务了。而那些不同的教派，他们本来就是在大批西班牙雇佣兵的压迫下暂时取得了不情愿的和解，现如今更是愈加仇恨对方。当然，他们要是想挑起战争，就需要有个理由，可是理由是很好找的，哪个神学家还没点儿不满的事呢！例如，在莱顿大学中，有两个教授的观点不同，这本来也不是什么新奇的大事，但是，对于人有意志的自由这个观点，他们却完全不同意，这就变得很严重了。那些兴奋的人们就叫骂着参加到讨论中来，还不到两个月，整个国家就变成了两大敌对的阵营。一边是阿米尼斯的朋友，一边是戈马鲁斯的追随者。

戈马鲁斯虽然是出生于荷兰家庭，但他的一生却是在德国度过的。他是条顿教育体系下培养出来的杰出人物，知识渊博，但他缺乏基本的常识。他精通希伯莱律学的奥秘，却按照阿拉米语的句法规则来生活。

而阿米尼斯却完全相反，他出生在距离斯特恩修道院不远的奥德沃特城，据说伊拉斯谟曾在这个修道院度过了不愉快的少年时代。幼年时，阿米尼斯就和马古堡大学著名的数学家和天文学教授结下了深厚的友谊。这个人叫鲁道夫·斯内里斯，是阿米尼斯的

仇恨的对峙

在权势与地位面前，占据优势的当权者总是妄图对那些新崛起的势力施以重压，在后者打乱或将要打乱他固有的地盘之前，扼杀掉一切可能的威胁。这种仇恨让威廉屡屡陷入绝地，但他仍坚定地站在国王菲利浦的对立面上，两者之间的争斗不仅吸引了更多人的关注，同时也将新思想传至欧洲的各个角落。

荷兰家庭

　　西班牙的强势外力迫使下，让荷兰内部不同教派之间埋藏起了更多的仇恨，但这种暂时被遏制的分歧不可避免地终将成为双方喷薄而出的怒火暴露在空气中，并由此引发更激烈的论战。图中的荷兰家庭所有成员正围坐在餐桌前准备就餐，他们内心虔诚，外表却严肃而冷漠，似乎对一切异常有着本能的排斥。

邻居，他把阿米尼斯带到了德国，并让他接受良好的教育。可是当阿米尼斯在第一次假期回家时，却发现西班牙人已经把他的家乡洗劫一空，他的亲人也都遇难了。他的学业似乎也要因此而终止了，但幸好有一些好心的富人在听说了他的遭遇后，纷纷捐助他，把他送到莱顿大学去学习神学。经过刻苦学习，他用6年的时间学完了所有的课程，然后又去寻找新的知识了。在当时，优秀的学生总能找到资助人来赞助他们的前程，于是，阿米尼斯也很快地拿到了阿姆斯特丹的几个行会给他开的介绍信，然后，他就高高兴兴地去南方寻找受教育的机会了。他作为一个很受尊重的神学继承人，首先到达的是日内瓦。当时加尔文已经死了，但是他的仆人西奥多·贝扎就像是天使的牧羊人一样，接替

INTE DOMINE ANNO 1597 COMFIDO AETATIS 8

继承者

作为日内瓦大学的校长，拜斯接过了加尔文的衣钵，成为了日内瓦教会的领导者。加尔文教会始终致力于在日内瓦建立起一个纯粹的"圣人国度"，并将那里的一切纳入它的严格掌控，任何一丝异常的气味都会引起他们的警觉，并在最快速度内将它驱逐出这片土地。

了加尔文。他对异端邪说的感知很是灵敏，很快就感受到了阿米尼斯教旨中的拉姆主义气息，就缩短了对他的拜访时间。

拉姆主义这个词对现代读者来说是毫无意义的，但是熟悉米尔顿文集的人都知道，它在300年前却被认为是十分危险的宗教新说。这个词是由彼尔·德·拉·拉姆发明或创造的，在他还是学生时，就对老师那种过时的教学方法感到厌烦，于是在写博士论文时，他就选择了一个让人感到惊讶的题目：《亚里士多德教诲的一切都是错误的》。自然，老师不会喜欢这个题目。几年后，他又在几本很有才华的书里写入了自己的想法，这就造成了他的死亡，成为圣巴塞洛梅大屠杀的第一批牺牲者。但是这些令人感到气愤的书并没有随着他的死而消失，而是残留了下来，而他的那种奇异的逻辑体系在北欧和西欧也受到了欢迎。但真正的虔诚者却认为拉姆主义是通往地狱的证件。

就有人建议阿米尼斯去巴塞尔，巴塞尔这个多灾多难的城市，自从受到对一切都持探索态度的伊拉斯谟的影响后，就把"自由派"看作是有作为的人物。受到这样的告诫后，阿米尼斯就开始向北进行，但是他又作出了一个很反常的决策。他进入了敌人的腹地，还在帕多瓦大学学习了几个学期，此外，还去了一趟罗马。但他在1587年重回故乡时，却因此被国民视为危险人物。不过他既没长角也没长尾巴，人们就渐渐对他产生了好感，还允许他做阿姆斯特丹的新教牧师。在这里，他不仅发挥了作用，还在瘟疫盛行的时候赢得了英雄这个美名。很快的，人们就真心地拥护他，并拜托他重新建立城市的公共教育体系。1603年，当他以羽翼丰满的神学教授的身份被调往莱顿时，当地的所有民众都还恋恋不舍。如果阿米尼斯知道他在莱顿会遇到什么样的情况，我敢肯定他是绝对不会去的。在他到达莱顿时，下拉普萨里安派教信仰者和上拉普萨里安派教信仰者之间的战争正好进入了白炽化阶段。阿米尼斯的出身和受到的教育都是属于下拉普萨里安，

苦难与救赎

　　瘟疫的盛行几乎让整个欧洲陷入恐慌，而残留在未知角落的危险教义也始终没有随着传播者的死亡而消失，这为世人的生存和思想者的生存带来了巨大的考验。图中十字架上基督的身体遍布着各种伤痕和酷似黑死病引起的绿色疖子，人们在面对瘟疫谈虎色变的同时，也迫切等待着救赎一刻的到来。

本来，他打算对待同事时不掺杂个人偏见，他的同事就是上拉普萨里安派的戈马鲁斯。但是两派之间的差异根本无法调解，所以，他也就被迫宣布自己是地地道道的下拉普萨里安派教信仰者。

讲到这里，大家肯定会问我，这两派到底是什么啊，可是我也不知道它们是什么，也无从了解这些东西。不过据我所知，这两派之间的争论已经存在很长时间了，其中一派（像阿米尼斯那派）认为，人们在某种程度上有着意志的自由，可以决定自己的命运；但另一派，像索佛克里斯、加尔文和戈马鲁斯这些人，却说我们的一生早在出生前就注定了，命运是由造物神决定的。而在1600年，北欧的大多数都是属于上拉普萨里安派，他们自然愿意听布道者说除了他们自己，别的大多数人都已经注定了要下地狱。如果有牧师敢宣讲善意和仁慈的福音，那么他们就会被怀疑患有软弱病。就和心慈手软的医生一样，不敢把那些比较苦的良药给病人，却因自己的软弱心肠而把病人置于死地。

阿米尼斯在被莱顿那些多嘴的老妇发现是下拉普萨里安派教信仰者时，也就发挥不了作用了。以前的朋友和支持者也开始大肆地攻击和咒骂他，把他折磨至死。然后，两派都不可避免地介入了政治中。在选举中上拉普萨里安派获得了胜利，于是宣布下拉普萨里安派为公共秩序的敌人和国家的反贼。但这场荒诞至极的战争还没有结束，奥尔登·巴内维尔特就死了。他曾是威廉的助手，至此，威廉的事业好像要半途而废了。后来，有功于共和国建立的格罗蒂斯也逃到了瑞典女王的王宫中，过着仰人鼻息的生活，虽然他曾因温和节制而成为国际法律公正体系的第一个伟大倡导者。

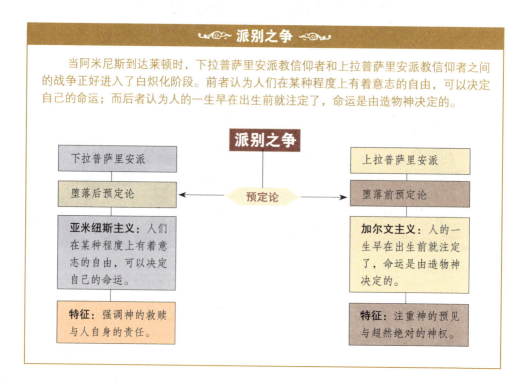

派别之争

当阿米尼斯到达莱顿时，下拉普萨里安派教信仰者和上拉普萨里安派教信仰者之间的战争正好进入了白炽化阶段。前者认为人们在某种程度上有着意志的自由，可以决定自己的命运；而后者认为人的一生早在出生前就注定了，命运是由造物神决定的。

派别之争

下拉普萨里安派		上拉普萨里安派
堕落后预定论	← 预定论 →	堕落前预定论
亚米纽斯主义：人们在某种程度上有着意志的自由，可以决定自己的命运。		**加尔文主义**：人的一生早在出生前就注定了，命运是由造物神决定的。
特征：强调神的救赎与人自身的责任。		**特征**：注重神的预见与超然绝对的神权。

地狱之路

　　关于命运的争论已存在了很久，有的人认为人有着意志上的自由，可以自己掌控自己的命运；而有的人认为人的一生在出生之前就已注定。庸庸碌碌的人们在贪、嗔、痴、枉、执之间，从出生在世界上的伊始便踏上了地狱之路，他们尾随在恶魔拖拉的干草车后，追逐着毫无意义的快乐与幸福，一步步走向死亡。

　　但是加尔文主义者并没有获得预想中的成功，荷兰名义上是共和国，但实际上却是商人和银行家们娱乐的地方，被几百个有势力的家族统治着。这些绅士们对平等和博爱不感兴趣，但却十分信仰法律和秩序。对于自己的教会，他们承认并支持，每到周末，他们都会兴高采烈的来到教堂，这里过去曾是天主教堂，现在成为了新教信仰者的布道厅堂。可是，在周一他们去拜访市长和议员想抱怨别人不行时，官员们却又在"开会"，无法接见他们。如果他们够坚持，调集好几千忠诚的教民在市政大厅门前"示威"（经常出现这种情况），官员们也会落落大方地对他们表示关怀，接受他们抄写的诉苦书和建议书，但是关闭大门后，这些官员们就会把这些书稿用来点烟斗。因为他们坚信"只此一次，下不为例"这句最实际有效的格言，上拉普萨里安派带来的大规模内战已经让他们感到很害怕了，这次一定要阻止宗教狂的发展。

后人们并不总是在称赞这些贵族，因为他们把国家看做是自己的私有财产，也不能把国家的利益和自已的利益区分清楚。他们没有从整个帝国的宏观角度出发，所以经常会小事上十分精明，但大事上却变得十分糊涂。但是他们也做了一件值得我们真心推崇的事情，即他们把国家变成了国际交换站，有着不同思想的人在这里有着充分的自由，可以随心所欲地去说、去写、去想、去出版。对此，我不想描述得太迷人。市议员不时地会受到内阁否决的威胁，所以也被迫去镇压天主教信仰者的一个秘密协会，或者是没收某一本太过嚣张的异端者散发的小册子。不过，一般来说，只要他们不爬到市中央的肥皂箱上大声诋毁宿命论的宗旨，不在公共餐厅内带着天主教的念珠，不否认南方卫理公会上帝的存在，就可以确保他们在一定程度上会比较安全。在将近两个世纪的时间里，在世界其他各地，很多人都会因为思想而受到迫害，但是在荷兰共和国中却没有这种情况，可以说那里是他们真正的天堂。于是，荷兰共和国又成为天堂的消息就传开了。在以后的200年间，荷兰的印刷所和咖啡馆里到处都是各种各样的热情者，他们是精神解放这一奇异军队的先锋。

人间天堂

作为商人、银行家的占据之地，荷兰成了众多有势力家族的私有财产。这些有着深厚背景的绅士们对平等和博爱不感兴趣，却十分信仰法律和秩序，只要持有不同思想的人们不过分行使自由，就不会遭致不必要的麻烦，而相对宽松的环境让荷兰也成为了寻求精神解放的人间天堂。图为阿姆斯特丹的市政大厅。

第二十章

布鲁诺

相传（也很有根据），世界大战是一群没有军衔的军官们之间的战争，而那些将军、上校和三星战略家们只是在一个别人不知道的别墅大厅中坐着，守着那点孤独的亮光，看着那片地图深思，直到想出一个能使他们获得半英里领土的新战略，但这也要以3000人的牺牲作为代价；而这时，那些下级军官、中尉等都在下士的帮助和怂恿下，做着那些所谓的"黑活"，最终，德国战线溃不成军。

为了精神世界的独立而展开的战争与这种情况差不多，没有投入大量的人进行正面的交战，也没有冒险地去冲锋最终却成为敌人炮火的靶子。更进一步来说，就是很多人根本都不知道这是在打仗，他们出于好奇会不时地询问早上把谁烧死了，明天又会把谁绞死。然后他们或许会发现，有几个亡命之徒还在继续为几项自由原则而反抗，这几项自由原则是天主教信仰者和基督教信仰者打心底里赞成的。但是我认为，这只会让人感到惋惜罢了，可如果是自己的叔叔有了这样的下场，亲人们肯定会很痛苦。大致的情况就是这样，殉难者们为了事业奉献了自己的生命，可他们的功绩却不能用简单的数字公式来表示，也不能用安培和马力的概念来表示。

那些为了攻读博士学位而勤奋学习的学生，会很仔细的阅读桥达塔·布鲁诺文集，通过耐心地收集"国家无权告诉人们应该想什么"和"社会不应该用剑来惩罚那些不同意公认教理的人"这些充满感情的话语，来写出名为《桥达塔·布鲁诺和宗教自由的原则》的可以被人接受的论文。但是，那些不再研究这种重要课题的人，在看待问题时角度也会有所不同。

在最后的分析中我们就说过，有一批虔诚的人，对于当时的宗教疯狂他们感到很吃惊，对人们头上的桎梏也很吃惊，而全国的百姓却都被迫在这种桎梏中生活。所以他们就站起来进行反抗，但他们是一群穷人，除了身上的披风外什么都没有，连睡觉都得不到保证。可他们心中有着一股熊熊圣火，他们不断地穿梭于各地，演讲、写作，把那些

殉难者的悲剧

精神世界的争逐、缠斗没有战火和硝烟，很多人投身于此，在权势者的刀锋边缘寻求生机与改变，他们常常孤身一人，甚至为此付出生命。很多人完全没有发觉现实的残酷，当厄运将至，他们仍以惊异、无助的眼神看待着这个世界，而时间有时甚至不会记得他们的名字。

黑衣修士

　　在圣马可修道院密室中，天使长加百列正郑重地告知圣母玛利亚她将生下圣子的使命，而在左侧的圣彼得披着黑袍双手祈祷。多明我会的僧人经常披着黑色的斗篷，故被称为"黑衣修士"，他们以布道为宗旨，传授圣母玛利亚亲授的《玫瑰经》，倾力劝化异教信仰者、排斥异端，后成为异端裁判所的主人。

高深学府中的高深教授拉进高深的争论中。然后在普通的乡间酒馆和普通的人进行普通的辩论，好一如往常地宣扬待人要仁慈、理解和善良。他们会拿着小册子和书，穿着破烂的衣服，到处游走，最后身患肺炎，在波美拉尼亚的偏远的小村庄里悲惨地死去，或

背离传统

　　不容置疑的绝对服从让人容易变得叛逆，他们不愿活在祖先的阴影下，不愿被固化的文字所束缚。他们追寻世间一切的真理与自由，也深知既有教义的修改无法让人信服，因此他们宁愿背离传统，将中世纪教科书上所宣扬的暴政打碎，进而呈现出一个真实的世界，并推动它进步。

者是被苏格兰小村庄里那些喝醉的村民们私自处死，再或者就是在法国的大道上被车轮碾过，最终变得粉身碎骨。

我如果提到了桥达塔·布鲁诺这个名字，其实并不是要说他是这类人中唯一的一个。只不过他的生活、他的思想，还有他那在自己认为事情正确而合理时所产生的热情，都是那些先驱者的典型，是一个很好的例子。布鲁诺的父母很穷，而他也只是一个很普通的意大利孩子，并没有什么天分，只是按着一般的常规来到了修道院。后来他成为了多明我会的僧人，但却与这个团体完全不相容，因为多明我会的人对所有的迫害都是很热情地去支持，在当时被称为是"真正信仰的警犬"。他们十分警觉，异端者还没把观点写出来他们就已经感知到了，仅仅是一个眼神，一个手势，或者只是一个耸肩的动作，都会露出破绽，致使他与宗教法庭扯上关系。

在这样一个凡事都要听从命令的环境长大，我不知道布鲁诺是怎么变得叛逆，丢弃《圣经》而关注赛诺和阿纳克萨哥拉的著作的。但他还没完成规定的课程，就被赶出了多明我会，成为了一个流浪者。他翻过了阿尔卑斯山，可是在他之前，曾有很多人冒险穿越这个古老的山口，只为能够在罗纳河和阿尔弗河的交汇处找到自由，然后又有很多人黯然离去了，因为他们发现这里和那里总是有一个内在的精灵在扰乱人们的心灵，改变一个教义并不代表改变了人们的心灵。后来，布鲁诺在日内瓦居住了不到3个月的时间。城里到处都是意大利难民，这些难民给他弄了一套新衣服，还帮他找了一个校对员

地心说与日心说

人类对于自己身处世界与宇宙的认识自古以来就争论不休，其中尤以认识宇宙的地心说、日心说最为著名。而意大利自然科学家、哲学家布鲁诺对经院哲学和神学提出质疑，反对地心说，不惜用生命捍卫日心说，最终被宗教裁判所以异端的罪名烧死在罗马鲜花广场。

学说	地心说	日心说
发起者	欧多克斯、亚里士多德、托勒密	哥白尼
主要观点	1. 宇宙是一个球体，分为天与地两层。	1. 地球为一个球体。
	2. 地球是一个球体，它处于宇宙的中心且静止不动，包括太阳在内的其他行星时刻围绕地球公转。	2. 地球时刻处于运动中，并每天自转一周。
	3. 宇宙间的天体每一周围绕地球运行一圈。	3. 位于太阳系中心的太阳静止不动，包括地球在内的其他行星时刻围绕太阳做匀速圆周运动，月亮围绕地球每月运转一周。

危险的天文学

　　一位哲学家正借助太阳系仪给人们演示由哥白尼、开普勒、牛顿等天文学家提出的宇宙运转机理。最初的天文学吸引着人们好奇的目光，它完全颠覆了人们对所处世界的认识与见地，但这些尖锐的观点也在时刻挑战着宗教世界的底线，成为一件充满危险的事情。

　　的工作，晚上他就开始读书写作。后来他得到了一本德·拉·拉梅的书，认为自己终于找到了志同道合的人，因为德·拉·拉梅也认为，只要不把中世纪教科书上所宣扬的暴政打碎，世界就不会进步。布鲁诺并没有像自己的那位著名法国老师那样走得那么远，也不认为希腊人教诲的一切都是错的。但他不明白，为什么16世纪的人要受那些字句的约束，而这些字句是早在基督出生前4个世纪所写的。对于他的疑问，正统信仰的支持者是这样回答的："因为一直都是这样。"但他是个反对传统观点的人，于是就回答说："我们和祖先有什么关系，他们和我们又有什么关系，那些死去的人就死吧。"很快的，警方就找到了他，建议他拿着行李到别的地方去。

　　自此，布鲁诺就开始了无休止的旅行，他想找个有一定的自由和安全的地方来生活和工作，但始终未能如愿。于是他从日内瓦来到里昂，然后又到了图卢兹，这时他就已经开始研究天文学，并成为了哥白尼的忠实支持者。但这很危险，因为在那个时代，人们总是会这样说："世界是在围绕太阳转动？世界是围绕太阳转动的一个普通的行星，哼，谁听过这种胡说八道的言论？"在图卢兹他也感到不愉快。于是他就横穿法国，来到巴黎，接着就以法国大使的私人秘书的身份来到了英国。可是等待他的仍旧是失望，因为英国的神学家不比欧洲大陆的强，或者说他们是更实际一些。比如在牛津大学，对于那些违反了亚里士多德教诲的学生，他们并不惩处，而是罚他10个先令。慢慢的，布鲁诺变得喜欢挖苦讽刺了，他开始写一些很有文采但也很危险的短篇散文，还写一些以宗教哲学政治为内容的对话，在这些对话中，现有的秩序被弄的乱七八糟，受到了看似细致却全无奉承之意的检查。

此外，他还讲授了自己喜欢的科目天文学，但是对那些颇受学生欢迎的教授，学院的掌权者是很少会有笑脸的，所以，布鲁诺又一次被迫离开了。后来他回到了法国，又到达了马尔堡，不久前这里还曾是路德和兹温格尔发生争论的地方，他们争论的内容是虔诚的匈牙利伊莉莎白地堡中发生的化体的实质。可是布鲁诺的"自由派"之名早就被传到了这里，所以他连授课都无法做到。维藤贝格应该会比较好客点，可是这座有着路德信仰的堡垒受到了加尔文追随者的控制，自此，有着布鲁诺自由倾向的人就没了容身之地。他就接着向南行进，想到约翰·赫斯那里去碰碰运气，可是等待他的依旧是失望，因为哈布斯堡把布拉格作为了首都，哈布斯堡一来，自由就没了。布鲁诺就想着还是再回到欧洲大陆吧，于是他就走向了遥远的苏黎世。在苏黎世，他收到了一个名叫乔瓦尼·莫塞尼哥的意大利年轻人的来信，信中邀请他去威尼斯。我不知道到底是什么使他接受了这个邀请，可能是他这个意大利的农民受到了贵族名字光彩的迷惑，从而为这个邀请感到受宠若惊。

对于苏丹和教皇，乔瓦尼·莫塞尼哥的前辈敢于轻视，可他却不敢。他是个意志薄弱，畏首畏尾的人，在宗教法庭的官员要把布鲁诺这位客人带到罗马时，他连吭都不敢吭一声。威尼斯政府一直都是很小心地保护自己的权力，如果布鲁诺是个日耳曼商人或者荷兰船长，那么对于他被抓他们还会表示强烈的抗议；如果是外国军队敢在他们的管制范围内抓人，他们甚至会挑起战争，可是为了这么一个除了思想外就不能给城市带来任何好处的流浪汉，他们为什么要和教皇相抗衡呢？布鲁诺确实是自称学者，共和国也对此感到十分荣幸，可是自己国内的学者就已经够多了，所以就和布鲁诺告别吧，希望圣马可会怜悯他的灵魂。布鲁诺在宗教法庭的监狱中度过了6年，于1600年2月16日在火刑柱上被烧死，骨灰随着风飘走了。他的行刑地是在坎普迪菲奥利，能够看懂意大利文的人，可以从这个短小美妙的比喻中获取一些灵感。

第二十一章

斯宾诺莎

对于历史中的有些事情我从来没有明白过，其中一个就是过去年代中的一些艺术家和文人的工作量的问题。

现代写作行会的成员们有打字机、录音机、秘书和自来水笔，每天能写三四千字，而莎士比亚有十多种工作来分散精力，身边还有一个疯癫的老婆，而他的蘸水笔也不好用，他是怎么写出37个剧本的呢？还有那个"无敌舰队"中的老兵洛浦·德·维加，他的一生都在忙碌，他是从哪里弄来的墨水和纸张来写下1800个喜剧和500篇文章的呢？另外还有那个奇怪的约翰·塞巴斯蒂安·巴赫，他又是一个怎样的人呢？他的小屋内有20个孩子的吵闹，可他却有时间来谱写了5个清唱剧、3个婚礼大合唱、190个教堂大合唱、12支圣歌、6支庄严的弥撒曲、3部两架钢琴的协奏曲、2部三架钢琴的协奏曲、3部小提琴协奏曲（任何一部都足以使他名留青史）、7部钢琴管弦乐队协奏曲、30部管弦乐谱，此外还为长笛、风琴、竖琴、提琴和法国号管编写曲子，这些足够让一个普通的学生练上一辈子了。

还有伦勃朗和鲁本斯，他们是怎样勤奋刻苦，才能在30年中几乎每个月都创造出4幅画或4幅蚀刻画作呢？那位平凡的平民安东尼奥·斯特拉地瓦利是怎样在一生的时间里做出了540把小提琴、50把大提琴和12把中提琴的呢？

我现在并不是要讨论他们的头脑是怎样想出这些情节的，听出这些旋律的，看出各种颜色和线条的组合的，以及选择所有的木材的，我只是对他们的体力感到好奇。这些工作他们是如何做到的？他们难道就不睡觉吗？他们从来都不感到

西方音乐之父——巴赫

有着"西方音乐之父"赞誉的约翰·塞巴斯蒂安·巴赫出身于德国音乐世家，他是德国历史上最杰出的作曲家之一，他将西欧不同民族风情的音乐巧妙地溶为一体，曲风深沉、空远而又富于变化，充满着现代气息，他为音乐注入了新的生命与灵魂，塑造了欧洲乃至世界音乐史上的不朽传奇。

疲惫吗？他们不会偶尔打几个小时的台球吗？他们难道没有听说过"神经"这个词吗？其实在16世纪和18世纪，这样的人随处可见，他们不重视健康的法则，总是大量食用那些有害的东西，不知道作为光荣的人类中的一员，他们所担负的崇高使命。可他们有大量的时间，他们发泄艺术的才智时也很是惊人。

而这种艺术和科学的情况也会在琐碎和多次研究的神学中出现。如果你在二百多年前去图书馆，那么你就会发现那些天花板和顶楼上，八开、十二开和十八开的宗教小册子到处都是，而那些布道书、驳论、讨论集、文摘和评论，用皮革、羊皮纸和纸张装裱后上面布满了灰尘，人们早就把它们给忘记了。但是这些书中都有着广博而又没用的知识。在现代人看来，那其中谈论的题目和使用的很多词语已经失去了意义。可是它们却有着重要的作用，如果说它们是一无所成，但最起码还是清洁了空气，因为也许它们解决了正在讨论的问题，让相关人士感到满意，也许它们使读者相信，那些问题并不是通过逻辑推理和辩论就能解决的，还不如随意地丢掉算了。这些听起来很像是讽刺式的恭维，不过我倒是希望将来30世纪的那些批判家们，在研究我们所留下的文学和科学成就时也能有这样的仁慈心理。

但是这一章要讲的主角是巴鲁克·德·斯宾诺莎，在创作数量上他并没有追随当时的潮流，因为他的全集只有三四个小本子和几扎信札。可是，用正确的数学方法来解释他的伦理学和哲学中的抽象问题时所需要的大量的学习，就已经使那些普通的健康人感到惊慌失措了。而他得结核病而死，也是因为这个原因，因为他想通过乘法口诀来了解上帝。

斯宾诺莎是犹太人，不过当时的犹太人还没有受到犹太隔离区这个侮辱。在他们的祖先定居在西班牙半岛时，那里还是摩尔人居住的一个省。西班牙征服了这片土地后，就引入了"西班牙是属于西班牙人的"这样一个政策，最终导致国家瓦解，而斯宾诺莎一家也被迫离开了这里。他们坐船来到了荷兰，在阿姆斯特丹买了一幢房子，然后开始勤劳地工作，积累钱财，很快就成为了"葡萄牙移民"中最受尊敬的家族中的一员。如果说巴鲁克意识到了自己的犹太血统，其原因除了邻居小孩的嘲讽外，更主要的是在塔尔穆德学校所接受的训练。因为当时的荷兰共和国快被阶层的偏见弄得奄奄一息了，根本就没有时间去管那些种族偏见，所以外来民族是可以在北海和须德海的海岸上找到避难之所的，然后过着平静和谐的生活。这就是荷兰生活中的一大特点，对于人们所说的现代旅行者在撰写"游记"时不会忘掉这一点，确实是有着充分的理由的。

艺术家的批判

在那个艺术事业无比繁荣的时代，高产的艺术从业者随处可见，他们中总有一些人漠视自己的健康与生命，甚至有时无法担负起表现或慰藉人类灵魂的崇高使命，他们在大量的创作时间中发泄出的艺术才智也很是惊人。然而并非一切的艺术都是完美无瑕，这些抑制不住的创作激情中也难免会有粗制滥造的作品。

　　其实，在欧洲的大部分地方，犹太人和非犹太人之间的关系一直都很恶劣，甚至到了相当晚的时期也是如此。双方之间的争执到了无法挽回的地步，因为他们都是对的，但同时也都错了，可以说双方都是彼此的专制和偏见的受害者。这本书已经说过宽容是自我保护的一种方法，如果按照这个理论来说，很显然的，只要基督教和犹太人只对自己的宗教忠诚，那他们就会一直把对方看作敌人。这主要有以下原因。首先，双方都坚信自己信奉的才是唯一的一个真正的上帝，而别的民族信奉的那些上帝都不是真的。其次，双方在商业上是死对头。像最初前往巴勒斯坦一样，犹太人这次来到西欧是为了寻找新家园，但是当时的公会也就是"行会"，是不允许他们寻找职业的，所以这些犹太人只能暂时开个当铺和银行。在中世纪，其实这种职业是很相似的，人们都认为正派人士不会从事这种职业的。而直到加尔文时期，教会还一直十分厌恶金钱（税收除外），他们把拿利息看做是一种罪行，这一点还真是让人难以理解。自然，没有哪个政府会允许高利贷的存在，其实早在40个世纪之前，巴比伦人就颁布了一条严厉的法令，专门对付那些试图从别人的钱中获取利益的交易者。从两千年前所写的《圣经·旧约》书中的几章里我们知道，摩西也曾对那些追随者们以高利息把钱借给别人的这种行为极力加以禁止，不过并不禁止把钱借给外国人。此后，包括亚里士多德和柏拉图在内的那些希腊大哲学家都不认同从别人的钱中生钱这种行为，对这种行为，教会的神父也是有着更加明确的态度。其实，在整个中世纪，放债人是一直被人所鄙视的，但丁就曾在监狱中为他的那些金融界的朋友们专门准备了一个小壁龛。

　　虽然我们可以从理论上证明那些开当铺和银行的人是不受欢迎的，也希望世界上没有他们这样的人。但是，当世界不再只是农业国时，如果没有信用贷款，那么最普通的生意都是做不成的。所以那些放债人就是大家所需要的恶魔（这是按照基督教信仰者的说法），而那些注定要下地狱的犹太人就被迫从事着这种人们所需要的职业，而那些正派人是绝不会关注的。于是，那些不幸的移民就被迫开始了这种丢脸的职业，最终导致不管是富人还是穷人都敌视他们。但他们一旦变得富裕，那些富人和穷人就会过河拆桥，开始诋毁辱骂他们，把他们锁在城市中最脏乱的地方，甚至有时还会说他们是不信教的恶棍，对他们处以绞刑，或者是说他们是基督教的叛徒，把他们烧死。这种行为还真是愚蠢无知啊，这样无止休的迫害和攻击是不能使犹太人喜欢上基督教信仰者的。这些攻击和迫害所导致的最直接的后果就是，在相互之间的交往中丢失了一大批第一流的智慧；本可以在商业和科学中有所进步的上万名有天分的年轻人，现在却把全部的精力浪费在了那些没用的难题研究和吹毛求疵的狡辩上；大量的孤寂的青年男女注定要在破

自由之风

　　远离了西班牙人的蛮横与固执，背井离乡的犹太人最终在荷兰找到了他们安身立命之地，他们在阿姆斯特丹勤劳地工作，并获得他人的认可与尊重。在那个充斥着自由之风的国度，还无暇顾及种族间的偏见，这为众多外来民族提供了一个宽裕的生存空间。图为在阿姆斯特丹城区人们和谐、自由地交谈。

放贷人

　　迁往西欧寻找新的家园的犹太人有着勤劳的双手和精明的头脑，然而他们却因种族、宗教的偏见难以找到谋生的职业。他们被迫去开设当铺和银行，成为受人鄙视的放贷人，他们从维系城市商业运转和发展的金融业中捞取微薄的利息，却因此而承受着教会和世人所不齿的"罪行"。

旧的小屋里过着不正常的生活，一边听老人说他们是被上帝选中的要继承所有的土地和财富的公民，一边却又听别人辱骂他们，说他们只配上刑车和绞刑架，在听到这些时，他们也感到很害怕。就是这样一群在逆境中生活的人，如果想让他们（不管是谁）用正常的眼光来看待生活，那是绝对不可能的。

于是，犹太人就被迫一次又一次对基督教同胞展开疯狂的行动，在争执发展到白热化阶段时，他们还会对压迫者进行反抗，也因此他们被称作"叛徒"、"忘恩负义的恶徒"，受到了更加严重的侮辱和压制。而这种压制只会带来一种结果，那就是满怀怨恨的犹太人越来越多，其他人的意志开始消沉，犹太区成为了受挫折和仇恨的聚集地。斯宾诺莎是在阿姆斯特丹出生的，因此他的大部分亲人生来就遭受的苦难他并没有遭受。后来，他先是被送到了犹太教堂（更应该称为"生命之树"）掌管的学校，在掌握了希伯莱文的动词变化后，就又被送到博学多才的弗朗西斯科·阿皮尼厄斯·范·登·恩德博士那里，开始学习拉丁文和科学。

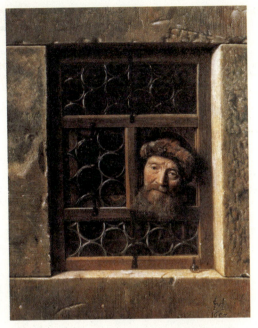

畸形的视线

移民欧洲的犹太人在不幸成为放贷人的同时，也遭致了富人或穷人的敌视，一旦他们的家境变得宽裕，就会成为众矢之的，忍受无端的侮辱和迫害。这种偏见与冲突不仅扼杀了社会的和谐与发展，也让犹太人惶惶不可终日，他们在焦虑与逆境中讨生活，这让他们看待周边环境与事物的眼光变得畸形而充满未知数。

正如他的名字所显示的那样，弗朗西斯科博士是出身于天主教信仰者的家庭。据说他毕业于卢万大学，而当时城中最广博的教堂执事说他是假装的耶稣会成员，是个很危险的存在。不过这些都是胡说，虽然弗朗西斯科博士年轻时确实曾在天主教学校待过几年，但他一直对功课都是三心二意。后来，在他离开家乡安特卫普后就来到了阿姆斯特丹，并创办了一所私立学校。他有着高超的鉴别能力，想出很多方法来让学生喜欢古文课，于是，阿姆斯特丹的那些加尔文派的自由民们也就不管他以前和天主教之间的关系，愿意把自己的孩子送到他那里，并且还感到非常骄傲，因为在六韵步诗和名词变格上，这个学校的孩子总是比别的学校强。后来，弗朗西斯科博士就开始教小斯宾诺莎学习拉丁文，但当他在追求科学领域的最新发现时，很是佩服乔达诺·布鲁诺，于是他就直接向小斯宾诺莎教授一些正统的犹太家庭一般不应该提及的事情。而小斯宾诺莎也一反常态，没和其他的学生同住，而是住在了家里。他的学识

❦ 犹太人的血泪抗争 ❧

犹太民族起源于阿拉伯半岛幼发拉底河流域的游牧民族，属于闪米特人的一支，后经迁徙、定居于巴勒斯坦地区。国家分裂、外强侵扰让犹太人一度强盛的家园如昙花一现，无尽的苦难在记录犹太人的血泪抗争同时，也铸就了他们坚韧、团结的性格。

起始时间：公元66年

过程：罗马帝国在占领巴勒斯坦并设置行省以后，对犹太人施以繁重的苛捐杂税与宗教压迫令矛盾激化，揭竿而起的起义者将驻扎耶路撒冷的罗马贵族与军队屠杀，多年征战不休。

结局：公元70年，耶路撒冷最终被罗马军团攻陷，犹太人遭到残酷镇压。

第一次犹太战争

犹太人的血泪抗争

第二次犹太战争

起始时间：公元131年

过程：罗马帝国的高压政策再次激起犹太人的反抗怒火，起义者武装夺取了耶路撒冷的控制权，犹太人与罗马军团再次在巴勒斯坦展开殊死血战。

结局：罗马军团再次攻陷耶路撒冷，起义者遭屠杀，无数犹太人流亡各地。

很深，这一点让家人感到很惊奇，亲人们也总是很自豪地称呼他为小先生，并很大方地给他零花钱。但这些钱他不是用来买烟草，而是用来买哲学书。其中有一个他很感兴趣的作者，这个作者就是笛卡儿。

雷内·笛卡儿是一个法国贵族，出生在图尔和布瓦蒂耶的交汇处，这里曾是查理曼的祖父阻挡穆罕默德征服欧洲的地方。在不满10岁时，笛卡儿就被送到了耶稣会去接受教育，他在那里待了12年，很不受人们喜爱，因为他善于思考，很多没有经过证明的东西他是不会接受的。然而，耶稣会的会士对于这种难以管理的孩子很有调教手段，可以既不伤害他们又能很成功地完成调教，也许他们就是这个世界上唯一能够做到这样的人。检查布丁的方法就是要吃一吃，其实办教育也是这样，如果现代的教育家学会了当时耶稣会罗耀拉兄弟的那种方法，那么我们现在也会有好几个自己的笛卡儿了。笛卡儿20岁时开始服兵役，他到达了荷兰，纳索的莫里斯曾在这里彻底地完善了自己的军事体系，使自己的军队变成了有志向当将军的年轻人的进修学校。其实，笛卡儿并不经常去纳索亲王的司令部，因为一个虔诚的天主教信仰者怎么可以去做新教信仰者首领的仆人呢？这听起来就像是叛国罪。不过，笛卡儿只对数学和炮兵感兴趣，并不对宗教和政治感兴趣，所以荷兰和西班牙的战事刚结束，他就辞职来到了慕尼黑，开始在巴伐利亚的天主教公爵的指挥下作战。不过这场战争持续的时间并不长，唯一一场最关键的战斗是在拉罗歇尔附近展开的，而当时，胡格诺派正在抵抗黎塞留。后来笛卡儿回到了法国，他想学习一些高级攻坚战，但是又对军营生活感到厌烦，所以就决定弃戎从笔，开始研究哲学和科学。

当时他有一笔小钱，因为不愿意结婚，也没什么奢望，只想安静快乐的生活，而且这个愿望也实现了。我不知道他为什么要把荷兰选为居住地，不过在这个到处都是印刷商、出版商和书店的国家，只要你不公开攻击政府和宗教，那些关于出版检查的法律就如同摆设。而且笛卡儿也没学过荷兰文（这种文字对真正的法国人来说是不难学的），对于他就避开了那些没必要的伙伴和没用的谈论，这样就可以把所有的时间（差不多每天20个小时）都用在自己的工作上。这种生活对于当过兵的人来说是很乏味的，但是笛卡儿有着自己的生活目标，对于这种自我折磨的背井离乡的生活很是满意。慢慢地，他开始相信，这个世界仍然有着很多高深莫测的无知，那些被称为"科学"的东西其实是和真正的科学一点都不沾边，如果不先把那些陈旧的错误和荒谬消除，就无法实现总体的进步。要想实现这点就需要做出大量的工作，不过笛卡儿很有耐心，在30岁时，他就开始向我们展示他的崭新的哲学体系。他也被自己的工作激励，在最先的纲要中加入了几何学、天文学和物理学。他在工作上好不偏袒的态度，使得天主教信仰者宣称他为加尔文派，而加尔文派又说他是无神论者。这些言论传到他那里后，却对他没有产生任何影响，他仍旧是平静地进行自己的探索，后来，还在斯德哥尔摩和瑞典的女王谈论哲学。最后他在城中安详地死去。

战争与几何

三十年战争期间，炮兵轰击、骑兵突破、步兵清扫的梯次进攻顺序成为后来战争的标准战法，升级的战争让火枪与大炮逐步成为了战场上的主角，而实际操纵这些威力巨大的武器更需要着一定的数学、几何知识。无数有志向的年轻人涌入军队接受进修和磨炼，但巨额的战争消耗与人员伤亡也让各国元气大伤。

质疑权威

笛卡儿始终相信世上仍有很多高深莫测的无知，那些被称为"科学"的东西实际上与真正的科学毫不沾边。他从逻辑学、几何学和代数学中提出一种"普遍怀疑论"，即不承认任何事物为真，将所有问题化整为零、由繁入简后处理，时常复查以确保没有遗漏，而这种质疑的观点也触动了权威势力的神经。

就像维多利亚女王时代的达尔文主义一样，笛卡儿主义也给17世纪的人们带来了很大的震撼。在1680年作为一名笛卡儿主义者是一件很可怕的事情，也很丢脸。因为它表明这个人是社会制度的公敌，是索西努斯教信仰者，是自认不配与风光的人为伍的下等人。但是这并没有阻止知识界中的大多数人急切地去接受笛卡儿主义，和我们的祖先去接受达尔文主义一样。可是在阿姆斯特丹的那些正统犹太人中，并没有人提及笛卡儿主义，在塔尔穆德和托拉赫也没有人关注笛卡儿主义，因此也就不存在笛卡儿主义者。但是一旦巴鲁克·德·斯宾诺莎成为笛卡儿主义者，结局就注定了，因为只要犹太教堂的权威人士出面调查此事，并采取官方行动，那么斯宾诺莎也就同样不会存在了。

其实，当时阿姆斯特丹的犹太教会刚经历了一场严重的危机，在斯宾诺莎15岁时，一位名叫尤里尔·艾考斯塔的葡萄牙流亡者来到了这里。对于在死亡威胁下被迫接受的天主教，艾考斯塔毅然地抛弃了，又重回到了前辈的宗教中来。可他并不是一个平凡的犹太人，而是一个绅士，他经常在帽子上插一根羽毛，在腰上佩戴一把剑。对于那些在日耳曼和波兰学校接受过训练的荷兰犹太教士们所表现出来的高傲自大，他感到诧异和恼火，他本是就是一个很狂妄的人，对于自己的观点从来都不屑于掩饰。但是在那种小的社会组织中，他的这种公然蔑视是不被允许的。所以一场生死战斗就开始了，争战双方一边是高傲的梦幻者，半先知半贵族，一般是铁面无私的法律捍卫者，而结局注定是个悲剧。其原因首先是，在当地的警局中，艾考斯塔被指控创作了那几本否认灵魂不朽的亵渎圣灵的小册子，于是这就使他和加尔文派的教士之间出现了冲突。后来这件事也很快被澄清了，对他的指控也撤销了。不过犹太教会还是把他赶出了教会，并剥夺了他的谋生之路。在接着的几个月里，他就在阿姆斯特丹的街头上流浪，最终因为贫困和孤寂他又回到了教会。不过要回教会，他要先当众认罪，还要被所有的犹太人鞭抽脚踢，然后才能被批准回到教会。这样的侮辱使他变得神经失常，后来他买了一把枪，射中了自己的脑袋。

艾考斯塔的自杀在阿姆斯特丹市民中引起了很大的争议，而这时，犹太教会却认为不能再冒险去惹来另外一场风波。可是，当"生命之树"中最有前途的学生，即斯宾诺莎已经被笛卡儿的新异端思想所影响时，犹太教会又马上展开了行动，他们试图进行掩

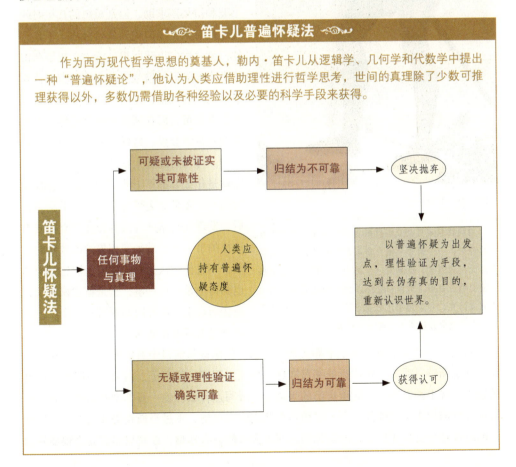

笛卡儿普遍怀疑法

作为西方现代哲学思想的奠基人，勒内·笛卡儿从逻辑学、几何学和代数学中提出一种"普遍怀疑论"，他认为人类应借助理性进行哲学思考，世间的真理除了少数可推理获得以外，多数仍需借助各种经验以及必要的科学手段来获得。

笛卡儿怀疑法

任何事物与真理 → 人类应持有普遍怀疑态度

可疑或未被证实其可靠性 → 归结为不可靠 → 坚决抛弃

无疑或理性验证确实可靠 → 归结为可靠 → 获得认可

以普遍怀疑为出发点，理性验证为手段，达到去伪存真的目的，重新认识世界。

孤立的代价

对既往权威或公众的质疑常常让一些人成为了社会的公敌，一个葡萄牙流亡者毅然抛弃了在死亡威胁下接受的天主教，他如同一个绅士，经常在帽子上插一根羽毛，在腰上佩戴一把剑。他对那些高傲自大的人充满鄙夷，却又对自己的观点不屑于掩饰，格格不入的人格让他最终将自己逼上了绝路。

盖。还让人找斯宾诺莎谈话，许诺说只要他答应听话地回到犹太教会，并不再发表或散布任何反对法律的言行，就会给他一大笔年金。可是斯宾诺莎是个讨厌妥协的人，就直接拒绝了这些事。于是根据当时著名的古老的《惩处准则》，斯宾诺莎被赶出了教会。其实那个准则全是照搬耶利哥时代的诅咒和辱骂，根本不容许人们思考。而面对这些乱七八糟的咒骂，斯宾诺莎还是很坦然地坐在屋里，通过报纸来了解前一天所发生的事情。在一个痴狂于《准则》的人想杀掉他时，他都不肯离开这座城市。斯宾诺莎的这种行为沉重地打击了犹太教士的威信，虽然他们已经向约书亚和伊莱莎求助，但是短短的几年时间里还是有人再度向他们公然挑战。于是，他们就急忙向市政厅提出诉讼，想要和市长见面，告诉他被赶出教会的斯宾诺莎是个很危险的人物，是不可知论的支持者，不信奉上帝，而在阿姆斯特丹这样受人敬重的基督教会里，这样的人是不被允许存在的。可当时那些大官都有一个好习惯，那就是什么事都不干涉，而是让基督教牧师的小组委员会去管理。小组委员会调查后，发现斯宾诺莎并没有做什么有损城市法律的事，于是就如实相告给市政府的官员，不过他们认为一个教派能够这样团结也算得上是一件好事，于是就建议市长，先让斯宾诺莎离开阿姆斯特丹几个月，等风声过去后再让他回来。

自此，斯宾诺莎就开始了平静无奇的生活，就像他从窗口中看的大道那样平坦。他离开阿姆斯特丹后在莱顿附近的莱茵斯堡小村庄里租了一间房子，白天就修磨光学仪器的镜头，晚上抽着烟斗，凭着自己的兴趣看点或写点什么。他一直都没有结婚，有人传言他和他的拉丁文老师范·登·恩德的女儿之间有私情，不过当斯宾诺莎离开阿姆斯特丹的时候这个女孩才10岁，所以他们之间不大可能会有私情。斯宾诺莎有几个很要好的

风波迭起

　　教会不能容忍在自己统领的领域内任何异端的思想，虽然一个叛离者的死去在阿姆斯特丹引发了不小的争议，但犹太教会仍不愿为外界的干扰而甘冒无端的风险，但当新异端的思想侵蚀到教会内部时，教会马上就予以了反击，不计代价地严防任何不利言行蔓延，以确保整个群体不被这种信任危机损害。

朋友，每年都说要救济他，好让他能够把全部的时间都运用在研究上，可他都谢绝了他们的好意，他更希望自己能独立。除了一位有钱的笛卡儿主义者每年给他80元钱外，他不再多要一分钱，在真正的哲学家应该有的受敬重的贫苦中生活着。曾经他有去德国做教授的机会，可他拒绝了。著名的普鲁士国王也曾给他写信，说愿意做他的资助人和保护人，他也同样的谢绝了，继续过着平静而又快乐的流亡生活。他在莱茵斯堡住了几年后，就搬到了海牙，但他的身体一直都不好，他被半成品镜头上的玻璃沫感染了肺，并在1677年，孤独地死去。

当时有不少于6辆宫廷豪门的私人马车陪伴他这个"无神论者"，一直到他的墓地为止，这让当地的教士感到十分气愤。而200年后，当他的纪念雕像建成时，那些倒霉的警察还不得不全部出动来保护那些参加这个盛大仪式的人，保证他们不会受到狂热的加尔文教信仰者的怒火攻击。这就是斯宾诺莎，他到底有什么样的影响呢？难道他只是一个，把那些无休止的理论放在一摞摞的书中，所用的语言能把奥尔本·卡雅姆气得脸色

人生的岔路

　　远离了纷扰的城市，斯宾诺莎回到乡村开始了他平静无奇的生活。他在莱顿附近的莱茵斯堡小村庄里租了一间房子，窗外平坦的大道延展向天际，他谢绝了朋友的好意、权势的资助与保护，离开了充满未知数的大道，他像一个真正的哲学家，走过人生岔路的他独自承受并坦然面对着受人敬重的贫苦生活。

冲破壁垒的勇气

　　众多先驱者不仅仅凭借自己的聪明才智或正确阐述而被人们认可、推崇，其中更多的是一种冲破远古黑暗时代既已出现并固化的屏障的勇气。尽管这让他们不可避免地会得罪很多人，但他们从未胆怯，他们冲破了旧有的狭隘界限，以永恒的星辰作为基础创设新的体系，他们的成功是对他们勇气最大的褒奖。

发青的勤奋的哲学家吗？不，当然不是。他能取得这样的成就，绝不是凭借发挥自己的聪明才智或正确的阐述了自己的理论。他能成为这么伟大的人，凭借的是勇气。因为他是这样一种人：只知道一种法则，这种法则是在早被忘记的远古黑暗时代中所定下的无法改变的一套规矩，而这些规矩是为那些职业教士们设立的精神专制体系，这些教士自认为可以解释神圣的道理。

　　在斯宾诺莎生活的世界中，知识自由这一思想就如同政治上的无政府。他知道自己的这个逻辑体系不仅会得罪犹太人，同时也会得罪那些非犹太人，但他却从来都没有动摇过。他把所有的问题都看做是普遍的问题，是一个无所不在的意志的体现，是纯现实的表现，而就像适用于创世纪那样，它也会适用于最后的审判日。他也因此为人类的宽容事业作出了杰出的贡献。和前面提到的笛卡儿一样，斯宾诺莎丢弃了旧宗教所设下的狭隘界线，把百万星辰作为基础，创建了自己的新的思想体系。如此一来，他就把从希腊和罗马时代就被扭曲的人类的真正形象给恢复了，这个形象就是作为真正的世界一员的形象。

第 二十二 章

启蒙运动

其实我们没有必要害怕斯宾诺莎的书会被广泛传播，因为他的书虽然像三角学教科书那样有趣，但是不管是在哪一章节，都很少有人能够读三句以上。于是就需要有另一种人来传播新思想。在法国，一旦国家成为君主集权制，独立思考和调查的热情就会停止；而在德国，三十年战争所带来的是贫穷和恐惧，在长达200年的时间里，它一直扼杀着个人的创造力；16世纪下半叶，英国是欧洲各国中唯一一个有可能在独立思考方面取得进步的国家，因为国王和国会的长期不和使不安定因素有所增加，促进了争取个性自由这一事业的发展。

现在让我们先来谈论一下英国君主。长期以来，国王很不幸地被夹杂在恶魔般的天主教和汪洋大海般的清教信仰者之间。天主教臣民（包括那些已经偷偷地投靠了罗马的圣公会的教信仰者）一直说要回归到以前的那个幸福时代，那时国王还是教皇的仆从。而清教信仰者臣民却一直关注着日内瓦，梦想着英国有一天没有了国王，那么英格兰就会变得和在瑞士山脉的角落里蜷缩的幸福联邦一样。然而以上这些也不是全部，因为统治英格兰的人也是苏格兰人的国王，而苏格兰臣民在宗教方面清楚地知道自己的要求是什么。对于坚决反对宗教信仰自由这一点，他们认为自己完全是正确的，因为他们认为，在新教信仰者的土地上还存在有别的教派，而且还能够自由地去信仰，这简直是罪恶。他们一直认为，不仅要把天主教信仰者、再洗礼教信仰者赶出不列颠群岛，而且还要把索西努斯教信仰者、笛卡儿主义者、阿明尼教信仰者等，只要是不认同上帝存在的人都绞死。可是，这个三者之间的冲突产生了意料之外的结果，因为一些人要想在对立的教派之间保持中立，就必须要保持沉默，这就使得他们比以前宽容了。

如果斯图亚特和克伦威尔在一生中的不同时期里都坚持各教派之间有着同等的权力（而且历史告诉我们他们也确实是这么做的），那绝对不会是因为他们对长老会教信仰者和高教会教信仰者有着感情，或者是因为他们受到了那些教信仰者的拥戴，这只是

独立思考的英格兰

国王与国会之间的长期对峙促进了英格兰争取个性自由事业的发展，那里的人们对于宗教信仰自由有着独立的思考和理解，天主教与清教信仰者各执一词，而不幸夹在其间的国王又有着苏格兰人一样对两者全面否定的态度，这让他们不得不小心平衡着各自的利益，严守着自己思想自由的禁区。

克伦威尔

出身新贵的奥利佛·克伦威尔是英国资产阶级革命时期杰出的政治家、军事家，当他还未确立自己绝对的权威地位时，经过反复权衡之后，他不得不采取有限的宽容，提倡保护资产阶级和新贵族的利益，这让他获得了这两派有力的支持与声援，他率领的军队纪律严明、作战勇猛，素有"铁军"之称。

他们在一个十分困难的交易中争取来的最好的结果。后来马萨诸塞湾殖民地里的一个教派的势力变大，这件事情就告诉我们，如果英国的那些相互打击的小教派中，有一个教派建立了全国范围的绝对专制，那么英格兰的命运会因此变成什么样子。对于这一点，克伦威尔自然是做到了为所欲为的地步，可是他又很聪明。他知道自己的统治要靠军队来维持，所以就尽量避免一切会让反对派联手对付自己过分的行为或法令，但是他的宽容也只能达到这种程度。而那些可怕的"无神论者"，也就是前面所说的索西奴斯教信仰者、阿明尼教信仰者、笛卡儿主义者和其他人类神圣权力的信徒，他们的性命依然是像从前那样难以保住。当然，英国的"持自由思想者"也是有着一个很大的优势的，他们靠近大海，只要坐36个小时的船就能到达荷兰这座安全的避难场所。荷兰的印刷所出版的是南欧和西欧的犯禁文学，穿过北海就表示要去出版商那里获得一笔稿费，同时再看看那些思想反抗文学中有什么最新的东西出现。

也有些人会借这个机会来进行稳定的研究和安静的思考，其中最著名的是约翰·洛克。洛克是和斯宾诺莎同一年出生的，与斯宾诺莎（其实也像大部分独立的思想家）一样，洛克是一个出生于虔诚信教家庭的儿子。只不过斯宾诺莎的父母是正统的犹太人，而洛克的父母是正统的基督教信仰者。他们用不同教旨的严格教义来训练孩子，当然他们也都是出于好意，不过这样的教育导致的结果不是摧毁孩子的心灵，就是使孩子们变得比较叛逆。然而洛克和斯宾诺莎一样，都是不会轻易屈服的人，于是他们就离家出走，自己去谋生了。洛克在20岁时来到了牛津，第一次听到了笛卡儿的讲话。可是在圣凯瑟琳大街上一个破旧的书店里，他发现了其他的自己更感兴趣的书，像托马斯·霍布斯的著作。

霍布斯是个很有意思的人物，他曾做过马格达朗学院的学生，但是很不安分，曾

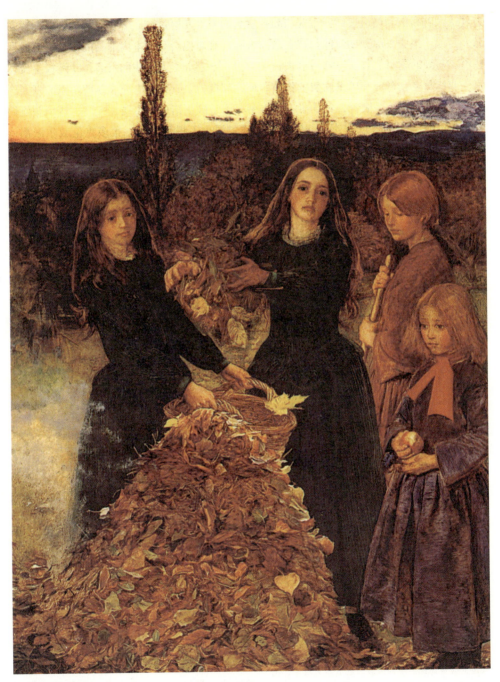

不羁的个性

　　犹太人家庭和基督教家庭都用不同教旨的严格教义来训练孩子，但他们出于好意的教育导致的结果常常不是摧毁孩子的心灵，就是使孩子们变得比较叛逆。这些孩子不愿屈服于长辈的教条之下，那些逝去的时光对于她们来说，更像是一场毫无生命的埋葬，层层落叶下掩埋的是她们自行认识和判断世界的自由。

去过意大利和伽利略谈过话，也曾与颇负盛名的笛卡儿通过信，为了躲避清教信仰者的怒火，他一生中大部分的时间都待在欧洲大陆。有时他会写一本大部头的书，把他对那些可以想到的题目的看法全都写进去，然后用一个十分引人关注的书名：《极权主义国家，或曰长老会联盟和国民联盟的物质、形式和权力》。在这本充满渊博学识的书创作完成时，洛克正是一名大二的学生。这本书一语道破了诸侯的本质、权力，特别是他们的职责，这本书的观点就连最彻底的克伦威尔派也不得不认同，很多克伦威尔派都认

强权之手

出于个人因素与国家政治的考虑，亨利八世不惜脱离罗马天主教会，建立由国家意志掌控、以国王为最高统治者的国教。在有些人看来，国家只是一个保护性的组织，目的是维护人们相互的利益和安全，然而现实中国家掌权者常常集国家意志和宗教权威于一身，成为无可争议的绝对王者。

为对这个一贯持有怀疑态度的人应该给予宽恕，因为虽然他是个保皇派，却在一本重达5磅多的书中揭示了保皇派的虚伪。当然，霍布斯并不是那种轻易划分类别的人，当时他也被人们称为"不拘于教条的人"，也就是说，他对基督教的伦理学更感兴趣，而不是基督教的教义，他主张要让人们在一些不太重要的问题上有一定的"自由"。

洛克和霍布斯的气质一样，他虽然是一生都身处教会，但却从心底里认同对生活和信仰应该作个宽容的解释。他和朋友们认为，如果国家摆脱一个暴君（戴金冠的），只是为了让另一个暴君（戴黑色耷拉帽的）来滥用权力，那还有什么用呢？为什么今天否认这帮教士的统治后，第二天又要接受另外一帮同样专横的教士的统治呢？这个观点从逻辑上来讲自然是对的，可是却有那么一群人，对他们来说，一旦"自由人"成功，把僵化的社会体系变成伦理辩论的社会，那么他们就会没饭吃，所以这个观点在他们这里是行不通的。不过洛克本人似乎有些魅力，同时他还有几个颇有势力的朋友，能保护他不被地方长官怀疑。可是不久，他还是有了"无神论者"的嫌疑。这是发生在1683年的秋天，于是洛克就来到了阿姆斯特丹。虽然此时斯宾诺莎已经去世五六年了，但荷兰首都的学术氛围还是很自由，洛克也因此有了学习和工作的机会，而且也不会受到官方的干涉。洛克很勤奋地开始学习，在外的4

《威斯特伐利亚和约》

　　纷乱的宗教改革让新旧教派之间常互指为异端，而欧洲各国掩藏在宗教问题背后微妙的政治关系与利益纠葛最终引发彼此长年的战争。随着欧洲诸强签署《威斯特伐利亚和约》，残酷的三十年战争让人们在混乱与痛苦中懂得了妥协，彼此打压的新旧教派终于重归平等的位置。

条款	《威斯特伐利亚和约》内容
1	重申1555年的《奥格斯堡宗教和约》和1635年的《布拉格和约》依然生效。
2	哈布斯堡皇室承认新教在神圣罗马帝国内的合法地位，神圣罗马帝国内各诸侯邦国可自订官方宗教。
3	神圣罗马帝国内各诸侯邦国拥有外交自主权，但不得对皇室宣战。
4	联省共和国（荷兰）和瑞士的独立国家地位被正式认可。
5	哈布斯堡皇室被迫割让出部分外奥地利领地。
6	神圣罗马帝国皇帝在任时不得进行继任者选举。
7	法国和瑞典拥有神圣罗马帝国议会的代表权。

　　年间就写下了著名的《关于宽容的信》，他也因此成为了我们这本小历史书的主角。他在信中（根据他的反对派的意见应该是第三封信）从根本上否定了国家有干涉宗教的权力，他认为（这一点源于一个名叫皮埃尔·贝尔的法国流亡者，当时他住在鹿特丹，正在一个人编写百科全书，是个很有才华的人），国家只是一个保护性的组织，是由一批人建立和维护的，目标就是相互间的利益和安全。洛克和他的追随者始终没有明白，为什么这样一个组织可以发号施令，允许人们信仰这个却不允许他们信仰那个。国家对他们应该吃什么喝什么并没有作出规定，可为什么却要去强迫他们去这个教堂而要避开那个教堂呢？

　　清教信仰者主义所取得的不彻底的胜利，导致16世纪变成了一个奇怪的宗教妥协的时代，而威斯特伐利亚的和平终止了所有的宗教战争。这就表明了一个道理："所有的臣民都必须要服从统治者的宗教信仰。"如此一来，一个国家的臣民今天还全都是路德追随者（因为大公爵是路德教信仰者），而第二天又全都变成了天主教信仰者（因为男爵是信仰天主教）。对此，洛克争论说："如果国家有权力去命令人们的灵魂归宿，那么一大半的人就注定要沉沦，因为不可能有两种宗教都是正确的（按照宗教手册第一条的说法），在边界这边出生的人肯定会进天堂，而在那边出生的就注定要下地狱。这么说来，一个人出生时的地理位置就能决定他的灵魂是否被救赎了。"

　　虽然洛克没把天主教列入他的宽容计划内是件很遗憾的事，不过这也是可以理解的。因为在16世纪的不列颠民众看来，天主教并不是一个宗教形式，而是一个政党，它从来没有停止过对英国安全的颠覆，它还创建了一个"无敌舰队"，弄来很多炸药想把这个友好国家的国会给炸毁。所以，洛克情愿主张把权力交给殖民地上的异教信仰者，也不愿意交给天主教信仰者，而且还希望他们不要再在英国的国土上出现。可是洛克这么做却只是因为这些天主教信仰者的危险的政治活动，并不是因为他们的信仰不同。要是想知道这种看法就需要追溯到16世纪，当时，一个罗马皇帝曾定下了一个著名的原则，即宗教是人和上帝之间的事，当上帝觉得自己的尊严受到损害时，就会自己照顾自己。而英国人在短短的60年不到的时间里就经历了4次政府的更替，所以对基础常识的宽容理想所包含的根本道理很容易接受。而在1688年，奥兰治的威廉渡过了北海，洛克也跟着他坐船来了，同船的还有英格兰王后。自此，洛克就开始了安定无事的生活，一直活到72岁才去世，最终成为了人们敬重的作者，而不再是令人恐惧的异端者。

内战虽然是件很可怕的事，但却有一个好处，那就是可以清洁氛围。16世纪，英国

无敌舰队的覆灭

当欧洲各国统治者的宗教信仰即已决定了其属民的信仰时，宗教的摩擦便开始逐步升级为国家与国家之间的争端。老谋深算的西班牙妄图将新生的英格兰扼杀在襁褓里，斥巨资组建起拥有100多艘战舰、数千门火炮的"无敌舰队"，却在攻入英吉利海峡时遭遇英国舰队毁灭性的打击，拱手让出了海上霸主的地位。

的政见分歧已经使这个国家耗尽了精力，当其他国家都还在为三位一体而相互撕扯时，大不列颠的宗教迫害已经停止了。偶尔会有一个过于放肆的批评家来抨击教会，就像丹尼尔·笛福，不过他也许会很倒霉地触犯法律。不过《鲁宾逊漂流记》的作者，即笛福被捕，并不是因为他是一个业余的神学家，而是因为他是一个幽默家。而盎格鲁萨克逊民族向来就对讽刺很有疑心，如果笛福所写的是严肃维护宽容的书，那么他就不会受到责难了。可他用一本半幽默的小册子来攻击教会的暴政，还取名为《持有不同意见者的捷径》，这就说明他是个很没眼色的粗人，和监狱里的小偷相当。可是笛福还算是幸运的，因为他从没走出过不列颠群岛。而专制从发源地被赶出去后，很快就在大洋彼岸的殖民地中找到了一个备受欢迎的场所。与其说这是刚搬进那片领土的人们性格所导致的，倒不如说是因为新世界比旧世界更加具有广阔的经济优势。

挑战权威的下场

国内政见的分歧让整个国家耗尽了精力，对于任何企图攻击教会暴政的思想，等待着他们的将是无情的斥责与打击。图中描绘的是邻居眼中正在实施家暴的圣母，人们试图以此来表达对压抑教义的反感，但这种对神圣权威的亵渎行为很快就遭致教会的打压与反击，艺术家被毫不留情地逐出了教会。

　　而英格兰却是个人口密集的小岛，有很多人在这里只有一片容身之所，如果人们不再愿意去执行那个古老而又可敬的"平等交换"的规律，那么所有的生意都会停止。可是在美国就不会有这种情况，美国地广财多，而且只有少数的农民和工人。因此，在马萨诸塞海岸的共产团体里，就出现了一种正统教，这个正统教的防范比较牢固，而且

"五月花号"起航

　　"五月花号"上的旅客并非是那些满心虔诚前往圣地的旅行者，他们多数来自于社会的底层，为了摆脱难以相容的宗教与困窘的生活环境，他们选择逃离这个国家。他们从英国西南部的普利茅斯港起航，搭乘着149位乘客以及部分饮食，用了65天的时间横跨大西洋抵达美国马萨诸塞州，标志着欧洲人移民美国的开端。

还自称是正确的。这种情况自加尔文在瑞士西部做了警察署长和最高审判长以后就再没出现过。

而在那极其寒冷的查理河地界也第一次有了居民，他们是一群被称为"朝圣神父"的人。朝圣者一般都是指"为了表现宗教的虔诚而去圣地旅行的人"，如果按照这个意思来说，那么"五月花号"上的旅客就不能算是朝圣者，因为他们只是英国的瓦匠、搓绳匠、裁缝、修车匠和铁匠，对别人所崇拜的天主教教义十分痛恨，而他们也就是为逃离天主教教义才离开英国的。他们的行程是先渡过北海到达荷兰，可是他们到达这里是正好碰上经济大萧条。对于这一点，我们的教科书还有进一步的讲述，这些人因为不愿孩子们学习荷兰语，不愿被这个国家同化，于是就决定继续旅行。而这些人也没想过要有什么回报，就都去做了美国公民，可这听起来也不大是真的。因为他们大部分时间都是住在贫民窟里的，其实在这座人口本来就密集的国家谋生存是很困难的。后来他们听说在美国种烟草比在莱顿梳羊毛还要赚钱，于是他们就去了弗吉尼亚，可是路上却遇到了逆风，而马萨堵塞岸边的水手又很笨拙，所以他们就决定不再乘坐漏船去海上冒险，而是原地居住下来。可是他们虽然没有晕船或被淹死，却仍然处在危险之中。因为他们多是英国内地小城镇中的人，没有开创生活的能力，于是共产思想就破碎了，建筑城市的热情也逐渐消褪了，而他们的妻子和孩子也因为吃不到像样的食物也死去了。后来只有很少的人就这样熬过了三年，他们天性善良，对于家乡的那种粗暴而又淳朴的宽容已经很习惯了。可是后来又来了上千名新的殖民者，这些新的殖民者就把较他们先来的人全部吞并了。这新的殖民者全都是严厉、不妥协的清教信仰者，他们一直把马萨诸塞作为查理河畔的日内瓦，这种统治一直持续了数个世纪。

可是，清教信仰者在这个小地方谋生存也总是有着各种灾难，他们比以往任何一个时期都更想从《旧约》中找到他们所做所想的事情的依据。于是他们就丢弃了那些光鲜的社会和图书，然后领悟出了属于自己的比较奇怪的一套宗教精神。他们把自己当作是摩西和纪登的后代，很快就会成为西部印第安人的马卡比，他们还因此说其他的人都是错的。如果有人委婉地表示清教信仰者的所作所为也不完全是对的，那么除非他能幸运地逃到瑞典和荷兰的殖民地去躲藏起来，否则他不是被无情地鞭打一顿后赶到荒野中，就是被割去耳朵和舌头，甚至还要被驱逐出境。而清教信仰者所在的这块殖民地并没有对宗教自由和宽容事业作出过什么贡献，就算是起到了作用也只是无心之举，并不是出于本意，这样的情况在人类发展史上也很多见。宗教越是专制就越会激发对自由的追求，大概在宗教专制统治了两个世纪后，开始出现新的一代人，他们认为政教应该分开，而且讨厌前人把宗教和政治混在一起，是让各种教士感到害怕的公开的敌人。虽然是有点运气，可是新世界的发展过程还是比较缓慢的，直到大不列颠和其美国殖民地爆发敌对关系，危机才开始出现。于是，那些撰写美国宪法的人，不是自由思想者就是旧加尔文主义的秘密敌人，他们把具有现代化气息的原则放进了这个文件中，而经过验证，这些原则对维护共和国的和平稳定有着很大的作用。

可是在此之前，新世界的宽容事业已经经历过了一次意外的发展，而且还是在天主教区里，这个天主教区是现在的马里兰州的一个地方。

于是这次事情的主要人物就是卡尔弗特父子，他们的祖籍是佛兰芝，不过后来父亲乔治迁居到了英国，效力于斯图亚特王朝，而且做得很出色。他们本是新教信仰者，可是当了国王詹姆士一世的私人秘书兼总管的乔治·卡尔弗特，对当时人们的神学纠纷很

亨利四世之死

    作为法国波旁王朝的创建者，法兰西国王亨利四世改变了国内宗教纷争的局面，他宣布改宗天主教，通过颁布"南特赦令"将天主教定为国教，并极为可贵地施与所有人以充分的宗教信仰自由，拉开了法兰西称霸欧洲的序幕。图中呈现的是亨利四世遇刺被杀后，他的遗孀玛丽·德·美第奇摄政。

是厌烦，于是就又回到了古老的信仰，而古老的信仰不管是好是坏，还是不好不坏，总
之它把黑就说成是黑，把白就说成是白，而不让那群半文盲的教士有每项教义的最终判
定权。这个乔治·卡尔弗特好像很有才华，皇上并没有因他的这一倒退行为（在当时是
很严重的罪名）而减少对他的恩宠，而是封他为巴尔的摩的巴尔的摩男爵，而且还许诺

前辙后鉴

　　尖锐的敌对让英国国王查理一世失去了国民的支持，并最终被议会以叛国罪送上了断头台，成为英国历史上唯一一位被公开处死的国王。查理一世被处死的消息让马里兰人醒悟，宗教对思想的高压常引发难以估量的不良后果，前车之鉴让他们不得不未雨绸缪，从而促进了《宽容法》的颁布。

会对他在为受迫害的天主教信仰者建立一块居住地时提供多方帮助。于是，乔治就先在芬兰尝试，可是他派去的居住者都被人给赶出了家门，然后他就申请在弗吉尼亚划拨几千平方英里的土地来修建居住地，可是当地的居民不愿和这些危险的天主教信仰者做邻居，后来他就要求把弗吉尼亚和荷兰、瑞典领地之间的一片荒野给划分出来，但他还没有获得批准就死去了。然后他的儿子塞西尔就继承了他的这个事业，在1633至1634年的冬天，在乔治的兄弟伦纳德的命令下，"方舟"号和"鸽子"号两只小船就穿过了大西洋，载着游客于1634年3月平安地到达了切萨匹克海湾。这个新国家就叫作马里兰，是以法兰西国王亨利四世的女儿玛丽命名的。亨利四世本打算建立一个欧洲各国的联盟，可是一个发疯的僧人用匕首刺杀了他，这个计划也就成了泡影，玛丽就成了英国国王的妻子，而后来英国国王也被清教信仰者给杀害了。

可是这个移民区却完全不同，对于印第女人它也不会实行清除政策，对天主教信仰者和新教徒也是平等地对待，就这样度过了几个十分困难的春秋。而之所以会不同，首先是因为移民区里有很多为了躲避马萨诸塞清教信仰者的专制而来的圣公会教信仰者，后来又来了很多为了躲避弗吉尼亚圣公会教信仰者专制的清教信仰者。而这两帮人都是亡命之徒，飞扬跋扈，都想把自己的"正确信仰"带到这个移民区中来，但又因为在马里兰的土地上是禁止"所有会引起宗教狂热的争执"的，所以老移民者就有权力让这些圣公会教信仰者和清教信仰者不去招惹是非，而是安安静静地生存。可是，在家乡的保皇党和圆颅党之间展开战事后不久，马里兰就害怕不管哪方胜利，他们都会因此失去以往的自由，于是，在1649年4月刚获知查理一世被处刑的消息后，在赛西尔·卡尔弗特的直接倡导下，《宽容法》就成立了。其中有一段很出色的话："由于宗教对思想的高压统治常常会在其所能企及的范围内产生不良的后果，为了本省份政权的稳定，也为了保护居

清教信仰者的世界

移居异乡的清教信仰者们在崭新的环境中将面临重重的困难，他们性情质朴，为了生存和追寻尊严而在困境中挣扎。他们期待着能从《圣经·旧约》中找到任何对他们有借鉴或指引价值的只言片语，这也让他们逐渐变得固执、刻薄，对所有质疑的声音心怀怨恨，并随时准备报以反击。

民之间的关爱和团结，现在决定，任何人都不得以宗教或宗教信仰为名，对本省所有信仰耶稣和人进行干涉、骚扰和迫害。"

在这样一个由耶稣会会士掌握权力的国家中，能够通过这样的法案，表明了巴尔的摩家族杰出的政治才能和非凡的勇气，而这种宽容大度的精神也受到了来访者的高度赞扬。后来，一群外逃的清教信仰者推翻了马里兰政权，废除了《宽容法》，然后用自己的《关于宗教的法案》来代替，这项法案给予了那些基督教信仰者宗教自由，可是却没有给予天主教信仰者和圣公会教信仰者宗教自由。不过很幸运，这个反叛的时间持续的并不长，在1660年斯图亚特人重掌政权后，巴尔的摩派又再次掌握了马里兰的政权。可是后来对巴尔的摩派政策的再次攻击是来源于另外一方，即圣公会教信仰者。他们在马里兰获得完全胜利后，就强硬地把自己的教会变成了所有移民区的官方宗教。而卡尔弗特家族一直在继续作战，后来他们发现要把新移民者吸引到自己这边来已经是不可能了，于是这场经过了整整一代人的战争就宣告终止了。新教信仰者胜利了，而专制也占据了上风。

第 二十三 章

路易十四

18世纪常被说成是专制的时代，而在现在信仰民主的时代中，不管专制是多么地开明，都不能算是理想的政府。那些总是说人类好话的历史家们也会指责路易十四国王，然后让我们自己去下定论。在这个聪明的国王即位时，他所继承的这个国家里，天主教和基督教是实力相当的。在经过了一个世纪的相互厮杀后（多是天主教人占便宜），两派的人最终实现了和解，双方表示，虽然都不喜欢对方，但既然免不了要做邻居和公民，那就承认彼此的存在。1598年颁布了"永久的和不可改变的"《南特法令》，这项法令包括了双方达成的协议：天主教是国教，基督教享有信仰自由，不得因其信仰而遭受迫害。基督教信仰者可以建造自己的教堂和担任公职。为了表示对基督教信仰者的信赖，他们还可以掌管法国境内的两百个要塞城市。当然，这种安排是不可能实现的。胡格诺派不是天使，把200多座繁华的城市和乡村放在其敌对势力手中，那简直是荒唐之极，就像为了换取民主党人接受共和党人的统治，而把芝加哥、旧金山和费城交给民主党人一样荒唐。而黎塞留是个很聪明的人，他统治过这个国家的，他很快就看出了这种安排的不可实现。于是，经过长期的战争，他把基督教信仰者的政治权力给剥夺了，但对他们的宗教自由却完全不加干涉，虽然他本身就是个大主教。因此，胡格诺派教信仰者也就不能再和国家的敌人

路易十四的时代

在路易十四即位之初，天主教与基督教经过漫长的对峙最终实现了和解并达成一致，双方虽彼此排斥，但也不得不接受共存的现实。但是分享政治权力和宗教自由完全不是一个概念，"太阳王"路易十四在政权上确立了绝对的权威，他要求全民信奉天主教，用他的双手建立起一个以国王为中心的专制王国。

女人主宰一切

　　在明智的政治家建起的国度，愚蠢、麻木的男人最终被预示强权的罗马女神以及预示诱惑、胜利的半裸女子踩在脚下。路易十四的不幸源于他身边的两个女人，蒙特斯丹和弗朗斯·多碧娜，后者从家庭教师转变为他的情妇，最终堂而皇之地进驻了国王的居室，富有成效地主宰着王后的权力。

进行单独的外交谈判了，而法国唯物主义——又称"18世纪法国唯物主义"，所享受的权利还是和以前一样，可以唱赞美诗，可以听布道。下一个法国统治者马萨林，他也执行过这样的政策，可是他在1661年就死了。接着就是年轻的路易十四开始掌权，这就是人心向善的时代的终结。

路易十四国王很聪明，可是却又引起了人们的争议，而且很不幸的，他一生只有

不速之客

在获得部分地区存在顽固的错误教义讯息后，机动快速的龙骑兵的人就会闻风而至，他们住在百姓家中威逼利诱、大吃大喝、偷走财物，甚至侮辱安分人家的妻女。在无奈中深陷绝望的主人无法获得法律的保护，知趣的只得赶忙去接受天主教的洗礼，送走这些不速之客，否则就只能等着厄运的降临。

一次被迫和正派人士结交，却落到了一名女人手中。这个女人是个宗教狂，名叫弗朗斯·多碧娜，是御用文人斯科隆的遗孀。在宫中她教导路易十四和蒙特斯丹的7个私生子，并因此壮大起来。在蒙特斯丹的春药也无法使路易十四喜欢她，甚至还偶尔会感到厌烦时，这位家庭教师就取代了她。和以往所有国王的情妇唯一不同的是，多碧娜在进驻国王的居室时，巴黎大主教给他们的婚礼举办了一场盛大的宗教仪式。此后的20年间，她就一直掌握着王后的权力，而她又被自己的忏悔神父所支配。对于黎塞留和马萨林对待基督教的和解态度，法国的天主教神职人员们从来都没有原谅过。现在他们终于找到机会来摧毁那些明智的政治家们的功劳了，于是就开始大刀阔斧地行动起来。因为他们不仅是王后的官方顾问，要求的是弱肉强食，同时也是国王的银行家。

于是，这又有了另外一个很奇怪的故事。在前8个世纪的时间里，法国的大部分财产都积聚在修道院里，修道院对越来越多的国家开支从不过问，也不向国家缴纳税金，所以修道院掌握有大量的财产。于是这个荣耀比信誉还大的国王就抓住这个机会，把自己的金库重新填满。而支持他的教士也因此得到了一点好处，作为回报，他可以随意向教会借钱，而且想借多少都可以。如此一来，那些"不可改变"的《南特法令》就被一点点的改变了。一开始基督教信仰者还没有被消除，可是坚信胡格诺派的人却总是得不到安宁。在听说有些省份的错误教义很顽固时，龙骑兵的人就去胡作非为，住在百姓家中施加"心理革命"。他们认为发号施令会让人感到厌烦，所以他们就开始大吃大喝，还把勺子和叉子偷走，把家具毁坏掉，甚至还去羞辱安分人家的妻女，像在被征服的国土上那样为所欲为。对于他们的这些行为，主人感到绝望，于是就跑到法庭请求保护，可是却遭到嘲弄。法庭的人说他们是自作自受，他们应该知道怎样去摆脱这些自己不喜欢的客人，然后重新获得政府的好感。可是对法庭的人所说的这些话，只有很少一部分听从了，然后到附近乡间牧士那里接受天主教的洗礼。很大一部分性格淳朴的人还是坚信自己原来信仰的理想，可是直到教堂一个个被关闭，教士们被送上十字架，他们才明白自己注定要倒霉。然而，他们不愿意投降，于是就决定一走了之。可是刚走到边境，就被告知不准离开，要是谁敢离开，抓住后就要处以绞刑，那些帮忙逃离的人也要受到同样的惩罚。很显然的，当时发生了一些事情，而这些事情是后人永远也不会知晓的。

其实，自法老时期开始，各个政府都曾不时地"关闭边境"，可是从来没有成功过，因为那些决心要走的人，只要不怕任何危险总是可以找到出路的。于是，上万名法国基督教信仰者就通过"秘密通道"来到了伦敦、柏林、阿姆斯特丹和巴塞尔。这些逃离的人自然是没有太多钱财的，不过他们都是以忠诚能干而闻名于世的商人和艺术家，他们有信誉又有精力，没过多久就富裕了起来。而这些富裕本是应该属于法国的，所以说法国在经济上的损失是无法计算的。如果说禁止《南特法令》是法国大革命的前奏，其实一点都不是夸大其词，因为法国虽然一直都比较富裕，可是商业和宗教从来都没合作过，而法国的政权一旦落入女人和教士的手中，那么命运就算是注定了。那支曾经写下驱逐胡格诺教信仰者法令的笔，后来也签署了宣布判处路易十六死刑的条令。

第 二十四 章

弗雷德里克大帝

德国王族并没有因为喜欢平民执政的政府而出名，而且从来都没有。可是这个家族的人很有头脑，他们喜欢收藏书籍和救助穷人，他们在还没被巴伐利亚人的疯狂气质侵蚀前，曾为宽容事业作出了一些十分有用的贡献。而在某种难度上来说，这是实际需要的结果。因为德国王族继承的是欧洲最穷的地方，那里只有一望无际的沙地和森林，而只有一半的地方是有人居住的。三十年战争让那里的人们流离失所，为了重整家业，他们需要大量的人力和财力，所以他们就开始寻找人力和财力，不管他们是来自于什么种

被逼的宽容

居于整个欧洲最穷困之地的德国王族有着清醒的头脑，他们手中继承的只有一望无际的沙地和森林，那里只有一半的地方有人居住。三十年战争让那里的人们流离失所，为了重整家业，他们需要大量的人力和财力，他们收藏书籍、救助穷人，条件的不足与重建的迫切让他们显露出难得一见的宽容。

族，也不管他们信奉的是什么教义以及以前是什么卑贱身份。

这些王族中就有一个弗雷德里克大帝，他的父亲是个十分庸俗的人，在言行举止上就像是个采煤工，而且对酒吧女郎十分感兴趣。不过在会见外国逃亡者代表团时，他却十分温文尔雅。在处理涉及到王国重要统计数字的事情时，他禀持"越多越好"的原则，就像是在收集六点三英尺的掷弹兵充当自己的警卫一样，对于所有国家抛弃的东西，他都是有意识地去收集。而弗雷德里克大帝是个能力不凡的人，而且很有教养。虽然他的父亲不同意他去学习拉丁文和法文，可他却一定要研究这两种语言。他十分喜欢蒙田的散文，不喜欢路德的诗集，喜欢爱比克泰德的智慧，不喜欢那些天主教的无知。虽然他的父亲按照《圣约·旧约》中的教义来严厉地教育他（为了让孩子学会服从，父亲会命令他在窗前看着自己最好的朋友被杀死），可这并没有使他倾向于正直的犹太思想，而当时路德派和加尔文派都在称赞犹太理想。可是弗雷德里克却认为所有的宗教都是史前的恐惧和无知状态的重现，而信教就是陷入了一

普鲁士的未来

为了普鲁士的强盛未来，专制而严厉的老国王费雷德里克·威廉一世本着"越多越好"的原则，对所有国家抛弃的东西统统来者不拒。他将性情温文尔雅的爱子当作一名战士来培养，这种扼杀孩子天性的残忍教育在儿时的费雷德里克二世心中埋下了宽容的种子，他始终认定每个人都有权以自己的方式寻找救赎。

种奴性状态，这个状态是被一群聪明但又无耻的人小心控制的，而这些人知道怎样凭借着自己的优越地位，通过损人利己来享乐。弗雷德里克不仅对基督教义感兴趣，而且对基督本人也有着更大的兴趣，因为他是按照洛克和索兹尼的观点来看待这个问题的，所以最起码在宗教问题上，他可以说是个宽容的人，而且可以毫不客气地说，在他的国家中，每个人都可以按照自己的方法来寻找救赎。

弗雷德里克作出的这个英明的判断，为他按照宽容这条道路做进一步的尝试打下

重现自由

　　弗雷德里克只要求臣民对国家表现得服从和忠诚，而思想和行为的最终评判权全由上帝去掌握，政府对宗教事业不加干涉，仅仅是以警察的身份去维护不同宗教之间的和平。他甚至有违常理地给天主教信仰者划拨土地，让他们自己去修筑教堂，竭尽所能去保护每一个人寻找救赎的权力和自由。

了坚定的基础。例如，他曾颁布说，只要传授宗教的人是正直的，而他的生活也是正派和遵守纪律的，那么所有的宗教就都是好的，而所有的信仰也都因此享有相等的权利，政府不准干涉宗教事业，只要以警察的身份去维护不同宗教之间的和平就可以了。他也确实相信这一点，于是只是要求臣民服从和忠诚，而让上帝掌握着对思想和行为的最终评判权，因为"对于人的良知，只有上帝才了解"，所以他从来都不会对上帝的旨意作出评论，哪怕是很小的评论也不会做出。他这样做就是为了避免让人们认为他需要人的帮助，意思也就是说用暴力和残忍来施行神圣的目的。而弗雷德里克的思想境界要比他所处的时代早两个世纪。他给天主教信仰者们划拨了首都中心的一片土地，然后让他们自己去建筑教堂，可当时的人们都不赞同这一行为。大多数天主教国家都把耶稣会的人给赶了出来，他又站出来保护他们，对此，人们就开始说一些狠毒的告诫。可是他却宣布说道德和宗教是完全不相干的两个概念，只要交纳了税款和服了兵役，每个人都宗教信仰自由，而这时人们也就不再认为他是基督徒了。可因为他们当时正好处在普鲁士境内，所以那些批评家都不敢有所行动，因为如果在皇家法律上对王国的警句稍加评论，就会给那些人的事业带来严重的打击，而这些人在某些方面远没能取得国王的欢心。

不过弗雷德里克其实是一个很开明的专制君主，掌权的30年间，第一次给欧洲带来了几乎是完整的宗教自由。于是，在欧洲的这个偏远的角落中，新教信仰者、犹太人、天主教、土耳其人和那些不可知论者，第一次享有了平等的权力和平等的待遇。那些喜欢穿红衣服和绿衣服的人之间再不能相互称王称霸。而那些重回尼西亚来寻找精神安慰的人们，也被迫开始不仅与那些坏人来往，也与同罗马主教来往的人和平相处。可是我不知道弗雷德里克是否真的对他的努力成果很满意，因为在他即将去世时，他让人带来了自己那条忠诚的狗，在这么重要的时刻，他认为狗是比"所谓的人类"更好的伴侣（他是一个能力很强的报刊专栏作者）。后来，他去世了，他是第一个错误地进入这个时代的马可·奥勒留，像他的前辈一样，他给自己的继承者留下了很大的一份遗产。

第 二十五 章

伏尔泰

现在，我们会经常听人们说新闻广告人员的狠毒努力，很多人都把"宣传"指责为现代魔鬼的一项成功发明，是一种奇怪而又低劣的方法，仅是为了让人们注意某个人或某项事业。不过人们已经听惯了这种指责，认为"宣传"是最近才发明的。但是，如果你不带任何偏见地去看待过去的事情，就会发现事实完全不是这样的。《圣经·旧约》中的预

宣传的价值

在教会这座庞大的葡萄园中，肆意破坏一切的主教们正被上帝和使徒们驱赶走，只有路德和他的追随者们尽心尽力管理着葡萄园。路德和加尔文这类的改革家深知精心布置的广告背后有多大的价值，在这幅路德教派的宣传画中，为了让本派的观点发扬光大，他们必须想方设法地吸引一大批追随者。

预先设计的宣传

　　基督教强调的是谦虚，赞美的也是那些精神谦虚的人，但需要注意的是，正是当初宣传时的特定方法，才造就了这些美德的布道成为人们讨论的话题。对一个人或者思想的宣传评判并不能完全取决于这个人或这个思想，而在于这些宣传在受众者心中的价值。

言家们，不管大小，都对吸引老百姓的注意力十分精通。按照新闻的专业术语来说，希腊和罗马的历史就是一个接连不断的"宣传噱头"。有些宣传是比较体面的，可很大一部分宣传都是杂七杂八、粗俗低下的，这些宣传是现在连百老汇都不会刊登的。连路德和加尔文这样的改革家都知道精心布置的广告所具有的巨大价值，其实他们也是无可厚非的，因为他们不能像红菊花那样，只要卑微地在路边愉快地生长就可以了。他们都是很认真的人，想让自己的观点发扬光大。他们要想成功，就必须要吸引一大批追随者。而肯皮斯的某个托马斯，一直静静地在寺院的一个角落里生活了80年，对于这种长时间的自愿流放，如果能及时地做个广告（原原本本地），那么就会产生很深的道德影响，而这本关于他一生祈祷和思考结晶的书，人们也会在好奇心的驱使下去阅读，这样就会有个很好的销量。可是如果阿西斯的某个弗朗西斯或罗耀文，希望在自己的有生之年能够看到自己的劳动确实有成果，那么他们肯定会不惜任何代价去使用这样一种方法，即现在常和马戏团或电影新星联系在一起的那种方法。

　　可是基督教强调的是谦虚，赞美的是那些精神谦虚的人。可正是因为当时在宣传时使用了特定的方法，赞扬这些美德的布道现在才能成为人们讨论的一个话题。怪不得那些男女在被指责与教堂水火不容，与西方世界的精神专制枷锁相对抗时，会从圣经上撕下并采用一种十分奇怪的宣传方法。而我之所以提供这么一个不值一提的解释，就是因为那个善于做大量宣传的最伟大的学者伏尔泰，有时也会千方百计地利用人们思想上的

伏尔泰

文学巨匠伏尔泰在艰苦的环境下笔耕不倦，他用他的笔引导和鼓舞着法国人民，提倡民主、自由与平等，用他戏谑的文字挑战着腐朽的王权，他创作了大量的诗歌、戏剧、小说、哲学等文字作品，他以坚韧和勇气唤醒了法国资产阶级思想启蒙运动，被誉为"法兰西思想之王"。

空虚，因此常常会受到人们的批判。也许他的手法不甚高明，可那些因他而获救的人或许并不这么认为。更进一步来说，就像检验布丁要通过品尝一样，对于伏尔泰这样的人，评定他的成功或失败，并不是根据他所喜欢的衣服、玩笑或糊墙纸，而是应该根据他为同胞们作了哪些贡献。

突然有一天，他觉得自己很了不起，于是就说："没有王权又怎样，我有一支笔。"他说的很对，他有笔，而且是很多支笔。可以说他是鹅的天敌，因为他所使用的鹅毛笔，要比二十多个一般的作家使用的还要多。他算是文学巨人中的一员，因为他们都是孤单一人，在最可怕的逆境中，他所写的文章和整个作家协会的作品总数一样多。在脏乱的乡间客栈中他奋笔疾书；在冰冷孤寂的乡下客房中他创作了无数个六韵步诗歌；在格林威治的寄宿房屋的地板上他的稿纸遍地都是；在普鲁士王家住宅的地毯上他的墨水飞溅。此外，他还大量地使用了私人信笺，这些信笺都印有巴士底狱监狱长的名字。在他还是个孩子，还在玩滚铁环和弹球游戏时，尼农·德·兰克罗就曾给了他一大笔零用钱，说让他去买一些书，80年后同是在巴黎，我们听见他说要买一本大页纸和一些散装的咖啡，为了在无法逃避的死亡到来之前再完成一部书。而他写的那些悲剧、故事、诗歌、哲学和物理论文，我们没必要用整整一章的篇幅来进行评论。与同时期的几十个诗人相比，他的十四行诗并不见得会更好，而作为历史学家，他的资料也不可靠，而且还很乏味，在科学领域的探索上，他也只是达到我们在周日的报纸上看到的那种水准。可是他并不愚蠢、狭隘、固执和残忍，因为勇敢和坚强，他的影响一直持续到1914年的第一次世界大战之前。

其实伏尔泰所处的是个走极端的时代，这个时代一方面有着一个极端自利和陈腐落后的社会、宗教和经济制度，另一方又有着一大批积极而又过度热情的青年男女，他们想要创建一派安居乐业的景象，可又完全没有实际基础，空有一腔热情而已。伏尔泰的父亲是个不引人注意的公证员，伏尔泰一直体弱多病，而命运也十分风趣地把他扔进装有鲨鱼和蝌蚪的大漩涡里，要么就是被淹死，要么就是努力地游出来，而他愿意游出来然后跑到岸上。人们时常对他那长期与逆境作斗争时所采用的乞求、阿谀奉承、担任小丑的角色等方法感到怀疑。不过这些都是在他还没有获得版税和成为文学巨人之前的行为，这位从来都不会因为有饭吃而对作品敷衍了事的作者，让他扔出第一块石头吧！当然，这并不是说，伏尔泰会为了几块多余的石头而发愁。因为在他这漫长而忙碌的一生中，他献身于与愚蠢作斗争的事业中，经历了无数次的挫折和打击，所以对被当众打一顿或被人家扔香蕉皮这样的小事，他是不会在意的。他是一个坚强的，充满希望的乐天派。如果他今天被抓进监狱，保不准明天在这个逮捕他的宫廷中就会获得一个显赫的职位。如果说他一生都不得不去听那些愤怒的乡村牧师们辱骂他是基督教的敌人，说不定在塞满情书的橱窗的某个角落中，就扔着一枚教皇赠给他的漂亮勋章，以此来证明他能

两个极端

伏尔泰所处的时代是一个走极端的时代，在那里一面是有着极端自利和陈腐落后的社会、宗教和经济制度，而另一面又有着一大批积极而又过度热情的青年男女，他们想主动去破除、改变这种状况，却没有任何实际基础，空有一腔热情。这些人介于天堂与地狱之间，无法逃离地狱的逼近，却也无力接近天堂。

受到教会的责难，也能得到教会的赞赏。这些都是不奇怪的，而他也在尽情地享受人间的快乐，一直过着那种奇怪的、多彩的生活。

在血统上，伏尔泰算是中间阶层。他的父亲因为没有一个比较风光的名字，所以属于那种开私立信托公司类型的人。伏尔泰是在帮很多富家贵族的心腹做些杂活，同时还管理他们的法律和财物权益，所以他比较习惯于接触那些家境比自己稍微好点的阶层，这也为他以后的生活中超越大多数的对手提供了有利条件。他的母亲名叫德·奥玛尔德，是个很贫穷的人，一点嫁妆都没有带来，可是她的名字前有个"德"字，这就已经让她的丈夫感到十分幸运了。因为所有的法国中产阶级（和一般的欧洲人，特别是多数美国人）都对这个字敬若神明。伏尔泰也为他那被封为贵族的祖辈带来的荣耀感到骄傲，刚开始写作时他就把自己那带有平民气息的名字弗朗西斯·玛丽·德亚鲁艾，改为有着贵族气息的弗朗西斯·玛丽·伏尔泰。可是他是怎么更改了自己的姓氏，是在什么地方更改的，这些还都是一个谜。在家中他还有个哥哥和一个姐姐，他喜欢自己的姐姐，因为在母亲去世后，一直是姐姐在照顾他。他的哥哥是个忠实的詹森教派牧师，为人热情正直，不过伏尔泰很讨厌他的哥哥，这也是他为什么尽量不在父亲的名下生活的其中一个原因。而他的父亲亚鲁艾也不傻，很快就知道他是个因心怀不满而容易闹事捣乱的人。因此就把他送到了耶稣会，希望他成为一个对拉丁六步韵诗十分精通的人，同时还希望他能成为一个严格要求自己的斯巴达式的人。在耶稣会中，那些虔诚的神父们会努力地劝导他，还对他进行扎实的基础训练，这些基础训练主要是针对那些已经消失和正在使用的语言的。不过对于他的这些"古怪"的才能，这些神父们认为是根本不可能消除的，也正因为此，他一开始就和别的学生不同。

在他16岁时，教士们都很愿意让他离开耶稣会。不过为了得到父亲的欢心，他又开始学习法律。可是一个人不可能整天只读书，其他的什么都不管吧。所以晚上他就有很多空闲时间，而他为了消磨时光，不是在地方报纸撰写一些幽默风趣的小故事，就是在附近的咖啡馆中把自己的文学新创作朗读给自己的朋友听，可是这样的生活要是放在两个世纪之前，那可是要下地狱的。他的父亲亚鲁艾在充分意识到他这些危险行为后，就向一位很有影响力的朋友求助，希望他能在海牙的法国使馆中给伏尔泰安排一个秘书的工作。可是当时荷兰的首都就像现在一样十分单调，因为没有事情可做，伏尔泰就开始和一个不是很漂亮的女孩谈恋爱。这个女孩的母亲是社交界的一名记者，是一个让人望而生畏的女人。她想把自己的女儿嫁给一个更有前途的政界人士，于是她就找到法国大

叛逆的萌生

有着中产阶级血统的伏尔泰，为母亲的贵族出身而感到无比荣耀，但现实中家境的寒酸让他从小就有着叛逆的心理，他喜欢一直照料他的姐姐，讨厌詹森教派的哥哥。父亲将他送进耶稣会，期望他能成为一个严格要求自己的斯巴达式的人，但神父们也对他"古怪"的劣根性束手无策，无法遏制他脱缰的灵魂。

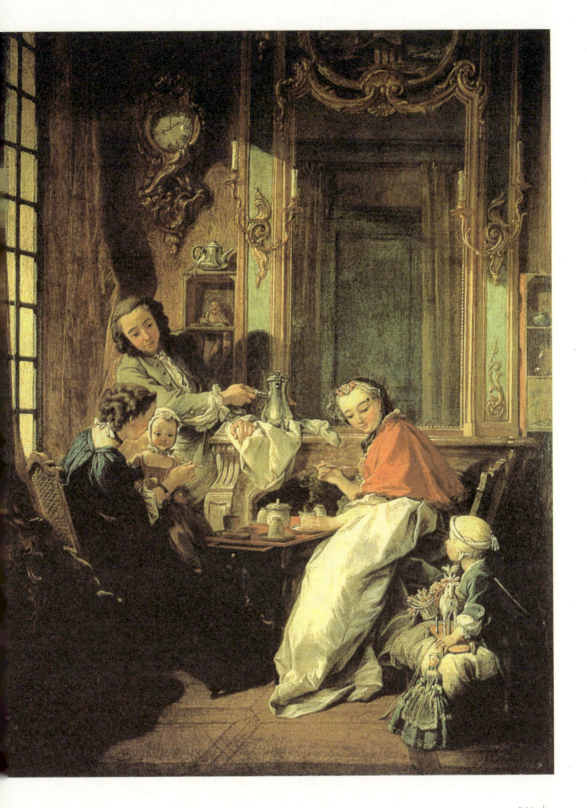

苦涩的爱情

年轻人期望着能躲开世俗的纷扰，却难以为他们的爱情寻找到一个可以安置的空间，他们在彼此欣赏的爱情中表现得充满怯懦与矛盾，但在决定他们未来命运的外力下，他们只能独自品尝命运的苦涩。伏尔泰可以选择喜爱的女孩，却不能选择女孩的母亲，这段脆弱的爱情也最终在女孩母亲的反对下被生生拆散。

使，请他在大家都还不知道这件事前把伏尔泰给赶出去。这名大使已经是自顾不暇了，他也不想因为这件事而给自己带来麻烦，于是他就慌忙把自己的这名秘书给赶上了下一辆前往巴黎的公共马车中。伏尔泰没了工作后，又一次被父亲掌控。在这种情况下，亚鲁艾就想到了一个方法，那些有朋友在法庭工作的法国人经常会使用这种方法。即他请求了一封"盖有国王封印的信"，得到信后，他就把信放在伏尔泰面前，然后问他是想去强制空闲的监狱，还是想写一份申请书，然后去法律学校用功地读书。伏尔泰选择了第二种，还保证说会很勤奋和用功。然后他很遵守承诺开始勤奋，开始了自由创作小册子的幸福生活，可是整个镇子都对他这方面的勤奋说长道短。当然这并不是他父亲亚鲁艾所希望看到的，于是亚鲁艾就运用自己的权力，把伏尔泰从塞纳河的那些追求享乐的场所中赶了出去，然后让他到一位乡下的朋友家中去住一年。

伏尔泰在乡下每天都百无聊赖（当然也包括周末），于是他就开始认真地学习文学，并且创作出了自己的第一个剧本。就这样，在度过了充满清新空气和颇有收获的单调的一年生活后，他又回到了这座可以寻欢作乐的首都城市中。为了弥补那些丢失的时间，他一回来就马上写了一系列的文章来讽刺摄政王。虽然国王觉得骂他这个卑鄙的摄政王什么都可以，可他却不喜欢伏尔泰这样为他作宣传，于是伏尔泰后来的文章就给他带来了第二次流放的灾难，最后他还被迫在巴士底监狱待了一段时间。可是当时的监狱，即为伏尔泰这种在社会上有声望的年轻绅士所准备的监狱，其实并不算一个很坏的地方。因为除了不能擅自离开外，他可以随心所欲地去做自己想做的事情，而这也正是伏尔泰所需要的。于是，在这座巴黎中心的孤独的牢房中，他就有机会去认真地工作了。在刑满被释放时，他已经完成了好几个剧本，而且都十分成功，其中有一个剧本连续上演了45个晚上，打破了18世纪的全部纪录。这些不仅为他赚了一大笔钱（他很需要钱），还为他赢得了才子的名声。可是对于一个还要为前途奋斗的年轻人来说，这也是最不幸运的事。因为自此以后，人们在大道上或者在咖啡馆中，所开的玩笑全都是关于他的，而这些玩笑能在几个小时内获得人们的欢迎。他也正因为此才到英国去学习自由党政治家的研究生课程。

1725年，对于古老而又没用的罗汉家族，伏尔泰开了（或者没开）几句玩笑，于是罗汉的骑士就感到自尊心受到了严重的打击，一定要进行报复。可当时古代统治者的后代自然是不会和一个公证员的儿子进行决斗的，于是这位骑士就让自己的侍从去帮他复仇。有一天晚上，伏尔泰正在和父亲的一个老主顾苏里公爵一起吃饭，

突然有人说外面有人找他，他到了门口后，罗汉男爵的侍从们就狠狠地打了他一顿。第二天这件事在整个镇子里不胫而走，就算他打扮得再体面也像漫画中丑陋的猴子，他鼻青脸肿，而且头上还缠着很多绷带，人们都把他当作了谈论的话题。这时，只能通过采取一种坚决的措施，他才能获得解救，才能不在滑稽的报纸中名誉扫地。伏尔泰一冲动，就把自己的见证人送到了罗汉骑士那里，然后开始紧张的击剑训练，准备展开一场生死搏斗。可是，在大战的那天早上，伏尔泰却发现自己又被送到了监狱中。因为罗汉是个真正的无赖，他把这场决斗告诉了警察，于是伏尔泰就被逮捕了，直到他要被赶到英国才得以释放。伏尔泰就赶往了西北方向，而且除非国王的宪兵向他发邀请函，否则他不准再回到法国来。于是伏尔泰就前往了英国，并在伦敦和伦敦附近居住了4年。虽然不列颠王国不能算是个真正的天堂，可是和法国相比，还是比较像天国的。因为皇家断头台给法国这片土地留下了阴影。1649年1月30日对所有身居要职的人来说，是一个令人难以忘记的日子，因为曾经在死去的查理王身上发生的事，在那些敢把自己放在法律之上的人身上也会发生。而至于国教，那些官方教堂自然是享有某种权力和丰厚的待遇，而那些喜欢在别的地方做礼拜的人也能够平安地生活。可是与法国相比，英国的那些宗教神职人员对国家

牢狱之灾

回到巴黎的花花世界，伏尔泰一系列讽刺摄政王的文章让后者大为光火，于是这让伏尔泰被迫在巴士底狱待了一段时间。这些为社会上有声望的年轻绅士所准备的监狱其实也不算糟糕，那里除了限制自由以外，犯人们可以做任何想做的事情，他也能借此闲暇安心从事创作。图为巴黎市中心的警察总部。

事务的直接影响是很微弱的。那些承认自己是无神论者的人，还有那些令人讨厌的不信奉国教的人，偶尔也会被抓进监狱，不过对路易十五的子民来说，英国的这种一般的生活状态还是比较完美的。

1729年，伏尔泰回到了法国，虽然他被允许在巴黎生活，可他却基本上不使用这项权力。他就像是一只小心翼翼的动物，很高兴从朋友手中获得一块白糖，但又充满警惕，有一丝危险的迹象他就会马上逃走。他一直努力地工作，写了大量的作品，也不管时间和事实，自己选定题目后，就从利马和秘鲁一直讲到俄国和莫斯科，完成了一系列的历史剧、悲剧和喜剧，而这些都是知识渊博、通俗易懂的，在40岁时他就已经是当时无人企及的文学家了。不过另外一件事却使他认识到了一种不一样的文明。当时在遥远的普鲁士，在一座破旧的院子中，一群老土的人围着善良的弗雷德里克国王，他打着哈

欠，想找几个能让自己感到快活的人来陪着自己。他十分羡慕伏尔泰，一直都想把他请到柏林来，可是对于1750年的法国人来说，这样的迁移就像是搬到寸草不生的维吉尼亚，在弗雷德里克一再地提高给他的筹款后，伏尔泰才接受了这个邀请。可是在他来到柏林后，矛盾也就随之出现了。因为弗雷德里克大帝和伏尔泰这个法国剧作家，他们都是无可救药的个人主义者，他们是不可能在同一个屋檐下和平相处的。在经过了两年的争斗后，一场无关紧要的争吵把伏尔泰赶回了那片他愿意称为"文明"的土地上。不过伏尔泰也因此获得了一个有益的教训，也许他本身是对的，因为弗雷德里克国王所写的法国诗歌确实很糟糕。但是弗雷德里克国王对宗教自由的态度却是无可厚非的，这也是他比别的任何一个欧洲君主都更值得一提的地方。

伏尔泰在60岁时回到了故乡，不过他没有心情去接受那些严厉的判处，而法国家庭

不列颠之行

平缓的泰晤士河两岸，穿插着雄伟的教堂、巍峨的城堡以及大量拥挤的市井街道，历经宗教改革的风波之后，"君权神授"的思想蔓延开来，英国统治者摇身成为了"国教领袖"。被驱逐出法国的伏尔泰转往了英国，并在伦敦和伦敦附近相对宽松、自由的环境中安逸地度过了四年时光。

却就是靠这种判处来维持秩序的，而且还不允许别人有反抗之词。其实上帝在创世记的第六天就把神圣的智慧之光赋予了他的最伟大的产品——人类，可是人类却不愿意使用它，这一点让伏尔泰一生都感到气恼。伏尔泰憎恨各种样式的愚蠢，所以他就把大部分的憎恨发泄在那些所谓的"邪恶的敌人"身上，像古罗马的政治家一样，扬言说要摧毁它。其实这个"邪恶的敌人"不是别人，正是"大家"，因为他们只要有吃有喝，有地方休息就会拒绝思考。伏尔泰从孩童时期就觉得是被一架巨大的机器驱赶着的，而这个机器好像是凭借一种没有生机的力量，把残酷和固执联系在了一起。于是，他老年时的梦想就是摧毁这个东西，或者最起码也要打翻这个东西。而法国政府也没有辜负他，在世界上制造出了一大批法律上的丑闻，帮了他很大的忙。

思考

智慧是人类最宝贵的财富，但人们却总是不愿意去使用它。伏尔泰憎恨各种样式的愚蠢，所以他就把大部分的憎恨发泄在这些人类"邪恶的死敌"身上，并扬言要摧毁它。事实上，这些"邪恶的敌人"正是人类自己，当他们衣食无忧、生活安逸时，人类每每不愿改变，进而拒绝思考。

其中第一个丑闻事件发生在1761年，当时在法国南部的土鲁斯城市中居住着一个叫吉恩·卡拉斯的店主，他是个新教信仰者。可土鲁斯一直都是一座很虔诚的城市，不准城中的新教信仰者担当公职，

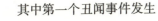

趋利避凶

高傲的法国国王安坐在王座上，接受众多女神的赐福，再次重回巴黎后，法国人民这种对帝国强盛未来的乐观态度让伏尔泰不得不时刻如履薄冰，以免不经意的讽刺触碰到当权者脆弱的神经而让他重蹈覆辙。当来自普鲁士的邀请送到他手上时，他却完全没有想到两个无可救药的个人主义者是无法在柏林共存的。

可悲的人生

　　每个人都有着选择自己所信仰的宗教的自由，但有时这种选择连带赋予他的身份却成为了他达成人生梦想的最大障碍。残酷的现实与落差常让人错误地走上极端，当可悲的生命悄悄逝去，也同时宣布失败人生的颓然落幕，宗教的信仰让一些人拥有希望，也同时将另一部分人困入牢笼。

也不准他们担任医生、律师、书商和助产士的职务，而且也不准信奉天主教的家庭让新教信仰者来担任佣人。在每年的8月23日和24日，全体的居民都要用盛大的赞美盛宴和感恩，来纪念屠杀新教信仰者的圣巴塞洛美惨案。虽然居住环境不好，可卡拉斯一生中还是和睦地与邻居相处着。后来，他的一个儿子改信了天主教，但他仍旧对儿子很好，而且还和人们说，他会让孩子选择自己喜欢的宗教。可他家还是发生了一件不光彩的丑事，这件丑事是关于他的大儿子麦克·安东尼的。麦克是个很不幸的人，他想成为一名律师，可新教信仰者的身份使他不能参加这个职业。可他是一个虔诚的加尔文主义者，而且不会改变自己的信仰。于是，激烈的思想斗争就使得他患有了抑郁症，最后他的思想被病魔深深地摧残。后来，他开始向父母背诵哈姆雷特的著名独白，会长时间的一个人散步，而且还

时常向朋友讲述自杀的好处。

　　就这样过了一段时间后。有一天晚上，当家人正在招待一个朋友时，麦克悄悄地出去了，他跑到父亲的储藏室中，拿了一根用来打包的绳子，然后在门柱上悬梁自尽了。几个小时后，他的父亲发现了他，而他的罩衣和衬衣都整齐地摆放在鞋子上面。对此，家人感到十分绝望，因为当时自杀的人，是要脸朝下赤裸着身体被拖着穿过城中的街道的，而且还会被绑在门外的绞刑架上，让鸟把尸体给吃光。卡拉斯一家也算是有身份的人，自然不甘心于这样的羞辱。他们就聚在一起讨论要做些什么和打算做些什么，不过这时一个邻居听到了他们的讨论，就上报给了警察。于是，这件丑闻就迅速地被传开了，这条街上就迅速地站满了气愤的人群，他们都说要处死老卡拉斯，因为为了不让儿子成为天主教信仰者，他就把儿子给杀了。在这座小城市中什么新奇的事情都会发生，

而且在18世纪法国的乡下，无聊就像是一个黑色的送葬棺材，沉重的压在人们身上，所以就算是最离奇的事情，人们也会相信，就好像这些离奇的事情能让人们松一口气。而对于这种可疑的情况，那些高级官员完全知道自己应该怎么做，于是他们马上逮捕了卡拉斯全家、客人和佣人，连最近去过或接触过卡拉斯家的人也被逮捕了。然后他们把这些所谓的犯人送到镇公所，给他们带上枷锁，把他们扔在地牢里，这个地牢是专门关押那些罪大恶极的敌人的地方。第二天就开始了对他们的审查，可是所有人的描述都一样，他们说麦克·安东尼是悄悄地进了家门，然后又离开了房间，他们都认为他只是一个人去散步了。然而此时，土鲁斯城的教士们也开始参与这件事，在他们的帮助下，事情就变成了这样：因为这个新教信仰者要树立真正的信念，而他的儿子想转回到真正的信仰上，于是他就残忍地把自己的儿子给杀害了。然后这件事就以这种说法给传开了。

只要是对现代侦破方法熟悉的人，都会认为官方应该根据对谋杀现场的调查结果来

谣言的可怖

不知情的揣摩常常滋生着谣言四起，人们为可悲的死者展开了新的对峙与争斗，冷漠、围观、同情、愤怒……人类形形色色的面具背后所潜藏的善良与罪恶都在此刻暴露出来。没有人为可悲的故事落泪、沉思，无聊犹如黑色的送葬棺材充斥着人们离奇的猜测，然后再从缝隙间挤出新的罪恶。

作出判断。大家都知道麦克是个28岁的强壮青年，而他的父亲已经63岁了，说他的父亲可以不经过任何搏斗就轻易地把他吊死在门柱上，这种可能性几乎是不会出现的。可是那些镇议员们却没有一个人在这一点进行思考，他们只顾着去收拾受害者的尸体，因为现在他们认为麦克的自杀应该受到殉教者的待遇，要把尸体停放在礼堂上三个星期，然后被穿白服的忏悔者们按照最盛大的仪式来埋葬。因为一些莫名其妙的原因，他们把已经死去的加尔文主义者当做是自己组织内的一员，并在他的尸体上涂抹了防腐药料，然后隆重地送到大教堂，而这种仪式一般是主教或当地最富有的资助人才拥有的仪式。而在这三个星期内，城中的每个布道坛都在督促那些虔诚的土鲁斯人们提供一些证据，这些证据主要是反对吉恩·卡拉斯和他们家的。最后这个案件被大众报刊彻底地报道出来了，在麦克自杀5个月后，审判就开始了。当时有个审判官很机智地说，应该去卡拉斯的铺子中看看他所描述的那种自杀是否可能，可他却被12张反对票给压倒了，而卡拉斯也

被宣判判处酷刑，要被车轮给撕裂。

　　然后他们把卡拉斯带到刑讯室，把他吊得有一米那么高，接着使劲拉扯他的四肢，拉到脱臼才住手（我这是摘抄的官方的报道）。对于自己根本没有犯过的罪行，卡拉斯绝不承认，于是他又被放了下来，然后被灌了大量的水，他的身体马上就变得比原来大了一倍，可是他还是不承认自己犯了罪，于是他又被放到了死囚车上，被送到刽子手那里，说要撕开他的胳膊和双腿。在接着的两个小时内，他躺在铁板上感到万念俱灰，可

闹剧

　　没有人静下心来去琢磨事件的来龙去脉，为了凸显他们对宗教的虔诚与宽容，人们迫不及待地收拾起受害者的尸体，将这个可怜的殉教者授予最隆重的安葬，宛如隆重的宗教庆典。人们从城镇的每一个角落搜集来证据以支撑他们的判断与结论，遮掩起任何经不起推敲的疏漏之处，力争完美地设计了一场闹剧。

是那些地方官和教士们还不断地询问他问题，他以人们难以想象的勇气继续说自己是无罪的。对于他这种固执的谎言，首席执行官十分气恼，于是就不再审理这个不会有所进展的案子，而是直接下令把他绞死。此时，大家的愤怒也就平息了，所以也就没再处决他的家人。卡拉斯的遗孀被剥夺了全部的财产后，被允许去隐居，于是她就在那些忠诚的仆人的陪伴下，开始过挨饿受冻的日子。而孩子们全都被送到了修道院，只有最小的孩子是在麦克自杀时在尼姆读书，然后他就很明智地逃到了日内瓦。

当时，这件案子引起了很多人的关注。居住在费内的城堡中（这座城堡距离瑞士很近，只需几分钟就能到达）的伏尔泰也听到这个案子，可是他一开始拒绝去探知事情的原委，因为他一直都和瑞士的加尔文主义牧师们不和，而那些牧师们也认为伏尔泰在他们城中建立的那个小戏剧院，是对他们的挑衅，是个恶魔的建筑。于是，伏尔泰就高傲自大的心情下这样写道，他并没有对这个所谓的新教殉难者产生任何的热情，因为，如果说天主教不好，那么新教信仰者自以为是的拒绝他的戏剧，就是更坏。而且，他认为（其他人也是这样认为的）那12位法官也值得人们敬重，因为他们不可能平白无故地判处一个无辜的人死刑。伏尔泰是个十分好客的人，而且是来者不拒，几天后来了一个马赛商人，当时审理这个案件时就在土鲁斯，于是他就向伏尔泰提供了第一手的资料。伏尔泰终于知道自己犯下了一个多么可怕的罪行，此后，他就再也无法放下这个问题了。

勇气可以分为很多种，可是获得一等功勋的应该是那些举世无双的人，因为他们孤军奋战，敢于面对整个世界，在最高法庭进行了判决，而且全社会都认为这个判决是公正合理的时候，他们敢于高声大喊正义。而伏尔泰清楚地知道，如果他敢指控说土鲁斯法庭的死刑判决虽然合法却不公正，那么就会出现一场大风暴，可他仍旧像一个职业律师那样，认真地准备自己的诉讼。他访问了卡拉斯家那个逃亡瑞士的孩子，还给每个可能知道内情的人写信，为了避免自己会因为气愤而失去理智，他还雇佣辩护人来检查和修改自己的结论。在对自己的根据有了把握后，他就开始这场诉讼战争。首先，对每个在法国有影响的人（大多是他认识的），他都鼓动其给国务大臣写信，请求对卡拉斯案件进行改判。接着他开始寻找卡

定罪与救赎

在幽暗的刑讯室里，人们披着正义的伪装准备对善良无辜的人施以酷刑，企图从这些可怜者的口中获得认罪的只言片语，以此让他们在奥论面前获得灵魂的救赎与解脱。直到他们在真相与勇气面前败下阵来，恼羞成怒地为其匆匆定罪，在用他们的双手泯灭了一个生命的同时，也让一个家庭背负上重重苦难。

正义的力量

当野蛮与罪恶之手即将染指阿波罗神庙的神圣之地时，愤怒的阿波罗携着电闪雷鸣出现在空中，正义的力量正拨开黑暗，让罪恶无处遁形。勇敢者总是孤军奋战，他们顶着各种各样的压力与危险去面对整个世界，高呼着正义的声音，在历经重重险阻之后，为弱者迎来曙光。

拉斯的遗孀，在找到她后，他又把她接到了巴黎，雇了一个最有名的律师来照顾她。因为这个女人已经精神失常了，她总是呆呆地祈祷，在自己死之前能够把女儿们从修道院中领出来，此外她就没有任何愿望了。其次，伏尔泰和卡拉斯的那个信奉天主教的儿子取得了联系，帮他逃出学校后，并到日内瓦去找他。后来，他把所有的事实写成了一本名为《关于卡拉斯家庭的最原始材料》的小册子，并出版了。这本小册子是由那些悲剧的幸存者们的信件组成的，丝毫没有涉及到伏尔泰本身。再次，在更改这个案件的过程中，伏尔泰一直都是谨慎地躲在幕后，不过他成功地策划了这场宣传战争，卡拉斯家的诉讼很快就受到了欧洲所有家庭的关注，而各地的上万名人（包括英格兰国王和俄国的沙皇）都纷纷捐款来帮助被告。最后，伏尔泰打了一生中最困难的一场战争，而且还是一场胜仗。

当时，法国在位的皇帝是那位臭名昭著的路易十五，不过幸好他的情妇厌恶耶稣会和耶稣会人所做的一切（也包括教堂），所以就站在了伏尔泰这边。可是路易十五只喜欢享乐，他对人们总是讨论那个死了的新教信仰者很是恼火。当然，只要国王不签署新的判决，大臣们就不敢采取行动，而只要大臣不采取行动，土鲁斯法庭就会安然无事。土鲁斯法庭自认为自己很强大，于是采用一些高压手段，使得伏尔泰和他的律师们无法接触到判决的原始文件。于是就在这个可怕的九月里，伏尔泰锲而不舍地做着鼓动动作，终于在1765年3月，大法官要求土鲁斯法庭交出关于卡拉斯案件所有记录，并建议进行新的判决。当这个决定被公诸于世时，卡拉斯的遗孀和最后回到她身边的两个女儿，都来到了凡尔赛。一年后，受命调查这个上诉案件的特别法庭判决卡拉斯是因为一些没有犯过的罪行被处死的。在经过大量的努力后，人们终于说服国王赏赐给卡拉斯的遗孀和孩子们一笔小钱，

凡尔赛

　　作为法国王室贵族休养、狩猎、享乐的行宫，凡尔赛官也是国家行政管理的重地，路易十五在其执政的初期曾深得民心，但他的贪图享乐最终让国民由希望转为失望。社会的呼声与伏尔泰的锲而不舍最终还是促使大法官对土鲁斯法庭下达敦促，从而让沉寂多年的冤案重现人间。

而且以前审理这个案件的地方官们都被撤了职。这个事件很委婉地向土鲁斯人们表示，不许这样的事情再出现。

虽然法国政府可以对这件事采取很委婉的态度，可是法国人民却感到十分气愤。伏尔泰也突然意识到这并不是唯一的一个被误判的案件，还有很多卡拉斯那样的人，虽然清白却受到了折磨。比如，在1760年，土鲁斯附近的一个新教信仰者乡绅，热情地招待了一个前来参观的加尔文主义牧师。后来他就因为这个耸人听闻的罪行被剥夺了全部财产，还被判处去做划船的苦工。他是个十分强壮的人，因为13年后他还活着，于是别人就把他的困境告诉了伏尔泰。伏尔泰就又开始了这项工作，他把这个不幸的人从船上弄走后送到了瑞士，而这个人的妻子和孩子也都在那里靠着政府的施舍过日子。伏尔泰一直在照顾他们全家，直到政府退还了一些没收的财产给他们，并允许他们回到那个被荒废的家，伏尔泰才不再资助他们。

接着就是绍蒙的案件，他是因为参加新教信仰者的露天会而被抓起来的，他也因为这个罪名被逮到船上做无期的划船苦工。可是后来经过伏尔泰的调解，他又被释放了。可是对下面所发生的情况来说，绍蒙这样的案件只能算是个小案件。下面这件事的发生地还是法国多次被摧残的朗格多克，在阿尔比和沃尔多异教信仰者被剿灭后，这里剩下

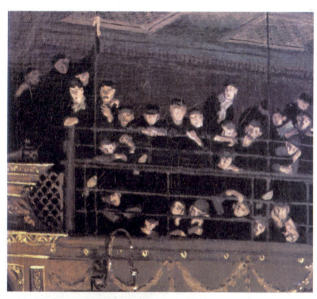

等待拯救的灵魂

挣扎、纠缠的人影密密匝匝地躲在阴影里，他们停滞着、推挤着、哀叹着、呼号着。当人们将视线停落在这片容易被遗忘的角落，才恍然发现不幸的事件并非仅仅是个案，它广泛地存在于人们的身边，堆积在时间的重重案卷之下，这让伏尔泰从新投入工作，试图改变诸多冤案背后那些可怜人被强行扭曲的命运。

的只有无知和偏见。一位名叫瑟文的老新教信仰者，他就住在靠近土鲁斯附近的一个村庄里，人们很尊敬他，他是靠钻研中世纪的法律来过日子，因为当时的封建司法制度已经变得十分复杂，一张普通的租契都可以向税申报单一样，赚取大量的钱财。瑟文有三个女儿，而最小的那个是个不懂事的傻子，只会瞎捉摸。1734年3月她突然离开了家，瑟文夫妻四处寻找，但却毫无音讯。几天后，地区的主教突然出现在瑟文面前，并说瑟文的女儿拜访了他，想做尼姑，现在正在一个女修道院中。几百年的压迫已经使法国这个地方的新教信仰者们精神

虔诚的修女

　　混乱的社会让很多人有着遁世的想法，善良的女孩在成为修女后，精神的压抑还是夺走了她最后一丝理智，在人们厌恶的目光与讥讽中，她被送回了家。精神沮丧的女孩草草结束了自己的生命，没有想到带给家人的却是漫长的劫难。图为修女们在冰冷、孤寂的修道院中虔诚地祈祷，渴望着救赎与奇迹。

　　崩溃了，所以瑟文就很恭敬地回答说，在这个倒霉的世界中每件事都会有好报，同时还接受了这个无法避免的命运。可是修道院的气氛很怪异，这个可怜的痴儿很快就失去了最后一丝理智，在人们都开始厌恶她的时候，又把她送回去了。当时她很沮丧，总觉得四周都是可怕的声音和魔鬼，她的父母对她的生命也很担心。后来没过多久她就再次失踪了，两个星期后，人们在一口老井中把她捞了出来。

　　而当时吉恩·卡拉斯的案件正在受理中，人们都十分相信关于新教信仰者的造谣和诬陷。对于当时发生在无辜的卡拉斯身上的事情，瑟文一家都还清楚地记得，就决定不能重蹈覆辙。于是他们就逃跑了，在这场穿越阿尔皮斯山的可怕的旅途中，他的一个小孙子被冻死了，后来他们终于到达了瑞士。可是他们逃跑得还是有点晚了，因为几个月后，他们被判处犯有杀害自己孩子的罪行（缺席判罪），而且下令要吊死他们。而他们的女儿们被判处要亲眼目睹父母的死刑，然后终身流放。卢梭的一个朋友就把这个案件告诉给了伏尔泰，在处理完卡拉斯的案件后，伏尔泰就马上开始了瑟文一家的诉讼案件。这时瑟文的妻子已经死了，剩下的只需为瑟文辩护就可以了。在处理这个案件上，伏尔泰用了整整七年的时间，因为土鲁斯的法庭再一次拒绝提供任何的资料和证据，伏尔泰只好再一次开始宣传，向俄国的凯瑟林、普鲁士的弗雷德里克、波兰的波尼亚陀斯基请求捐助，直到迫使国王关注这件事为止。终于在伏尔泰78岁那年，也就是他坚持上诉的第八年，瑟文被宣判无罪，而那些幸存的人也终于被允许可以重返家园。于是，第二个丑闻事件就这样结束了。

可是第三个丑闻事件也接着出现了。1765年8月，在距离亚眠很近的阿布维尔镇子中，不知道是谁把挺立在路边的两个十字架给折断了。于是，三个少年就被怀疑犯了亵渎罪，而且被抓了起来。其中一个少年逃到了普鲁士，而剩下的那两个就被抓住了。这两个人中，大一点的那个叫巴尔骑士，人们怀疑他是无神论者，因为人们在他的书堆中发现了一本《哲学辞典》，而所有的思想自由的大师都出现在了这本著名的辞典中，单

背离的罪恶

经年传承下来的传统往往会成为人们眼中不可侵犯的标尺，有时甚至成为罪恶最好的伪装和帮凶。这些背离着初衷的罪恶就潜伏在人们的身边，它让人性变得贪婪、丑恶，让整个世界遁入混乱，盲从的人们在它的诱惑下与正义渐行渐远，为了背离的罪恶不惜夺去他人的生命。

凭这一点他就很可疑。于是法官们就决定对他的过去进行调查，寻找一些证据，而这些证据是能把他和阿布维尔案件联系在一起的。他们发现在一次宗教队伍路过时，他没有下跪和脱帽致礼。对此巴尔给予了肯定的回答，并说自己当时正忙着赶乘一辆公共马车，并不是有意要冒犯的。于是法官就开始拷问他，可他毕竟太年轻，不像老卡拉斯那样能够忍受痛苦，他很快就承认自己破坏了其中的一个十字架，于是他就因为"不虔诚，故意不在圣像前下跪，不脱帽致礼，唱一些亵渎神灵的歌，赞许那些亵渎神灵的书"等这些性质不尊敬的罪行，被判处为死刑。可是处决十分残忍（要用烧得通红的铁块把他的舌头给撕下来，要砍掉他的右手，还要把他慢慢地烧死，而这只是一个半世纪之前发生的事情），民众对此十分有争议，因为就算是把那些详细地写在起诉书上的所有罪行都犯了，也不

守旧者的不安

当那些新的、激进的思想让守旧者胆战心惊时，以最快的速度将那些误入歧途的人无情地抹去才是让他们内心重归平静的唯一方法。他们挥舞着手中的权力，对那些背离了正确和错误之间的道路的人冠以莫须有的罪名，然后用邪恶的狂热填充他们内心的不安。

能用这种灭绝人性的手段来杀害一个少年。人们纷纷向国王请愿，大臣们也被那些请求缓刑的呼声给包围了。可是国家局势不稳定，必须要杀一儆百，于是，在受到和卡拉斯一样的折磨后，巴尔被送上了断头台斩首了（这还是对他的特别恩惠）。刽子手把他的尸体，他的《哲学辞典》，还有我们的老朋友拜勒的一些书，在众目睽睽之下一把火给烧了。

那些对索兹尼、斯宾诺莎和笛卡尔的不断增长的影响感到害怕的人，对他们来说这倒是让人感到高兴的一天。因为这个事件表明，对那些误入歧途的人来说，只要他们背离了正确和错误之间的这条道路，去追随那些比较激进的哲学家，这就是他们的下场。在听说

了这件事之后，伏尔泰就接受了挑战，虽然他已经快要过80岁生日了，可他还是像以前那样，以热情和正直投入到了这个案件中来。因为巴尔是以"亵渎罪"被处死的，所以伏尔泰首先就要知道是否有这么一条法律，人们在犯了假设的罪行后就要被判处死刑。结果，他并没有找到这样的一条法律，然后他又向他的律师朋友们询问，可他的朋友也没有找到这样的法律。于是，人们就慢慢地知晓了，是法官们"发明"了这样一个法律，为了杀害那些犯人，他们用自己邪恶的狂热捏造了这样一个"合法"的法律。

在处决巴尔的时候，那些不堪入耳的谣言传得到处都是。而现在出现的这场风暴也迫使法官们开始揆情度理，对第三个年轻犯人的审判也始终没有得出结论。而巴尔，终究没能沉冤得雪。复审案件一直拖了很多年，直到伏尔泰去世都没有结果。不过伏尔泰的这一击已经产生了效果，就算它不是为了宽容，最起码也是为了反对不宽容。那些因为爱挑拨是非的老妇人的鼓动和腐朽法庭的判处而做出的各种恐惧的行为也都到此结束了。而那些有着宗教企图的法庭只能在黑暗中偷偷地行事才能获得成功，因为它们是无法抵挡伏尔泰所采取的这种进攻方法的。伏尔泰让所有的灯都亮了起来，还雇佣了一支庞大的乐队，把大家都邀请过来，把敌人逼得走投无路，结果，这些敌人都变得束手无策。

第二十六章

百科全书

　　这个时代有三种政治家，他们分属于不同的学派。第一种政治家所传授的学说是："我们这个地球上到处都是些愚昧无知的可怜人，他们不会为自己着想，当需要他们自己作出决定时，就会感到脑袋发胀，只要有政客来游说拉票，就会马上被引入歧途。如果某个人了解这些人的思想并统治了他们，那么这不仅对整个世界来说是一件好事，而且他们自身也会喜出望外。因为他们再也不用去管那些议会和投票的事了，可以把全部的心思放在自己的车间、孩子、廉价小汽车和菜园上。"信奉这一学派的人大多是皇帝、苏丹、巨头、酋长和大主教，他们一般不会把工会当做是文明的主要部分，而是在努力地修建公路、营房、大教堂和监狱。

　　第二种政治家所倡导的思想是："普通人是上帝最高尚的杰作，而上帝也有权作为一个统治者，因为他有着超高的智慧，以及谨慎和高尚的目的。他也有能力照看好自己的利益，可他想

大主教的救赎

　　有一种人，他们是政治家，他们认为世人都是愚昧无知的可怜人，不会为自己着想，亦无法对自己的言行负责，容易被他人引导而误入歧途。只有深知这一切的他们挺身而出，统治这个世界，才会给这个世界带来和平，带给这些愚民康乐。而这些人就是皇帝、苏丹、巨头、酋长和大主教。

教育家的救赎

　　从事教育的人往往出于凡人，他们用严谨的眼光来审视人的本来面目，他们能够看到别人的优点，也了解他们的局限。他们认为，尽心做正确的事情决不能受个人喜好与情感的影响，他们不愿、也无力于加快潮流或文明的进程，但他们相信正确的教育终将把人类遗留已久的弊端逐步消除。

通过一个委员会来统治世界，但是大家都知道这个委员会在处理一些麻烦的问题时会很慢，所以，人们应该让几个值得信任的朋友来做执政的事情。这样他们不会为养家而分心，可以把全部的时间都用在造福人类上。"当然，有着这种逻辑和理想的人大多是寡头政府、独裁者、第一执政官和贵族保护者，他们也在努力地修建公路和营房，但却把教堂变成了监狱。

　　而第三种政治家就是人民。他们用严肃的、科学的眼光来观察人们的本来面目，喜欢人的好品质，但也了解他的局限性。通过长时间观察过去的事件，他们认为一般人只要不受感情和自私心理的影响，就能够尽力地去做那些正确的事情。然而，他们并不对自己抱有任何的幻想，因为他们知道生长的自然过程是很缓慢的，如果想加快人类智慧的进步，那就无异于加快潮流或季节的进程，只是徒劳而已。他们一般都不能担任政府公职，但是只要有机会担任，他们就会把自己的思想转变为实际行动，开始修建公路，改良监狱，还会把剩余的钱财用在学校上。他们是一群乐观者，并至始至终地认为，正确的教育会慢慢地把那些遗留已久的弊端给消除掉，所以应当大力地支持教育事业。而最终为了能够实现这个梦想，他们一般都会写一部百科全书。

　　第一部具有百科全书性质的书，和别的那些需要很大的智慧和高度忍耐力的事物一样，都是源自于中国。因为康熙皇帝想用一部百科全书来赢得臣民的心，而这部百科全书共有5020卷。薄林尼是第一个向西方引进百科全书的人，有37本这样的书他就已经很高兴了。因为基督教时代在最初的1500年，在启蒙方面根本没有做出任何有价值的事情。圣·奥古斯丁有个名叫费利克斯·卡佩拉的非洲同乡，

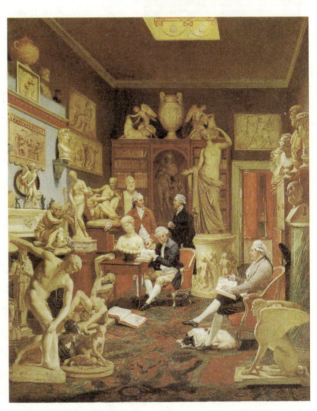

汇集一切的图书馆

　　随着人们对未知世界的好奇与对知识的渴求，汇集人类智慧大成的著作终于浮出水面。这些具有百科全书性质的书常常要耗费更多的智慧与精力的投入，也需要编者更高的忍耐力才能完成。这些旷世之作在读者阅读中逐渐确立自己权威的位置，虽难免充斥着一些搬运之作，但仍有一些精品完成并保留了下来。

克斯花费了很长的时间才写成了一本书，还自认为这本书汇集了各种知识。为了让人们能够轻易地记住他所提供的这些有趣的事情，他还采用了诗歌的形式。虽然这些都是一大堆很可怕的误传，但中世纪以后的18代人还是记住了它们，并把它们当作是文学、音乐和科学领域的定论。直到200年后，在塞尔维有个名叫艾西多尔的主教编写了一部新的百科全书，这以后，百科全书就每100年增加两本。至于这些书的情况如何，我就不知道了，或许那些蛀书虫（最有用的家禽）充当了我们的搬运工。如果这些书都保存了下来，那么地球上就没有其他东西的容身之处了。

终于，欧洲在18世纪上半叶经历了一场浩浩荡荡的求知运动后，那些编写百科全书的人进入了真正的天堂。和现代的书一样，这些书也是由那些贫穷的学者们编写的，他们靠着每星期8美元的酬劳来过日子，可是辛苦挣来的钱还不够用来买纸和墨水。英国在这种文学上尤为突出，所以在巴黎生活的英国人约翰·米尔斯，很自然地就想到要把伊弗雷姆·钱伯斯那本比较成功的《万能辞典》翻译成法文，这样就可以把他的作品卖给法国的人民，从中获取利益。为此，他和一位德国的教授合作，然后又和国王的印刷商雷伯莱顿相互来往，让他做真正的出版工作。简单来说，雷伯莱顿在发现了这个生财之道后，就故意敲诈米尔斯，并把米尔斯和那个条顿医生赶了出去，然后就开始把这种盗印作为自己的事业。他把这本即

德尼·狄德罗

作为18世纪法国杰出的唯物主义哲学家、文学家，德尼·狄德罗颇具戏剧性地成为了法国第一部《百科全书》的主编。他在哲学、文艺、教育等方面有着精深的造诣，并获得了伏尔泰、卢梭等众多学者的帮助与支持，这部史无前例的巨著让他获得了极高的知名度，但也使他的名字写入了权势者的黑名单。

将出版的著作命名为《艺术和科学的万能百科全书辞典》，为了吸引顾客他还发出了一系列漂亮的书讯，后来就吸引了很多人，预订单也很快被排满了。接着，他又雇佣了一名法国中学的哲学教授来担任总编辑，还买了大量的纸张，然后就坐着等结果。可是，创作一本大的百科全书并不像雷伯莱顿所想像的那么简单。那名哲学教授只是做出了笔记，可这毕竟不是文章，于是预订者们就吵闹着说要得到第一卷，结果事情就变得一团

《创世记》

关于人类的起源，宗教在《圣经·创世记》中为人们展现了一个充满奇妙与梦幻般的世界：神在第一天引来了光明，第二天划分出天地的界限，第三天创造了绿树芳草等植物，第四天使日月、星辰轮转，第五天创造了海洋生物与飞鸟，第六天创造了陆地生物与人。

糟。在这种紧张的形势下，雷伯莱顿就想起了几个月前出版的那本《医学万能辞典》，这本书也颇受欢迎。于是他就把那本医学卷的编辑找来，并直接雇佣了他。就这样，一本专科的全书变成了《百科全书》。这个新编辑就是德尼·狄德罗，他把这项本来十分困难而又索然无味的工作，变成了18世纪对人类最重要的贡献之一。

当时狄德罗37岁，生活过的既不舒适也不幸福。因为他拒绝去做一个年轻风光的法国人应该去做的事，他不愿意去上大学。他与耶稣会的老师告别后，直接去巴黎做了一名文人。在经历了一段饥寒交迫的生活后，他认为两个人挨饿和一个人挨饿是一样的，所以他就和一名女子结了婚，后来这名女子被证明是一名虔诚得近乎可怕的妇女，是个顽固不化的悍妇。而他们的结合并不像别人认为的那样稀奇，可是为了养活她，狄德罗就必须要去做各种稀奇古怪的工作，编辑各种书，从《关于美德与价值的探讨》的编写退化到对薄伽丘的《十日谈》的修改。可是狄德罗认为，这个拜勒的学生还是忠诚于自己的自由思想的。不久，政府（和那些处于艰难时期的政府一样）就发现了他这个并不让人感到厌恶的年轻作者，因为他严重怀疑《创世记》中第一章所描述的创世故事，是一个重要的异教信仰者，于是就被送进了万塞纳监狱，被严密监禁了三个月。在被释放后，狄德罗才做了雷伯莱顿的佣工。狄德罗是当时最善于辩论的人，他从这个终身事业中看到了能够出人头地的机会，而只修改钱伯斯的旧资料是一件降低身份的事。当时正好处于激烈的思想活跃期，这对狄德罗来说实在是太好了，因为雷柏莱顿的百科全书要求每个题目都具有最新的消息，文章也要求最权威的人来撰写。狄德罗对此是满腔热情，还说服了雷伯莱顿让他做总指挥，而且还没有时间限制。然后，他就把和他合作的人员名单给列了出来，拿出一大张纸，开始写："A：字母表中的第一个字母"，等等。

20年后，他写到了"Z"，完成了工作，可很少有人能在这种不利的条件下展开工作。因为当时雷伯莱顿在雇佣狄德罗

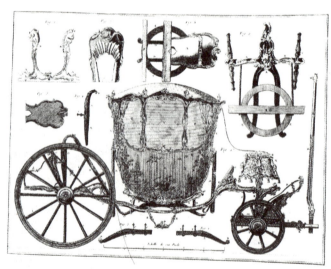

《百科全书》

作为一部囊括人类史上所有知识与新科学、新思想的《百科全书》，书中凝聚着200多位科学家、学者的学识与心力，他们将各自擅长领域的知识编撰成册，涉及人类知识的众多方面，掀起了席卷整个法国的新思潮，但同时也招致不少保守主义者的指责与抨击。图为《百科全书》中机械卷。

时，雷伯莱顿原本的资金已经增加了，可他每年给编辑的钱从不超过500美元。而那些应该提供帮助的人呢，其实我们也知道是怎么回事，他们要不就是很忙，要不就是下个月再说，要不就是该下乡去看望祖母了。所以，虽然他对教会和政府官员的辱骂很是痛苦，却还得自己去做大量的工作。

如今他的百科全书的版本已经十分少见了，倒不是因为很多人都想得到它，是因为很多人想毁掉它。虽然这本书现在阅读起来如同教人如何帮助婴儿吃喝一样单调无害，可在一个半世纪之前，这本书还被认为是毒害匪浅的激进主义的表现形式，也因此被那些指责声给淹没了。因为在18世纪那些更为保守的教士们看来，这本书就像一把哨子，吹响了走向灭亡、无政府、无神论和无秩序的号角。当然，人们也对此展开了那种惯有的指责，指责总编辑是社会和宗教的敌人，既不相信上帝和国家，也不相信神圣的家庭关系，是个放荡的恶棍。可是1770年的巴黎只是一个乡村，虽然规模也很大，人们之间也都比较了解。狄德罗不仅主张生活应该"做好事，寻找真理"，而且也真正做到了这点，他救济那些饥饿的人们，为了人类，他每天工作20个小时，除了一张床、一个写字台和一叠纸，他从没要求过任何的回报。他纯正、朴实、努力工作，是这些美德的典型代表，而那些高级教士和君王们所没有的也正是这些美德，所以，要从这个角度上去攻击他是很困难的。为此，官方就想尽一切办法来找他的麻烦，还建立了一个谍报网，不停地在他的办公室四周打探情况，抄查他的家，没收他的笔记，有时甚至还会禁止他工作。可是这些并没有压制狄德罗的热情，《百科全书》还是按照他所希望的那样完成了。这时已经有人在某种程度上感知到了新时代的气息，知道世界迫切的需要全面的大检阅，而《百科全书》就是转折点，是他们东山再起的转折点。

对于这位编辑的真实形象，我好像有点夸大了。可他毕竟还是狄德罗，是那个穿着一身破旧的衣服，当朋友霍尔巴西男爵每星期请他大吃一顿时，会高兴得手舞足蹈的人。可是当4000本书销售一空时，他会感到满意吗？卢梭、杜尔哥、达兰贝尔、沃尔涅、爱尔维修、孔多塞，还有别的很多人，他们和狄德罗都是同时代的人，可是他们都比狄德罗享有更高的名声。可是如果没有《百科全书》，他们也发挥不了自身的影响。因为《百科全书》不仅是一本书，更是社会和经济的纲领，它把当时的领导人的真实思想告诉了我们，还具体讲述了那些不久就会统治整个世界的思想。它在人类历史上有着决定性的影响。

只要是有眼睛和耳朵的人都会知道，法国已经到了关键时期，必须要采取一种严厉的措施来避免这种即将到来的灾难，可是这些人却拒绝这么做。他们都固执的认为只有靠严格执行梅罗文加王朝那套已经废弃了的法律，才能维持和平。当时的两个党派实力相当，所以就都维持着原样，可这却致使了奇怪的复杂情况的出现。法国曾在自由保卫战中起到了引人注目的作用，因为它不仅给乔治·华盛顿（一名共济会的成员）写了一封最亲切的信，还为本杰明·富兰克林安排了一场愉快的周末晚会。当时人们都说富兰克林是不可知论者，可我们却称他为无神论者。这两个屹立在大西洋岸边的国家仇视各

种进步，它们只有在判处哲学家和农民去过同一种单调而又贫困的生活时，才会表现出民主意识，而且是不带任何偏见的民主意识。后来，所有的一切都改变了。而这种变化的方式却是出人意料，因为这次斗争的主要目的是消除那些非皇廷人士在精神上和社会上的障碍，可前来参加斗争的却不是奴隶本人。这是为数不多的几个公正无私的人举办的活动，可新教信仰者却对他们恨之入骨，就像那些在受天主教压迫的人痛恨天主教信仰者那样。可这些无私的人们只希望所有诚实的人都能够进天堂。

18世纪那些保卫宽容事业的人基本上不属于任何一个特殊的派别，为了个人的方便，他们有时也会参加一些表面上的宗教活动，这些宗教活动可以把宪兵从写字台前赶走。可是，从内心活动的角度来说，他们就像是生活在公元前4世纪的雅典或者是中国孔子所生活的时代。他们不像同时代中的大部分人那样，对各种事物都有着敬畏感，反而认为它们是无害却很幼稚的东西，这一点时常让他们感到后悔。他们很少去关注古代民族的历史，而西方的人们因为好奇，就从巴比伦人、埃及人、赫梯人和迦勒底人的历史中选出了一些记载，来作为道德和习俗的标准。然而，苏格拉底的那些真正信徒们只遵从自己良心的选择，从来都不计后果，一直在早已屈服的世界中无所畏惧地生活着。

保卫宽容

在法国澎湃的新思潮冲击下，一些人认为只有借用强硬的手腕才能力挽狂澜，一些人认为只有维持旧有的传统才能确保社会的稳定。少数拥有着杰出智慧的人从中脱颖而出，人们津津乐道地倾听和谈论着这些看似"安全"的调侃与见解，直到它在潜移默化中形成肆无忌惮的风暴。图为人们在文艺沙龙中倾听伏尔泰的剧本。

第二十七章

小气的革命

曾经有一座大厦，它标志着贵族的荣誉和平民的痛苦，可是在1789年8月的一个令人难忘的夜晚，它倒塌了，这座大厦叫作法兰西王国。那天晚上，天气闷热，人们一个星期以来压抑的怒火也在不断地上涨，国民议会也沉浸在真正的兄弟博爱所带来的狂欢里。到了这个激愤的时刻，特权阶层才肯交出古老的权力和特权，而这些权力是他们花

《人权宣言》

在法国人民的呼声中，国民议会于8月正式运转，将旧有的封建等级与君主专制彻底扔进了历史的垃圾堆，其推出的《人权宣言》以天赋人权、自由平等为原则，阐明了人权、民主、自由的立场以及行政、立法、司法三权分立的宪政要求。图为法国《人权宣言》，这也是法国第一部宪法的序言部分。

费了3个世纪的时间才获取的。广大人民开始宣传并赞同人权理论，这就为以后的民众自治打下了基础。可是对法国来说，这意味着封建制度的灭亡。其实，那些社会上最具有进取心的人才是第一流的人，因为他敢于承担起领导权，为这个普通的国家决定命运，同时还为它求得了生存的机会。所以，那些贵族们都愿意让出公职，然后在政府的不同部门中担负一些教士的工作，这样他们就感到很高兴了。因为现在的他们只适合在纽约的五号街上喝茶，或者是在二号街上开一家饭馆。

旧的法兰西灭亡了，可我不知道这到底是好还是不好。法兰西灭亡了，随着它灭亡的还有一个人们看不见的最残忍的统治。而从黎塞留时代开始，教会就一直把这种统治强加在那些涂抹了圣油的圣·路易斯的子孙身上。显然地，法兰西的灭亡又为人类提供了一次机会，而这也是史无前例的。所有的诚实男女都被这漫天的热情激励着，因为太平盛世已经很近了，或者说已经来到

黎塞留

出身贵族的黎塞留作为法国的枢机主教，也担任着法国的宰相一职，他被后人认为是法国历史上最富有谋略、也最冷酷无情的主教。他在幕后策划和操纵了三十年战争，致力于恢复和强化屡遭削弱的王权，为法国路易十四时代的兴盛打下了坚实的基础。

了，他们高呼祖国的后代前进吧，让那个暴政的时代一去不返，把那些独裁政府的专横和邪恶都清洗干净，让它们从这个美好的地球上永远消失。当落下帷幕时，社会上的不公正之事都被清洗干净，一切都重新开始。可是当这一切都过去后，那个我们熟识的"不宽容"又出现在了我们的面前。它穿着无产阶级的裤子，梳着罗伯斯比尔式的发型，和检察官坐在一起，来度过它那罪恶的晚年。

一年前，如果有人说当权者是凭借着上帝的重视来过日子，有时也会出现差错，那么"不宽容"就会把他送上断头台。而现在如果有人敢说人民的意愿并不一定就是上帝的志愿，那么"不宽容"同样会把他推向死亡。这是一个很可怕的玩笑，可就是这个玩笑（大家还都很喜欢它），让100万无辜的旁观者牺牲了。可惜我要讲的并不是什么新奇的事情，因为人们可以从那些古典作家的著作中，找到意思相同同时又比较文雅的词语。可是我想说的是，在人类的精神生活这个层面上，一直都明显地存在着两种截然不

373

攻陷巴士底狱

巴士底狱是坐落于法国巴黎东郊的军事堡垒与政治监狱，代表着镇压、暴虐与恐怖的它如同一只巨兽在巴黎市民的窗外俯视着整个城区。国王集结军队镇压第三等级势力的消息让人们群情激奋，平民以武力攻陷了巴士底狱，却从一个极端走向了另一个极端，引发了一轮新的错误与不宽容。

同的类型，而且它们很可能会永远存在。其中这两种类型中，有一少部分人会不停地学习和思考，去寻求自己的不朽灵魂，然后他们会恰到好处地领悟一些哲学结论，最终摆脱了常人的那些烦恼。可是另外还有很大一部分人对精神上的"淡酒"并不满足，他们总想找些能刺激精神、割断食管、烫坏舌头的东西，使他们可以突然振奋一下。而这些东西是什么，他们并不在乎，只要能起到上述的作用，能直接采用而且在数量上没有限制就可以。

那些历史学家好像不太了解这个事实，这一点让很多人都感到失望。而那些愤怒的民众刚把过去的城堡给摧毁（当地的黑罗多弟和塔西在提及此事时，又热情地报道了这件事），就马上有泥瓦匠把旧城堡的废墟运往了城市的另一端，重现修建起了一个地牢。这个地牢和旧城堡一样，都是为了镇压，是为了实现卑鄙的、暴虐的、恐怖的目的。而这时，一些自尊心很强的民族，终于把"一贯正确的人"强加在他们身上的桎梏给摆脱了，可是他们却又接受了一本"一贯正确的书"的操控。就在旧掌权人装扮成仆人后，骑着马逃向边境的那一天，自由党来到了这座被遗弃的宫殿。他们拾起那件被丢弃的皇袍，穿在身上，当起了国王。于是他们又陷入了一种错误和残忍之中，这种残忍和错误曾迫使他们的前任背井离乡。虽然上面所讲的这些让人们感到沮丧，可它们确实

断送的王权

　　作为法兰西波旁王朝复辟前的最后一任帝王，法兰西国王路易十六穿着加冕典礼服神情高贵、骄傲地站在奢华的宫殿中，却完全没有想到法兰西的危机正步步逼近。尽管国民议会中第三等级的领袖米拉博试图转变全国混乱的局势，但路易十六任内的朝野荒败导致的国库空虚、民怨沸腾，还是断送了昔日的王权。

是我们这个故事中真实存在的一部分，我有义务把它们告诉给大家。

那些对法国这场大动乱直接负责的人，显然是出于好意。因为《人权声明》规定，公民有按照自己的观点去寻求道路的自由，包括宗教观点，只要他的观点不扰乱由各项法令和法律所制定的社会秩序，任何人都不得对其进行干涉。当然，这并不表示所有的宗教派别都享有同样的权力。虽然新教信仰者不会因为和天主教在同一个教堂做礼拜而遇到麻烦，新教也获得了容许，可天主教仍旧是占有统治地位的国教。米拉博向来都能准确地认知政治生活的本质，他知道这个著名的让步只是个不彻底的办法。于是，他就试图把一场社会大变革变成是一个人的革命，可他的这个愿望还没实现就死去了。而那些贵族和主教，对他们在8月4日晚上所做出的宽容感到十分后悔，于是就开始一些方法来设置阻碍，而这也给他们的国王带来了致命的后果。直到两年后的1791年（两年，这对任何一个实际的目的来说都太迟了），所有的宗教派别才取得了完全平等的基础，才在法律面前享有同样的自由，当然，这些宗教派别也包括新教信仰者和犹太人在内。

自此，所有的角色都转换了。法国人民代表为这个国家制定了宪法，要求不管教士有着何种信仰，都必须效忠于这个新政体，和同胞学校的教师、邮局的雇员、灯塔的看守者和海关的官员一样，都要严格地把自己看作是国家的公仆。可是教皇庇护六世却不同意这种做法，因为新宪法对神职人员所作的规定，直接破坏了法国和罗马教庭在1516年所签订的各项正式协议。可是对于这种先例或条约这类不值一提的小事，议会根本没有时间去考虑，教士要么就是宣誓效忠于宪法，要么就是退职饿死。对于这个不可避免的命运，一些主教和教士选择了接受，然后双手交叉，完成了宣誓的程序；而大多数的教士都是老实人，他们拒绝发假的誓言。于是，在他们压迫了胡格诺派很多年后，又经历了胡格诺派的命运，他们开始在荒废的马厩中做弥撒，在猪圈里交流思想，在乡下的树篱后面布道，而且还在深夜去秘密地拜访他们以前的教民。可是，在同样的命运下，他们要比新教信仰者好多了，因为当时法国的秩序已经开始混乱，连采取敷衍的措施去对付宪法的敌人的时间都没有。因为他们都不敢拿生命去冒险，所以那些杰出的神职人员（人们一般称他们为拒绝宣誓的倔强分子），就大胆地要求官方承认他们是"可以被容忍的宗教"，并要求获得特权。可是在过去的3个世纪中，也正是他们这群人拒绝把这些特权交给自己的同胞加尔文教信仰者。

现在我们处在这个没有这方面危险的1925年，开始回顾那段历史，不禁会认为它残忍而又荒唐。可是当时官方并没有对他们的要求采取明确的措施，因为很快地，议会就被一群极端的激进分子给掌控了。而法庭的言而无信，再加上国王愚蠢地和外国联盟，致使在不到一个星期的时间里，就引发了一场从比利时海岸一直延伸到地中海海滨的恐慌，而这场恐慌导致了一系列的屠杀，这场屠杀从1792年9月2日一直持续到7日。也就是从这个时候起，这场革命注定了要演变为恐怖的统治。而那些饥饿的民众也开始怀疑自己的领袖正在搞一个准备把国家出卖给敌人的大阴谋，哲学家们企图取得成果的计划也化为了泡影。这种剧变在历史上并不奇怪，可是熟悉历史的学生都知道，在这样的大危

命运轮回

　　革命让所有的角色发生了逆转，组建起新政体的法国人民代表制定了宪法，并要求包括教士在内的所有臣民绝对服从。完全处于被动位置的教士们只能在教会与新政体之间、效忠宪法与退职饿死之间二者选其一，尽管他们感到颇为无奈，但也只能接受命运的轮回，而那些倔强的教士也从此过上落魄的生活。

机中，那些残忍的人很容易掌握处理事务的权力。可是令人感到意外的是，这出戏的主角竟然是个一本正经的楷模，是个地地道道的美德的化身。可是在法国明白了新主人的本质时，已经太晚了，这就和在协和广场的绞刑架上说一些警告一样，已经太晚了，而且再说也没用了。

到此，我们已经从政治、经济和社会组织层面研究了这场革命，可是只有等到历史学家变成心理学家，或者是心理学家变成历史学家，那时我们才能对那些黑暗的力量有真正的理解或解释，才能知道它们是在极度的痛苦中决定了民族的命运。对此，有人认为是快乐和光明支配着世界，有人认为人类只尊重蛮横力量。几百年后，我们或许会在这两者中选择一个，可是有一点却是能够肯定的，那就是在社会学的实验室里，法国革命是所有的试验中最伟大的，因为它是暴力的神圣化。在以前，也曾有人企图通过理智来建立一个更有人性的世界，可他们最终的命运不是寿终正寝，就是被那些他们打算给

蛮横的力量

尖锐冲突的革命在带给人们改变的同时，也带来了残忍与荒唐。图中的革命宣传海报上，巨大红色帽子的左侧一个热气球正向城防投下炸弹，右侧则飘着一个给奴隶带来解放的热气球，海报的下方写着"如果有才能的人与暴君站在一起，那么他们将同样遭到惩罚"，事实上这是改革者对部分态度中立者的警告。

混乱的革命

在宗教专制的日子里，人们曾默默地忍受着极大的痛苦，而革命时机的出现让这种长期压制的愤怒释放出巨大的能量。人们肆意破坏昔日的教会以及一切与其相关的东西，尽管这对于改革毫无意义，但革命颠覆一切的力量正在将一切正常的变成不正常，一切不可能的变为可能，它让谬误与正确的界限完全打乱。

予其荣誉的人给处死。随着伏尔泰、杜尔哥、狄德罗、和孔多塞这些人的逝去，名正言顺地成为国家命运的主人的，是新至善论的无知倡导者们，他们却把这项神圣的使命给弄得一团糟。

而在他们统治的第一阶段，掌握胜利的是宗教的敌人，这些人因为某些原因，痛恨基督教的象征。在过去教士专制的那段日子里，他们一直默默地忍受着极大的痛苦，所以现在一看到教士穿的黑袍就会十分愤怒，香味也使得他们脸色发白，把他们早已忘记的狂怒也引发了出来。此外，还有一些人认为可以借助数学和化学来证明上帝本人是不存在的。于是他们就开始联合，摧毁教会和教会的作品。其实这只是一件没有任何希望的事情，最多只能算是一场徒劳无功的任务，可这正是革命心理的一个特点，即把正常的变成不正常的，把不可能的事变成每天都发生的事。于是，他们就颁布法律把基督的旧历给废除了，把万圣节给废除了，把圣诞节和复活节也给废除了，还把星期和月份也给废除了，然后重新划分，把一年分为10天一段，每10天就有一个异教信仰者的一个休息日。然后，又颁布了一项声明，废除对上帝的崇拜，致使世界失去了主心骨。不过，这种情况并没有持续太长时间。

在空荡的雅各宾俱乐部中，不管你怎样坚持不懈地作着各种解释和辩解，人们还是不能忍受这种虚无缥缈的主张，很大一部分人甚至连两个星期都忍耐不了。既然旧的上帝无法满足人们的要求，那何不效法摩西和穆罕默德，制造出一个满足时代要求的新上帝呢！于是，理智女神就出现了，而她的真实身份是在后来才清楚的。在当时，一名标致的女演员穿上合身的古希腊服装后，就完全符合了人们的要求。而这个女演员是从前任国王的芭蕾舞演员中找出来的，然后在一个适当的时机，她就很隆重地被人们送到了那些旧信仰的追随者们已经抛弃了的巴黎圣母院的高大的祭坛上。而圣母，很多个世纪以来，她一直站在祭坛上，用理解的容忍的目光注视着那些灵魂受到了创伤的人们。现在她也消失了，在被送到石灰窑中变成灰浆之前，两个下人慌忙把她藏了起来。如今她的位置被自由女神像给取代了，这个自由女神像是用白色的石膏随便雕塑而成的，是一个业余的雕刻家的得意之作。可这并不是结束，巴黎圣母院还见识了别的发明，像在唱诗班中间有4个柱子和一个屋顶，象征着"哲学圣堂"，而在国家的重大节日中，这里就会成为新舞神的宝座。如果这个可怜的女演员不主持仪式，不接受追随者的崇拜时，那么哲学圣堂就会高高地燃起"真理的火炬"，意思就是要用火来照亮世界的文明，直到最后的时刻。

可是还不到6个月，这个"最后的时刻"就来到了。在1794年5月7日的早上，上帝再次出现在法国，灵魂的不朽再次成为另一条信仰。6月8日，新的上帝（是根据让·雅克·卢梭所遗留的材料慌忙塑造出来的）就正式地出现在那些期盼已久的信徒们的面前。而罗伯斯比尔就是这个新的上帝，他从一个默默无闻的三流城市中的一个法律执事，一跃成为了法国革命的高级教士，获得了一生中最高的地位。如今他穿着自制的奇怪制服，激情地发表欢迎词，高傲地讲述着，并向上帝保证说他今后一定会完善自己所掌管的这个国家。甚至于，就因一个名叫凯瑟琳·泰奥特的修女宣布了救世主即将到来，还说救世主就是马克西米利安·罗伯斯比尔，上百万的人们就拥护这个精神失常的修女为上帝的真正母亲。而罗伯斯比尔为了保证万无一失，两天后又颁布了一项法律，规定只要是有人被怀疑犯有叛国罪和异教罪，其所有的自卫手段就会被立即剥夺。而这项法律也在

罗伯斯比尔

革命的盲目与迫切让人们在慌张中寻找着出路，他们将旧世界粉饰成新世界，最终在落寞与恐惧中惨淡收场。罗伯斯比尔以救世主的姿态成为新世界的主宰，他剥夺了世间的一切质疑之声，以强硬的手腕塑造着他心中的完美世界，但他对罪恶的敌视与杀戮也引发了新的恐慌。图为雅各宾派的领导人罗伯斯比尔。

严格执行，十分有成效，在短短的6个星期里就有1400人因此被杀。而接下来的事情都是大家熟悉的了。

罗伯斯比尔把自己看作是完美的化身，在品德上也是个聪敏的狂热者，所以对于其他不够完美的人，他就认为他们没有资格和自己生活在同一个星球上。渐渐地，他越来越仇视罪恶，导致法国濒临人口灭绝的危险。最终，人们害怕自己会丢失性命，就开始反击美德。在经过了一场暂短的生死搏斗后，罗伯斯比尔就被消灭了。

自此，法国革命的力量也减弱了。当时法国人民颁布了一项宪法，认同了不同宗教的存在，让它们享有平等的权力和特权，而共和国官方也不再去过问宗教的事情。那些想要成立教堂、公理会和联盟的人也可以大胆地去做了，可是他们必须要支持自己的教士和牧师，还要承认国家有至高无上的权力以及个人有自由选择权。从此，法国天主教信仰者和新教信仰者也开始了和平相处。

不过，天主教会对于自己的失败倒是从来没有承认过。对已政教分家的原则，它还是一贯地持有指责的态度，同时对于那些企图推翻共和国体制恢复君主制度的政党持支持的态度，想要重新掌握大权。不过，这样的争执一般都是出现在大臣老婆的起居室里，或者是在退伍将军和有野心的岳母在打兔子时休息的山间小屋里。可他们终是白费心机，只徒增一些笑料罢了。

第二十八章

莱　辛

1792年9月20日晚上，法国的革命军与前来剿灭他们的君主联盟军之间展开了一场激战。这场激战取得了辉煌的战绩，不过取胜的却不是联盟军。因为在瓦尔村光滑的山坡上，联盟军的步兵无法施展其力量，接着这场战斗就变成了持续的炮战，可是叛军的射击要远比联盟军猛烈和迅速，于是联盟军就被迫率先从战场上撤离，在晚间，撤退到了

歌德

作为18世纪德国杰出的剧作家、诗人，歌德所处的时代正值社会动荡、变革突生的年代，他以奥地利士兵的身份见证了瓦尔密大捷，见证了法兰西共和国的新生。他曾感叹说："从此时此地开始，世界开启了一个崭新的时代，而你们可以告诉他人，你们见证了这一时刻，亲眼目睹了它的诞生。"

掩盖过往

　　生活在那个时代的人们无法对社会变革置身事外，他们扭曲的灵魂时而为自由的到来而欢呼雀跃，时而为陷入其中而被其他人驱逐，这让他们不得不习惯于戴着面具的生活。人们刻意掩去一切过去与崇尚自由的痕迹，然而他们曾主宰过的历史舞台不会自行健忘，这让所有的掩盖都变得徒劳。

北方。当时参加这场战争的有一个叫歌德的士兵，他是世袭魏玛王子的助手。几年后，他出版了一本书，是对战争这天的回忆录。当时他就站在洛林城的泥浆中，可他却成了一个先知。因为他曾预言说经历过这场炮战后，世界就不再会是以前的样子了。他说得很对，在那个值得记忆的日子里，一直受上帝眷顾的君主权力被消灭了。而人权运动者们不仅没有像人们预想的那样逃跑，还扛着枪穿过了山谷和高山，然后把"自由、平等、博爱"的思想传到了欧洲最远的角落里，传到了整个大陆上的每座城堡和教堂里。

　　这场革命的领导人大概已经死了有150年了，上面那些言语我们写起来倒也不费劲，我们可以尽情地取笑这些领导者，也可以是感谢他们为世界做了好事。可是从那些日子中坚持过来的人们却无法对这场战争置身事外。他们曾于某天早上在自由之村中愉快地欢呼，可后来的三个月中又像下水道中的老鼠一样被人追赶。他们从地窖和阁楼中爬出来，然后把乱的像鸡窝似的头发梳理一下，就开始想方设法避免灾难的再现，为了能够成功地对抗敌人，他们必须要先把过去给掩盖住。这个过去并不是指历史学意义上的那个多义的过去，而是指他们在偷偷阅读了伏尔泰的书后，公开表示钦佩百科全书派的那个过去。如今他们把伏尔泰的书全都放在阁楼中，然后卖给收废品的人，把那些以前读过的揭示真理的小册子也都扔进了煤炉里。他们想尽一切办法来掩盖那些可能会暴露他们曾在自由主义领域逗留过的迹象，真可谓是费尽心机。可是，就像那些常见的摧毁应用材料时经常出现的情况一样，他们忽略了一件事，这可比那谣言更加糟糕，因为他们忽略的是戏剧舞台。他们曾为《费加罗的婚礼》说了很多奉承的话，如今再想说他们对可能实现人人平等这一理想从来没有相信过，未免会显得幼稚。他们也曾为《聪明的南森》流泪，如今再想说自己一直坚持认为宗教宽容是政府软弱的表现，也已经无从证明了。其实这出戏和它的成功，恰恰证明了与他们所讲完全相反的那一面。

这是18世纪后期迎合了大众感情的一部著名戏剧，作者是一位名叫戈思霍尔德·伊弗雷姆·莱辛的德国人。莱辛是一名路德派牧师的儿子，在莱比锡大学攻读神学，可他却不愿以宗教为职业，所以就经常逃学。他的父亲知道后就把他叫回了家中，然后问他是选择马上退学还是申请到医学系去学习。莱辛对当医生也没兴趣，就向父亲保证会做到他的每项要求，然后回到了莱比锡大学。虽然他又回到了这里，可他还是继续给那些他喜欢的演员朋友们做借贷保证人。有一天他的这些演员朋友突然消失了，为了避免因为欠债而被逮捕，莱辛就被迫逃到了维藤贝格。他的逃亡就意味着要经历长时间的旅途跋涉和忍饥挨饿，他先是到达了柏林，几年内一直在为几个神学刊物写稿，可稿费却很低。后来他认识了一个准备做环球旅行的有钱的朋友，就给这个朋友做私人秘书。他们刚刚启程就爆发了七年战争，于是这个朋友就被迫去从军，然后坐上第一辆马车回故乡了。莱辛再次失业，在莱比锡城中流浪。可莱辛是个善于交际的人，很快他又认识了一个叫艾德华·克里斯蒂娜·克莱斯特的新朋友。克莱斯特白天做官，晚上写诗，是个十分敏感的人，他让莱辛看到了正在慢慢步入这个世界的新精神。可是克莱斯特却在库内道夫战役中牺牲了，莱辛又被逼到了绝境，不得不去做一名报刊专栏的作者。后来，有一段时间，莱辛又做了布雷斯勒（现在叫作弗罗茨瓦夫）城堡的指挥官的私人秘书。因为驻防生活太无聊，为了打发时间，莱辛就开始认真地研究斯宾诺莎的著作，因为在斯宾诺莎死后100年，他的著作才开始向国外流传。

可这还是无法解决他日常生活中的问题，此时的莱辛已经快40岁了，他想结婚了。于是他的朋友就建议他去担任皇家图书馆的馆员，可是多年前发生的那件事使得普鲁士宫廷不再欢迎他。当时那件事是这样的：莱辛第一次访问柏林时就结识了伏尔泰，伏尔泰是个很大方的人，没有一点架子，他把当时准备出版的《路易十四的世纪》的手稿借给了莱辛翻阅。不过，莱辛在匆忙地离开柏林时，把手稿放在了自己的行李中（是偶然）。伏尔泰本来就很气愤吝啬的普鲁士宫廷只提供劣质咖啡和硬板床，所以他就大嚷着说自己被盗窃了，说莱辛偷走了他最重要的手稿，要警方必须去监视边境等等，他的样子活像一个寄居在外的十分激动的法国人。没过几天，邮递员就把伏尔泰丢失的稿件

绝地新生

世事的无常让莱辛深刻体会到了人生的坎坷，命运让他不时陷入困境，无趣的学习、消失的朋友、无情的战争都先后撕碎了他的梦想，让他不得不屡屡走上困窘之路。然而，他却没有发现，一个孤单弱小且置于绝地的他，却在苦境中孕育出了新的生命。

私人图书馆

当新兴的知识与思想成为一种潮流，皇室贵族都争先购置私人的图书馆，以彰显其地位与不凡，那里收藏着各种门类的典籍，有着安静、独立的空间，这对于不少人来说是获得精神休憩的最好去处。图为18世纪法国的图书馆，人们可以自由地在藏有大量书籍的房间中阅读、交流，并从中获得知识与乐趣。

给送来了，可里面还有一封莱辛的信，对于质疑他的诚信的人，莱辛提出了自己的看法。按理说人们应该很快会忘记这场小风波，可是18世纪却是这样一个时期，就算是小风波也会在人们的生活中产生巨大的影响。一直到20年后，对于这个爱找麻烦的法国朋友伏尔泰，弗雷德里克国王还是不喜欢，也因此不同意莱辛到宫廷中来。于是莱辛就告别柏林，来到了汉堡，因为有传言说这里要新建一个国家剧院。可是这个计划最终并未实现，绝望之下，莱辛就接受了在世袭大公爵布伦斯威克的图书馆中当馆员这个工作。虽然当时莱辛所居住的沃尔芬布泰尔城不能算是个大城市，可是在德国，大公爵的图书馆却是名列前茅的。图书馆中存有一万多份手稿，其中有好几份手稿是历史上基督教改革运动的最重要的文献。

无聊是那些恶意中伤和流言蜚语的主要来源，在沃尔芬布泰尔城，人们对做过艺术批评家、报刊专栏作者和戏剧小品文作者的人很是怀疑，于是，莱辛就再次陷入了绝境。这次不是因为他做了什么事情，而是有人听传言说他做了些什么事情，即有人传言说他出版了一系列文章，是专门来攻击老一派路德神学正统言论的文章。其实是汉堡的一位前任教长撰写了这些布道（因为这些文章是以布道的形式出现的），可是布伦斯威克大公爵对于即将在他的领地内展开一场宗教战争感到不安，于是就命令他的图书馆员们小心行事，避开一切争端。莱辛就按照大公爵的要求去做了，不过当时谁也没有明确地去讨论这个问题，于是莱辛就开始工作，用戏剧的形式来重新表达自己的观点。所以在小镇的娱乐室里就出现了这出戏，名叫《聪明的南森》。这出戏的主题十分古老，我在前面也曾提到过它，喜欢古典文学的人可以在薄伽丘的《十日谈》中找到它，在那里它叫作《三个戒指的悲惨故事》，情节大致如下：

诽谤之源

在华丽的宫殿内，左侧手指天空的"真理"不停控诉，旁边的"悔恨"却不愿目睹这一幕，大厅中"欺骗"和"妒忌"编织着"诽谤"的发辫，扎着头巾的"仇恨"正将"诽谤"和"无辜"拖到王座之前，"无知"与"猜忌"在当权者的耳畔窃窃私语，而长着驴子一样的耳朵的当权者却暗示着愚蠢与悲剧的结局。

很久以前，有一位王子，他想榨取犹太臣民的钱财。可是他苦于没有正当的理由去剥夺这个犹太臣民的财产，于是他就想出了一条毒计。他让人把这个犹太臣民找来，称赞这个犹太臣民的智慧和学识，然后就问这个犹太臣民，在如今最盛行的土耳其教、犹太教和基督教三者中，他认为哪一个最真实。这个令人敬重的犹太臣民并没有给出正面的回答，他只是说："伟大的苏丹，让我给你讲个小故事吧。从前，有个有钱人，他有一枚十分漂亮的戒指。后来他就在遗嘱中写道，他死后，谁继承了这枚戒指，谁就可以继承全部的财产。后来，他的儿子也立了这样的遗嘱，孙子亦是如此，这样几百年过去了，戒指一代代地传下来，一直是完好无损的。最后有一个人，对于自己的三个儿子，他都喜欢，不知道该把戒指传给谁，于是他就在金匠那里打造了两枚和自己手上完全一样的戒指。临终时，他把三个儿子都叫来，分别为每个人祝福，于是这三个儿子都认为自己就是那枚戒指的继承人。葬礼结束后，这三个孩子都宣布自己才是继承人，因为他们手上都有那枚戒指。于是他们就产生了争执，最终决定让法官来处理这件事，可是三枚戒指完全一样，法官也无法确认哪个才是真的，所以这个案件就被拖了下来，一拖再拖，很可能会拖到世界末日。阿门！"

莱辛通过这个古老的民间故事证明了自己的信念，即没有任何一个宗教可以垄断真理。相比较于人类表面上所遵从的某种规定的仪式和教条，他们的内心世界更有价值，所以人们只要友好地相处就可以了，谁也没有权力让别人把自己当作完美的偶像来崇拜，也没有权力宣布"我比任何人都要强，因为我掌握着真理"。这种思想曾在1778年深受欢迎，可以现在在这个小诸侯国中却不受欢迎了。在大暴乱中，这些小诸侯们都极力地去保全剩余的财产和牲畜，为了把已经失去的名声再恢复过来，他们还把自己的土地交与警察管制，同时还希望那些需要依靠他们才能生存的牧师可以发挥精神支柱的作用，帮助警方重新建立法律和秩序。

这是一场完完全全的反乱，而且还取得了彻底的胜利，那些想要按照50年前的宗教宽容模式来重新塑造人们思想的努力也宣告失败了。这样的结果也是必然的，因为各国大多数的人们已经对革命和骚乱、议会和无意义的演讲、那些破坏了工商业的各种关税感到厌烦了。他们不惜一切代价地想要和平，想做生意，想在自家的客厅里喝着咖啡，而不再是受到那些住在家里的士兵们的侵犯，不再是被迫去喝那些从橡树上挤出的令人厌恶的汁液。如果他们可以拥有这种幸福的生活，对于那些向每个戴铜纽扣的人行礼，在每个皇家信箱前鞠躬，用先生来称呼那些为官方打扫烟囱的助手等不方便行为，他们是情愿忍受的。不过这些卑谦的态度是必须的，是长期动乱后需要有一个喘息过程的必

戒指的寓言

一枚精美的戒指承载着富人几代人的财富与信任，直到它的最后一任分配者破坏了它存在的价值，这个人希望维系一种绝对的均衡，又雇佣工匠精心打造了两枚完全一样的戒指分别赠与了三位继承人。他没想到的是，祖先留下来的"拥有戒指，便拥有全部遗产"的惯例却引发了后人杳无尽头的遗产争端。

回归平凡

　　混乱之后，改革者试图以50年前的宗教宽容模式来重新塑造人们思想的努力宣告失败，皆因多数人已经对那些破坏一切、且毫无意义的改革策略心怀厌倦，他们只是想重归平凡而安逸的生活，只是想在充斥着欺骗与暴力的世界中获得更多的喘息空间。

　　然结果。当时，每天都会有新制服、新的政治讲台、新政策和同属于上帝和平民的新统治者出现。可是，如果仅凭这些一般的奴性态度，及对上帝任命的主人的欢呼，就认定人们已经遗忘了过去那些曾激励过他们的格朗中士的鼓励，那就大错特错了。

　　那些反动独裁者惯有的玩世不恭的思想，他们的政府也同样具有。他们主要是要求表面上的唯命是从和秩序，并不过问人们的精神生活，所以百姓们就拥有了很大程度的自由。在周末，这些百姓们会带着一大本《圣经》去教堂，然后一周中剩下的时间可以自由地去支配和思考。不过他们还是需要时刻保持沉默，不公开个人的观点，而且在发表言论之前，还要查看一下四周是否藏有暗探。虽然他们可以尽情地去讨论当天发生的事情，可是当他们从那些被正式检查、反复推敲和消过毒的报纸上，得知自己的新主人为了保证王国的和平又采取了一些新的愚蠢的方法，把他们带回到1600年的时候时，他们又会悲惨地摇头，表示不认同。因为他们的主人现在所做的，和从公元1年起那些不了解人类历史的主人们所做的事情是一样的。只因有人在装有饼干的大桶上发表过攻击政府的言论，这些主人就让人把大桶搬走，认为这样就可以把言论自由给摧毁。只要有可能，他们就会把那些出言不逊的演讲者抓进监狱，严厉地判处他们（多是监禁40、50或100年），让他们最终只能获得烈士的称号。不过多数情况下，这些主人只是个草率急躁的白痴，他们只读过几本书和若干他们自己也不明白的小册子。不过，在受到以上这种情况的警告后，其他人还是避开了那些公共场所，然后躲到偏远的酒馆或市区比较拥挤的公共旅店中去发牢骚，因为他们知道这里的听众比较谨慎，这要比在公共讲台上的演讲更有影响。

　　世界上最可怜的事情就是，当上帝凭借着自身的智慧给予了某个人一点权力后，却又一直害怕自己会因此失去官方的威望。其实一个国王可以失去自己的王位，并把它看作是扰乱自己枯燥生活的一个小插曲，付之一笑。因为不管他是带上男仆的顶帽，还是带上祖父的王冠，国王就是国王，身份不会发生改变。可是对于一个三流城市的市长来说，情况就不是这样了，只要他没了小木槌和办公室的徽章，那他就只是一个再普通不过的人，一个自以为是的可笑的人，一个陷入困境后遭人嘲笑的人。所以，如果有人胆敢接近当时的当权者却没有明确地向他展示应有的尊敬和崇拜，那么他就会大祸临头。不过那些胆敢在市长面前不低头，及用学术巨著、地质手册、人类学、经济学来对现在

酒馆里的牢骚

　　多数的独裁者常常追求着表面上的唯命是从与秩序，这让人们可以在回避一些特殊公共场所以外，在较为充裕的自由支配时间里享受精神生活。但人们仍要注意保持沉默，不随便公开观点，以免成为独裁打击的对象，于是人们跑到偏远的酒馆中借酒发发牢骚，任凭尖锐的话题在谨慎的听众间传播。

的秩序公开表示质疑的人们，他们的处境也会很糟糕。因为他们马上会被卑鄙的手段夺去谋生的道路，接着会在那个他们传播有毒教条的镇子中被赶出去，然后让邻居照顾他们的妻子和孩子。

这种反动精神的爆发，给那些原打算消除社会弊端的人带来了诸多不便。不过时间是个很好的洗衣工，它早已经洗去了那些地方警察可以在和善学者的制服上发现的污渍。今天人们之所以能够记住普鲁士的弗雷德里克·威廉，主要是因为他干预了伊曼纽尔·康德的学说，而康德是个危险的激进分子。根据康德的教导，我们的行动必须要具有这样的价值，即变成宇宙规律的价值；可根据警方的记录，他的教导只能够讨好那些不成熟的年轻人和一无所知的傻子。而昆布兰公爵之所以总是声名狼藉，是因为作为汉诺威的国王，他却把名叫雅各布·格利姆的人给驱逐出境了，只因雅各布曾在《陛下不合法地取消国家宪法》的抗议上签过字。此外，梅特涅的名声也不怎么好，因为他对音乐领域也展开了怀疑，还审查了舒伯特的音乐。

接下来我们就要讲可怜的奥地利了。奥地利消亡后，整个世界都开始对"快乐帝国"产生好感，而把奥地利曾有的积极的学术生活，那些比光鲜有趣的乡村集市上所呈现的物美价廉的酒、劣质的雪茄更好的东西，以及由约翰·施特劳斯自己作曲和指挥的迷人的华尔兹都给遗忘了。我们可以更进一步地说，奥地利在整个18世纪中的传播宗教宽容方面上发挥了重要的作用。在基督教发生了改革运动后，新教信仰者把多瑙河和喀尔巴阡山脉之间的一片肥沃之地作为自己的根据地，可是在鲁道夫二世当了皇帝后，这一切就都改变了。因为鲁道夫是西班牙菲利普的德国化身，他认为和异教信仰者签订的条约是毫无意义的。虽然他接受的是耶稣会的教育，可是他却十分懒散，不过也正因为如此，他的帝国避免了政策上的剧烈变革。可是在费迪南德做了皇帝后，这种变革就出现了。而费迪南德能当上君主，主要是因为他是哈布斯堡皇室中唯一一个有好几个儿子的人。在统治初期，他还参观了著名的天使报喜馆，这个报喜馆是一群从拿撒勒到达尔马提亚的天使们于1291年搬迁到意大利中心的。然后在宗教热情的爆发中，费迪南德就宣誓说要把自己的国家变成一个地地道道的天主教国家。而他也遵守了誓言，在1629年，天主教再次成为奥地利、波希米亚、施蒂里亚和西里西亚的官方宗教和唯一的信仰。

这时，匈牙利与这个家族建立了联姻关系，每个新妻子都以大片的欧洲地产为嫁妆。于是，费迪南德就开始把新教信仰者从马扎尔人聚居的地方赶出去。不过，在特兰西瓦尼亚的唯一神教派教信仰者和土耳其异教信仰者的支持下，直到18世纪的后50年，匈牙利还能让新教信仰者保持独立。而此时奥地利的内部也发生了翻天覆地的变化。哈布斯堡皇室一直都是教廷的忠实支持者，不过最后他们也对教皇的干涉感到厌烦，想冒险制定一项政策，而这个政策是和罗马意愿相悖的。

在这本书的前一部分我就已经说过，很多中世纪的天主教信仰者认为教会的体制是错误的。而评论家们却说在殉道者的时代，教会才是真正的民主机构，因为掌握教会是年长者和主教，而这些人又是由教区的居民选出的。而他们之所以愿意承认罗马主教，

风气导向

17—18世纪，艺术收藏在权势阶层极为盛行，皇室贵族、名人商贾以及银行家们都以收藏艺术大师的旷世名作为傲，这些人的地位与喜好都对社会风气产生着极大的导向作用。事实上，君主的意志很大程度上决定了国家意志与宗教倾向，他们的一举一动、一言一行都成为官方宗教信仰的风向标。

　　就是因为他宣称自己是圣徒彼得的直接继承者，有权在教会委员会中享受优惠。可他们却认为这种权力是荣誉性的，所以教皇不应该认为自己高于其他主教，而不应该把自己的影响超出应有的范围。对于这种思想，教皇采取各种训令、诅咒和逐出教会等惩罚，结果导致几个勇敢的改革者因大胆地倡导圣职下放而牺牲。而这个问题一直没有得到明确地解决，直到18世纪中叶，有钱有势的特利尔主教的代理主教才把这种思想给恢复。这个代理主教叫作约翰·范·抗泰姆，不过他却以拉丁文的笔名弗布罗纽斯而出名。他曾接受过自由思想的教育，在卢万大学学习了几年后，他就离开家人来到了莱顿大学。在他到达那里时，正好赶上只有加尔文主义的老城堡被怀疑里面存在着自由派，直到法律部成员杰勒德教授被允许进入神学界，并发表演讲赞扬宗教宽容的理想后，这种怀疑才成为公开的罪证。

　　现在再回到抗泰姆身上，我们至少可以说在上面那种思想上，他的推理方法是很

表面上的团结

很多中世纪的天主教信仰者对教会的体制持着否定的态度，而在评论家们看来，真正代表民主的教会只有在殉教者的时代才能出现。教会内部对权势的争夺始终暗流涌动，即便是偶然团结一致，也并不意味着他们彼此坦诚、荣辱与共，人们认可罗马教皇，完全是出自于后者赋予了他们神圣的名义与各种特权。

独特的。因为他曾说："上帝是万能的，他可以制定出在任何情况下对任何人都适用的科学定律。所以，只要上帝想做，他就可以轻易地引导人们的思想，让他们在宗教问题上有着一致的观点，可是我们都知道，上帝并没有这样做。所以，如果我们用武力去强迫别人认为我们是正确的，那么我们就完全违背了上帝的旨意。"抗泰姆是否受到伊拉斯谟的直接影响，这一点很难说，不过抗泰姆的著作中存在着伊拉斯谟唯想主义思想气息，后来在主教权限和分散罗马教皇权限的问题上，抗泰姆发展了自己的思想。很自然的，他的书马上受到了罗马教廷（1764年2月）的指责。不过，这个时候玛丽亚·泰雷兹支持了抗泰姆们，因为这与她的利益相符。抗泰姆发起的这场运动被称为费布罗尼主义或主教统治主义，而这场运动也继续在奥地利发展了起来，最后形成了实用的《宽容专利权》。在1781年10月13日，玛丽亚·泰雷兹的儿子约瑟夫二世把它赐给了自己的臣民。

　　约瑟夫是普鲁士的弗雷德里克的化身，而弗雷德里克与他的母亲是敌人。约瑟夫有一种惊人的才能，即可以在错误的时刻做出正确的事情。而在最近的200年的时间里，奥地利的家长在哄孩子入睡时，总是会吓唬他说如果不睡觉，就让新教信仰者把他带走。于是，再想让孩子把新教信仰者（他们长着角和一条又黑又长的尾巴）当作是亲如手足的兄弟姐妹，已经是不可能的事情了。而相反地，那些有着高俸禄的主教、红衣主教和女执事的亲属们，却总是围着可怜、诚实、勤奋、易犯错误的约瑟夫转悠。因为他那出人意料的勇气很值得赞赏，他是天主教统治者中，第一个敢大胆地宣布宽容是治理国家的最理想也实用的财富的人。而3个月后，他又做了一件让人更加震惊的事情，即1782年2月2日，他颁布了一条关于犹太人的法令，把原本只是新教信仰者和天主教信仰者才能享有的自由，扩展到了那些犹太人身上，而这些犹太人现在才认为自己是幸运儿，因为他们可以和基督教的邻居们呼吸同样的空气。

　　到这里我们应该停笔了，然后让读者们认为这件好事仍在继续，奥地利如今也称为了那些希望能按照自己的良心做事的人的天堂。我也很希望这是真的，但是，约瑟夫和几位大臣可能会在常识上有个飞跃，可是奥地利的农民们却不会。自古以来就有人对他们说犹太人是他们的天敌，新教信仰者是反叛者和背教者，所以他们一直把犹太人和新教信仰者看作是天敌，而且他们也不可能会克服这种根深蒂固的偏见。虽然伟大的《宽容法令》已经公布了一个半世纪了，可是那些天主教之外的人，他们的地位仍旧和16世纪一样十分低下。在理论上，一个犹太人或新教信仰者是有可能会担任首相或被任命为军队总司令的，可在实际上，他是连和皇帝的擦鞋匠一起吃顿饭的资格都没有。关于这个华而不实的法令，我们就讲到这吧。

玛丽亚·泰雷兹

　　玛丽亚·泰雷兹身上流淌着的贵族血液让她当仁不让地接手奥地利、匈牙利、波西米亚三地的绝对王权，身为女王的她用坚韧与勤奋赢得了世人的尊重，并最终让哈布斯堡王朝焕发出新的生机与活力。在她执政期间，极具个人魅力的她支持了与其利益相符的抗泰姆言论，不主张以武力干涉他人的宗教信仰。

第二十九章

汤姆·佩恩

在某个地方盛行着一首上帝在神秘地活动、在创造奇迹的诗歌，在那些对大西洋沿海地区的历史有过研究的人看来，很显然，这个诗歌中的说法是真实的。因为在17世纪的前50年里，美洲大陆北部住着这样一群人，他们对《圣经·旧约》理想十分崇拜，而那些不了解实情的参观者们还把他们当作是摩西的追随者，而不是基督的追随者。宽广壮观的大西洋把这些开拓者和欧洲国家阻隔开来，所以这些人就在美洲大陆上建立了一种恐怖的精神统治，在大规模的搜捕和迫害马瑟家族时，这种统治达到了极限。猛然一

美国独立纪念馆

17世纪的北美曾居住着这样一群人，他们被看作是摩西的追随者，而不是基督的信徒。他们一度建起恐怖的精神统治，但当压迫超过了极限，便会朝着相反的方向发展，从而孕育了宽容思想的萌生，他们甚至将宽容的思想清晰地书写在羊皮宣言上。图为首次宣读美国《独立宣言》的美国独立纪念馆。

独立宣言

　　在前宾夕法尼亚州州政府所在地费城，北美13个英属殖民地召集了第二次大陆会议，会上共同起草美国《独立宣言》的委员会成员们站在主席约翰·汉考克面前。这份重要宣言的签署特别强调了自然权利学说与主权在民的思想，宣告美国脱离大不列颠王国而独立，从而引发了大洋彼岸那头整个欧洲的震动。

看会觉得，这些人不大可能会有功于宽容倾向。而在《美国宪法》和其他诸多文件中，这个宽容倾向又讲得很清楚，真实的情况就是因为17世纪的镇压过于可怕，就注定会出现反作用，即有利于自由思想。当然，这并不是说，所有的殖民者都突然让人去寻找索兹尼的选集，而不再用罪恶之地和罪恶之城来吓唬小孩了。不过，他们的首领基本上全是新思想的代表，全是有能力和有头脑的人，连他们自己的宽容思想都是建立在羊皮宣言的基础上，更不用说新的独立民族了。

如果他们对付的只是一个统一的国家，那么事情也就不会这么成功了，可他们毕竟是在美洲的北部建立移民区，而这一直是件很复杂的事情。因为瑞士的路德派在这开辟了一片土地，法国也派来了胡格诺派教信仰者，荷兰的阿米尼教信仰者也占据了一大片土地，而英国的各个教派却想在哈德逊湾和墨西哥湾之间的荒凉地上找到自己的一片小天地。于是，这就有助于各种宗教的发展，而不同的宗教之间也取得了平衡。而在一些移民区中，各派移民者的身上就被强加了一种最原始的相互忍耐形式，这要是在一般情况下，他们非得割断对方的喉咙不可。不过那些想渔翁得利的绅士却十分讨厌这种发展情形，虽然新的仁慈精神已经出现了很长一段时间，可他们仍旧在为旧的正直理想而奋战。最后虽然什么也没有得到，却成功地让年轻人丢弃了一种信仰，而这个信仰好像是借用了比它更野蛮的印第安人的仁慈善良的概念。最让我们国家感到幸运的是，在这场为了争取自由而展开的长期的战争中，受攻击最大的是反对者们，他们虽然人数不多，但却十分有勇气。

接着，思想就开始飞快地传播，甚至是一条只有80吨重的双桅帆船，也能够传播这个足以使整个大陆陷入混乱的新见解。18世纪的美国殖民主义者虽然没有雕塑和大钢琴，但他们有很多书籍，13个移民区中比较聪明的人也开始明白，这个世界正在遭受重创，而这些内容是在周末的布道中听不到的。于是，当时的书商就成了他们的先知。虽然他们不会公开表示已经脱离了原有的教士，而且表面上也不会有什么变化，但是只要时机一到，他们马上就会表示自己忠诚于特兰西瓦尼亚老王储。这个老王储曾拒绝去迫害唯一神论的臣民，因为上帝已经很明确地给了他做三件事的权力，这三件事分别是：有从无到有的创造能力，知道未来，操控人的良知。而当需要制定一个具体的政治和社会纲领时，以便于将来治理国家，他们就会想在文件里写上自己的这一理想，摆放在公共舆论这个最高法庭面前。

如果弗吉尼亚那些善良的公民知道自己认真聆听的那些演讲一直是由自己的宿敌，即自由思想者在控制，那么他们肯定会感到害怕。而最成功的政治家托马斯·杰弗逊，他本身就是一个有着自由观点的人，所以，如果他说只能用道理和说服来管制宗教，不能使用武力或暴力，以及他又说所有人都有权力按照自己的良知去自由地运用宗教，那么这时候，他只是在重复伏尔泰、拜勒、斯宾诺莎和伊拉斯谟的思想和作品。后来，人们又听到这样的邪说，即在美国不管你谋求什么公职，都不需要把宣布信仰作为条件，或者说对于宗教的建立或禁止自由运用宗教，国会都不应该用法律加以干涉，而美国的那些反叛者们也同意了这种做法。美国也因此成为了第一个政教明确分离的国家，成为第一个在公职候选人接受任命时可以不用出示主日毕业证的国家，在法律上成为了第一个公民有宗教信仰自由的国家。

可是，与在奥地利（或是别的这种地方）的情况一样，这里的百姓要远落后于领袖们，只要领袖稍微偏离一点旧路，他们就无法跟上来。不仅很多州区会继续限制那些不属于主导宗教组织的百姓，而且纽约、波士顿和费城的人仍旧无法容忍那些异端者，就好像对于本国的宪法，他们一句都没有读过似的。而对于汤姆·佩恩来说，不久这些都会降临在他的身上。

汤姆·佩恩是个英国人，职业是一名水手，而在天性和训练上却是个反叛者。他是美国独立战争的宣传员，曾为美国的事业作出了巨大的贡献。他40岁时访问了各个移民区，而在伦敦时，他遇见了本杰明·富兰克林，并接受富兰克林所说的"西行"的建议。自从1774年，佩恩就带着富兰克林的介绍信来到了费城，帮富兰克林的女婿理查德·贝奇创建了《费城公报》杂志。佩恩是个老业余政治

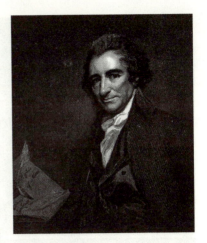

汤姆·佩恩

作为美国独立战争的关键宣传者，汤姆·佩恩将反叛的个性注入他的文字中，他将美国人内心中的不平情绪汇集成册，建立起一个打破人与人之间的界限、寻求人人平等的思想体系，这也让他深得法兰西传奇人物拿破仑的推崇，他使人们相信美国独立的正义性，鼓舞了北美民众的斗志，被视为美国开国元勋之一。

家，于是他很快就发现自己陷入了考验灵魂的旋涡中。不过他是个头脑清醒的人，他很快就收集了一些散乱的材料，这些材料都是关于美国人的不满情绪的，然后他把这些材料写入一个小册子里，篇幅虽然不长，但写得却很亲切。于是，小册子就通过一般的"常识"让人们相信美国的事业是正义的，所有那些忠心爱国的人们都应该给予其协助与合作。很快的，这本小册子被传到了英国，传到了欧洲大陆，让很多人第一次知道了还有"美国民族"的存在，而且还让人们认为这个民族有理由和职责向母国宣战。

独立战争一结束，佩恩就回到了欧洲，并把统治他们的政府的各种愚蠢行为告诉给了英国人。而此时塞纳河两岸正在发生可怕的事情，于是那些体面的英国人就开始用怀疑的眼光来看待海峡对岸的情况。一个名叫埃德蒙·伯克的人刚发表了《对法国革命的见解》这篇文章，表达了他的恐惧与担心，而佩恩马上就很气愤地用《人的权力》来进行反击，结果英国政府说他犯有叛国罪，让他受审。而恰好正在此时，佩恩的法国崇拜者们把他选进了国会，虽然佩恩对法文一无所知，但他是个乐观主义者，于是他就接受了这项荣誉，并来到了巴黎。他一直住在巴黎，直到罗伯斯比尔开始怀疑他，他才离开那里。佩恩知道自己随时都有被捕或掉脑袋的危险，所以他就慌忙完成了关于人生哲学

的一本书。这本书名叫《理智时代》，书的第一部分是他入狱前发表的，第二部分是他在监狱中完成的，耗时10个月。

佩恩把真正的宗教叫作"人性的宗教"，它有两个敌人，一个是无神论，另一个是盲信主义。可是在他发表这个思想时，人们都开始攻击他，而他在1802年回到美国后，人们也都是十分仇视他。于是他就有了"肮脏而又可鄙的无神论者"这个名声，而这个名声在他死后还持续了一个多世纪。不过他倒是没出什么事，既没被绞死、烧死，也没被分尸。只是别人都不理会他，当他壮着胆子出门时，大家还都鼓动孩子向他吐舌头，在去世时，他已经变成了遭人唾弃和遗忘的人了。而对于这样的待遇，他只能通过撰写一些愚蠢的小册子来发泄自己的愤恨，这些小册子的主要内容是反对独立战争中其他英雄人物的。对于一个有着好的开端的人来说，这可以说是一个最不幸的结局，可是佩恩的这种情况，是近2000年来反复出现的典型事情。因为公众的不宽容刚把自己的愤怒发泄完，个人的不宽容就又开始了；官方的死刑已经终止了，而私自判处的私刑又出现了。

大众的底线

幽暗的林间草地上，一个一丝不挂的女子坐在两个衣冠楚楚的绅士中间，女子极具挑衅意味的微笑挑战着人们的世俗心理底线，这让放荡、堕落的咒骂不绝于耳。当某一行为或思想逾越了大众可以接受的底线，后者就会转变为严厉的卫道士，反对并敌视任何试图干扰他们既定一切的东西，直到对方倒下或付出巨大的代价。

第三十章

最后一世纪

如果是在20年前撰写这本书，那么一定会很容易。因为那时大多数人都认为，"不宽容"几乎是和"宗教不宽容"的意思完全相同，而当历史学家在写"某人是为宽容而奋斗的战士"时，大家都会认为这个人一生都在与教会的弊端和职业教士的残暴作斗争。可是后来爆发了战争，世界也因此发生了很大的变化，我们得到的不再是一种不宽容制度，而是十几种，而对同伴的残忍也不再是一种形式，而是100种。于是，社会刚开始摆脱对宗教偏执的恐惧，又必须要忍受更加令人痛苦的种族不宽容、社会不宽容和很多不值一提的不宽容，而在10年前，人们就根本没想过它们会出现。

直到现在还有很多人一直生活在对愉快的幻想中，他们把发展当作是一种自动时针，只要他们偶尔的表示一个赞许，就可以不再上发条。而这种想法实在是太可怕了。在这种想法无法实现时，他们就会难过地说："虚荣，一切都是虚荣。"对于人类本性所表现的令人厌烦的固执，他们也开始抱怨，虽然人类一代代地遭受挫折，却总是不会吸取教训。直到最终完全绝望了，他们才成为那些迅速增加的精神失败主义者中的一员，依赖这个或那个宗教协会（把自己的包袱转嫁到别人身上），然后用最令人感到悲伤的语气宣布自己失败了，还表示以后不再参加任何一个社会事务。其实，我非常不喜欢这种人，因为他们不仅是懦夫，还是人类未来的背叛者。

说到这里，大家应该想知道，解决的办法是什么呢？或者说有没有解决的办法呢？出于对自己的诚实，我们只能说没有任何解决的办法。最起码在现在的世界上是没有的，因为在这个世界上，人们总是要求立即生效，希望通过数学或医药公式，或者是国会的一个法案，可以快速而又舒适地把地球上所有的困难都解决掉。可我们习惯用发展的眼光来看待历史，知道文明是不会随着20世纪的到来而开始或消亡的，所以对于解决方案还是有些希望的。现在我们所听到的那些悲伤绝望的言论，都是不符合事实的。这样言论主要有人类一向如此、人类将永远这样、世界从来都没有改变过、情况和4000年前是完全一样的。其实这些都只是一个视觉上的错误，因为进步的道路时常会间断。但如果我们撇去感情上的偏见，冷静地去评价20000年来的历史（针对这段历史来说，我们还是掌握着一点具体的材料的），我们就会发现，发展虽然很缓慢，但它确实是存在的，事情也总是从那些几乎无法形容的残忍和野蛮状态，慢慢地走向比较高尚和完善的状态。甚至于，就算是世界大战这个巨大的错误也不能动摇这种观点。因为人类有着令

死神的仆从

　　不宽容的制度与残忍的对待从未在我们的世界里消失，反而愈加泛滥，它们就潜伏在人们的身边，任凭时光之河冲淡，甚至被人们遗忘。直到人们为地位、名利、财富彼此争逐时，无聊、失落、抱怨、无法开解的心理让人变得自暴自弃、残忍狠毒，不惜成为人类宽容的背叛者、死神的仆从。

告别罪恶

　　人们总是希望可以获得能立即生效的超级灵药，借助一个简单的数学或医药公式，或者一个普通的国会法案，快速有效、一劳永逸地将所有的困难解决掉。这个世界似乎从未改变，但它确实在以极为缓慢的速度发展着，从野蛮到高尚，人类有着令人难以置信的生命力，面对世间的种种诱惑与罪恶，其实人们更需要的是破除一切的勇气。

人难以置信的生命力，这个生命力比神学的寿命还要长，终有一天，它的寿命会超越工业主义。而在它经历了霍乱和瘟疫、残酷迫害和清教信仰者法规后，它将学会如何去克服那些扰乱这代人的精神罪恶。而历史也向我们展示了自己的秘密，给我们上了一堂伟大的课程，即有些东西，人类可以制造它，也可以毁灭它。这首先是一个勇气的问题，其次就是教育的问题。

　　当然，这听起来都是些陈词滥调，因为在最后的100年中，人们随处可听的都是教育，甚至于开始厌烦这个词。他们开始羡慕过去，因为那时的人既不会读也不会写，可却偶尔能用多余的智力去独立地思考。当然，我这里所说的"教育"并不是指单纯地事实的积累，虽然这被认为是现代孩子所必需有的精神库存。我想说的是，对现在的真正理解要建立在对过去的善意大度的了解之上。

　　而在这本书中，我也已经极力地去证明，不宽容只是百姓们自卫本能的一种表现而

悲剧重演

　　一个生命正在悄然逝去，人们习惯于这样的悲伤，皆因他们深知这幕悲剧也终将在自己的身上重演。性格温顺的子民对权威的绝对服从是权威得以存在的基础，人性的本能让他们为了生存必须一次次重复着前人的不宽容以赢得生存空间，然后在漫长的磨砺中等待下一任接替者以他们同样的方式结束他们的生命。

已。这就好比当一群狼无法容忍一只特别的狼（弱狼或强狼）时，它们会除去这个不受欢迎的同伴。而在一个吃人的部落中，如果谁的怪癖惹恼了上帝，给整个村庄带来了灾难，那么这个部落就不会容忍他，会很粗鲁地把他赶往荒野中。在希腊联邦中，要是谁敢向社会赖以生存的基础提出质疑，那么他就无法再在这个国家长久居住，然后在一次爆发的不宽容战争中，这个人就会被仁慈地赐予毒酒。在古罗马，如果它允许那些并没有恶意的狂热者们去破坏某些法律，而这些法律是从罗慕路斯开始就必不可少的，那么它就无法生存下去了。所以，它也只有违背自己的意愿，然后去做一些不宽容的事情，而这却与它传统的自由政策是相悖的。而在古罗马，教会才是精神继承人，可教会又是靠着最温顺的臣民的绝对服从而生存的，所以它就被迫走向了镇压和极端的残暴，导致了很多人宁愿接受土耳其人的残暴，也不愿意要基督教的仁慈。那些反对神职人员专权的战士们总是会遇到各种困难，可如果他们要想保住自己的性命，就必须对所有的精神革新或科学实验表示不宽容。因此，他们就在"改革"的名义下，犯下了（或者试图去犯）和自己的敌人刚刚所犯的相同的错误，而他们的敌人也正是因为这些错误才失去权

未知的恐惧

　　人们对未知世界的恐惧是一切不宽容的根源，当人们还没有被恐惧所左右时，都会自然而然地倾向于正直和正义，但当恐惧的阴云遮蔽了他们的内心，就常常会表现出惊慌、忧虑、无助，只有将这些带给他们恐惧的未知事物销毁殆尽，才能平复他们内心的惶恐与不安。

力和势力的。多少年过去了，而本应是光荣的生命历程，却变成了一场可怕的经历，而导致这一切发生的罪魁祸首就是恐怖，到目前为止，人类的生存一直都被恐惧所包围。

我再重复一次，恐惧是导致所有的不宽容出现的原因。不管迫害的方法和形式是什么，恐惧都是其起因，从那些竖起断头台的人们和把木柴扔向火堆的人们的痛苦表情中，我们可以把恐惧的表现看得清清楚楚。当我们认清这个事实时，就会有解决方法。因为在人们还没有被恐惧笼罩时，都倾向于正直和正义，可现在，人们却很少机会去实现它们了。不过我认为，就算我活着看不到这两个美德的实现，那也没什么关系。这是人类发展史上的必经阶段，人类毕竟还年轻，年轻得荒唐可笑。对几千年前才开始独立生活的哺乳动物来说，要求他们具备要随着年龄和经验的增长才能获得

缄默的预言者

人们有时擅长将自己沉浸在对过去的假设与幻想中，新旧世界的对照常常可以让他们体会到生活的优越与荣耀。唯有预言者总是以一种让人厌恶的聪明表情静静地守候着，他们清楚地认识到，人类只有深刻地认识自己，才能分辨出谎言与真相，才能成为时代的继承者并拥有未来。

的美德，这是不合理的，也是不公平的。而且这种要求也会使我们的思想出现偏差。就好比我们本应该是要有耐心的，可它却让我们变得愤怒；我们本应该是要表示怜悯的，可它却让我们说出了尖酸不宽容的话语。

在写这本书的最后几章时，总是想去扮演悲哀的预言家的角色，然后做一些业余的说教。可却不能这么做，因为生命是很短暂的，而布道是很冗长的，用100个字还无法表达清晰的意思，最好还是不要说。而我们的历史学家就曾因为一个重大的错误感到十分愧疚。在他们对史前时代夸夸其谈，并向我们讲述了希腊和罗马的黄金时代时，就随便捏造了一个假设的黑暗时期还创作了一首狂想诗，用来歌颂比过去繁荣十倍的现代生活。如果这些学识渊博的历史学家们突然发现，他们所描述的那些画面并不适合人类

的某种情况，那么他们就会很没底气地说几句道歉的话，还嘟囔着说，人类这种不理想的情况只是过去野蛮时代的一个残留，只要时机一到，这种情况就会马上消失，就像公共马车给火车让路一样。这些话听起来很好听，可却不是真的，它只能满足我们的自尊心，让我们相信自己就是时代的继承者。可如果我们真知道了自己是什么人，那么我们的精神健康或许会更好一些。其实我们是远古时代住在山洞中的那些人的后代，是衔着烟、驾着福特车的新石器时代的人，是乘坐电梯上公寓大厦的穴居人。而在我们知道自己是什么人时，也只有在那时，我们才能向未来迈出第一步。

而只要恐惧还笼罩着这个世界，那些对黄金时代、现代和发展的谈论，都是在浪费时间。只要不宽容还是我们自我保护法则中不可缺少的一部分，再要求宽容那就简直是在犯罪。当那些屠杀无辜的俘虏、烧死寡妇和盲目地崇拜一纸文字等各种不宽容成为荒唐的事情时，宽容就要出现了。这个过程可能需要一万年，也可能需要十万年。不过，这一天终究会到来，会随着人类获得的第一个胜利而到来，而这个胜利就是指人类克服了自身的恐惧心理。

进步而悲惨的世界

出版商曾给我写信说："《宽容》这本书是在1925年出版的，现在已经快变成老古董了。我们想弄一个普及本的永久性版本，再重新定一个大众化的价格。"如果他们要对原来的版本进行一些必要的安排，那么我还愿意写这最后一章吗？或许我可以尝试着去解释，为什么近10年内宽容的理想会这般惨淡地破灭，为什么我们现在所处的时代还没有超越仇恨、残忍和偏见！这一切肯定是有原因的，如果真的有原因，而我也知道原因的话，那么我可以讲出来吗？对此，我的回答就是，对美丽的宽容女神的尸体进行解剖并不是一件值得高兴的事，但却是一件应该做的事，我认为这是我的责任。那么下一个问题就是，我应该在哪一页告别这本我15年前所写的书，然后开始写后记呢？出版商对我的建议就是删除最后一章，因为结尾部分所写的是崇高的希望和欢呼。他们的建议是很正确的，这确实没什么值得高兴的，为我的结束语伴奏，《英雄》中的葬礼进行

惨淡的现实

1940年第二次世界大战全面爆发，我们身处的时代仍无法超越仇恨、残忍和偏见，人类对高尚、幸福世界的憧憬被现实击得粉碎，人类彼此间的不宽容最终演变为一场对自己赖以生存的环境的巨大破坏。图为二战时艺术家笔下如同废墟一般的欧洲，触目所及之处皆是荒芜、腐朽的色彩。

曲，要比贝多芬第九交响曲中那充满希望的大合唱更加适合。不过仔细地想想，我又觉得这其实不能算是解决问题的好方法。因为我和出版商一样，对前途持有悲观的态度，可是这本书还要在这个世界上存留很多年，那么唯一比较公正的方法就该是让下一代知道，1925年是如何激起了我们对更幸福、更高尚前途的向往的，而1940年又是如何彻底让这些光辉的梦想变成泡影的，为什么会发生这种事情，我们到底做错了什么，才致使了这场可怕的灾难的出现。如此通信了几次后，我就说服了出版商，让他认为我还是比较讲道理的，下面就是我给出版商写的内容，作为《宽容》这本书的最新、也是最后一版的补充。

最近的这7年真可谓是个彻彻底底的"丑巫婆的大锅"，这里汇集了人类所有的邪恶弊端，变成了一个大杂烩，而它会把我们所有人都给毒死（除非我们能够发明一种又快又灵的解毒圣药）。对于那些倒入这个恶心的容器里的各种成分，我作了仔细的研究，也对那些负责这个大杂烩的人进行了仔细的观察。我发现这个大杂烩臭气熏天，正在我们地球上蔓延，和那些住在所剩不多的民主国家中的人一样，在看到居然有那么多的人拥护那些下等的厨房仆人时，我感到很困惑。这些下等的仆人不但因为那些让人作呕的大杂烩而感到高兴，而且还用全部的时间把这些大杂烩强行灌入那些旁观者的口中，这些旁观者对他们是完全无害的。不过，很显然的，这些旁观者更喜欢那些祖传的含有善意和宽容的浓汤，可如果他们不对这些大杂烩表现出很喜欢的样子，不把这些令人倒胃口的东西吃下，那么就会马上被杀掉。我为了满足自己的好奇心，就尽力去了解为什么会发生这种事情。现在我就要把我耐心观察到的结果告诉你们。

为了能够清楚这个问题的起因，大家可以去模仿那个十分精明的政治家艾尔弗雷德·E.史密斯先生，他以前住在纽约的阿尔巴尼，现在住在帝国大厦。让我们先看一些记录，看能找到些什么。在这里我先提出一个问题，或许这个问题有点跑题，不过一会儿你们会发现它和我们所要解决的难题有着紧密的关联。你养过狗、猫或者是其他家禽吗？对于这些低等的动物对喂养它的家庭和主人的花园和后院所持的态度，你研究过吗？你一定注意到过，出于天性、本能或训练，或者三者兼有，这些不能说话的动物对于它们自认为的"权力和特权"，都是傻不拉几地珍惜着。一条警犬，它会让主人的孩子拉着它的尾巴在屋里转圈，也会让孩子从自己身上扯下一撮毛，可是在另外一个很友善地小孩刚踏上属于"它"家的草坪时，它就会开始大声的吠叫。德国品种的小狗也一定知道，邻家的北欧品种的大猎狗可以一口把自己咬死，可如果那条大猎狗敢跨过那条界线，这条界线是小狗自认为用来区分自家地盘和邻居地盘的，那么它就会向那条大

嗜血的野性

　　低等动物出于天性、本能或训练对于它所拥有的一切有着近乎执着的维护，它们与自己的主人尽情嬉闹，对主人给予它们的饲养、照顾与其他特权表现得习以为常，但当陌生人涉入它的领地或逾越它的权限时，它便会表现出异常愤怒、充满攻击性的一面，而这种偏执的原始野性与人类如出一辙。

疯狂的世界

　　这个世界充满着疯狂与不解，总有些别有用心的人放任邪恶与愚昧在世界的每个角落蔓延，疯狂的拥戴者们为这种恶行推波助澜，为这个变得令人作呕的世界欢呼雀跃，并将一切丑恶的东西填入其他无辜旁观者的身边与头脑，反抗者的呼号在逼迫、威胁、谋杀中变得无声无息，从而造就了更多的悲惨与疯狂。

猎狗扑去。就算是那些只顾自己舒服的猫，在看到另外一只猫闯进自己的炉边时，也会变得很暴怒。捕捉大猎物的人都知道森林居住者的习惯，他们对我说，野兽具有集群本能，不管加入者所能增添的力量对它们快速减弱的实力有多大的帮助，它们也不会让外面的野兽加入到自己的部落中来。那些假装可以看明白鱼的心理的人告诉我，就连这些冷血动物，当有一条陌生的鱼出现时，都会有一种固定的行为准则，那些栖息在河流岩

石之间固定的场所的鱼，是从来都不允许外来的鱼加入自己的队伍中的。

　　对于动物学我不是很精通，不过对于人类的知识我还是学到了一些。在我研究人类在所谓的历史时期的那些行为记载时，我发现了什么呢？我发现自古以来，人们就是"群居动物"，只有当一个人感到自己属于一个集团，这个集团是由同路人组成的具有某种排他性，而这个集团中的人都认同他继承的信仰、偏见、偏爱、恐惧、希望和理想时，这个人才真正地感到幸福。当然，有些人群，包括那些相互抗衡的部落，会因为经济上的需要，偶尔按照某种政治方式行事，不过这样的安排不会持续太久。那些真正让大多数人不顾危险和艰难聚集在一起的原因，是他们有很多清晰明了的共同信仰、共同偏见、共同偏爱、共同恐惧、共同希望和理想。现在让我们来看一下关于乔普斯和哈姆拉比，然后到希特勒和墨索里尼的记载，每个时代每个地方的情况都一样，即每个团

群居的幸福

　　自古以来，人类就是一种"群居动物"，一个稳固团体在很大程度上能够给予人们所需的安全感、归属感和幸福感。然而这些成员具有某些共同特征的集团常常有着近乎一致的排他性，这是个人或集团得以生存的重要特征。图中在热闹的港湾集市上，北欧人对于任何陌生的东西都有着一种发自内心的警惕与不安。

　　体、部落、宗派、甚至是每个家庭，都和邻居保持有一定的距离。因为他们自认自己远远优越于他人，所以就没有任何共同理解或行动的基础。现在我举一个大家都知道的例子吧。

　　世界上的人们在最初是如何称呼自己的呢？这种例子有很多，他们都称自己是"上帝的人"，或者是"上帝的选民"，更有甚者，还称自己是"属于上帝的人"。比如，虽然在别人看来埃及人只是个低下的小农民，可是埃及人却把自己当作是"上帝的人"。而犹太人也把自己看作是"上帝的选民"。苏密，现在人们知道它的官方名字是芬兰，而它的意思也是"上帝的人"。波利尼西亚同西亚、北非和北欧虽然相隔千里，在这些地方居住的种族之间也没有任何共同之处，可是，他们都十分明确地认为自己才是真正有价值的人，瞧不起人类中别的成员，还认为他们是异己者，是不体面的人，应该遭到鄙视。如果可以的话，还要躲得远远的。在这个令人惊讶的规律中，猛一看好像希腊是个例外。可他们却很高傲地认为自己是海伦的直系子孙，是天神的儿子，是大洪水中的唯一生还者，这就表明他们尊重自己种族的人。可他们却把那些非希腊人看作是野蛮人，这就表明他们轻视所有的非希腊人，还很无礼地称这些非希腊人为异己者，连

那些在各方面都高人一筹而且还心胸宽广的著名的科学家、哲学家们，也都认为那些非希腊人是低等人。这一点表明，这些希腊人和那些愚昧无知的澳大利亚土著居民至少在这个方面上，水平是完全一样的。而那些土著居民虽然对于三以上的数字从来都没学过，但却十分得意地对欧洲最早的访客说，如果要问他们是什么人，将会是一个非常愚蠢的问题，因为很显然的，他们就是唯一的"上帝的人"。

虽然我们注意到的罗马人不受这种傲慢的令人厌烦的形式的约束，但这并不是因为他们认为自己低人一等，而且你也千万不要这么认为。因为他们和现代的英国人一样，很理所当然的认为自己才是最高等的，所以他们从来不认为对这一点有任何要作解释的必要。你只要知道他们是罗马人，这就够了。对于这样明显的事情再去大惊小怪，那就未免会显得有失体统了，所以罗马人对此并不在乎，或者说最起码在这个方面是不在乎的。

因纯种族的概念而使多数部落和民族认为，自己才是唯一值得被称为上帝的真正的人民，对于这一点我们已经谈论很多了。这只是一个细节，因为伴随着这种奇怪的排外和优越感的种族意识而来的，还有对宗教、道德、风俗等这些虽有不同但却十分重要的问题的信仰。于是，每个集团，不管是大还是小都会选择在戒备森严的城堡中居住，然后用偏见和固执来抵御外界和其影响。美国虽然也已经独立地生存了一个半世纪了，而清教信仰者的不宽容行为也确实没什么好吹捧的，可我们还是无法避免那些最危险的极端行为。现在边远地区也都已经开发了，国家也正迅速地走向定型，可我们却没有从那些古老种族的错误事情中吸取到足够的教训。在我们的这片领地上，各个种族团体仍旧是各自抱成团，然后各自推行自己的禁忌，就像是根本没有听说过《人权宣言》。而

偏见的堡垒

世界上每一个集团都有着近乎怪异的排外性与优越感，这种固执而充满危险的极端思想在美国依然存在。人们藏在自己修建起的戒备森严的城堡中推行着自己的禁忌，延续着人类古来即有的荒谬，然后用冰冷的固执与偏见圈起堡垒的外墙，以抵御外界和外界可能带给他们的任何影响。

对于宪法中对出版自由的规定，宗教团体好像也根本没有看过，不仅对自己的成员应该阅读和思考什么强加干涉，还不管由全体人民选出的代表所制定的法律，自己去制定法律。我们在咫尺间就能看到（只要我们愿意这么做）一种狭隘的精神和种族排外性的发展，而在1914年战争爆发之前，这种发展一直被认为是黑暗时代的不幸残余。

很明显地，我们现在对这种形势抱有乐观的看法还为时过早。在最近6年的发展时间中，纳粹主义、法西斯主义及各种形式的偏见和片面的民族主义、种族主义意识形态的增长，迫使那些最初抱有希望的人也不得不相信，我们已经在不知不觉中几乎是完全回到了中世纪。当然，这不能算是一个令人高兴的发现，可是就像不久前那个喜欢哲学的法国将军曾说那样："对高兴的事情生气是没有用的，因为事实不在乎，所以它也就不会发生改变。"所以，对于那些最不受欢迎的发展，我们应该勇敢地去面对，得出合乎逻辑的结论，然后找出可以对付它们的方法。

罗马人的骄傲

在不同的时代，生活在世界不同角落的人们都划地而居，他们将自己看作是崇高、尊贵的存在。虽然罗马人不受这种傲慢的形式所约束，但他们骨子里不仅不觉得自己低人一等，更将罗马看作是世界的中心，人类文明、财富、商贸的聚集地，他们对自己身上"罗马人"的印记有着不容置疑的优越感。

从广义来说，宽容就像是个奢侈品，只有那些有着非凡智力的人才能购买它，而这些人从思想上摆脱了那些不够开明的同伴们的狭隘思想，看到了整个人类广阔的前景。在这本书的一开始我引用了老朋友昆塔斯·奥里利厄斯·希马丘斯向我们提出的疑问，而这些人也提出了这些疑问：既然我们仰望着一样的星空，既然我们是生活在同一个地球的伙伴，既然我们在同一片天空下生存，既然只有一条路能找到生存之谜的答案，那我们为什么还要把对方当作敌人呢？可如果我们敢这样做，并把一个古代异教信仰者的高尚之语作为证据，那么坚持只有一条道路通往拯救（就是他们的那条路）的那些帮派的不宽容首领就会开始对我们大吼大叫，还向我们扔石头和木棍。而那些没有沿着这条唯一的路走的人注定要下地狱，所以这些首领就会更加严厉地镇压这些人，以防别人受他们的怀疑所误导，也去尝试"唯一权威性的地图"上没有标示出来的别的道路。

昆塔斯·奥里利厄斯·希马丘斯生活在公元4世纪。自那以后，那些有着高尚思想

宽容与现实

　　宽容就像是件奢侈品，只有那些有着非凡智力的人才能购买它，尽管不乏高尚的人为此呼喊，但宽容的态度却总是由上层领导强力执行。图为拿破仑的军队攻占西班牙后，对马德里民众展开血腥屠杀。人们仰望着同样的星空，身处在同一个地球，但却常常将对方当作敌人，制造着惨痛的流血事件。

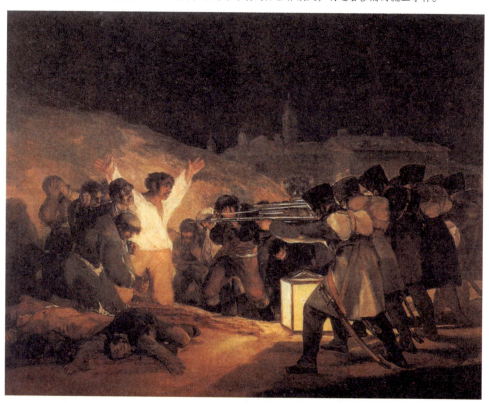

美国南北战争

　　大批来自欧洲的移民为美国城市与经济的发展带来契机，但同时也不可避免地带来了各自不同国家、民族、地域的偏见思想，而这些顽固的外来思想与利益纠葛最终为美国带来了战争。以黑奴制为核心的南方种植园经济与以雇佣制为核心的北方资本主义经济之间矛盾激化，最终引发了美国南北战争。

的人偶尔就会通过提高嗓门这个方法，来表明自己在这种精神和种族问题上保持中立。有时他们还成功地建立了自己的团队（时间都很短），在这里他们可以自由地思考，而且还可以按照自己的方式去寻求救助。不过，这种宽容的态度总是由上层领导强制执行的，从来都不是来自下层。可他们不甘于接受上层的干涉，因为上层总是依靠传统的权力，强迫别人接受自己的观点，如果没有别的办法使别人接受，他们就会用武力迫使别人"入会"，所以为了防止流血事件的发生，警方需要时常出现并加以阻止。

　　而所有的美国人应该感谢的是，他们的联邦是由一批真正的哲学家建立的，而对于哲学家这个称号，这些人是受之无愧的。因为他们有着大量的实践经验，13个移民

421

区早期的典型的狂热宗派主义也完全被他们摆脱了。而这代人也获得了最终的报答，可他们死后，千百万名饥饿的欧洲人就全都涌进了这片他们曾经想要建立理智王国的美丽的土地，随着这些欧洲人而来的除了强壮的臂膀外（这是必须的），还有古老的先入为主的偏见思想。他们只认为自己的观点是正确的，在每个问题上也只遵从自己的观点，绝不听取别人的意见。而当时我们过于乐观，又一直忙于勘察大陆的资源，以至于认为只要有了这个大熔炉，就能够解决所有的问题。可是不管融化什么东西，都应该有个缓慢复杂的过程，而且还要有人经常进行监督和照看。因为人的灵魂是不愿被熔化的，它要比我们所知道的任何物质都顽固。于是就导致了现在这样的局面，机关枪和集中营组成的各种现代的不宽容更甚于中世纪，因为中世纪"说服"异教信仰者也只是用地牢和火刑柱而已。

第一次世界大战

第一次世界大战如同一场飓风，摧毁了人们美好的家园与生活，很多人在战争中流离失所甚至失去生命，那些侥幸幸存下来的人们除了在晦暗的角落里舔舐心中的伤口外，已提不起任何力量和勇气去重拾生活。图为第一次世界大战毒气战后，惨淡的夕阳下，失明的士兵踏着同伴的尸体相互搀扶着走下战场。

这就给我们提出了一个问题，那就是我们能做些什么。在前几页中我就曾讲过，对不愉快的事情采取忽视政策，这一点我并不相信。所以我就得出了这样一个不乐观的结论，即至少目前我们对现在的不幸事态做不了什么建设性的事情。我们现在必须接受这种形势，而且还要慢慢地为将来做出更加细致的计划，我们再也不能让自己变得束手无策了，因为文明再也经不起这种和近六年中所遭受的相类似的各种无休止的打击了。

1914年至1918年的这场战争就像是一场飓风，不仅摧毁了大部分的人类组织，而且还让很多人陷入贫困或者死去，短时间内也无法消除这些损失。那些在这场灾难中幸存下来并且没有损失的人们，只顾着高兴地去修理自己的房屋，对于别人的大厦变成废墟也从不过问。而在这个遭受打击最严重的市井里，要恢复正常的生活是不可能了。接着，就从一些地窖的废墟中，跑来了一些陌生的、不健康的人，他们把一些被抛弃的人聚居在一起，然后开始宣讲自己发明的学说，可他们都是在荒凉的林丛中长大的，根本不会有什么健康和理智的生活哲学。

既然重建工作已经落后了这么多年，那么我就可以用正确的观点来观察它了。世界大战结束后，整个世界就迫切地需要大量的新鲜空气、阳光和好的食物，可是最终得到的却是饥饿和失望。所以，很多有害的新学说就诞生了，这些新学说使我们想起了，那

些在公元3—4世纪小亚细亚衰败的沿海城市中的小街道里发展起来的令人难以置信的信条。最终，这些新的拯救预言家的信徒们实在是饿得无法忍受了，他们就逃了出来，来到我们相对平静的小村庄，可我们却毫无准备。就和17世纪以前的亚历山大人一样，当时附近沙漠中有很多暴徒，他们闯进了学校，杀死了哲学家，只因这些哲学家们所传授的宽容学说，是对那些自认为掌握了唯一真理的人们的诅咒。

如今我们就像过去那样感到惊讶和绝望，因为现在再想把那些席卷整个地球的偏执和叛徒精神的瘟疫给扫除掉，已经太晚了。不过，我们最起码应该要有勇气去承认它们的存在，把它们看做是对某些古老的人类性格的再现，而这么多年以来，这些性格一直在沉寂，希望有朝一日能卷土重来。等到时机成熟了，它们所要做的不仅是要凯旋而归，而且还会因长期受到压制，使狂暴、愤怒和凶残程度比以往任何时候都要严重。这

喘息的世界

残酷而漫长的世界大战后，整个世界急需宝贵的喘息时机，来获得焕发新生的动力，然而不宽容的人与思想却如同梦魇、魔鬼一般捺不住寂寞，它们从世界的各个角落四面涌来，让毫无准备的人们得到的只有饥饿、失望与无尽的恐惧。

正义之矛

　　面对逼近的险恶人们无须惊讶和绝望，当人类古老的鄙性与恶念再度出现，人们应勇敢地承认它们的存在，认清自己，丢掉软弱，冷静地看待事情发展的始末，时刻警惕着邪恶欲望侵蚀我们的世界，并随时作好反击的准备，用正义之矛守护我们的精神家园。

就是目前展现在我们面前的令我们感到恐怖的情景。虽然我们在最近爆发的这场种族和宗教狂热所带来的严重后果中还没有受到严重的影响，但是如果我们不时刻保持警惕，那么病毒就会登上海岸，把我们全都毁灭掉。刚才我也已经问了自己："我们能做些什么？"现在我认为，我们除了保持头脑冷静和时刻做好准备外，再没有什么事情可做了。只说废话是不会有什么结果的，幻想自己多么优秀，只会加快这种思想上和感情上的冲动的崩溃进程而已。因为我们的怜悯和长期容忍的态度会被专制错认为单纯的软弱，进而采取相应的行动。直到将来我们被关进了集中营，才会想起原来欧洲中部的民主国家也是这样被毁灭的，他们对那些有着不同理念的人谈论宽容，就像是对白蚂蚁吹捧说"大家具有不可分割的权力"一样，只是摧毁我们的基石的也正是这些白蚁。

　　可是，就目前我所掌了解的形势来说，直截了当地进行反击已经为时已晚。其实是我们给予了敌人鼓励，因为我们采取了各种措施保护了他们的安全，直到他们有能力

勇敢面对

　　人们要时刻提醒自己，对偏见、邪恶的放任与鼓励就是对我们自己最残酷的惩罚，宽容之战是人类所将面对的最困难的战争，每一个正直或有正义感的人都应担负起这一神圣使命，勇敢面对并接受未来的挑战，致力于美好生活的重建，等待迎接宽容的曙光。

反过来对付我们，并迫使我们去过那种没有自由的下等生活。不过地球上还有极少数的地方残留着自由，那些正直的和有正义感的人有着迫切和绝对的责任去养精蓄锐，来迎接重建工作的到来。对此，任何人都不应该把它当作是失败主义者的表现，或者把它看作是不敢应战的人提出的想法。我们只是因为粗心和没有勇气去承担责任，暂时失去了很多领土，所以目前我们是应该撤退的，然后再发动一次启蒙运动。这样，在宽容问题上我们就有了实际锻炼自己的任务。如果我们想结束这种得过且过、袖手旁观的局面，那么我们首先就要把这种事情不会在这里发生的这一想法给摆脱掉。因为它们不仅可能会发生，而且已经发生了，还已经司空见惯了。在我们勇敢地接受军队式的严明纪律，准备进行一场决战时，必须要充分地作好准备来迎接那个快乐的时刻，因为在那时，我们能够再一次为了最后而永久的理性前进，让它发挥作用，最终获得自由。

朋友们，这里有一项工作是留给几个有着坚定意志的志愿者的。这将是我们所接受的一场最困难的战争，可是承担了它的人会名垂史册。而这场战争的幸存者们也将作为人类真正的慈善家受到人们的拥戴，因为他们让人类摆脱了多年来约束，而这个约束是来自于偏见和自认为正确的优越感的，一旦这种偏见与优越感和怀疑与恐惧相撞，那么就算是最谦虚温顺的人，也会变成万物中最残忍的牲畜，同时也会和宽容势不两立。

1940年8月于康州
老格林威治市

427